JE MARCHE DONC JE PENSE

Roger-Pol Droit et Yves Agid

JE MARCHE DONC JE PENSE

Albin Michel

Ouvrage publié sous la direction
d'Hélène Monsacré

Pour l'Ange,
Yves

Pour l'Oiseau,
Roger-Pol

« Notre première question, pour évaluer
un livre, un homme ou une musique :
sait-il marcher ? »

Nietzsche, *Le Gai Savoir,* § 366

Les croquis, schémas et dessins de ce livre sont d'Yves Agid.

Il était une fois…

Il était une fois, parmi les oliviers et les pierres, des hommes qui marchaient en devisant.

Ils s'appelaient Thalès, Socrate, Théétète, Aristote, mêlaient savoirs et déambulations, promenades et réflexions. Et ne distinguaient pas entre sciences et philosophie.

Il était une autre fois, vingt-cinq siècles plus tard, dans d'autres contrées physiques et mentales, deux amis cheminant ensemble. Ni des géants ni des génies, seulement des esprits curieux. En des temps où philosophie et sciences, de longue date, vivent séparées.

Comme autrefois, ils marchent et conversent en se promenant. L'un a consacré sa vie à la philosophie, à sa diffusion comme à sa pratique. L'autre a voué son existence à la médecine et aux recherches sur le cerveau.

Modestement, ils s'efforcent de renouer quelques fils du dialogue qui s'est défait entre gens d'idées et gens de sciences. Ils n'imaginent pas combler le fossé entre ces deux cultures, ni surmonter leurs disparités, mais ils s'efforcent d'esquisser des passerelles.

De quoi parlent-ils ? De ce qu'ils sont en train de faire en se promenant : marcher, penser. Ils s'interrogent donc sur l'être humain comme être marchant. Et sur l'être humain comme être parlant et pensant. Ils questionnent les relations, somme toute énigmatiques, entre ces différentes caractéristiques propres à la condition humaine : se déplacer debout sur deux jambes, parler et réfléchir.

Car on oublie trop souvent cette évidence première : l'espèce humaine se déplace sur la terre d'une manière différente de toutes les autres espèces vivantes. Sur la planète, seule l'espèce humaine avance ainsi.

Il était une fois un singe qui s'est redressé… Nous ne connaissons pas le détail de l'histoire, mais cette singularité fondatrice est à examiner dans son rapport avec le cerveau humain et son développement, mais aussi dans sa portée métaphysique et historique : les humains debout organisent leur marche et sont transformés par elle. La Terre a été découverte et peuplée par des hommes qui marchaient. Mais aussi qui pensaient et qui parlaient.

Et si, se demandent les deux promeneurs, marcher faisait éclore des pensées ? Et si, en marchant, on pense plus et mieux, le fonctionnement du cerveau pourrait-il l'expliquer ?

Mieux encore : parler et penser ne seraient-ils pas deux façons de marcher ? Les pensées seraient-elles des déambulations et mouvements parmi les mots, les phrases, les idées ?

D'où cette interrogation qui traverse aussi ces conversations : ce que fait le cerveau quand on parle, quand on pense est-il comparable à ce qu'il fait quand on marche ?

Existerait-il un ancrage neurologique commun à la marche physique et aux marches mentales ?

En toile de fond se poursuit le débat crucial de notre époque : l'espèce humaine est-elle une espèce parmi d'autres, en continuité avec le vivant et la nature, ou bien constitue-t-elle une exception radicale, une vie ayant rompu, par la parole et la raison, avec l'animalité d'où elle vient ?

Entre continuité et rupture, le philosophe et le neurologue s'efforcent d'avancer pas à pas, en confrontant intuitions et connaissances, héritage métaphysique et données scientifiques fournies par l'exploration du cerveau. Ils esquissent même certaines hypothèses, qui restent à confirmer.

Ils ne sont pas d'accord. L'homme de science penche pour la continuité et une approche matérialiste. Le philosophe soutient que l'être parlant n'est plus un vivant comme les autres, et veut maintenir ouvertes toutes les possibilités d'explication.

Les deux amis n'ont pas le même vocabulaire ni les mêmes préoccupations. Mais ils continuent à suivre, sans se prendre trop au sérieux, des sentiers qui croisent de vastes problèmes, où philosophie et science tantôt se rencontrent et tantôt se séparent, mais ne veulent plus s'ignorer.

Si cela vous dit de faire quelques pas en leur compagnie, vous n'avez qu'à tourner la page. Et les suivre, durant quatre saisons et huit promenades.

Il était une fois deux randonneurs qui dialoguaient…

Questions d'automne

En marchant, que fait-on ? Ce n'est pas si simple…

« La pensée scientifique n'a jamais été entièrement séparée de la pensée philosophique. »

Alexandre Koyré

Il est doux de marcher dans les bois, quand les feuilles deviennent mordorées. Par plaisir, sans raison et sans but.

Mais on tombe parfois, chemin faisant, sur des imprévus. Des questions insolites et cruciales à la fois.

Elles portent, par exemple, sur ce qu'on fait en marchant. Et sur les effets de la marche physique sur la pensée. Ou sur la pensée comme une sorte de marche mentale. Et bientôt sur les regards différents, proches ou éloignés, d'un philosophe et d'un médecin.

C'est ce qui nous est arrivé. Voilà comment est né ce livre.

Première promenade

Où l'on voit deux amis se demander, chemin faisant, ce qu'ils font au juste en marchant, et se résoudre à chercher quelle formule est à préférer, entre « Qui pense marche » et « Qui marche pense ».

Roger-Pol – Ça fait combien de temps ?

Yves – Que nous marchons ? Une vingtaine de minutes… oui, et même un peu plus !

Roger-Pol – Désolé, j'étais dans mes pensées, je voulais dire : il y a combien de temps que nous nous connaissons ?

Yves – Cinq ans ? Six ans ?

Roger-Pol – Plutôt six, car, si ma mémoire est bonne, nous nous sommes rencontrés pour la première fois à l'Institut du Cerveau, à la Salpêtrière, lors d'une conférence sur les philosophes et la marche, au moment de la parution d'un de mes livres[1].

Je me demandais vraiment ce que je venais faire devant cet auditoire habitué à des sujets scientifiques, dans ce lieu de recherches de pointe sur les neurosciences. Ce centre que

1. Roger-Pol Droit, *Comment marchent les philosophes*, Paris, Paulsen, 2016.

tu as fondé a depuis été classé dans le top des instituts de recherche scientifique, et moi j'étais un peu impressionné.

J'étais plutôt perplexe en songeant à l'accueil que des gens savants et sérieux pouvaient réserver à mes petits bricolages et à mes hypothèses de philosophe sur les rapports entre la marche et la pensée.

Yves – Et ce fut un succès!

Roger-Pol – Grâce à toi, il faut le dire! Je me souviens que la salle avait été tout de suite chaleureuse, bien plus que je ne m'y attendais, et cela m'a évidemment aidé. Mais quand tu es venu sur scène faire ta démonstration des différentes manières de marcher, en expliquant ce qu'elles enseignent sur les patients, sur leurs lésions du système nerveux, mais aussi, pour tout le monde, sur les tempéraments et les personnalités, ils ont été impressionnés… et moi aussi! Ce jour-là, même si je ne te connaissais pas encore, j'ai compris qu'on devait se ressembler.

Yves – C'est vrai, mais en quoi ?

Roger-Pol – Bonne question, docteur... Difficile à dire. Sans doute un mélange de sérieux et d'amusement, mais en un sens particulier, un certain goût pour rendre des connaissances visibles, et parfois risibles, sans pour autant les mépriser ni les tourner en ridicule en les simplifiant à l'excès. Ou bien, pour le dire autrement, une façon de ne pas se prendre pour une autorité, ce qui suppose une vraie familiarité avec les sujets qu'on aborde.

Yves – Et depuis, comme tu vois, nous n'avons cessé de marcher !

Roger-Pol – Tu veux dire qu'il y a déjà six ans que nous sommes sur ce chemin !

Yves – Sur le chemin de nos entretiens, je crois bien que c'est le cas. Sur le sentier où nous avançons en ce moment, c'est la première fois.

Roger-Pol – Imagine que nous soyons en train de parler pour la première fois, de penser pour la première fois, de marcher pour la première fois !

Yves – Si c'était littéralement la première fois que tu marchais, tu serais forcément hésitant, bancal, prêt à tomber ! Comme les bébés qui apprennent... Si au contraire nous avançons d'un pas assuré, c'est bien parce que nous avons fait depuis très longtemps cet apprentissage, et que nous disposons de quantité d'automatismes qui assurent notre équilibre.

Roger-Pol – Tu vois, c'est cela qui m'intéresse dans nos promenades et nos déambulations. Quand je parle de « première fois », finalement, je rêve d'étonnement, de rafraîchissement du regard, de virginité retrouvée face aux sensations, aux sentiments, à l'expérience… Et toi, voilà que tu ramènes les choses sur terre, dans l'équilibre des gestes, les mouvements des muscles, les mécanismes du cerveau.

Yves – Comment faire autrement, quand on est médecin ? Quand je vois quelqu'un, je ne peux m'empêcher d'imaginer ce qui se passe dans son cerveau. Et plus encore quand il s'agit d'une personne qui se plaint de symptômes neurologiques, je cherche nécessairement à identifier la localisation des lésions.

Je me doute bien que tu souhaites comprendre ce qui se passe dans le cerveau quand on marche et quand on pense… Moi, ce qui me turlupine, dans nos échanges, c'est de voir si l'on peut faire converger ces données médicales et les questions philosophiques que tu évoques. Peuvent-elles coïncider ? Je souhaite que l'on tente d'esquisser des passerelles sur ces questions, entre science et philosophie. Ce n'est pas si fréquent qu'un médecin et un philosophe aient l'occasion de confronter leurs formations, leurs informations, leurs questionnements… Crois-tu que ce soit possible ?

Roger-Pol – Pourquoi pas ! Alors, si tu veux, puisque nous sommes en promenade et que nous conversons tout en marchant, ce qui est aussi une vieille tradition de la philosophie – depuis Platon, Aristote et tant d'autres jusqu'à Montaigne, Hobbes, Rousseau, Nietzsche, les philosophes-marcheurs sont légion –, je te propose que nous partions de cet instant, de ce moment présent, et de ce que nous sommes en train de faire. Nous marchons, certes. Mais, c'est quoi, marcher ?

Yves – Je te retourne la question ! Dis-moi d'abord ce que tu répondrais.

Roger-Pol – Pour moi, marcher, c'est la même chose que penser. C'est la première réponse qui me vient. La pensée, telle que je l'éprouve, est une marche, un mouvement au sein des idées, entre les mots, entre les représentations. De même que nous avançons, en ce moment, sur ce chemin où nous nous déplaçons en mettant un pied devant l'autre et en réitérant ce geste, de même quand nous pensons, nous avançons en élaborant des phrases, des enchaînements d'idées et en nous déplaçant ainsi dans un paysage de significations. Et ce qui rapproche encore plus cette marche mentale de la marche physique, c'est la nécessité de se déséquilibrer en permanence. Nous marchons en provoquant continûment une chute et en la rattrapant sans cesse, avant de recommencer pour avancer.

Mon intuition – ce n'est pas une connaissance… – est que le mouvement de la pensée est analogue à ce déséquilibre-rééquilibre de la marche physique. Que fait la philosophie ? Elle déstabilise nos certitudes. Elle commence toujours par faire chuter ce que nous estimions assuré, évident. Nous avons d'abord l'impression que nous allons tomber, sans rien à quoi nous raccrocher. Puis l'on trouve une hypothèse pour tout rééquilibrer. On évite la catastrophe, en tout cas pour un moment. Ensuite, cette hypothèse de rattrapage sera à son tour ébranlée, comme quand on entame le pas suivant dans nos promenades. C'est ainsi, me semble-t-il,

Roger-Pol affirme qu'il « pense comme il marche ».

qu'avance la réflexion. Évidemment, il n'en est pas ainsi seulement chez les philosophes. Loin de là ! Toi, dans le domaine de la médecine et de la recherche sur le cerveau, tu connais des processus semblables, je présume…

Yves – C'est pareil… On est amené à réfléchir, heureusement, aussi bien en médecine qu'en science. Avec une différence, toutefois. En médecine, on soigne, donc on cherche des idées dans le présent, en se référant au passé. En science, on cherche, mais cette fois avec des idées pour le futur en se référant au présent. Je n'ose te dire, dans l'un et l'autre cas, combien de fois j'ai manqué d'idées !

À vrai dire, contrairement à toi, je n'ai jamais songé que je pensais comme je marchais… En revanche, j'ai constamment établi un lien entre la marche et la pensée parce que, depuis toujours, j'ai remarqué que je pensais mieux quand je marchais. À tel point que, lorsque je suis à bout d'idées, je m'efforce de marcher pour en trouver. Comme si marcher permettait de mieux penser…

Ainsi, dans mon métier, il arrive assez souvent que les expériences de laboratoire ne soient pas concluantes. Avant de recommencer, il faut d'abord comprendre pourquoi on a échoué. A-t-on mal raisonné ? Une erreur a-t-elle été commise au cours des expériences ? Il n'est pas question d'en rester là, il faut bien trouver une solution, ne serait-ce que pour ne pas aboutir au même échec. Alors on se creuse la tête, on se force à trouver. C'est épuisant… Et si on ne trouve pas, que faire ? D'expérience, je sais qu'il me faut sortir de mon train-train mental.

Par exemple, je fais quelques pas, je vais boire un verre d'eau, je vaque à d'autres occupations… Je reprends mes habitudes de tous les jours, ces activités qui ne demandent pas trop de réflexion: échanges insignifiants, gestes routiniers… Et puis, je me remets à ma table de travail. J'ai besoin de ces routines pour éclaircir ma pensée. Et, quand ça marche – c'est le cas de le dire… –, tout d'un coup, plus tard, alors que je fais tout autre chose, la solution peut surgir. Tout se passe comme si, pendant cette période d'activités routinières, mon cerveau avait travaillé en silence, sans que j'y pense.

Yves soutient qu'il «pense plus et mieux quand il marche».

Roger-Pol – Attends… Je ne comprends plus. Tu m'as souvent dit que pour trouver des idées tu avais besoin de marcher. Et là, ta table de travail suffit?

Yves – Parfois, oui. Mais tu as raison, c'est bien la marche qui me sort d'affaire le plus sûrement. Il arrive, malheureusement trop souvent, qu'à ma table de travail je continue de cafouiller. Alors, je m'interromps, je vais me promener. Je n'hésite pas à partir marcher une heure, souvent au pas de course. J'emporte avec moi un bout de papier et un crayon. Après un quart d'heure de marche, une première idée me vient, pas nécessairement géniale. Puis, une deuxième, une troisième, plusieurs, si bien qu'au retour, mon bout de papier est crayonné dans tous les sens. Et il m'arrive de garder une idée !

Roger-Pol – Donc tu trouves des idées en marchant…

Yves – Oui, comme si j'avais besoin de cette activité physique automatique pour que mon cerveau fasse émerger à ma conscience des idées nouvelles. Comme si marcher me faisait penser non seulement plus, mais mieux, en me permettant d'avoir plus d'idées, des idées nouvelles… Comme si marcher facilitait la créativité.

Roger-Pol – Mais tu n'es pas le seul à éprouver cela ! Une longue lignée de philosophes, à travers les siècles, t'a précédé. Chacun à sa manière a insisté sur ce lien entre mouvement des muscles et émergence des pensées. Tout le monde connaît les déambulations des philosophes grecs de l'Antiquité, qui dialoguaient en marchant. Socrate se promenait dans les rues d'Athènes avec ses interlocuteurs. Platon met en scène des voyages philosophiques qui se déroulent au fil de trajets à pied, parfois fort longs, comme dans les *Lois*, sa dernière œuvre, qu'il achève en approchant de ses quatre-vingts ans. Aristote et ses élèves arpentaient de bonne heure les déambulatoires des gymnases, pour démêler des questions théoriques, et c'est pourquoi on les avait surnommés « péripatéticiens », c'est-à-dire « promeneurs », puisque *peripateîn* veut dire « déambuler », « marcher aux alentours ». Somme toute, nous faisons à peu près comme eux... Nous cheminons sur ce sentier tout en essayant de progresser dans nos analyses.

Yves – Moins brillantes que les leurs, faut-il le souligner !...

Roger-Pol – Évidemment ! Mais si nous sommes « des nains assis sur les épaules de géants », comme on disait au Moyen Âge, ce n'est pas seulement cette différence de taille qui distingue Anciens et Modernes. En fait, il me semble que les Anciens marchent pour penser, effectivement, mais sans le dire. Ils le font, mais ne le remarquent pas.

Le corps, pour eux, est toujours associé à la réflexion, et le mouvement de la marche est souvent présent, et de manière explicite, pour figurer le progrès de la pensée. Par exemple, dans la célèbre allégorie de la caverne de Platon, au livre VII de la *République*, il est question de détacher le prisonnier qui est immobile depuis son enfance et de le forcer à se lever. Il faut le mettre debout et le faire marcher, ce qui est pour lui douloureux, afin de le conduire au-dehors et de lui faire contempler le monde réel plutôt que celui des ombres. Ce texte matriciel, fondateur du dispositif de presque toute la pensée européenne, montre clairement qu'il est indispensable de se tenir à la verticale et de mettre un pied devant l'autre pour devenir philosophe en accédant au monde des Idées.

Mais si cette allégorie met indiscutablement en scène le lien entre marche et pensée, entre mise en mouvement du corps et accès aux Idées, elle ne fait pas de cette relation un sujet de réflexion, ni même l'objet de la moindre remarque. Autrement dit, les Anciens marchent pour penser, constamment, oui, mais ils ne s'en vantent pas ! Ils ne le remarquent même pas, n'en font pas un objet d'analyse.

Yves – Quand donc a-t-on commencé à en parler ? À faire le lien, explicitement, entre marche et pensée ?

Roger-Pol – Il me semble bien que c'est surtout une affaire moderne. Elle commence à la Renaissance, avec Montaigne par exemple, qui affirme penser d'abord avec ses jambes, et dit avoir besoin de déambuler pour réfléchir. Après lui, c'est un festival : Thomas Hobbes, le philosophe anglais de l'Âge classique, s'était fait fabriquer une canne dont le pommeau était pourvu d'un encrier pour noter les idées qui lui venaient en marchant, comme tu le fais avec ton calepin… Rousseau combat les idées politiques de Hobbes, mais partage avec lui la conviction qu'on ne peut penser sans se déplacer. Il l'exprime avec la plus parfaite netteté : « Il faut que mon corps soit en branle pour y mettre mon esprit… » Et Jean-Jacques, qui arpentait les Alpes et vint à pied de Chambéry à Paris, insiste en disant : « La marche a quelque chose qui anime et avive mes idées ; je ne puis presque penser quand je reste en place. »

Même exigence chez Nietzsche, qui n'a cessé d'élaborer ses analyses en parcourant les sentiers de la Haute-Engadine autour de Sils-Maria, où l'on peut aujourd'hui faire et refaire ses promenades sur les circuits des « Nietzsche-*Spaziergänge* », ou autour d'Èze, pas loin de Nice, où existe encore un « sentier Nietzsche » sur une colline en surplomb de la Méditerranée. Ce marcheur-philosophe est encore plus affirmatif que Jean-Jacques. Nietzsche professe en effet qu'il faut se méfier de toute pensée qui n'a pas mis les muscles à la fête ; il proclame qu'on n'écrit bien qu'avec ses pieds, et que les « culs-de-plomb », comme il les appelle, ne peuvent avoir que des idées qui leur ressemblent, lourdes, pesantes, maladroites.

Yves – Je ne crois pas que les idées qui me viennent quand je marche soient toutes fiables, ou nouvelles, encore moins aériennes, ou dansantes… mais il est rassurant de se retrouver en si bonne compagnie, et d'apprendre que les philosophes, en fin de compte, sont d'abord des marcheurs !

Roger-Pol – Pas tous, loin de là ! En fait, il y a aussi des penseurs de bureau, qui ne quittent pas leur table de travail ni leur bibliothèque. Et, très franchement, rien ne permet de penser qu'ils soient moins bons philosophes pour autant ! Malgré tout ce que peut dire Nietzsche, je ne suis pas du tout persuadé qu'entre penseurs-marcheurs et penseurs sédentaires existe une différence réelle d'acuité ou d'inventivité.

Yves – Alors ?

Roger-Pol – Eh bien, je crois que nous sommes dans l'embarras, et qu'il va falloir trouver, si possible, des moyens d'en sortir. Depuis toujours, les philosophes habitent ce genre de situations embarrassantes. Certes, on peut dire que tout est affaire de goût, de tempérament, d'idiosyncrasie. Certains auraient des idées en marchant, d'autres sans marcher, et voilà. Mais qui donc s'en contenterait ? Cette pseudo-explication n'explique rien du tout ! Il faut donc aller voir ailleurs. Pour ma part, dans *Comment marchent les philosophes*, j'ai tenté de faire un pas de plus, un petit pas seulement, en forgeant une hypothèse. J'ai remarqué combien, chez les philosophes sédentaires, les penseurs immobiles, la marche est malgré tout omniprésente. Tous, à des degrés divers, parlent de la marche des idées, des démonstrations avançant pas à pas, des chemins que suivent les déductions.

Yves – Tu suggères donc que le lien entre marche et pensée n'est pas simplement de cause à conséquence, comme le montre l'exemple de ceux qui ont besoin de marcher pour mieux réfléchir. Ce lien serait plus profond, comme si la pensée était une sorte de marche mentale, même quand le penseur est immobile ?

Roger-Pol – Exactement ! Mais, à partir de là, je n'y vois pas clair. Car la situation est finalement non seulement paradoxale, mais aussi embrouillée. Prenons le cas de Hegel. Il représente sans doute le type le plus parfait du non-marcheur. Je ne crois pas qu'il ait jamais fait la moindre randonnée. Même dans sa jeunesse, au cours de son voyage dans les Alpes bernoises, en contemplant les sommets, de loin, il se contente de noter dans son journal : « C'est ainsi… » Ses contemporains s'enthousiasment pour le sublime des à-pics et les vertiges des précipices, après avoir parcouru pendant des heures de minces sentiers escarpés. Et lui se contente d'écrire « C'est ainsi… », sans doute devant sa fenêtre d'auberge ! Par ailleurs, tous les portraits que nous avons de Hegel le représentent, sans exception, soit assis à son bureau, soit en train de faire cours, immobile, dans sa chaire à l'Université. Difficile d'imaginer plus figé, plus sédentaire.

Yves – Hegel, à la différence des autres philosophes, avait peut-être des capacités de concentration exceptionnelles qui lui permettaient de s'attacher à sa tâche en profondeur, en continu ? Dans ce cas, cela voudrait dire que les philosophes qui marchent le font parce qu'ils n'arrivent plus à se concentrer ?

Roger-Pol – C'est possible, mais cet homme qui marche si peu reste avant tout le philosophe de la marche de l'histoire, de l'histoire comme marche de l'Esprit, de la raison dialectique comme mouvement interne des situations et des concepts, comme marche des idées et du monde. Autrement dit, alors que son corps déambulait fort peu, il est devenu le philosophe qui accorde à la marche, au sens le plus large du terme, la place centrale !

Yves – Et si on te disait que ce ne sont là que jeux de mots, métaphores, manières de parler ? Entre marcher en posant un pied devant l'autre pour se déplacer et marcher vers la fin de l'histoire d'époque en époque, le terme est le même, mais il désigne sans doute des réalités absolument dissemblables.

Roger-Pol – C'est toute la question ! S'agit-il d'une métaphore ou d'un lien réel, dont la nature reste à déterminer ? Je sais bien que le verbe « marcher » possède plusieurs sens, selon les situations et les contextes. Il désigne évidemment, du moins pour les corps humains, le fait d'avancer debout à l'aide de ses membres inférieurs. Mais il signifie aussi, en tout cas en français, le simple fait de fonctionner (la machine marche, le moteur marche), ou de remplir sa fonction avec succès (le stratagème marche, le plan aussi). L'imaginaire de l'anglais, qui utilise *to work* dans ces cas-là, et non *to walk*, est différent. Il peut encore indiquer le déroulement d'un processus (voilà comment marche ce dispositif…) ou même évoquer la tromperie, la croyance ou l'adhésion imaginaire (« il a voulu me faire marcher, je m'en suis aperçu à temps » ; « ce n'était pas un très bon film, mais nous avons marché ! »).

Yves – Et même si l'on s'en tient au seul fait de déplacer son corps, sur ses deux pieds, dans une direction donnée, les registres à distinguer sont nombreux ! Je peux marcher en ayant un but bien déterminé – me rendre à la station d'autobus, faire une excursion –, ou bien sans objectif fixé, en mode flânerie, ou encore dans un registre intermédiaire, quand ma promenade suit un itinéraire variable, selon l'humeur ou le caprice. Je peux aussi marcher, naturellement, à mon rythme, pour me rendre à mon travail, ou je peux moduler ma marche, pratiquer la marche nordique avec bâtons et balancement des bras. Je peux marcher seul, ou avec d'autres, en randonnée sur des chemins balisés, en pèlerinage, en manifestation. On marche aussi pour le plaisir, vers son premier rendez-vous amoureux, ou par obligation, dans les défilés de mode, ou sous la contrainte, de la retraite de Russie aux convois pénitentiaires… De plus, chacun d'entre nous a sa démarche propre, qui s'adapte aux circonstances, mais qui lui est aussi spécifique que le timbre de sa voix ou les expressions de son visage.

Roger-Pol – Oui, j'avais été surpris, il y a quelques années, de découvrir que les Romains étaient attentifs à ces différences de démarche que nous ne percevons pratiquement plus. Ils savaient, en voyant quelqu'un marcher, quelle était sa région d'origine, sa classe sociale, son éducation. Plus encore, quand ils se souvenaient d'un ami disparu, c'était sa manière de marcher qui leur revenait en mémoire. Ce n'est plus du tout notre cas. Nous gardons en tête le son de la voix, les expressions du visage, quelques gestes et habitudes, mais nous ne prêtons plus attention aux manières de marcher… sauf toi !

Yves – Il est vrai que c'est une déformation professionnelle. Dès qu'un patient entre dans mon bureau pour une consultation, j'ai l'impression d'en apprendre presque plus en le regardant arriver qu'en l'écoutant parler !

Roger-Pol – Il va falloir creuser toutes ces questions ! Les liens entre marche et pensée, les multiples registres de sens de la marche, les styles de déambulation, mais aussi les variations de regard historique, sans compter les fluctuations de la pratique selon les époques. Que nous marchions, à présent, bien moins qu'autrefois nous paraît évident, mais est-ce si sûr ?

Yves – Globalement, c'est exact. Bien sûr, tout dépend des points de repère que l'on prend en comparaison. Mais, si nous marchons moins que les générations antérieures, il reste vrai que nous marchons souvent, d'autant qu'on nous pousse désormais de plus en plus à marcher. Beaucoup d'entre nous ont pris l'habitude de compter leurs pas sur iPhone…

Roger-Pol – Et nous en sommes à… 9 500 et quelques pas depuis notre départ ! Encore cinq minutes à peine et on pourra s'arrêter, on aura fait nos 10 000 pas !

Yves – Je ne sais pas à quoi correspond ce dogme, ni qui l'a inventé et pourquoi. Pourquoi pas 7 500 ou 11 000 ? Ou encore moins, ou encore plus ? Dire qu'il faut marcher aussi souvent qu'on peut, aussi longtemps qu'on peut, cela a un sens et c'est bénéfique. Mais fixer un nombre de pas quotidiens, n'est-ce pas absurde ? 10000 pas par jour pour un sportif, cela fait presque partie du jeu ; 10000 pas par jour pour un nonagénaire cardiaque, c'est de la folie ! Il faut se méfier des généralisations ; dans la pratique il n'y a que des personnes. Néanmoins, il faut garder à l'esprit que marcher, c'est bon pour la santé… Ne serait-ce que parce qu'il faut être en bonne santé pour marcher !

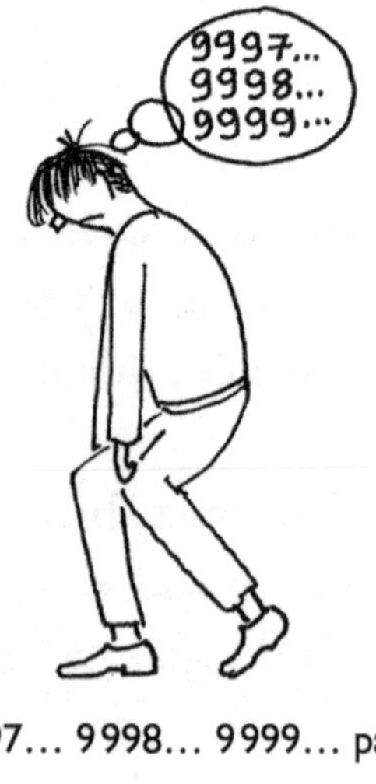

997… 9998… 9999… pas ?

« Quand je fais 30 km par jour, à pied, je calcule mon temps en années ; quand j'en fais 3000, en avion, je calcule ma vie en heures » (Régis Debray).

Roger-Pol – Si je comprends bien, il est aussi insensé de fixer un nombre de pas quotidiens que de prescrire un nombre d'idées à examiner, ou de mots à prononcer ! Et nous, comment allons-nous continuer d'avancer ?

Yves – Comme nous sommes déjà presque à la rivière, il n'y a plus que la colline à contourner, à moins qu'on ne remonte par le bois ; c'est plus court, mais plus escarpé…

Roger-Pol – Tu sais très bien que ce n'est pas ce que je voulais dire. En fait, nous avons sur les bras des interrogations « épaisses », comme disent les Anglo-Saxons. Qu'est-ce que marcher ? Qu'est-ce que penser ? Quel rapport entre les deux ? Excusez du peu. Et le tout devrait être abordé à la fois du point de vue du fonctionnement du cerveau et du point de vue de la philosophie… sans oublier, évidemment, la question de l'entrecroisement de ces deux points de vue, leur distance, leur hiatus, leurs différences d'approche, de méthode, de vocabulaire. Quand je dis la question, je devrais dire la multitude d'interrogations possibles entre les exigences de ton regard scientifique et les habitudes de ma démarche de philosophe. En fait, il se pourrait bien qu'il y ait déjà quelque temps que nous ayons commencé, en conversant souvent, à cheminer dans cette zone d'échanges. On pourrait ainsi réinventer quelques promenades pensantes, pour préciser les questions, échanger des données, des hypothèses.

Yves – Bonne idée ! En fait, ça n'arrive pas si souvent, que des gens de formation différente se parlent et tentent d'avancer ensemble, sans autre enjeu que le plaisir de comprendre un peu mieux quelques points. Je suis partant pour ce dialogue !

Roger-Pol – Nous allons donc marcher à travers des discours ! C'est en effet ce que « dialogue » veut dire. Je ne dis pas cela par pédanterie, mais parce qu'il me semble que c'est important pour nos déambulations. Dans le vocabulaire courant, on oppose « monologue », discours tenu par un seul, et « dialogue », échange entre deux. Ainsi, au théâtre, au cinéma, en littérature, deux personnages parlent, et donc « dialoguent », dit-on, ou bien un seul s'exprime, qui « monologue ». Ces façons de dire sont habituelles. Elles sont trompeuses.

Car *dia-logos*, chez les Grecs, n'a jamais désigné les paroles de deux personnes ! Deux se disait *duo*, et il n'est nulle part question de duo-logue ! *Dia* signifie tout autre chose : « à travers, en traversant, en avançant dans un espace donné ». Et peu importe qu'on soit deux, trois, ou cinq, ou six, ou sept, ce qui compte est que la pensée avance dans cet écart entre les points de vue, les paroles, les discours.

Les dialogues de Platon ne sont pas des conversations à deux, ni de simples échanges de points de vue. Ce sont des voyages de pensée qui cheminent *à travers* les discours, dans leur diagonale, leur tension. Très, très, très modestement, cela va sans dire, j'aimerais qu'on tente quelque chose de ce genre.

Yves – Une sorte d'excursion ?

Roger-Pol – Yes, docteur !

Deuxième promenade

Où l'on poursuit l'exercice, en examinant pas à pas « comment marche la marche », découvrant ainsi tout ce que nous faisons pour mettre un pied devant l'autre, tenir en équilibre et continuer d'avancer.

Roger-Pol – Tu te souviens de *Jacques le Fataliste* ?

« Ils continuèrent leur route, allant toujours sans savoir où ils allaient, quoiqu'ils sussent à peu près où ils voulaient aller ; trompant l'ennui et la fatigue par le silence et le bavardage, comme c'est l'usage de ceux qui marchent, et quelquefois de ceux qui sont assis. »

Je suis toujours frappé par l'allégresse de Diderot, son génie amical, son sens de l'ambiguïté et de l'alternance. On parle, on se tait, on sait et ne sait pas où l'on va, tantôt assis, tantôt cheminant. Or, quand on marche, le mouvement alternatif des membres inférieurs, le passage d'un pied sur l'autre est essentiel pour avancer.

Regarde comment nous faisons : ce pied, cet autre, ces changements alternés, n'est-ce pas finalement très étrange ? Pourquoi ne marchons-nous pas à cloche-pied, ou en sautant sur nos deux jambes ? Ou comme le vieux robot Goldorak, ou comme un corbeau, ou comme un orang-outan…

Yves – C'est vrai, la marche bipède de l'homme est très particulière : la cuisse avance, la jambe suit, le pied se pose sur le talon, la pointe du pied donne une impulsion, etc., pendant que l'autre membre inférieur change d'axe, mais que le pied reste à terre.

Roger-Pol – Le mécanisme est très compliqué, et paraît bien étrange dès qu'on commence à l'observer de près. Pourtant, dans l'histoire de la médecine comme dans l'histoire de la philosophie, on ne s'est avisé que tardivement de cette bizarre complexité, pour autant que je sache. Je crois que l'un des tout premiers à l'apercevoir, en tout cas à la formuler, fut un ami de Diderot, un des collaborateurs de l'*Encyclopédie*, le chevalier de Jaucourt. C'est lui qui a rédigé l'article « Marcher » de l'*Encyclopédie*. J'en ai copié quelques lignes, je vais te les lire en essayant de ne pas me tordre le pied en même temps. Voici :

« Pour expliquer comment cette action s'exécute, supposons un homme qui se tienne debout sur le point z ; faut-il qu'il *marche*, un pied reste immobile, et est fortement soutenu par les muscles ; de sorte que le corps est tenu par le seul point x ; l'autre pied s'élève, la cuisse considérablement pliée ; de façon que le pied devient plus court, et le tibia aussi le devient un peu. (...) alors il faut *marcher* de l'autre pied qui était immobile. Lors donc que nous jetons ce pied devant l'autre (...) mais alors la ligne de gravité étant avancée hors de la plante du pied, il nous faudrait encore nécessairement tomber ; si nous ne laissions aller à terre le pied qui était fixe auparavant, et qui est présentement mobile, par le relâchement des extenseurs, et l'action des fléchisseurs ; si nous ne nous y accrochions ainsi en quelque manière ; si nous ne lui donnions un état stable ; et si enfin étant assujettis, nous ne lui donnions le centre de gravité du corps ; mais tout cela s'apprend par l'habitude, et à force de chutes. »

Voilà un texte affreusement alambiqué et mal écrit, en tout cas très loin de nos manières de parler, mais il exprime l'idée que notre marche est un processus complexe, une sorte de chute perpétuellement provoquée, empêchée et continuée.

Yves – En fait, c'est encore un peu plus complexe que ne le dit ce médecin des Lumières, puisque la marche, qui comprend bien ce comportement subtil d'avancement par le jeu des jambes, se caractérise aussi par le maintien de l'équilibre. Il faut contrôler l'équilibre pour ne pas tomber sur le côté, ou en avant, ou en arrière, et donc veiller à l'adaptation en parallèle de la posture du tronc et de la tête. En bref, pour marcher, il faut *avancer, mais aussi tenir en équilibre, et assurer une posture.*

Roger-Pol – Ne connaissant pas grand-chose à ces questions, je vais faire semblant d'être très savant. Je me souviens d'avoir lu un spécialiste contemporain, John Napier. Il porte le même nom qu'un mathématicien écossais de la Renaissance, qui est l'un des premiers inventeurs des logarithmes, mais lui écrivait en 1967, dans la revue *Scientific American.* Et il insiste sur l'étrange processus de notre manière de déambuler :

« La façon humaine de marcher est une activité à nulle autre pareille, au cours de laquelle le corps, à chaque pas, frôle la catastrophe. La déambulation du bipède humain a des allures de catastrophe potentielle, car seul le mouvement rythmé qui pousse une jambe puis l'autre vers l'avant l'empêche de se casser la figure. »

Yves – Regarde-moi. Je décide de faire un pas (1). Tout commence par un déséquilibre vers la gauche (2), mon centre de gravité se déplace vers le pied gauche pour permettre au pied droit d'être levé. Puis mon pied droit décolle (3), mon centre de gravité se déplace vers l'avant, ce qui permet à mon corps de se déplacer avec le pied qui avance. Tu vois, à chaque instant, la modification de mon centre de gravité se traduit par une redistribution de l'ensemble des muscles qui assurent ma posture. Dès lors, mon pied droit freine et se pose de sorte que les deux pieds soient à terre (4). J'ai nécessairement un déséquilibre vers la droite, mon centre de gravité se déplace vers la droite (5). Mon pied gauche peut décoller et puis il se pose, alors que mon pied droit reste en place (6). Et ainsi de suite, ma locomotion se poursuit par les mouvements rythmiques alternatifs des membres inférieurs (7).

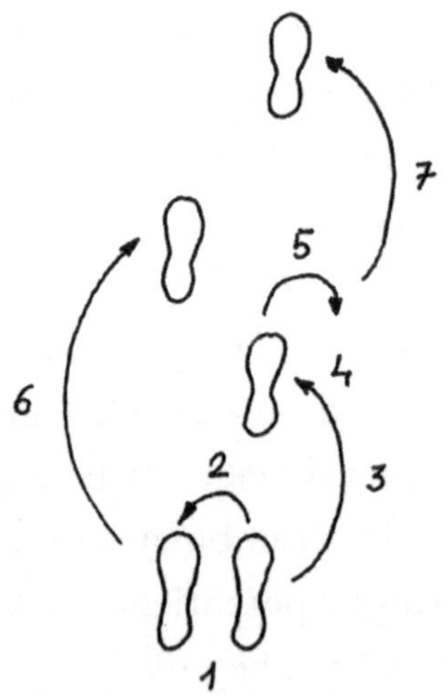

L'initiation du pas[1].

1. Chastan N., Do M. C., Bonneville F., Torny Fr., Bloch Fr., Westby M., Dormont D., Agid Y., Welter M. L., « Gait and balance disorders in Parkinson's disease: impaired active braking of the fall of centre of gravity », *Movement Disorders*, 2009, p. 188-195.

Roger-Pol – C'est à se demander comment on arrive à faire tout à la fois ! Tenir debout, avancer, ralentir ou accélérer. Il faut une mécanique très précise, très fine.

Yves – Tu as raison, et c'est même plus qu'une mécanique à proprement parler, parce que l'initiation du pas est elle-même modulée. Son déroulé, depuis le décollement du pied jusqu'à ce qu'il se repose à nouveau sur le sol, est variable. Nous ne marchons pas comme des robots, avec des mouvements saccadés, le pied se posant brusquement sur le sol, d'une seule pièce. C'est ce que révèle l'analyse fine du premier pas, qui montre une série d'accélérations et de décélérations, de sorte que le pied décolle de plus en plus vite et amortit le reposer du pied en freinant.

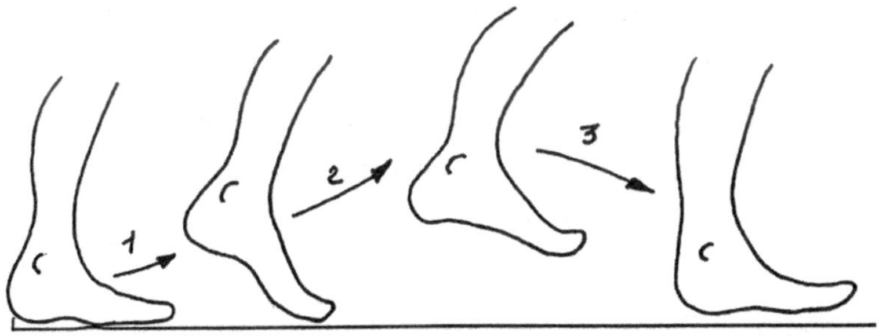

Le premier pas comporte une accélération suivie d'une décélération[1]. Lorsqu'on fait un pas, le pied décolle du sol doucement (1), la vitesse s'accélère (2), puis décélère (3) avant que le pied ne repose par terre. Le pied a franchi un pas.

1. Welter M. L., Do M. C., Chastan N., Torny Fr., Bloch Fr., Tézenas du Montcel S., Agid Y., « Control of vertical components of gait during initiation of walking in normal adults and patients with progressive supranuclear palsy », *Gait and Posture*, 2006, p. 393-399.

Roger-Pol – J'imagine que les troubles de la marche peuvent affecter ces différentes opérations, ralentir la vitesse du pas, diminuer sa longueur, atténuer ou supprimer le freinage…

Yves – Effectivement, encore faut-il repérer à quel étage du système nerveux se situe le dysfonctionnement à l'origine de ces troubles. Pour répondre à cette question, le meilleur moyen est de reconnaître en quoi la marche est altérée lorsque l'une des composantes des circuits de neurones responsables est détruite. Le dysfonctionnement de chacun des segments du système nerveux conduit à déterminer un tableau clinique spécifique.

C'est ce qui permet au praticien de faire un diagnostic au premier coup d'œil, en observant le patient entrer dans le cabinet de consultation. En le regardant marcher, on peut déjà deviner (deviner n'est pas conclure) l'étage du dysfonctionnement des différents circuits de neurones du système nerveux, depuis le cerveau jusqu'aux muscles, en passant par la moelle épinière et les nerfs.

Roger-Pol – Donc, ici, à l'instant, sur ce chemin, en plein champ, tout est facile. C'est plat, le sol est dur, je ne rencontre aucune difficulté, aucune complication pour enchaîner mes pas. Mais j'imagine que si je ne sentais plus le sol, j'aurais des difficultés pour marcher, pour savoir comment mouvoir mes pieds et mes jambes. D'où ma question : des troubles sensitifs pourraient-ils m'empêcher de marcher même si je n'avais pas de troubles moteurs ?

Yves – Oui, mais dans la clinique habituelle, les troubles moteurs et ceux de la sensibilité sont le plus souvent associés. Les troubles moteurs peuvent intéresser :

1) La moelle épinière. Par exemple, une section de la moelle épinière dorsale est à l'origine d'une paraplégie telle que les deux membres inférieurs sont paralysés.

2) Les nerfs (la paralysie totale d'un nerf entraîne la perte de la force musculaire et de la sensibilité dans le territoire correspondant). Par exemple, l'observation d'un « steppage » révèle une paralysie du nerf qui permet de relever le pied (le nerf sciatique poplité externe).

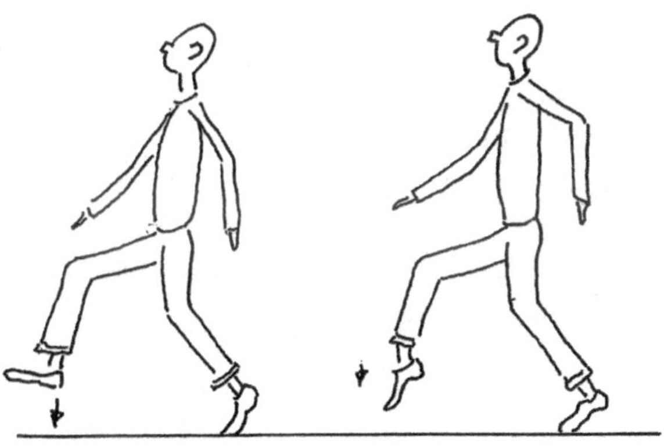

La marche « talonnante », le « steppage ».

À gauche, marche « talonnante » – le talon retombe lourdement sur le sol : troubles de la sensibilité au sein des articulations du membre inférieur.
À droite, « steppage » – la pointe du pied frappe d'abord le sol : paralysie de la flexion du pied sur la jambe.

3) Les muscles, depuis l'extrémité des membres jusqu'au cou, en passant par la puissante musculature du tronc. Ainsi,

les maladies musculaires (myopathie), fréquentes chez l'enfant, intéressent souvent les muscles de la racine des membres inférieurs, à l'origine de la démarche dite des « rois de comédie », qui entraîne une difficulté pour lever les cuisses.

La démarche du myopathe.

Roger-Pol – Et si j'avais perdu la sensibilité de mes membres inférieurs, mais sans avoir de trouble moteur ? C'est possible ? Ça existe ?

Yves – Oui, cela existe, et si ça t'arrivait, tu commettrais forcément des erreurs pour savoir précisément où poser tes pieds. Dans la condition normale, l'ajustement se produit en continu, il est assuré par la sensibilité qui assure un guidage en ligne de l'ensemble des mouvements. Il y a un réarrangement du comportement de marche en fonction des informations recueillies pendant le déplacement. C'est essentiellement la sensibilité dite « profonde » qui s'en charge, celle qui assure la perception des muscles et des articulations à l'aide de capteurs qui renseignent le cerveau sur la position des divers segments de membres et sur l'état de contraction musculaire des membres.

Lorsque cette sensibilité profonde est altérée, le patient ne perçoit plus l'état de tension des muscles ni la position des articulations, de sorte que sa marche devient « talonnante » (le pied ne se repose plus en souplesse sur le sol, mais retombe brusquement sur les talons). Il aura l'impression d'avoir la plante des pieds en carton, de marcher sur du coton, bref de ne pas sentir le sol. Cette mauvaise perception du sol entraîne évidemment une instabilité. Cette difficulté d'équilibre s'observe de manière intense lorsque la sensibilité profonde est altérée au niveau de la moelle épinière.

Roger-Pol – Imaginons donc que je ne sente plus mes pieds. Je vais avoir du mal à les positionner correctement par rapport au sol, tu viens de le dire, et donc de grandes difficultés pour marcher. Mais, tout en marchant très mal, vais-je pouvoir conserver mon équilibre ? Et si oui, comment ?

Yves – Oui, tu pourras garder l'équilibre, même si tu ne sens plus tes pieds, parce qu'en plus de la sensibilité profonde dont j'ai parlé, l'équilibre est maintenu par la vue, par l'oreille interne et par le cervelet. Il n'est pas facile de marcher sans voir. Il suffit de se déplacer dans une pièce plongée dans le noir complet pour se rendre compte que la vision est indispensable pour marcher. Non pas pour regarder ses pieds, mais pour ne pas se prendre les pieds dans le tapis ou heurter un meuble.

Roger-Pol – Une de mes *101 expériences de philosophie quotidienne* s'intitule « Marcher dans le noir ». Elle repose effectivement sur cette idée que l'obscurité totale nous fait vivre une extrême désorientation : la pièce que nous croyions familière se révèle incertaine, presque inquiétante, et notre mémorisation des lieux, des objets devient vite très approximative…

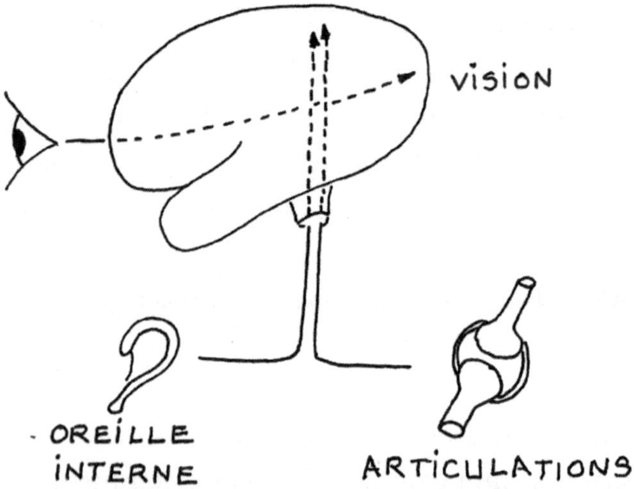

Les trois perceptions sensorielles qui assurent l'équilibre au sein du cerveau.

1) La vision, à partir de la rétine de l'œil jusqu'au centre d'intégration des images visuelles, le cortex occipital (à l'arrière du cerveau).
2) Les voies vestibulaires, qui partent de l'oreille interne (et plus particulièrement d'une de ses parties, le vestibule, muni de cils très fins qui détectent la moindre modification du centre de gravité) pour gagner, après plusieurs relais, le cortex temporal (partie latérale du cerveau, en regard des tempes).
3) La sensibilité profonde, des articulations et des muscles, dont les fibres finissent dans le cortex pariétal (dans la partie haute du cerveau), après un relais important dans le thalamus (au centre du cerveau, non figuré).

Yves – En plus de la vision, l'équilibre se maintient, quand nous marchons, par les *voies de l'oreille interne*. En cas de dysfonctionnement de l'oreille interne, notamment de la partie nommée vestibule, le corps est attiré, parfois violemment, du côté qui est malade, si une seule oreille est atteinte. Si le dysfonctionnement est sévère, comme dans la maladie de Ménière, il peut en résulter une impression de tangage ou un grand vertige rotatoire très désagréable (différents des « faux vertiges », ébauche d'évanouissement qui n'a rien à voir avec une atteinte des voies issues de l'oreille interne). En somme, c'est l'activité conjointe de l'oreille interne, côté droit et côté gauche, qui assure, à l'état normal, l'équilibre. Une activité déficiente de ce système et des voies neuronales qui amènent ces informations au cerveau occasionne un trouble de l'équilibre latéralisé : déviation du côté malade en marchant ; tendance à tomber de ce côté en position debout, les pieds joints.

Roger-Pol – Et quelle autre partie de notre cerveau intervient dans cet ensemble ?

Yves – Le cervelet. Il serait presque impossible de marcher sans le contrôle de l'équilibre qu'il assure. Il joue un double rôle de coordination et d'ajustement des mouvements de marche (un hémisphère de chaque côté du cervelet), et d'équilibre axial (le sommet du cervelet à sa partie médiane). Sa fonction primordiale est illustrée par le tableau clinique observé chez le nourrisson qui fait ses premiers pas (incoordination et instabilité dues au fait que le cervelet n'est pas encore fonctionnel).

Ataxie.

Chez l'adulte, le dysfonctionnement du cervelet provoque des gestes incoordonnés (par exemple pour attraper un verre) et/ou un déséquilibre (le plus souvent sans chute, les pieds écartés, avec de grandes oscillations du corps : c'est l'ataxie), en cas d'intoxication par l'alcool, par exemple.

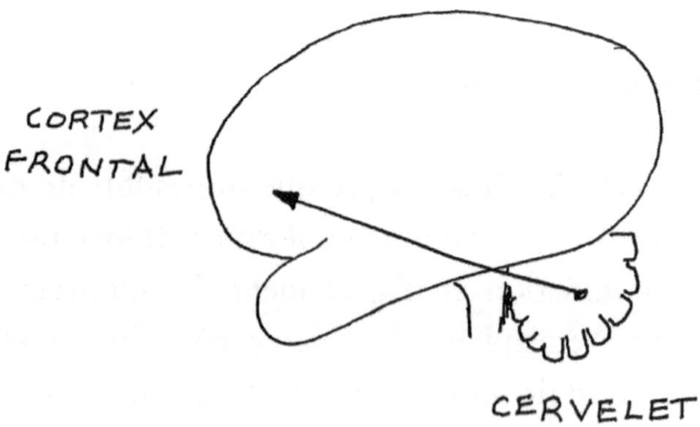

Le cervelet : équilibre et coordination.

Le cervelet assure l'équilibre (en son centre) et la coordination des membres (sur ses côtés), envoyant ces informations à la partie antérieure du cerveau (cortex frontal), lequel permet d'ajuster l'ensemble du comportement de marche.

Roger-Pol – J'aurais presque envie de dire que c'est d'une complexité à tomber par terre, mais je me retiens.

Yves – Oui, tu as intérêt à te retenir ! Parce que pour marcher, donc avancer, tu dois, en effet, garder ton équilibre. Et, pour cela, tu dois constamment adapter ta posture, grâce à une série de réflexes dont on n'a pas conscience, alors qu'ils sont évidemment indispensables.

Roger-Pol – Tu veux parler de tous ces gestes que nous faisons pour avancer, et qui accompagnent la marche ?

Yves – Et qui la permettent ! D'abord *le ballant des bras*. Le mouvement alterné des deux membres inférieurs s'accompagne de mouvements coordonnés, automatiques des membres supérieurs, qui peuvent prendre une grande amplitude lors du « pas de l'oie », ou donner des airs, comme le bellâtre qui « roule des épaules »... La perte du ballant du bras d'un côté permet de suspecter une maladie de Parkinson débutante, une raison de plus pour toujours observer comment marchent les malades...

Et puis, il ne faut pas oublier les *réflexes de posture*[1]. Lorsqu'on passe de la position allongée à la position verticale pour avancer, une série de réflexes adaptés déterminent l'action coordonnée et synergique des muscles qui permettent à l'ensemble du corps et de la tête de rester dans la position

1. Nutt J. G., Marsden C. D., Thomson P. D., « Human walking and higher-level gait disorders, particularly in the elderly », *Neurology*, 1993, p. 268-279.

verticale. Ces ajustements de la posture sont anticipés en continu pour assurer l'équilibre. Par exemple, lorsqu'on demande à quelqu'un de lever les bras, les muscles du tronc se contractent à l'avance pour assurer l'équilibre. De même, si, par inadvertance, l'équilibre est rompu (par exemple en butant sur un trottoir), une autre série de réflexes est mise en jeu de façon à remettre le centre de gravité en place (par exemple, lever les membres supérieurs, ou placer le pied en arrière lorsqu'on est poussé vers l'arrière).

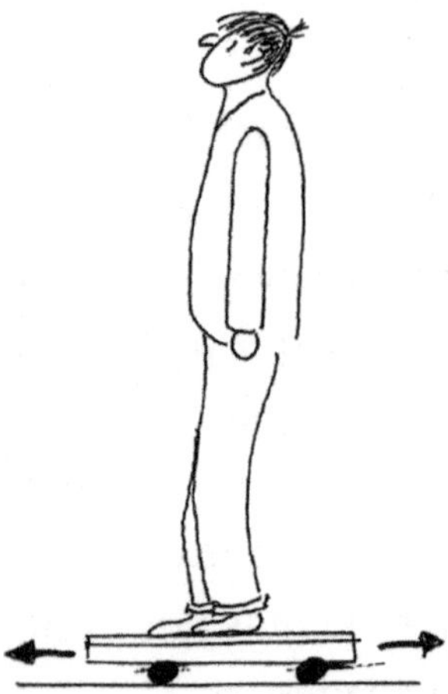

Évaluation de l'équilibre.

Une façon de préciser la nature et la sévérité d'un trouble de l'équilibre est de placer le patient debout sur une plate-forme horizontale et mobile et de mesurer l'activité des muscles assurant les diverses composantes qui permettent de maintenir la posture (posturographie).

Roger-Pol – Plus je t'écoute, tout en marchant, plus je me demande comment tout cela tient ensemble. J'entends tes phrases, je pense à ce que tu dis, en même temps je calcule sans le savoir la vitesse d'avancement de mon pied, la hauteur du talon, l'angle de la flexion, et je balance les bras, et je tiens la posture et *tutti quanti*... Dans le fond, quantité de choses, très banales quand on n'y pense pas et extraordinaires dès qu'on y pense. Le plus étonnant est peut-être ce dont nous n'avons pas encore parlé, ou très peu : chacun marche à sa façon, selon son style propre.

La complexité physiologique de la marche n'a rien à voir, *a priori*, avec la psychologie d'un individu. Et pourtant, nous avons souvent l'impression de savoir « à qui nous avons affaire » quand nous regardons une personne marcher dans la rue. Aucune démarche n'est totalement identique à une autre. Certaines sont lentes, d'autres rapides, à pas traînant ou au pas de course. Il y en a de sportives, avec ce déhanchement particulier des marcheurs de compétition, et d'autres raides, ou affectées, qui semblent même artificielles. Il suffit d'ailleurs d'une modification infime d'un seul élément pour rendre une démarche inquiétante ou comique. Par exemple, si je marche le cou en avant, ou bien, comme Charlot, en balançant les pieds...

Le pas de l'oie.

L'étrange.

Yves – L'allure de la marche devient en effet caractéristique de la personne. Elle dépend fort peu de la longueur des pieds, de la forme des fémurs, et beaucoup plus du « plan de marche » mémorisé puis mis en œuvre dans notre cerveau, dont il faudra parler. À ce titre, pour moi, la démarche est aussi spécifique d'un individu que peuvent l'être son intelligence, sa mémoire, ses goûts.

Roger-Pol – Il arrive qu'on reconnaisse un proche à son pas. La façon de marcher, quand on regarde bien, constitue donc un bon révélateur. Pas besoin d'être grand psychologue pour reconnaître le prétentieux, le hâbleur, le décidé, le mou, le déprimé, le sot, le distrait, le scrupuleux, l'affable, etc. La marche reflète un « état d'esprit » et permet de deviner plus ou moins une personnalité. Mais le type de marche adopté peut aussi être joué de manière volontaire, comme le pas du militaire qui défile, ou celui du dandy qui veut tromper son monde…

Le pps.

Yves – On peut même se faire une idée de la situation sociale d'une personne en la regardant marcher. La frimeuse des quartiers chics, le cadre qui avance bien comme il faut, l'homme de pouvoir qui prend une démarche de « sénateur », le docker qui roule des mécaniques, l'adolescent qui se donne des airs de Jean-Paul Belmondo, celui aussi que j'appelle le « petit péteux superficiel » (pps), etc.

Roger-Pol – Il y a en toi du Romain de l'Antiquité, si tu veux mon avis ! Cette sensibilité aux manières sociales de marcher était très vive chez eux, comme je te l'ai déjà dit. Cette forme de sensibilité s'est perdue, ces évidences ne sont plus les nôtres, sauf exception rarissime. Mais on pourrait sûrement envisager une sociologie des façons de marcher, qui viendrait se greffer sur la psychologie individuelle, qui elle-même s'accrochait à la physiologie et à la neurologie.

J'aimerais encore poser une question au médecin. Tu ne m'as rien dit des pathologies autres qui peuvent affecter la marche. Les troubles de la marche ne sont pas seulement neurologiques. On peut avoir une entorse, une arthrose du genou. J'imagine qu'il existe aussi des cas moins simples, où il n'est pas commode de discriminer entre les troubles nerveux et ceux qui ne le sont pas.

Yves – Tu as raison, mais il faut bien reconnaître que la prise en charge médicale de ceux qui marchent mal ou qui ne tiennent pas bien debout n'est pas toujours facile, faute de connaissances. Habituellement, si tu as des difficultés pour marcher ou si tu ne tiens pas bien debout, surtout si tu es âgé, on commencera par te proposer de changer tes semelles. Comme c'est souvent un échec, du fait de la fréquence des douleurs articulaires, on te proposera éventuellement une prothèse du genou ou de hanche. La locomotion est évidemment influencée par l'état des os et des articulations.

Pour distinguer une affection articulaire d'une maladie du système nerveux, j'utilise souvent ce qu'on peut appeler le « signe du maquignon ». En effet, la démarche des personnes qui souffrent d'une maladie des articulations est souvent asymétrique et provoque une boiterie minime qui *s'entend plus qu'elle ne se voit*, alors que ce n'est pas le cas dans l'immense majorité des maladies du système nerveux. On fait donc comme les maquignons, qui savent détecter l'entorse d'un membre chez le cheval, en écoutant le bruit des sabots sur le sol ! Il faut y penser systématiquement.

Le « signe du maquignon » permet de reconnaître un trouble de la marche d'origine articulaire.

Roger-Pol – Et quand tu as fini de tout passer au crible, de discerner toutes les causes possibles des troubles de la marche, tu n'as pas une frange de cas qui résistent ? On voit parfois des gens qui marchent d'une façon très bizarre…

Yves – C'est vrai, il arrive que tout soit apparemment normal mais que le patient continue de marcher de travers, ou de ne pas tenir debout. On a éliminé toutes les causes de troubles de la marche et de l'équilibre, d'abord non neurologiques, ostéo-articulaires (par exemple l'arthrose du genou ou de la hanche, autant d'affections qui peuvent bénéficier d'un traitement efficace grâce à la pose d'une prothèse), puis neurologiques, et rien n'explique ce qu'on constate. C'est le cas des troubles de la marche qu'on dénomme « psychogènes », qui ne sont pas d'un diagnostic facile. C'est un diagnostic d'élimination, le risque étant évidemment de passer à côté d'une maladie, surtout si elle peut bénéficier d'un traitement efficace.

Roger-Pol – Comment sortir de cette difficulté ?

Yves – Aucune recette, pas de méthode unique, une affaire d'expérience, parfois d'intuition. Je peux te raconter une histoire toute récente.

Un homme de quarante-cinq ans, employé de banque, se plaignait, depuis une semaine, de troubles de la marche qui l'empêchaient d'aller à son bureau. Tout avait commencé, brutalement, au retour de son travail, à la suite d'une discussion qu'il avait eue quelques heures plus tôt avec son supérieur. Depuis plusieurs mois, il se sentait épuisé, dormait mal, n'avait plus goût à rien.

Dès que je l'ai vu entrer, j'ai constaté que sa *marche paraissait bizarre* : il boitait exagérément, et s'aidait de deux cannes anglaises. En dehors des suites d'une intervention orthopédique, l'utilisation de cannes anglaises chez quelqu'un d'apparemment normal est toujours suspecte. Son buste était curieusement penché à droite, la jambe gauche restait légèrement pliée, la jambe droite était agitée d'un tremblement irrégulier, intermittent, de grande ampleur. Il racontait son histoire avec aisance, et il y avait manifestement une dissociation entre l'importance du handicap et la façon dont le patient rapportait son trouble avec un sourire engageant. Par instants, disait-il, la marche redevenait normale.

L'examen neurologique était normal. Comme le patient était désormais en confiance, j'ai essayé de tester le caractère psychogène de son trouble. Pour cela, je lui ai demandé de marcher tout en essayant de distraire son attention, en lui posant par exemple des questions qui n'avaient rien à voir avec sa gêne. Quand je lui posais une question exigeant de la réflexion, la marche redevenait subitement normale pendant quelques secondes. Lorsque je marchais à ses côtés, en empoignant vigoureusement ses épaules, la marche devenait quasiment normale. Alors que sa déambulation était bizarre et ralentie, le demi-tour s'effectuait soudain normalement. Il s'agissait bien d'un trouble de marche épargnant le système nerveux. On l'appelle « psychogène », car la cause ne relève pas d'une lésion du système nerveux, ce qui ne veut pas dire que la manifestation clinique est inventée.

Ce monsieur souffre donc d'une marche anormale sans lésion du système nerveux, comme l'indiquent les circonstances de survenue du handicap (brutal, bizarre), l'évolution variable dans le temps, la normalité de l'examen neurologique, et l'analyse psychologique exhaustive qui sera faite par la suite (à mon avis, mais à confirmer, une dépression sévère sur personnalité immature, avec tendance interprétative). Ce n'est pas une pathologie mimée en vue d'obtenir un bénéfice personnel (l'autre cause de troubles de la marche psychogène). Un traitement psychiatrique, accompagné d'antidépresseurs adaptés, devrait lui permettre de reprendre son travail.

Roger-Pol – Dans ce cas, c'est le psychisme qui perturbe la marche. Dans une certaine mesure, c'est donc bien la pensée, consciente ou inconsciente, qui se trouve intriquée avec les mécanismes moteurs qui nous font avancer. Ce qui confirme, si besoin était, que penser et marcher entretiennent des liens multiples, profonds, qui restent encore largement à élucider.

C'est dans la même boîte crânienne, dans le même cerveau que s'organisent tous les processus de la marche que tu as évoqués, et toutes les dimensions de la pensée dont j'aimerais, une prochaine fois, t'entretenir.

Entre ces deux activités, marcher et penser, il existe une quantité de liens, qu'ils soient de cause à conséquence, de similitude, ou d'analogie. Nous n'avons pas fini de les arpenter.

Yves – Que non ! Mais il temps de faire une pause.

Roger-Pol – Avant de recommencer… Tu te souviens des premiers mots de notre ami Diderot, dans *Le Neveu de Rameau* ? « Qu'il fasse beau, qu'il fasse laid, c'est mon habitude d'aller sur les cinq heures du soir me promener… » Et, bien sûr, je ne résiste pas au plaisir de rappeler qu'il court après ses idées, sages ou folles, comme s'il suivait, au Palais-Royal, des courtisanes rieuses.

Données d'hiver
Qui a commencé à marcher ?

« Qui marche dans la neige
ne peut cacher son passage. »
Proverbe chinois

Il gèle. Il s'est même mis à neiger. Pendant quelque temps, la météo n'incite pas vraiment aux promenades.

Nous poursuivons nos déambulations avant de continuer par des entretiens au coin d'un feu, en rassemblant des éléments de connaissance, en cherchant comment a débuté la marche, et en tentant de comprendre ce que fait le cerveau quand nous marchons.

Troisième promenade

Où l'on se demande à quelle période l'homme s'est mis debout et pour quelle raison, et si le développement de son cerveau est la conséquence ou la cause de cette marche verticale.

Roger-Pol – On prend par où, cette fois ?

Yves – Le tour du lac, ça te dirait ?

Roger-Pol – Va pour le lac ! L'avantage, c'est que c'est plat. Je pourrais donc dire des platitudes en étant de circonstance… Je propose même que nous marchions à quatre pattes, pour être plus proches de la nature, plus primitifs, plus animaux. C'est bien ce que préconisait Voltaire, pour se moquer de Rousseau, de son culte de la nature et de sa défiance envers les sciences, le luxe et le progrès.

Yves – Désolé, je ne connais pas Voltaire par cœur !

Roger-Pol – Moi non plus, rassure-toi. Je sais seulement qu'après avoir lu le *Discours sur l'origine et les fondements de l'inégalité parmi les hommes* de Rousseau, Voltaire lui écrit :

« Il prend envie de marcher à quatre pattes, quand on lit votre ouvrage. Cependant, comme il y a plus de soixante ans que j'en ai perdu l'habitude, je sens malheureusement qu'il m'est impossible de la reprendre, et je laisse cette allure naturelle à ceux qui en sont plus dignes que vous et moi. »

Je ne crois quand même pas indispensable de nous appliquer à faire le tour du lac à quatre pattes…

Yves – Tant mieux !

Qu'est-ce qui fait qu'on marche debout ou à quatre pattes ?

Roger-Pol – Il y a quand même une leçon à tirer de cette histoire. C'est que marcher sur deux pieds, c'est être humain, et sur quatre, c'est être animal. On se représente couramment l'émergence de l'humanité comme un redressement, un passage à la marche verticale. Dès lors, marcher à quatre pattes signifie retourner à l'origine, régresser, se déshumaniser, s'animaliser.

Yves – Et ce n'est pas une image ! Il y a bien là une réalité historique et neurologique. Nous n'avons pas d'exemple de quadrupèdes qui aient des fonctions mentales aussi développées que les bipèdes que nous sommes. Il est donc raisonnable de penser qu'un lien existe entre notre station debout et le développement de notre cerveau. Reste à comprendre la nature de ce lien, le moment de l'évolution où s'est enclenché le processus qui aboutit à la marche bipède, et ses raisons. Sans oublier que ce déplacement si singulier ne se limite pas au fait de mettre alternativement un pied devant l'autre. C'est bien plus complexe ! Il faut conserver un équilibre, adapter sa posture à l'avancement du corps, régler son pas sur l'état du sol, son inclinaison, son relief, etc.

L'homme qui marche a toujours un pied à terre, pas celui qui court.

Roger-Pol – Il n'y a vraiment que nous qui marchons ainsi ?

Yves – Ah oui ! *Homo sapiens* est le seul être vivant à marcher de cette façon. Bien sûr, certains dinosaures, les marmottes, les suricates, les oiseaux peuvent marcher sur deux pattes, mais ils le font différemment. Quelques animaux, comme l'ours, peuvent tenir debout, mais seulement dans des situations exceptionnelles, pour se nourrir ou pour attaquer. Ils marchent debout aussi souvent que nous marchons à quatre pattes.

Roger-Pol – Si la bipédie est caractéristique d'*Homo sapiens*, qui passe la majeure partie de son temps debout et qui a sacrifié les autres modes de locomotion, comment se fait-il qu'il se soit adapté de manière exclusive à cette manière bizarre de se déplacer ?

Yves – La réponse classique, qui est aussi la plus simple, est qu'« il est descendu des arbres ».

Roger-Pol – Trop simple ! Tu sais mieux que moi combien d'interrogations sans réponse masquent cette simplicité apparente. C'est ce que rappellent les paléoanthropologues, chercheurs perspicaces, qui ne peuvent proposer malgré tout d'interprétations qu'à partir de débris osseux. Pour l'ultime chaînon *Homo sapiens*, les hypothèses sont relativement aisées, en raison de la découverte d'outils, d'armes, de vaisselle, etc., à côté des squelettes. Mais pour les périodes plus anciennes, ils disposent seulement de quelques débris d'os et de crânes plus ou moins bien conservés qui ne suffisent pas à faire comprendre ce qui s'est passé.

Yves – Je vais devoir une fois de plus défendre la science contre ta tentative de la remettre en cause ! Les paléontologues ont quand même une idée assez précise des modes de vie de nos très lointains ancêtres. Pour cela, ils se fondent sur deux types d'observation : d'une part l'examen des squelettes, qui fournit des indices sur la capacité de tenir debout et de marcher ; d'autre part le volume de la boîte crânienne, qui reflète celui du cerveau, et qui donne une indication sur l'intelligence des individus. Encore faut-il admettre que le volume du crâne soit lié aux capacités intellectuelles. On se fonde donc sur des hypothèses, mais qui finissent par permettre de proposer des théories apparemment sensées et robustes. Pour une raison simple : il y a des faits. On sait ainsi que le volume du cerveau des premiers hommes, comme Tumaï, il y a quelque 9 millions d'années, ne dépassait pas 500 cm^3 pour une taille de 1,30 m. Ce volume augmente plus ou moins régulièrement à travers les différentes lignées d'*Homo* : 700 cm^3 chez les australopithèques, 800 cm^3 chez *Homo ergaster*, 1 600 cm^3 chez Néandertal (il y a 900 000-30 000 ans), pour arriver à *Homo sapiens*[1].

Roger-Pol – Et la corrélation entre volume du cerveau et capacités intellectuelles est bien établie ?

Yves – Honnêtement, je dois te dire que non ! Et je vais même fournir de l'eau à ton moulin de sceptique en rappelant que le cerveau de la vache, par exemple, est cinq fois plus gros que celui du chimpanzé, alors que les performances intellectuelles des bovidés restent plutôt modestes. Il n'y a donc aucune certitude absolue. Pourtant, il y a tout lieu de croire que la lignée humaine est devenue de plus en plus intelligente au cours des derniers millions d'années, et probablement de façon accélérée. La raison ? La pensée n'existe pas en soi, elle n'existe que lorsque le cerveau entre en interaction avec l'environnement. À quoi penserait un cerveau isolé qui n'aurait jamais reçu une information de l'extérieur ?

---

1. Picq P., Lemire L., *À la recherche de l'homme*, Paris, NiL Éditions, 2002.

À rien. Est-ce qu'un environnement sans cerveau pour le percevoir est pensable ? Pas plus. Si *Homo sapiens* a acquis de l'ingéniosité pour construire des outils et des habitats, de la ruse pour se défendre, de la sagesse pour vivre en société, etc., c'est bien qu'il a vu croître ses capacités intellectuelles et émotionnelles. Ses expériences nouvelles l'ont conduit à penser plus, à penser mieux, et la pensée en s'intensifiant lui a permis de mieux interagir avec l'environnement. Un vrai cercle vertueux !

Crâne de l'homme de Néandertal, redoutable chasseur apparu il y a 900 000 ans ; un corps puissant et trapu, des membres relativement courts ; un volume crânien de l'ordre de 1 600 cm^3, avec un front fuyant et le fameux « chignon néandertalien ».

Roger-Pol – Vive la vertu chez les cercles ! Il n'en reste pas moins que tous les êtres vivants bougent. Même les plantes avancent, dans une certaine mesure : elles grimpent le long des murs ou étendent leurs racines. En tout cas, tous les animaux se déplacent. Les protozoaires, comme l'amibe, y parviennent en fonction de contacts physiques ou chimiques. Le ver de terre se déplace par reptation, grâce à un système nerveux rudimentaire. Apparaissent ensuite les nageoires en mer, les pattes sur terre, quatre pour de nombreux mammifères qui peuvent marcher, trotter, courir, parfois à grande vitesse, comme le guépard. Alors, pourquoi la bipédie ? Et quand ? Sait-on vraiment à quelle période elle apparaît dans l'évolution ?

Yves – La réponse n'est pas claire, d'autant que la bipédie a été acquise dans des lignées évolutives distinctes, c'est-à-dire que plusieurs types de marche debout sont apparus à des moments différents. Certains dinosaures avançaient sur leurs deux membres postérieurs. Dans la lignée tourmentée qui conduit à l'homme d'aujourd'hui, les premiers à marcher vraiment sont probablement des singes apparus il y a au moins 30 millions d'années.

Roger-Pol – Mais ils ne se tiennent debout qu'occasionnellement ! Ils se servent de leurs quatre membres pour se suspendre dans les branches ou grimper le long des troncs d'arbre. Peut-on réellement affirmer que les singes sont bipèdes, même les plus grands, le gorille, ou l'orang-outan ? Il me semble avoir lu quelque part qu'on est bipède seulement si on passe plus de la moitié de son temps debout.

Yves – Il n'y a effectivement que nous qui passons ainsi la plupart de notre temps. La première forme de bipédie est apparue bien avant nous, probablement il y a 7 millions d'années, lorsque la lignée humaine s'est séparée de celle des chimpanzés. Mais la bipédie de ces premiers ancêtres n'était encore qu'occasionnelle. C'est le cas de Tumaï (« espoir de vie » en langue locale) qui vivait au Tchad il y a environ 7 millions d'années[1].

Roger-Pol – Ce pauvre Tumaï, s'il déambulait aujourd'hui avec nous, sans pouvoir marcher tout le temps debout, serait dans un drôle d'état. Tu as vu cette gadoue ? Les feuilles sont presque toutes tombées, et avec la pluie de ces derniers jours, elles se sont transformées en bouillie. Décidément, que ce soit la faute à Voltaire ou la faute à Rousseau, je suis heureux de ne pas marcher à quatre pattes… Mais je ne sais toujours pas comment on est passé de ce petit hominidé à jambes courtes à la silhouette de Cary Grant…

Yves – Eh bien, il a fallu du temps, et les apparitions successives de plusieurs types d'australopithèques (dont la fameuse Lucy, il y a 3,5 millions d'années), puis celle d'*Homo habilis* et apparentés, puis celle de l'homme de Néandertal, et enfin la venue d'*Homo sapiens*, qui aurait émergé en Afrique il y a 300 000 ans. Au fil des millénaires, la sélection naturelle s'est traduite par des modifications du squelette… pour aboutir à la démarche élégante de Cary Grant. Les pieds raccourcissent, le gros orteil se rapproche des doigts, la voûte plantaire se creuse, ce qui facilite la marche. Les membres inférieurs s'allongent, les fémurs s'inclinent en dedans, ce

1. *Ibid.*

qui permet d'accroître l'équilibre. Le bassin devient plus court et évasé, ce qui permet l'insertion de puissants muscles fessiers. Le torse se redresse, de même que le chef, et le trou occipital, qui fait communiquer la base du crâne avec la colonne vertébrale, se déplace vers l'arrière, dans le prolongement de la colonne. La bipédie devient alors plus assurée avec un balancement alternatif de la jambe gauche et du bras droit, puis de la jambe droite et du bras gauche, ce qui garantit l'équilibre.

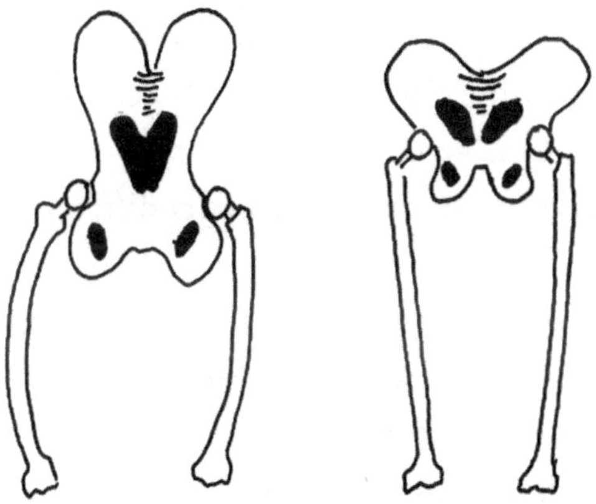

Le bassin et les fémurs du singe (à gauche) et d'*Homo sapiens* (à droite).

Roger-Pol – Ces millions d'années sont aussi un brouillard où l'on tente de s'orienter à coup d'hypothèses, de reconstitutions, de découvertes partielles, d'échafaudages provisoires… Je reviens donc à la charge avec mes questions de Candide. Qu'est-ce qui a poussé à descendre des arbres et à devenir bipède? Peu importe que ce soient des post-singes ou des pré-hommes, que leur est-il arrivé pour qu'ils se mettent à marcher ? Et encore : est-ce cette nouvelle marche bipède qui a permis de développer les fonctions mentales de l'humain, ou existe-t-il d'autres hypothèses ?

Yves – Il est admis que l'acquisition de la bipédie a favorisé l'adaptation à la vie en milieu ouvert. Elle aurait permis, par exemple, de mieux se protéger dans la savane. Lorsque l'homme commence à se redresser, cette station debout ferait que ses mains se libèrent, sa tête se dégage, son cerveau s'accroît, et sa pensée s'affine. Je reconnais volontiers qu'il y a là une cohérence. Les perceptions différentes rencontrées à la hauteur de l'homme qui marche sont nécessairement sources de connaissances nouvelles, donc de mémorisations inédites, donc de pensées et de comportements différents.

Roger-Pol – Si je comprends bien, nous aurions marché avant de nous mettre à penser. Singe debout, et quelques millions d'années plus tard, Einstein… Je caricature, mais cette histoire paraît bizarre. Que la bipédie ait précédé le développement du cerveau est plutôt inattendu. André Leroi-Gourhan dit quelque part : « On s'attendait à tout, sauf à ce que cela commence par les pieds. » Ce qui est rassurant, parce qu'au moins je ne suis pas le seul à trouver ce scénario bancal. Des bipèdes qui deviennent cueilleurs, chasseurs, omnivores, parce qu'ils se déplacent un peu partout, je peux le comprendre assez aisément. Que leurs deux jambes développent aussi leur cerveau, et accroissent leur intelligence de manière inouïe, voilà qui paraît moins évident.

Yves – Je partage tes doutes. Qu'est-ce qui prouve, en effet, que l'inverse n'est pas vrai ? Le développement du cerveau a pu offrir de nouvelles capacités intellectuelles et émotionnelles, qui auraient elles-mêmes poussé à explorer de nouveaux horizons, et donc à utiliser de plus en plus les membres postérieurs ! La sélection naturelle, par mutations successives, en apportant au cerveau des capacités nouvelles, a pu amener la lignée humaine à devenir plus intelligente et plus rusée, plus capable d'inventer et d'anticiper. Si tel est le cas, les hommes n'auraient plus eu besoin de grimper dans les arbres pour se nourrir ou pour éviter les prédateurs. En se redressant et en marchant debout, ils avaient la capacité de courir, ils pouvaient fuir, chasser plus efficacement, mais aussi utiliser des armes, des outils, communiquer : pour tracer des signes, en raison de l'habileté croissante des doigts ; pour s'exprimer, grâce au développement des organes de phonation.

Roger-Pol – Donc deux hypothèses en symétrie inverse. Est-ce que le cerveau s'est développé en marchant, ou est-ce parce que le cerveau s'est développé qu'on s'est mis debout ? Rien n'exclut d'ailleurs une sorte de boucle, une interaction progressive des deux processus, se renforçant l'un l'autre. Sans oublier les multiples facteurs liés au climat, aux environnements géographiques, aux événements géologiques ou autres.

Yves – Des questions qui demeurent sans réponse.

Roger-Pol – Sans doute sont-elles indécidables, comme tous les cercles du type « poule et œuf ».

Yves – Tout de même, s'il est vrai que la bipédie met en jeu les exécutants de la marche, essentiellement les membres inférieurs, il n'en reste pas moins que ceux-ci avancent de manière coordonnée. Comment ? En permettant de garder l'équilibre, lequel dépend d'une adaptation précise de l'ensemble des muscles du corps. Or, c'est le cerveau qui assure la planification de cet ensemble complexe de mouvements. La marche n'est pas seulement une affaire de bassin et de fémurs, c'est aussi, et même surtout, une affaire de système nerveux.

La question de savoir si la bipédie vient en premier ou si c'est le développement du cerveau est peut-être insoluble, mais le questionnement persiste. Une explication habituelle est de type « environnemental » : la sélection naturelle, dans un environnement contraint, permet à ceux qui adoptent de nouvelles dispositions de mieux survivre. En l'occurrence, la bipédie offre au cerveau des possibilités d'exploration nouvelles. Une autre explication consiste à penser qu'au cours de l'évolution l'organisation physiologique du cerveau se modifie par elle-même et non en fonction des perceptions de l'environnement (par mutations successives). Il se pourrait qu'avec le temps de nouvelles aires cérébrales apparaissent, permettant soit de mieux marcher, soit de mieux penser, soit les deux. Donc, comme tu disais, deux propositions qui se « boostent » l'une l'autre. C'est bien la poule et l'œuf mais, dans ce cas, l'œuf devient meilleur à mesure que la poule s'améliore…

Roger-Pol – Et ce qui complique encore le jeu, me semble-t-il, c'est qu'il n'y a pas de corrélation directe entre la taille du cerveau, mesurée à partir du volume de la boîte crânienne, et le développement de l'intelligence au sens large. Un petit cerveau, dans une petite boîte crânienne, n'interdit pas la bipédie, comme le prouvent nos amies les autruches !

Tu veux que je te dise ? Je me méfie des origines. Elles sont presque toujours fascinantes autant qu'inconnaissables. Et on risque de s'y embourber, comme dans ce chemin. Heureusement, on arrive au lac, je viens de l'apercevoir entre les arbres.

Concernant les origines, c'est l'ignorance qui provoque à la fois fascination et enlisement. Car jamais on ne saura vraiment ce qui s'est passé. Ce qui a eu lieu est si lointain et si multifactoriel qu'une connaissance assurée demeure inaccessible. Pourtant, on veut l'atteindre, on cherche à savoir, donc à boucher les trous. On forge des hypothèses, on brode, on suppute, on se dispute, et on recommence. Le roman des origines est interminable. C'est le cas pour celui des débuts de la marche debout comme pour celui de l'organisation sociale ou des règles de parenté. Les origines sont une histoire qu'on se raconte, bien plus qu'une connaissance que l'on construit.

Yves – Sans doute faut-il parvenir, dans cette construction romanesque, à tenir plusieurs chapitres ensemble, mais aussi à accepter de les quitter. Ce qu'on peut considérer comme certain, c'est que la survie appartient à ceux qui se sont modifiés et se trouvent donc mieux adaptés. De ce point de vue, l'espèce des marcheurs-penseurs avait de gros atouts…

Roger-Pol – Espérons que nous les possédons encore ! Car je n'ai pas l'intention de laisser la science tranquille. Nous sommes encore loin d'avoir jeté ne fût-ce qu'un peu de lumière sur les liens mystérieux qu'entretiennent les jambes et les idées, depuis l'apprentissage de la marche jusqu'à ses usages les plus sophistiqués.

Yves – Tu te souviens de ce que disait le biologiste et philosophe allemand du XIXᵉ siècle, Ernst Haeckel, qui diffusa la pensée de Darwin ? « L'ontogenèse récapitule la phylogenèse » : l'histoire de l'individu reprend celle de l'espèce. Il faut comprendre comment un enfant apprend à se déplacer debout, essayer de décrypter les mécanismes mis en œuvre au sein du système nerveux pour marcher, depuis la naissance jusqu'à la vieillesse. Comme dans l'énigme que le Sphinx propose à Œdipe, observer le curieux animal humain, qui marche d'abord à quatre pattes, puis à deux pattes, puis à trois pattes.

Roger-Pol – Attention ! N'oublions pas que cet animal, quand il vient de naître, ne marche pas du tout. C'est d'ailleurs une grande étrangeté de l'espèce humaine. Tous les animaux qui marchent y parviennent dès qu'ils sont nés. Poulains, veaux, chiots, chatons, lionceaux et tant d'autres se dressent sur leurs pattes, à peine sortis du ventre de leur mère. Ils titubent, leur marche est malhabile, mais elle est pratiquement immédiate. Par comparaison, l'individu humain est incapable même de s'asseoir avant plusieurs mois.

Yves – Oui, à trois mois, le bébé tient sa tête, il n'est assis qu'à six mois. Puis il marche à quatre pattes, avant de se mettre difficilement debout. Vers douze mois commence une déambulation maladroite, comme un petit robot désarticulé, avec de nombreux déséquilibres qui aboutissent à des chutes. Ses pieds sont écartés, ses pas saccadés (comme on voit chez l'adulte en cas de lésion du cervelet), puis l'équilibre se raffermit, la marche devient plus harmonieuse, plus rapide, mieux équilibrée, de plus en plus assurée.

Roger-Pol – Et il commence à s'exprimer, à se faire comprendre, à penser, à parler, même de manière lacunaire, par bribes. Ce qui frappe, c'est la coïncidence de ces développements. L'apprentissage de la marche et celui de la parole sont concomitants.

Yves – Pas vraiment : le bébé marche avant de parler. Cela dit, les mécanismes qui concourent à produire la parole et la marche se construisent probablement très tôt, même si leur exécution est plus tardive. Les potentialités pour le langage, par exemple, sont présentes dès les premiers mois, alors que l'expression orale de ce langage s'effectuera beaucoup plus tard, en moyenne vers l'âge de deux ans[1].

La marche continue de se perfectionner par essais et erreurs. Elle tend à devenir automatique même si elle est encore maladroite. Cet apprentissage, spectaculaire au début,

1. Dehaene-Lambertz G., Hertz-Pannier L., Dubois J., « Speech and cerebral correlates of syllable discrimination in infants », *Nature*, 1994, p. 937-945.

et qui se prolonge pendant plusieurs années, exige d'abord de la concentration et un contrôle permanent, jusqu'à ce que l'enfant ne pense plus qu'il marche. Son déplacement souple, coulé, harmonieux, devient automatique. Il n'a plus besoin d'y penser.

Il apprend à courir de plus en plus vite, à sauter, à jouer au foot ou à la marelle. Il peut initier la marche ou l'interrompre, mais il ne sait pas encore lui donner une allure subtilement affectée comme ferait un adulte.

Roger-Pol – Tu veux dire qu'il faut grandir pour avoir plusieurs façons de marcher ?

Yves – Exactement. C'est ainsi que les adolescents peuvent moduler leur démarche et prendre des allures particulières, avoir un air faussement dégagé, ou imiter des allures de marche, en particulier celles des professeurs... Ils prennent conscience de pouvoir marcher en pensant à autre chose, en poursuivant une conversation. Il en est de même des activités motrices plus complexes, comme le tennis par exemple, qui se construisent par essais et erreurs.

Roger-Pol – Et qu'est-ce qui change pour les adultes ? Ils ne marchent pas de manière particulièrement différente des adolescents.

Yves – Globalement, tu as raison, mais un œil exercé distinguera vite quantité de petites différences. Chez l'adulte, la marche de la femme est différente de celle de l'homme. Cette marche est propre à chacun. Et pourtant, nous ne nous rendons pas compte que notre démarche est caractéristique de nous-mêmes, spécifique. C'est qu'elle est automatique, on n'y prête pas attention. Elle n'est plus consciente, elle est devenue « subconsciente », dans le vocabulaire que j'utilise[1]. Cette automatisation est bien utile. Ce serait un vrai calvaire d'avoir à décider, consciemment, à chaque pas, de mettre un pied devant l'autre ! Malheureusement, tel est le cas pour les personnes qui « ne savent plus » marcher, parce que plusieurs éléments des circuits nerveux qui assurent la fonction de marche sont déficients.

Roger-Pol – Selon toi, chacun a son style de marche ? Un peu comme sa façon de prononcer les mots, ou de tracer les lettres ?

---

1. Agid Y., *L'Homme subconscient*, Paris, Robert Laffont, 2013.

Yves – Oui. Chez l'adulte, les traits de caractère ont progressivement façonné la façon de marcher. Observer quelqu'un marcher renseigne sur sa personnalité, au moins jusqu'à un certain point. « Dis-moi comment tu marches, je te dirai qui tu es », autrement dit comment tu penses. En scrutant comment tu marches (le déroulé des membres, les mouvements du tronc, des bras, le port de la tête), je peux faire quelques hypothèses quant à ta manière de penser, commencer à deviner qui tu es. Si l'allure de ta marche est prétentieuse, je peux faire l'hypothèse que c'est ta manière d'être, à moins que tu ne fasses semblant. On entend dire aussi : « il marche comme son père », en supposant alors une composante héréditaire de marche, même si l'éducation contribue également à ces ressemblances.

Roger-Pol – Décidément, ce lac est moins grand qu'il ne semble. Il est peut-être, en cela, semblable à la vie humaine. En tout cas, nous en avons déjà presque fait le tour ! Nous voilà au seuil de la vieillesse, qui marche de moins en moins bien.

Yves – Effectivement, avec la prise d'âge, le pas devient plus lent, plus étroit, plus saccadé, les membres plus raides. Les pieds sont levés moins haut, l'équilibre devient plus instable. La descente des escaliers se transforme en épreuve. Le tronc a tendance à se fléchir en avant, les chutes ne sont pas rares (60 % de chutes après 85 ans), avec leurs corollaires parfois dramatiques (fracture du col du fémur, hématome dans le cerveau, éventuellement mortel).

Les troubles de la marche et de l'équilibre sont, avec les troubles de la mémoire et la dépression, le handicap majeur des personnes âgées. Le comportement de marche, inné, modifié par l'expérience, s'altère, en pièces détachées, de manière variable selon les individus, en raison du dysfonctionnement d'un ou des divers contingents de neurones impliqués dans les mécanismes de la marche.

Roger-Pol – Sans compter que plus on marche difficilement, moins on a tendance à s'y exercer, et l'on entre alors dans un cercle qui n'a plus rien de vertueux.

Yves – Comme les personnes très âgées marchent moins, elles tendent à rester assises et, à force de rester assises, elles finissent au lit. Les raisons de cette immobilité croissante sont multiples. On dit : « c'est l'âge », on donne pour excuse l'arthrose. Peu pensent à l'altération du système nerveux, et encore moins à la langueur, voire la dépression, qui conduit à stagner. C'est pourquoi il faut s'entraîner à marcher, tant qu'on en a la force, d'abord pour ne pas perdre l'habitude de marcher, mais aussi pour s'ouvrir au monde, se donner de l'élan vital, favoriser la capacité de penser.

Roger-Pol – Nous voilà revenus à la question marcher-penser ! Il va falloir, la prochaine fois, que tu m'expliques ce qui se passe dans notre cerveau quand nous marchons. Je ne lâcherai pas la question.

Yves – Ça va venir, ça va venir !

Quatrième promenade

Où l'on découvre, assis au coin d'un feu de cheminée, qu'on ne marche pas avec ses pieds, comme on le croit généralement, mais avec son cerveau, comme le montrent les travaux scientifiques.

Roger-Pol – Le grand froid, pour moi, c'est l'enfer. Il y a bien pire que les bûchers : les glaces, le gel, la vie qui se fige… Un jour, dans les contreforts de l'Himalaya, j'ai découvert, sur les peintures d'une lamasserie, les enfers froids des bouddhistes tibétains. À côté des enfers de feu, ils ont inventé des au-delà congelés, où les corps sont bleus et raides.

Restons donc ici, et promenons-nous par la pensée et la conversation, puisque je crois que c'est fort semblable.

Pour l'instant, si ma mémoire est bonne, c'est à toi de m'expliquer ce qui se passe, physiologiquement, quand nous marchons. Tout le monde croit que c'est avant tout une affaire de muscles, une activité des pieds. Il s'agirait seulement de « mettre un pied devant l'autre, et puis recommencer », comme le dit la chanson des scouts. Montaigne, Rousseau, et même Nietzsche, eux aussi, situent en premier lieu la marche dans les jambes, dans les pieds et les mouvements du corps. Si j'ai bien compris, à tes yeux, c'est… je n'ose dire un faux pas, mais certainement une vue superficielle. Alors, docteur, qu'est-ce qui se met en jeu quand quelqu'un marche ?

Yves – Pas seulement des muscles, des tendons, des nerfs. En fait, tout le système nerveux se trouve impliqué dans le processus de marche, depuis son impulsion jusqu'à son contrôle. Quand je dis « tout le système nerveux », cela commence avec le pôle antérieur du cerveau, le cortex frontal (qui commande), et cela va jusqu'aux muscles (qui exécutent), en passant par les structures qui assurent le comportement automatique de la marche (les noyaux gris centraux). J'ai fait quelques petits croquis pour illustrer tout cela. En voici un premier qui permet d'avoir une idée, simplifiée, du schéma d'ensemble.

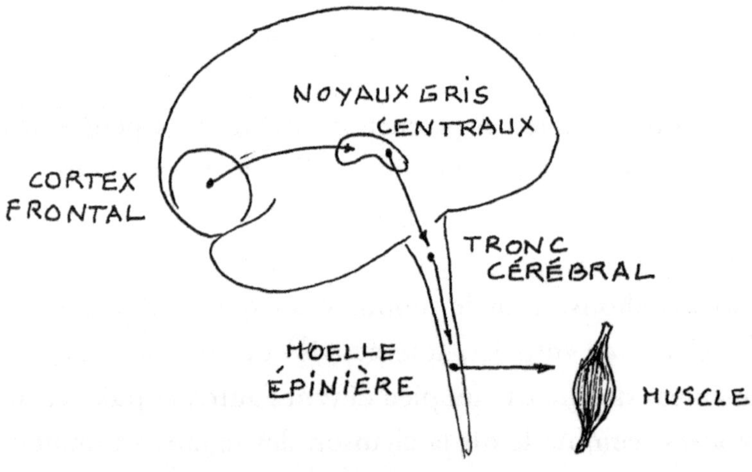

Le circuit moteur de la marche au sein du système nerveux.

Les voies nerveuses assurent la contraction de l'ensemble des muscles permettant la marche, à partir du cerveau, et plus particulièrement du cortex frontal (à l'avant) jusqu'aux nerfs périphériques (innervant les muscles), en passant par les noyaux gris centraux (au centre du cerveau), le tronc cérébral et la moelle épinière. Mais le cerveau est en même temps renseigné en continu sur l'état de contraction des muscles et des tendons.

Roger-Pol – Jusque-là, je te suis ! Mais quels sont au juste les territoires du cerveau mis en jeu ? Autrement dit, qu'enseigne la science de la marche humaine ?

Yves – Pour comprendre comment « marche » la marche, il est commode de distinguer deux activités mentales successives mais liées : *la commande pour mettre en œuvre le plan de marche, et l'exécution de la marche avec ses trois composantes interdépendantes que sont la locomotion, l'équilibre et la posture.* Commençons par la commande qui, en simplifiant, comprend trois phases : la décision, la planification, l'initiation. La première des interrogations est : où cela se passe-t-il ?

Pour marcher, deux aires cérébrales jouent un rôle prépondérant : le cortex frontal (mince couche de cellules nerveuses située à la périphérie du cerveau), localisé à l'avant, et les noyaux gris centraux, dans la profondeur du cerveau. C'est une simplification que tu me pardonneras, car la marche mobilise en fait l'ensemble des circuits du cerveau, en particulier le cortex de la partie postérieure du cerveau, qui assure les perceptions de l'environnement à l'aide des cinq sens (pour se diriger, mobiliser son corps) et le thalamus, relais indispensable pour véhiculer la sensibilité des muscles et des articulations de la périphérie vers le cortex.

Roger-Pol – Je te fais confiance sur les pièces maîtresses et leurs fonctions. Reste à savoir comment nous utilisons ces différentes parties de notre système nerveux pour nous mettre à marcher. Par exemple, à l'instant, nous voilà immobiles, bien calés dans nos fauteuils. Imaginons que nous allions faire un tour, malgré la neige et l'enfer du gel. D'où viendrait que nous nous mettions à marcher ? Est-ce que nous le décidons avant d'agir, en ayant l'idée de la marche avant son exécution ? Si oui, comment se construit ce projet de marche dans nos cerveaux ? Et, une fois l'intention constituée, par quels processus passons-nous à l'action ? Comment est-il possible de planifier un comportement aussi complexe d'une manière aussi instantanée ?

Yves – L'idée de marcher peut venir de soi, de manière intérieure, sous la forme d'une émotion (« Cela me fait plaisir »), ou d'une réflexion (« C'est bon pour la santé »), ou bien il peut s'agir d'une sollicitation extérieure (« Tu viens faire un tour ? »). Dès lors, se pose la question suivante : comment l'idée de marche prend-elle corps dans le cerveau ? À partir de là, on entre dans le domaine de l'hypothèse ! Voici la mienne.

Comme tu le sais, le cerveau est en activité permanente : Il brûle dix fois plus d'énergie que les autres organes. Ce qui laisse entendre qu'une myriade d'idées, d'images, de représentations diverses s'y côtoient, mais sans qu'on en ait conscience. Il est probable que ces représentations mentales apparaissent, disparaissent, se déplacent dans une sorte de « mouvement brownien ». Diverses sollicitations issues de l'environnement, de réflexions internes et d'émotions amènent à évoquer la représentation de la marche dans le cerveau (voir schéma ci-dessous). Dès lors, l'idée de marche est mobilisée, de sorte que, au-delà d'un certain seuil, cette idée devient soudain consciente. Elle émerge.

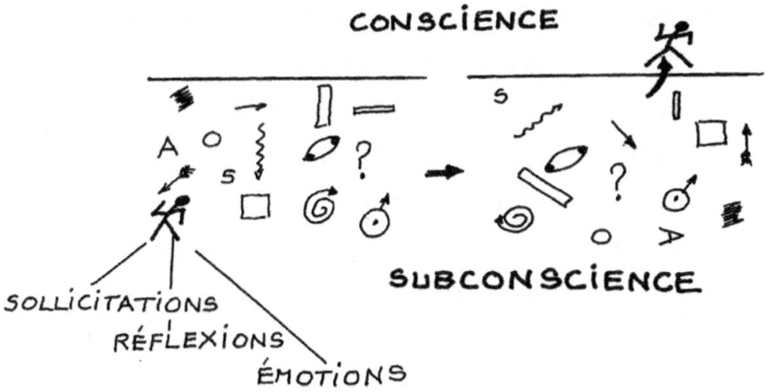

Comment l'idée de marche prend-elle corps dans le cerveau ?

Le cerveau est actif en permanence. Il est même très actif puisque, jour et nuit, il consomme dix fois plus d'énergie que les autres organes du corps. On peut faire l'hypothèse que, dans le cortex cérébral (40 milliards de neurones), l'activité incessante des cellules nerveuses produit des informations de toutes sortes, sans ordre, à la manière d'un mouvement brownien (ainsi en témoigne l'activité permanente et variable des ondes électriques recueillies à la surface du cortex). Dès lors, soit de manière spontanée (réflexion), soit en raison de sollicitations extérieures (intellectuelles ou émotionnelles), le rapprochement, la synthèse, la synergie, voire l'hybridation de plusieurs informations peuvent conduire à l'émergence d'une image, d'une phrase, d'une idée, bref d'une pensée structurée plus ou moins cohérente (ici, l'idée de marche, subconsciente, sous forme du petit bonhomme noir). Cette pensée, qui n'est pas consciente au moment où elle se crée, devient consciente au-delà d'un certain seuil de subconscience qui l'amène à la conscience : l'idée de marche devient consciente. Une hypothèse difficile à vérifier, car on ne dispose pas de marqueur spécifique de pensée !

Roger-Pol – Cette « image » d'une marche qui a pris corps, cette représentation mentale devenue consciente, elle doit encore s'enclencher, se mettre en œuvre ?

Yves – Là, tout dépend de ta décision, consciente ou non.

Consciemment, tu peux décider de marcher en fonction d'éléments logiques (tu veux aller à tel endroit) ou émotionnels (tu veux aller écouter de la musique). Si ces deux éléments se conjuguent, ta décision sera d'autant plus rapide ; s'ils s'opposent (le concert n'a pas lieu là où tu souhaites aller), tu hésites. *C'est une décision « consciente »* que tu prends dans ton cortex frontal.

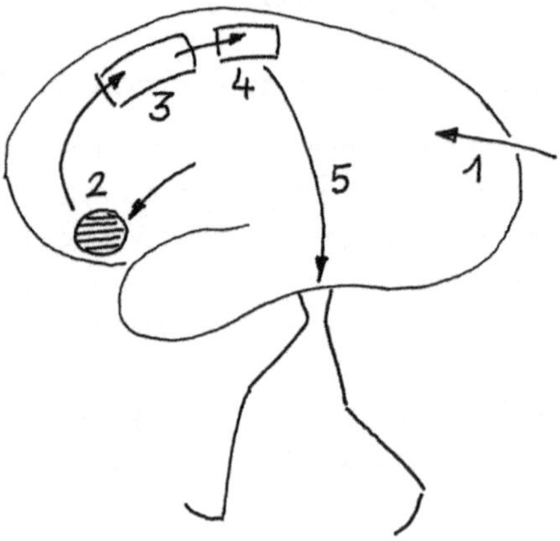

La décision consciente de marcher est prise dans le cortex frontal (comprenant d'avant en arrière une aire qui décide, une autre qui planifie, puis une qui permet d'exécuter la marche).

Lorsque je décide de marcher, soit j'ai une sollicitation extérieure (en arrière du cerveau) (1), soit je décide par moi-même. Mais la décision est prise dans le cortex frontal (2), lequel permet la planification du comportement de marche dans le cortex prémoteur (3). De là, l'ordre est transmis au cortex moteur (4) qui permet l'initiation de la marche (5) en activant le circuit de neurones qui transmet l'information jusqu'aux muscles.

Il peut aussi arriver que je décide de marcher sans le vouloir consciemment. Par exemple, je me lève de mon fauteuil, et, sans raison apparente, je me mets à marcher dans la pièce, mais sans me dire « il faut que tu marches ». Le mouvement a débuté, sans que j'y prête attention, *machinalement et sans prise de conscience.* Il y a des raisons qui ont déclenché cette marche, mais elles sont cachées. La décision s'est prise « subconsciemment » sans atteindre le seuil de conscience.

Roger-Pol – Une fois que tu as décidé, de manière consciente ou non, d'enclencher la marche, que se passe-t-il ? Tu n'as pas à apprendre à marcher, c'est déjà fait. Mais tu dois mobiliser, j'imagine, quantité de mécanismes acquis, et les combiner au traitement de myriades d'informations concernant l'environnement dans lequel tu veux te déplacer… Comment s'articulent dans nos cerveaux toutes ces données ?

Yves – Nous disposons d'*un « plan de marche » prêt à l'emploi.* C'est une sorte de répertoire, un registre cérébral où sont consignées toutes les notions acquises pour produire le comportement de marche. Comme un programme d'ordinateur. Avec une nuance, toutefois : le programme peut être ajusté au gré des circonstances. Or, notre système nerveux est remarquable : il dispose d'une collection complète de schèmes moteurs pour mener le mouvement de marche à son terme. Une *« mémoire de marche »* s'est progressivement construite depuis la petite enfance, avec des améliorations successives qui aboutissent à une allure de marche qui nous est propre.

Ce « plan de marche », qui fait que personne ne marche pareillement, réunit une série de « programmes » assurant les différentes composantes de la marche (locomotion, équilibre, posture), qui comprennent à leur tour différents sous-programmes (par exemple le déroulé d'une jambe, le ballant d'un bras).

Roger-Pol – Et dans le cerveau, où s'effectue cette planification ?

Yves – La planification finale de la marche s'effectue aussi au sein du cortex frontal, ce qui permet d'assurer la stratégie de la marche[1]. Ce plan de marche comporte une représentation spatiale, comme une photographie de l'action, et temporelle, comme dans un film. L'ensemble de ces instructions s'organise selon un schéma ordonné qui aboutit à une séquence d'ordres moteurs qui n'ont plus qu'à être transmis au cortex prémoteur voisin pour initier la marche.

Cependant, le cortex frontal doit non seulement assurer l'ensemble de la stratégie pour garantir la locomotion, mais il doit aussi tenir compte du cadre dans lequel s'effectue la marche, de ce que tu vois et entends pendant le trajet. Autrement dit, *le comportement de marche n'est pas uniquement affaire de motricité, mais également de perception de l'espace*. La tâche est rude, car, pour aboutir à un comportement de marche adapté, le cortex frontal doit à la fois intégrer toutes les informations (plan de marche, état émotionnel, perceptions de l'environnement) et assurer une synchronisation parfaite, dans le temps et dans l'espace, de cet ensemble de circuits de neurones à la fois moteurs, sensitifs et sensoriels !

---

1. Mihara M., Miyai I., Hatakenaka M., Kubota K., Sakoda S., « Role of the prefrontal cortex in human balance control », *NeuroImage*, 2008, p. 329-336.

Roger-Pol – Somme toute, le cortex frontal est une sorte de chef d'orchestre qui harmonise et coordonne nos capacités mentales ?

Yves – Absolument, c'est le cortex frontal qui met en musique la programmation de la marche. Il faut préciser que ce chef d'orchestre, situé à l'avant, dirige la partition jouée par les instrumentistes (perceptions, mémoires de marche…), situés en arrière. Ce chef connaît toutes les partitions. Il est capable, avec perspicacité, avec émotion, de coordonner et de faire exprimer de manière harmonieuse ce qui est produit par chacun des instrumentistes. Ces derniers sont tous particulièrement ingénieux et habiles, car chacun, avec sa spécificité, interprète sa partie en tenant compte de ce qu'il a en mémoire (la musique apprise), et de ce qu'il perçoit (à partir des cinq sens). Reste à savoir qui a écrit la musique, et comment… C'est une autre histoire !

Roger-Pol – Donc un cortex frontal aux mécanismes extrêmement complexes !

Yves – Oui, surtout chez l'homme, où il a connu un développement spectaculaire, puisqu'il représente un tiers de l'ensemble du cortex cérébral. De plus, ce n'est pas une structure homogène et bien limitée[1]. Avec ses multiples sous-groupes fonctionnels, il évoque plutôt un gigantesque

1. Rouault M., Drugowitsch J., Koechlin E., « Prefrontal mechanisms combining rewards and beliefs in human decision-making », *Nature Communications*, 2019, p. 1-16.

hub, comme dans les aéroports, composé de centaines de milliers de circuits de neurones, qui sont en lien, direct ou indirect, avec les autres *hubs* du cerveau. Et c'est au sein de cette zone dense en neurones que sont intégrées les perceptions (surtout visuelles et auditives) issues de la partie postérieure du cerveau, ce qui permet de produire un plan de marche cohérent.

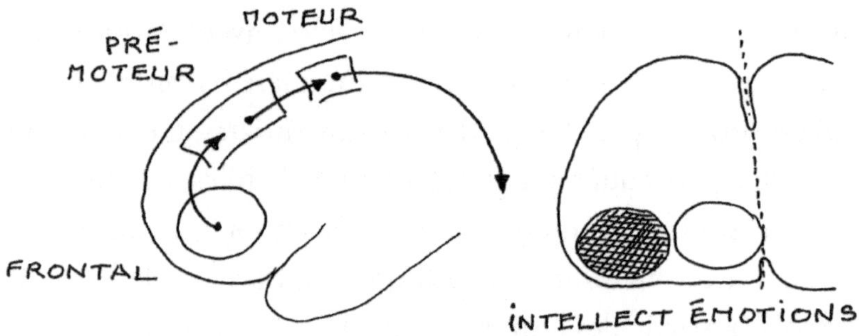

La planification et la décision de marcher au sein du cortex frontal (coupe sagittale à gauche, coupe transversale à droite).

La décision de la marche s'effectue dans le cortex frontal (à gauche, vue de profil) qui synthétise une série d'informations en provenance du reste du cerveau (à droite, vue de face) : les unes « intellectuelles » (raisonnement, logique…), traitées dans la partie externe du cortex frontal (en hachuré), les autres « émotionnelles » (le besoin, l'envie, le plaisir…), traitées dans la partie interne du cortex frontal (en blanc)[1]. De là (schéma de gauche), l'ordre de planifier la marche est fourni au cortex prémoteur, situé au-dessus et en arrière. C'est l'hybridation de ces deux types d'informations qui permet d'initier la marche dans le cortex moteur (en arrière).

1. Damier P., *Décider en toute connaissance de soi. Neurosciences et décision*, Paris, Odile Jacob, 2014.

Roger-Pol – Quand tu parles d'initier la marche, tu parles de ce moment où j'ai conçu ma marche, où je l'ai décidée et programmée, mais je ne marche pas encore, et il faut donc que je m'y mette.

Yves – Exactement ! Ton programme de marche étant à disposition au sein du cortex prémoteur, il reste à le mettre en action. Les informations passent alors dans le cortex moteur proprement dit, situé en arrière du cortex prémoteur, là où commence l'exécution de la marche.

Les messages porteurs de l'ordre de marche empruntent alors plusieurs circuits de neurones qui passent par la moelle épinière (faisceau pyramidal) jusqu'à l'extrémité des nerfs qui activent, de manière extraordinairement coordonnée, les muscles permettant la marche.

Roger-Pol – Là, tu décris une mise en œuvre consciente de la marche dans les conditions normales. Que se passe-t-il quand cette commande devient déficiente, quand le cortex frontal ne fonctionne plus adéquatement ?

Yves – On peut s'attendre à un dysfonctionnement à chacune des étapes du processus de marche au sein du lobe frontal, quelle qu'en soit la cause : traumatisme crânien, démence dégénérative, tumeur, hématome, etc.

Certains patients peuvent avoir perdu l'idée de marche, comme si la mémoire du schéma avait disparu (ce qui se voit, par exemple, dans certains rares syndromes parkinsoniens). D'autres savent bien comment on marche, mais n'arrivent plus à planifier correctement les différentes composantes. Par exemple, ils ont du mal à mettre un pied l'un devant l'autre, ce qui leur fait perdre l'équilibre. D'autres enfin sont incapables d'initier la marche ; ils voudraient bien avancer, mais leurs pieds restent collés au sol *(freezing)*, et si un pied décolle du sol, il piétine (comme un « bégaiement de la marche », disaient Melaragno et Garcin[1]), ce qui peut provoquer une chute.

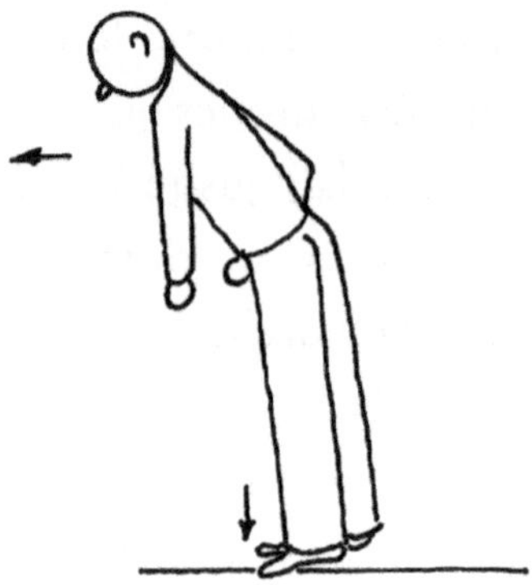

Le piétinement entraîne la chute.

Bien souvent, ces trois facultés sont atteintes, à des degrés divers, de sorte que la commande de la marche devient désorganisée, au point que le patient ne sait plus bien com-

1. Teive H. A. G., Cunha P., Gomes Ferreira M., Camargo C. H. F., Limogi J. C., Barbosa E. R., Walusinski O., Agid Y., « Freezing of gait (FOG) in Parkinson's disease patients – the contribution of Garcin and Melaragno », *Neurological Sciences*, 2021, p. 1-5.

ment avancer ni garder l'équilibre. C'est ce qu'on observe chez certaines personnes âgées.

Par exemple, cette dame de quatre-vingt-cinq ans que j'ai examinée récemment parce qu'elle tombait sans raison. Tout avait commencé deux ans auparavant : elle avait du mal à descendre les escaliers, même en tenant la rampe. Au cours des derniers mois, elle s'était affalée plusieurs fois de tout son long, la dernière chute ayant causé plusieurs blessures, dont une à la tête. Examinée en position debout, ses pieds étaient légèrement écartés et elle ne tenait pas debout lorsque les pieds étaient joints ; une petite poussée sur la poitrine lui faisait perdre l'équilibre. La marche était lente, la longueur du pas raccourcie. Quand je lui ai demandé de marcher, ses pieds restaient collés au sol, puis elle démarrait en piétinant sur place. Arrivée à l'autre bout de la pièce, lorsqu'elle a fait demi-tour, ses pieds sont restés figés sur le sol, et elle serait tombée si elle n'avait été soutenue.

Le reste de l'examen était normal, mais, en insistant un peu, il était facile de discerner quelques difficultés pour enchaîner les raisonnements, de petits troubles de la mémoire sur les faits récents, quelques besoins urinaires impérieux. On parle d'« astasie-abasie » (du grec, « ne pas tenir debout, ne pas marcher »), l'imagerie cérébrale montrant habituellement un élargissement des ventricules.

Roger-Pol – C'est donc une affection qui, pour l'essentiel, touche la marche et l'équilibre ? Est-ce qu'il s'agit d'un vieillissement des voies nerveuses qui permettent de marcher ? Et qu'est-ce que tu peux proposer à cette dame ?

Yves – C'est effectivement un tableau clinique qu'on rencontre de plus en plus souvent, du fait de l'allongement de l'espérance de vie. La rééducation pour la marche et l'équilibre est très utile, notamment pour réduire la part « phobique » inévitable, car, du fait des troubles de l'équilibre, les patients ont peur de tomber, ce qui ne fait qu'aggraver les troubles de la marche. Le bras d'un accompagnant, voire l'utilisation d'un déambulateur, devient parfois nécessaire. Dans quelques cas exceptionnels, une intervention neurochirurgicale est possible (évacuation du liquide céphalo-rachidien par mise en place d'une valve dans les ventricules dilatés).

Roger-Pol – Par exemple, en ce moment, en me versant une nouvelle tasse de thé, il est vrai que je n'ai pas la moindre idée de ce qui m'y pousse, de ce que j'ai programmé, enclenché et déclenché pour le décider, puis pour tendre le bras, soulever la théière, l'incliner en visant la tasse, etc. Franchement, j'étais loin d'imaginer, pour une action aussi élémentaire que la marche, que nous mobilisions, dans notre cerveau, tant de processus et de schémas, avant même d'ébaucher le premier pas.

Avançons encore. De quelle façon la marche normale se poursuit-elle ? J'ai tout enclenché, mis en route, me voilà parti… Je marche. Je n'y pense plus. Qu'est-ce que cette activité a de singulier ?

Yves – Dans la vie courante, tu marches sans y penser, machinalement. Cette marche à laquelle tu ne penses pas a au moins quatre particularités : elle est automatique, il n'est pas nécessaire d'en prendre conscience, elle doit prendre en compte l'environnement, elle peut être contrôlée par la volonté.

Roger-Pol – Décomposons, précisons. D'abord, la marche est automatique ?

Yves – Oui, parce que je ne me dis jamais : « avance le pied droit, puis avance le pied gauche, puis à nouveau le pied droit… ». Les mouvements alternés de mes jambes se font tout seuls : j'allonge le pas, je tourne à droite, je ralentis, je m'arrête, je repars, etc. Et mon corps suit de façon à maintenir mon centre de gravité pour ne pas perdre l'équilibre. D'une certaine manière, je ne me rends même pas compte que je marche, je n'ai pas besoin d'y penser, je peux réfléchir à autre chose, c'est comme ça que nous pouvons converser en marchant. Que serait notre existence s'il fallait en permanence penser que nous marchons quand nous marchons !

Heureusement, ce travail ingrat et permanent s'effectue automatiquement. C'est un comportement qui se déroule tout seul, machinalement, et répond bien à la définition d'un *automatisme.*

Roger-Pol – Comportement automatique ne veut pas nécessairement dire comportement non conscient. Mon corps se meut automatiquement, mais je peux toujours prendre conscience que je suis en train de marcher, et même éprouver l'avancement d'une jambe après l'autre, la pose du talon ou le balancement du bras. Autrement dit, si la marche, effectivement, est le plus souvent non consciente, il est possible de la rendre à nouveau consciente.

On pourrait même décortiquer un peu plus encore. Sartre faisait autrefois la distinction, somme toute fort simple, entre ce qu'il appelle la conscience « non téthique » (qui ne se pose pas elle-même comme conscience, du grec *tithêmi* ; une *thèse*, c'est une affirmation que l'on *pose*) et la conscience « téthique » (qui se pose comme conscience). Ainsi, j'ai conscience de marcher, globalement, même si je pense à autre chose qu'aux mouvements de mes jambes tout au long de ma promenade, mais c'est une conscience mise en sourdine, périphérique, « inactivée », si l'on peut dire. Mais, en me concentrant sur ce que je fais, en focalisant mon attention consciente sur mon comportement, je peux me dire : « Je suis en train de marcher », éprouver plus vivement les sensations qui accompagnent cette activité. Et l'on peut même devenir conscient de cette conscience : « Je sais que je suis en train de m'observer en train de marcher. »

Yves – Certes, mais cette possibilité n'en demeure pas moins rare. Dans la vie courante, très vite, dès que nous marchons, nous oublions la marche, nous n'avons pas conscience que nous marchons. Ce comportement de marche est devenu *subconscient.*

Roger-Pol – Subconscient, inconscient, quelle différence fais-tu exactement ? Tu n'ignores pas que l'histoire a chargé ces termes de sens multiples, parfois opposés. Dans l'histoire de la psychanalyse, par exemple, on a commencé par utiliser le terme « subconscient » pour désigner ce que Freud nomme l'« inconscient », la part du psychisme qui, du fait du refoulement, ne peut accéder directement à la conscience du sujet. Freud a utilisé le terme de « préconscient » pour désigner l'ensemble des traces stockées dans notre mémoire sans être pour autant constamment présentes à notre conscience. Ainsi, je connais les tables de multiplication, les prénoms de mes parents ou l'altitude du mont Blanc sans avoir à y penser en permanence… heureusement !

Ce préconscient correspond assez bien à ce qu'on appelait « inconscient » avant Freud, qui était un inconscient physique, corporel. Ainsi, je n'ai pas conscience du travail des anticorps dans mon organisme, ni de celui des enzymes dans ma digestion, pas plus que des régulations innombrables de mon système nerveux, mais cela n'a rien à voir avec l'inconscient *psychique* dont s'occupe la psychanalyse.

Yves – Pour moi, *être conscient*, c'est répondre aux événements de l'environnement d'une façon adaptée, qui ne soit pas automatique, et qui s'accompagne d'une manière de se rapporter à soi. Par exemple, si je dis : « Comment pourrais-je résoudre ce problème de géométrie ? », la pensée exprime une activité mentale élaborée, inhabituelle (surtout pour moi !), mais avec une intention impliquant un agencement nouveau qui mobilise mon attention, alors que tel n'est pas le cas pour le choix des mots destinés à exprimer cette pensée, qui sortent automatiquement de ma bouche, par les mécanismes de l'élocution. Cette fonction de conscience n'a pas de substrat anatomique parfaitement connu, même si on sait qu'elle met en jeu préférentiellement le cortex frontal.

Dans mon vocabulaire, être *subconscient*, c'est s'adapter aux événements de l'environnement sans en prendre conscience. C'est ce qu'on appelle habituellement l'« inconscient cognitif », pour le distinguer, justement, de l'« inconscient freudien ». On agit, mais sans y prêter attention, sans s'en rendre compte. Autrement dit, dans la situation de subconscience, on conduit son comportement en « pilotage automatique[1] ».

En fait, on est pratiquement toujours dans une disposition de subconscience. Des gestes quotidiens, comme saisir la salière sur la table, tendre la main pour dire bonjour ; ou bien des comportements plus complexes, comme se raser, passer les vitesses en voiture, donner un coup de pied dans un ballon, éventuellement des gestuelles excessivement difficiles à réaliser, comme le service au tennis, un pas de danse, le slalom à ski, tout cela est subconscient.

1. Agid Y., *L'Homme subconscient*, *op. cit.*

Roger-Pol – Cela me fait penser à la formule de Leibniz : « Nous sommes automates dans les trois quarts de nos actions. » Les trois quarts au moins, parce que ces routines qui s'enchaînent d'elles-mêmes concernent aussi les activités intellectuelles. Dans nos discours, les mots et les phrases se suivent automatiquement pour exprimer une pensée, même si cette dernière n'est pas automatique. Le même processus s'applique à l'écriture : la pensée qu'on veut exprimer est pleinement consciente, mais la formation des lettres, des syllabes, des mots, des phrases demeurera automatique, donc subconsciente, selon ton lexique. D'ailleurs, il semble difficile de savoir clairement dans quelles circonstances nous décidons pleinement de nos comportements, de nos pensées et de nos propos, car il y a toujours dans ce que nous faisons une part plus ou moins grande d'enchaînements mécaniques…

Yves – Il y a évidemment des degrés. Le fonctionnement subconscient domine pour des tâches comme passer un coup de balai, donner une poignée de main, réciter une table de multiplication… Mais c'est aussi le cas pour des pensées élaborées, qui s'organisent sans qu'on y pense. Par exemple, pour répondre à un questionnement conscient qu'on avait préalablement formulé. En fait, ces pensées qui s'élaborent à notre insu sont bien plus fréquentes qu'on ne le croit. On le constate quand on oublie un mot, ou un nom, et que le vocable cherché resurgit, quelques heures plus tard, alors qu'on fait tout autre chose. Entre le moment où la recherche a été initiée (« Vous savez, Madame… Madame…

Ah ! Je ne trouve plus son nom… Pourtant, je ne connais qu'elle… ») et l'instant où le nom est trouvé, un travail intellectuel se déroule, dont on n'a pas conscience, et que j'appelle subconscient.

Roger-Pol – Ces comportements subconscients ne sont donc pas seulement moteurs, mais aussi cognitifs, émotifs, affectifs.

Yves – Oui, il existe des émotions subconscientes, produites sans qu'on ait besoin d'en analyser toutes les parties pour en jouir ou en souffrir. Les unes sont complexes, comme les émotions déclenchées par la découverte d'une démonstration astucieuse, la joie d'écouter une musique familière. D'autres paraissent relativement plus simples, comme les retrouvailles avec un paysage connu, l'amusement provoqué par une saillie hilarante.

On a trop souvent tendance à penser que l'intelligence est seulement « consciente ». Or ce n'est pas vrai. Il y a quantité d'activités qui se déroulent de manière très largement subconsciente. Les unes sont relativement simples, encore qu'elles demandent un sacré savoir-faire, comme l'activité du maçon qui élève un mur, d'autres, extrêmement complexes, exigent *a priori* une réflexion approfondie, comme certaines découvertes scientifiques qui cheminent dans l'esprit du chercheur même quand il pense consciemment à autre chose.

Roger-Pol – Pendant ce temps, mon thermostat subconscient, qui travaille sans cesse, vient de m'indiquer que la température baisse ! Je vais ajouter deux ou trois bûches.

J'aimerais qu'on revienne à la situation de la marche, en repartant de la précision que tu viens de donner. Je serais donc en train de marcher. C'est une activité non consciente, automatique, que tu qualifies de subconsciente. Mais je peux décider de changer d'allure ou de direction, aller plus vite ou plus lentement, me diriger à droite, à gauche, me mettre à courir, ou à reculer, ou à mimer une démarche. Ma volonté consciente peut modifier à tout moment cette activité devenue subconsciente, comme un commandant de bord interrompt le pilotage automatique pour reprendre le contrôle des opérations. Comment tout cela s'organise-t-il ?

Le circuit de la marche automatique dans le cerveau.

Les informations permettant de poursuivre une marche naturelle, automatique sont adressées, à partir des noyaux gris centraux (1), directement au cortex prémoteur (2), puis au cortex moteur (3), qui assure l'exécution de la marche (4).

Yves – Dans la situation de marche subconsciente, automatique, les circuits neuronaux empruntés sont à peu près les mêmes que dans la situation de commande consciente, à ceci près que l'ordre de marcher (initié par des stimuli extérieurs ou des mémoires internes) gagne directement les noyaux gris centraux, avant de joindre le cortex prémoteur où le plan de marche est à disposition.

Roger-Pol – Mais pourquoi avons-nous besoin de ce pilotage automatique ? Il ne semble pas inimaginable que la marche soit contrôlée en permanence.

Yves – Ce ne serait ni commode ni économe ! En fait, on pourrait dire que le cortex frontal est un patron très intelligent mais un peu paresseux. Il décide d'initier la marche, mais il délègue le programme d'exécution à de petites structures cérébrales qui vont se charger d'assurer la suite de façon automatique. Il s'agit d'aires cérébrales parmi les plus anciennes dans la phylogenèse, situées au centre du cerveau : les noyaux gris centraux. Au sein du cerveau, ce sont eux qui prennent en charge l'exécution automatique de la marche.

Roger-Pol – Ils ont quelle tête, si je puis dire, ces noyaux gris centraux ?

Yves – Ils n'occupent qu'un tout petit volume, de l'ordre de 30 cm^3, ce qui est ridiculement faible par rapport au poids du cerveau, qui pèse presque trois livres, et ils se trouvent disposés dans la profondeur de chaque hémisphère cérébral. Ces noyaux gris centraux constituent un ensemble de circuits de neurones fort complexe, qui fait partie de ce qu'on appelait, autrefois, le « cerveau reptilien » (car ils sont particulièrement développés chez les reptiles, comme chez les oiseaux).

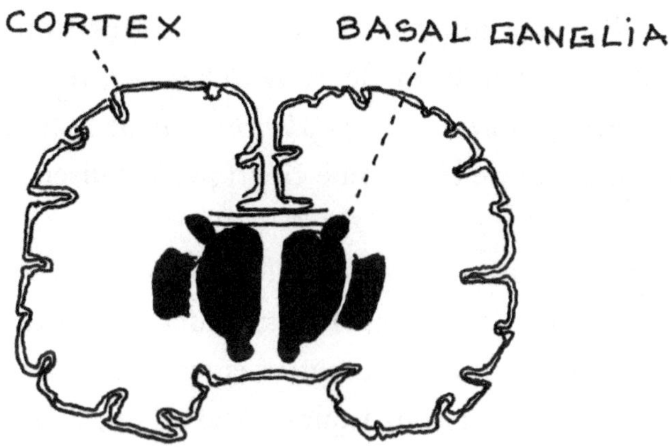

Les noyaux gris centraux
(schéma de coupe transversale au milieu du cerveau).

Les noyaux gris centraux jouent un rôle essentiel dans la genèse des comportements automatiques appris. Ils sont composés de plusieurs aires cérébrales liées entre elles, dont chacune a un rôle physiologique particulier, comme en témoignent les tableaux cliniques qui en résultent lorsqu'ils sont lésés. Striatum : chorée (vient du grec « danse ») ; pallidum : dystonie (mouvements de torsion) ; substantia nigra : Parkinson (lenteur, raideur, tremblement de repos) ; noyau subthalamique : hémiballisme (grands mouvements d'un côté du corps).

Roger-Pol – Quel est le rôle joué par ces noyaux gris centraux ?

Yves – Ils possèdent une expertise unique pour assurer, comme le dit Marsden, « l'exécution automatique de plans moteurs appris[1] ». Ici, chaque mot est important. Ces noyaux gris centraux permettent l'*exécution automatique* de la marche (la concevoir et finaliser la programmation dépend du cortex frontal). Ils permettent d'exécuter le *plan de marche* programmé dans le cortex frontal sans qu'on ait besoin de s'en préoccuper, c'est-à-dire de manière automatique. Par quel miracle ? À partir du cortex frontal (où s'effectue la planification de la marche), les noyaux gris centraux *reçoivent une copie du plan moteur* de marche, une sorte de partition de la mélodie cinétique à réaliser.

Roger-Pol – Nous aurions donc des plans-programmes de marche en stock, choisis en fonction des circonstances et mis en œuvre par les noyaux gris centraux comme autant de comportements automatiques ? Mais d'où, à leur tour, proviennent ces plans de marche mémorisés ?

Yves – De *nos comportements moteurs appris, et même sur-appris*, depuis la toute petite enfance. Les noyaux gris centraux sont, en effet, un *outil d'apprentissage* inestimable, mais pas d'emblée. Quand le jeune enfant apprend à marcher, les mouvements sont effectués avec gaucherie. Puis, par essais et erreurs successifs, les mouvements assurant la marche et l'équilibre finissent par être réalisés de manière adaptée. Le comportement de marche, appris et sur-appris,

1. Marsden C. D., « The mysterious function of the basal ganglia: the Robert Wartemberg lecture », *Neurology*, 1982, p. 514-539.

devient automatique. Marcher est progressivement une routine à laquelle on ne pense plus.

Roger-Pol – On n'apprend plus rien ?

Yves – Si, mais l'essentiel est acquis. Ce qui se mémorise en plus est destiné à perfectionner, à affiner des plans de marche particuliers. Au cours de nos marches s'effectue au fur et à mesure une mémorisation de l'environnement. Cette *« mémoire de travail »* permet de conserver la trace des événements vécus, pendant quelques secondes, le temps de prendre en considération les mouvements qui viennent de se produire pour effectuer les suivants.

Pour le comprendre, imagine une marche sur un terrain escarpé. On regarde devant soi, pas trop loin pour ne pas buter, suffisamment près pour savoir où on va mettre ses pieds, mais on ne regarde pas ses pieds, à moins que le chemin ne soit très accidenté, comme parfois en montagne. Ces particularités du parcours sont mémorisées au fur et à mesure. Elles permettent au programme de marche d'assurer le reposé des pieds sans heurt, en fonction non pas de ce qui est perçu (le regard est porté plus avant), mais du souvenir presque instantané que l'on a conservé du chemin parcouru.

Au fur et à mesure, les informations pertinentes sont retenues, et celles qui sont inappropriées sont effacées. Un *travail de sélection* permet de renvoyer vers le cortex moteur exécutif un message de marche affiné et apuré qui, dès lors, assure un comportement de marche adapté à la situation de l'individu.

Roger-Pol – Mais alors, si les noyaux gris exécutent, et que le cortex frontal commande, il faut bien qu'ils communiquent ?

Yves – Effectivement, les noyaux gris centraux ne sont pas isolés, seuls au milieu du cerveau. Ils sont connectés à la plupart des structures cérébrales, mais plus particulièrement au cortex frontal. Autrement dit, le cortex frontal et les noyaux gris centraux sont en boucle, de sorte que les messages adressés à ces derniers sont renvoyés au même cortex frontal.

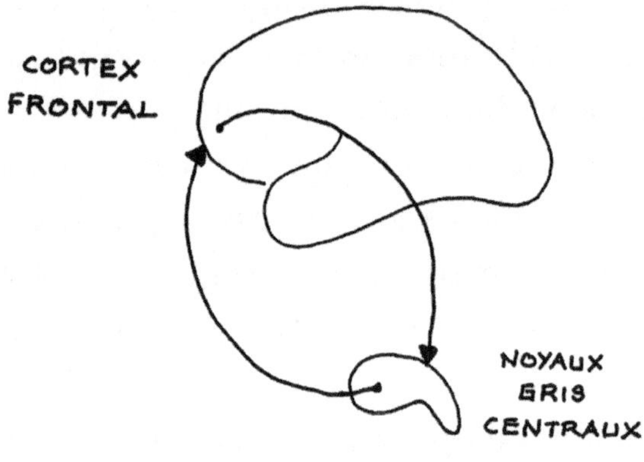

La boucle « cortex frontal – noyaux gris centraux » assure le comportement de marche.

Le circuit de neurones issus du cortex frontal se projette sur les noyaux gris centraux, qui renvoient au cortex frontal un contingent de neurones. Le cortex frontal, le patron, exerce ainsi un contrôle sur les noyaux gris centraux, les ouvriers, lesquels informent en retour le cortex frontal qui peut modifier, au gré, en toute conscience, l'automatisme de la marche non consciente générée par les noyaux gris centraux.

Roger-Pol – Quel est l'intérêt, pour le cortex frontal, d'envoyer ces informations aux noyaux gris centraux ?

Yves – D'une manière simplifiée, car dans la réalité l'automatisation subconsciente des comportements est dévolue à l'ensemble du cerveau qui perçoit et qui agit, ce couple « cortex frontal-noyaux gris centraux » est la pierre de touche de la relation conscience-subconscience qui contrôle la marche. C'est une boucle neuronale telle que le cortex frontal prédomine pour ce qui concerne le comportement volontaire conscient, et les noyaux gris centraux pour l'exécution du comportement automatique subconscient. Un autre petit dessin, pour le visualiser :

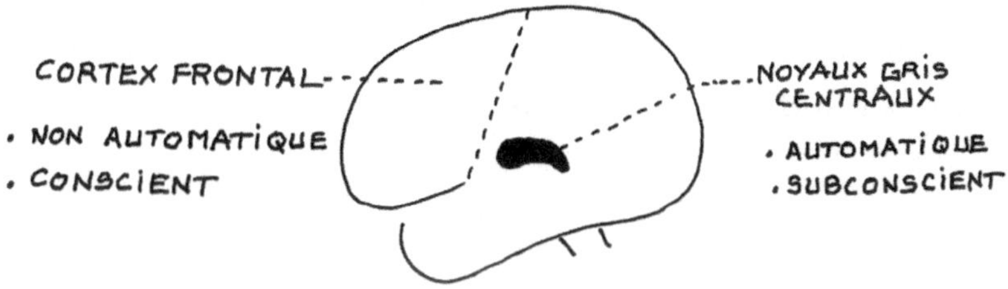

Le cortex frontal « conscient-non automatique »,
les noyaux gris centraux « subconscient-automatique ».

Les noyaux gris centraux sont responsables de notre « savoir-faire », en assurant l'exécution parfaitement coordonnée des mouvements permettant une marche automatique, subconsciente, celle que nous faisons sans nous en rendre compte. En quelque sorte le *« know how »* de la marche revient aux noyaux gris centraux, alors que le cortex frontal, responsable de la planification non automatique, consciente, se charge du *« know why »*.

En fait, quand nous marchons, nous passons en permanence d'un comportement de marche automatique, non conscient, géré par les noyaux gris centraux, à un comportement conscient, sous l'autorité du cortex frontal…, et *vice versa.* Il n'y a pas d'influence isolée de l'une ou l'autre de ces structures, corticale ou sous-corticale. Les deux sont liées. La mise en jeu des noyaux gris centraux est prééminente lors des activités automatiques, celle des régions frontales lors des activités non automatiques qui exigent l'adaptation à une situation nouvelle. C'est un va-et-vient permanent, mais, tandis que les artisans que sont les noyaux gris centraux sont en permanence aux fourneaux, l'entrepreneur, c'est le cortex frontal. Stanislas Dehaene le résume ainsi : « Une armée de travailleurs souterrains [qui] effectuent un énorme travail de fond », pendant que, « au sommet, un petit groupe distingué d'administrateurs de haut niveau [...] réfléchit aux décisions conscientes avec toute la pondération nécessaire »[1].

1. Dehaene S., *Le Code de la conscience*, Paris, Odile Jacob, 2014.

Roger-Pol – Et quand ces travailleurs souterrains sont fatigués, malades, déficients, que se passe-t-il ? Puisque les noyaux gris centraux jouent un rôle décisif dans l'exécution automatique de la marche, leurs dysfonctionnements doivent entraîner des troubles…

Yves – Effectivement, ils sont à l'origine d'une série de mouvements anormaux involontaires (tremblement, lenteur, rigidité, dystonie, tics, chorée, secousses musculaires) et de divers troubles de l'équilibre, tel le curieux « tremblement orthostatique ».

Voici, par exemple, l'histoire d'une dame d'une cinquantaine d'années qui ne tient plus debout depuis quelques mois. Elle est tombée à deux reprises au cours de la dernière semaine. Elle n'a aucune difficulté en position couchée ou assise, le déséquilibre n'apparaît que quand elle est debout, immobile, par exemple en faisant la queue à la boulangerie. Mais, dit-elle, « dès que je m'appuie contre un mur, le déséquilibre disparaît ». Il faut sûrement voir un psychiatre, pense-t-on ! En fait, pas du tout, il suffit d'appliquer la main à l'arrière du genou de cette dame lorsqu'elle est debout pour percevoir un léger frémissement, en fait un tremblement fin, de rythme rapide, qui signe le diagnostic de « tremblement orthostatique ». La prise de quelque benzodiazépine permettra à la patiente de refaire la queue, comme tout le monde. Un piège, ce diagnostic, heureusement rare ! Car les symptômes d'appel sont le déséquilibre et la chute, et le tremblement responsable est difficile à mettre en évidence. Un dilemme physiopathologique qui met en jeu un dysfonctionnement des noyaux gris centraux et du cervelet.

Roger-Pol – Quand on pense aux « troubles de la marche », on songe d'emblée à la maladie de Parkinson. Il me semble bien qu'elle est marquée par un dysfonctionnement des noyaux gris centraux. Je me trompe ?

Le patient atteint de la maladie de Parkinson.

En l'absence de traitement, la marche s'effectue à pas lents, raccourcis, les pieds frottent sur le sol. Le tronc tend à se pencher en avant, l'équilibre est instable, surtout au demi-tour, avec le risque de chute.

Yves – Tu es loin d'être ignorant en neurologie ! La maladie de Parkinson est en effet caractérisée par la perte d'un petit contingent de neurones (qui libèrent un neurotransmetteur, la dopamine) au sein des noyaux gris centraux. Les troubles de la marche apparaissent souvent à un moment ou un autre au cours de son évolution. L'automaticité de la marche qui est lente, normalement gérée par les noyaux gris centraux, doit être compensée par le cortex frontal qui réactive l'ensemble des circuits de la locomotion, de manière consciente. « Le malade parkinsonien est condamné au mouvement volontaire à perpétuité », disait Jean-Martin Charcot.

Le *dysfonctionnement des noyaux gris centraux, par déficience en dopamine*, détermine un déficit de toute la motricité automatique. L'administration de L-DOPA permet, heureusement, le rétablissement des concentrations de dopamine dans le cerveau, et donc l'amélioration, parfois spectaculaire, de la marche.

Roger-Pol – En bon élève, je vais récapituler ce qu'il faut retenir : *les noyaux gris centraux sont des artisans disciplinés et habiles, des élèves doués pour apprendre et mémoriser d'innombrables programmes de marche, responsables de l'automaticité de l'ensemble du schéma de marche, mis en jeu et contrôlé par le chef d'orchestre qu'est le cortex frontal.* Ils jouent donc un rôle essentiel pour assurer l'automaticité subconsciente de la marche.

Yves – Eh bien, si je pouvais apprendre la philosophie aussi vite que toi la neurologie…

Hypothèses de printemps

Parler, penser, est-ce comme marcher ?

« Ne marche pas devant moi, je ne te suivrai peut-être pas.
Ne marche pas derrière moi, je ne te guiderai peut-être pas.
Marche à côté de moi et sois simplement mon amie. »

Albert Camus

Les jours allongent, les pas aussi. En cheminant parmi les prés qui commencent à fleurir, des horizons philosophiques s'esquissent. Dans quelle mesure la pensée est-elle une sorte de marche ? En quel sens ?

Encore faut-il commencer par préciser de quoi on parle, et ce que « penser » signifie. Ce qui n'est pas une mince affaire. En outre, la question se pose depuis si longtemps que les hypothèses sont multiples.

Et celles des philosophes ne sont pas exactement celles des scientifiques. Nous le savons bien et nous en constatons chaque jour les conséquences, mais nous avons la faiblesse de croire qu'il est possible, malgré tout, d'avancer. Quitte à traverser, d'un bon pas, la question du langage, aussi difficile qu'essentielle.

Cinquième promenade

Où l'on cherche sans vergogne, en déambulant à travers champs, ce que veut dire « penser », et ce qui « marche » dans le cerveau quand nous pensons.

Roger-Pol – C'est quand même plus agréable de se promener par température clémente ! Je suis content que le printemps revienne, et surtout heureux de te retrouver.

Yves – Ravi de te revoir, moi aussi ! Je suis impatient d'avoir tes questions et objections de philosophe à mes propos de neurologue.

Roger-Pol – Je ne sais pas si ce sont des objections, car j'ai beaucoup appris de tes explications sur le rôle du cerveau dans la marche. En outre, je n'ai pas de compétence scientifique pour critiquer tes analyses. Je propose plutôt un changement de terrain. Mes questions ne se situent pas exactement sur le même registre que le tien, mais ce qui m'intéresse, et toi aussi, je crois, c'est que nous tentions de rapprocher ces registres, si possible, et au moins de mesurer leur écart.

Comme tu le sais, alors que tu t'intéresses à la manière dont la marche peut stimuler notre pensée, je soutiens plutôt, pour ma part, que penser est une façon de marcher : la pensée est une sorte de marche, c'est là mon intuition de départ. Je dis bien une intuition, pas un savoir. Ce que je soutiens n'a pas forcément de fondement scientifique. Admettons que ce soit une hypothèse. J'aimerais savoir si, de ton point de vue, elle semble plausible, ou totalement farfelue.

Quand je marche, il faut que j'avance en utilisant mes pieds et mes jambes, mais pas seulement. Comme tu l'as bien expliqué, je dois aussi adopter la bonne posture pour maintenir l'axe de mon corps, et assurer mon équilibre pour ne pas tomber ! J'ai la faiblesse de croire ceci : en pensant, je fais « la même chose » qu'en marchant.

En effet, j'ai le sentiment que la formulation de ma pensée passe par les mêmes étapes que celles nécessaires à ma marche : des périodes d'avancement, des écarts que je rattrape, tout cela en essayant de trouver un équilibre, afin que le déroulement de ma pensée s'effectue sans me tromper dans les mots, sans faire de faux sens, sans tomber dans les platitudes, sans bredouiller. J'irais même jusqu'à dire qu'il existe des « postures » dans la pensée, des manières de se mouvoir ou de se tenir qui me semblent analogues aux attitudes des marcheurs que tu as évoquées.

Je suis donc persuadé que la pensée est un mouvement, une avancée permanente, une progression pas à pas. En cela, elle me paraît entretenir avec la marche une parenté profonde, structurelle. Comme si les deux partageaient des traits essentiels, peut-être des processus identiques, ou à tout le moins comparables.

Voilà ce que je souhaite expliquer, et soumettre à ta critique, avec comme objectif final de savoir si, à tes yeux, ces intuitions peuvent correspondre à des données neurologiques, si elles peuvent être corroborées, plus ou moins, par l'état actuel des connaissances sur le cerveau.

Yves – Vaste programme ! Je ne suis pas certain que nous ayons les connaissances suffisantes, ni moi ni les chercheurs qui travaillent sur ces questions, pour te répondre avec certitude. Mais il est possible de faire un premier tri entre ce qui est improbable et ce qui est possible, et d'examiner des hypothèses et leur vraisemblance. Encore faut-il que tu me dises ce que tu appelles la pensée.

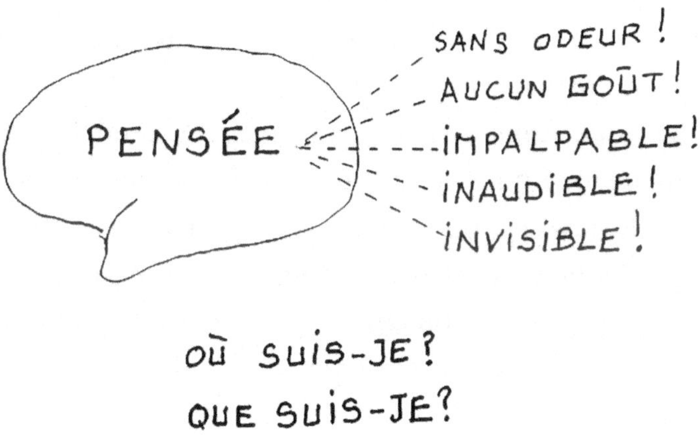

Roger-Pol – Et pourquoi donc ? Quand nous avons commencé à parler de la marche, nous n'avons pas posé comme condition préalable de définir la notion ! Nous sommes partis de ce que nous avions en tête, spontanément, et cela a permis d'avancer. Donc nous pouvons nous dispenser de cette tâche de définition, qui risque de nous entraîner fort loin.

Yves – Je ne suis pas d'accord. La marche est une activité physique que nous connaissons tous. Elle est simple à constater, même si elle se révèle, à l'examen, plus complexe qu'on ne le pense. En revanche, on parle de la pensée en de nombreux sens, très différents, et il me semble indispensable de commencer par mettre au net de quoi nous parlons.

Roger-Pol – Bien. Je constate que la mauvaise foi coutumière aux philosophes n'a aucun effet sur toi ! Ma tentative d'esquive paresseuse ayant échoué, je vais tenter une esquisse de quelques définitions possibles. Rien qu'une esquisse, évidemment, sinon nous y serons encore au printemps prochain, et je ne veux surtout pas perdre de vue la question de la relation entre penser et marcher.

Avant que nous arrivions au village, j'aurai brossé un tableau de quelques définitions de la pensée. Et je suis gâté par le paysage, puisque nous allons traverser plusieurs champs. Au lieu que ce soit du blé, du colza ou des tournesols, je te propose d'imaginer que nous déambulerons à travers le champ de la biologie, de la psychologie, de la métaphysique.

Je vais tenter d'aller du général au particulier, en commençant par la focale la plus large, avant de zoomer progressivement sur cette activité intellectuelle et philosophique qu'on dénomme « pensée ».

Une première grande division opposerait les éléments non vivants et les organismes vivants. La pensée, même si elle reste à définir – je n'ai pas oublié – est une activité des organismes vivants et d'eux seuls. À moins d'être résolument animiste, on n'envisage pas que le rocher, le vent ou l'eau puissent penser, pas plus que l'atome d'hydrogène ou l'acide chlorhydrique.

Yves – Et pourtant, si une pensée se définissait, au moins partiellement, par du mouvement, alors, dans l'infiniment petit, la matière dite inerte, formée d'atomes qui bougent, comme la matière vivante, pourrait être considérée comme pensante. Le problème est qu'une telle pensée serait tellement minuscule qu'on doit pouvoir la considérer comme absente.

Roger-Pol – Tu ne crois pas si bien dire ! Mon grand ami Diderot a envisagé l'hypothèse d'une « sensibilité » universelle de la matière en raisonnant ainsi : il paraît impossible que la capacité de sentir puisse surgir soudain de l'assemblage d'atomes qui en sont dépourvus, il faut donc supposer que tous les atomes, toutes les matières sont dotés d'une forme minimale de capacité de sentir. Au lieu d'une rupture entre ce qui est privé de sensibilité et ce qui est capable de sentir, il imagine donc une continuité, allant de la très faible sensibilité des pierres à celle des animaux et à la nôtre. C'est pourquoi, en se moquant gentiment de lui, le baron d'Holbach lui écrit, un jour, à peu près ceci : « Après votre départ, nous avons fini de dîner, hier soir, en discutant de la sensibilité des poires… »

Yves – Ils sont étranges, ces philosophes ! Mais ce que j'admire chez eux, c'est qu'ils vont jusqu'au bout de leur pensée.

Roger-Pol – C'est ce qui fait leur intérêt, et même leur charme. Leibniz, un peu avant Diderot, n'a pas hésité à écrire : « Le marbre aussi a des idées, quoique extrêmement confuses. » Cette phrase m'a toujours amusé. Regarde un morceau de marbre et songe qu'il a des idées confuses, c'est irrésistible… Laissons cela de côté, sinon je ne tiendrais pas mon pari. Posons que seuls des organismes vivants – végétaux, animaux, humains – sont capables de cette activité que nous appellerons « penser ».

Yves – Que les animaux pensent ne choquera personne. Que les végétaux pensent est peu probable. En tout cas, je ne vois pas d'argument scientifique pour soutenir une telle hypothèse. Il reste, toutefois, à savoir en quoi consiste cette activité de penser !

Roger-Pol – Patience, patience. Le premier niveau évoquant la pensée, chez les organismes vivants, est la présence de comportements que l'on peut dire « intelligents ». Même des organismes très rudimentaires comme les bactéries sont capables de fuir un environnement hostile, de se regrouper et de s'organiser pour mieux survivre et proliférer, de s'adapter avec pertinence à diverses modifications. Cette « intelligence » constitue une toute première forme de pensée, même si elle ne s'accompagne ni de sentiment ni de conscience. Cette pensée des bactéries, si l'on accepte la validité de cette expression, résulte d'un mécanisme physiologique simple. Il ne se traduit apparemment par aucune activité mentale, aucune représentation psychique.

Yves – Pour aller dans ton sens, nous autres ne considérons pas le comportement des bactéries comme guidé par des pensées, mais comme des réactions physico-chimiques d'attraction et de répulsion qui assurent le mouvement. Du reste, les bactéries n'ont pas de système nerveux, ce qui permet de suggérer, mais ne démontre pas, qu'une pensée ne peut naître qu'à partir du moment, au cours de l'évolution, où apparaissent des cellules nerveuses.

Pensée et langage : à partir de quand ?
L'atome, la bactérie, la fleur, le chat, le singe, l'homme.

Roger-Pol – À ce stade, cette intelligence adaptative, automatique, ressemble fort à celle d'une machine. Un micro est sensible aux sons, une cellule photoélectrique sensible à la lumière. Ces formes de « perceptions » peuvent éventuellement déclencher des comportements appropriés de la machine, mais sans qu'apparaisse une conscience. Un automate peut être programmé pour détecter ce qui risque de le détruire et l'éviter, mais il n'a pas peur. Nous ne sommes pas prêts à dire qu'une machine pense, pas plus qu'une bactérie, parce que nous estimons qu'elles sont dépourvues de vie intérieure, même si elles s'ajustent avec pertinence aux modifications de leur environnement.

Pour commencer à parler de pensée, il nous faut un second niveau, constitué par la sensibilité, par le fait d'éprouver de la douleur ou du bien-être, de la faim, de la fatigue. Dans l'infinie diversité des espèces vivantes, cette capacité à ressentir, cette « sentience », comme on dit aujourd'hui, prend des formes dont nous n'avons évidemment aucune idée précise, mais qui sont bien des formes de pensée. Nous ne savons pas – et sans doute ne pourrons-nous jamais savoir – « quel effet ça fait » d'être une chauve-souris, comme dit le philosophe américain Thomas Nagel. Mais nous sommes raisonnablement convaincus que cela fait « un effet » : le monde balisé par les ultrasons a une forme pour la chauve-souris, et elle s'y repère avec ses sens.

Yves – Nous admettons donc qu'il faut être vivant pour penser, mais que tous les organismes vivants ne pensent pas. Toute la difficulté est alors de déterminer à partir de quel moment on accepte de dire qu'un organisme vivant pense.

Roger-Pol – Et selon quels critères ? Est-ce que le ver de terre pense ? La souris ? Où se trouvent les limites ?

Yves – Tout le monde est d'accord pour dire que les grands singes pensent, de même que les chiens, ou les rats. Or, qu'ont donc en commun ces animaux ? Un système nerveux ! Est-ce que le ver *Caenorhabditis elegans*, dont l'organisme comporte environ 1 000 cellules, dont 300 neurones, pense ? S'il a une pensée, elle doit être très réduite, d'une petitesse extrême par rapport à celle de l'homme : si l'homme a environ 100 milliards de neurones dans son cerveau, tout se passe, en gros, comme si la puissance de penser de ce ver était de 300 divisés par 100 milliards, soit trois milliards de fois plus réduite... Donc infime ! Par conséquent, « une manière de penser la pensée est de penser qu'il faut un système nerveux pour penser ». Pensée maximale et sophistiquée chez l'humain, minimale et élémentaire, presque absente, chez le ver.

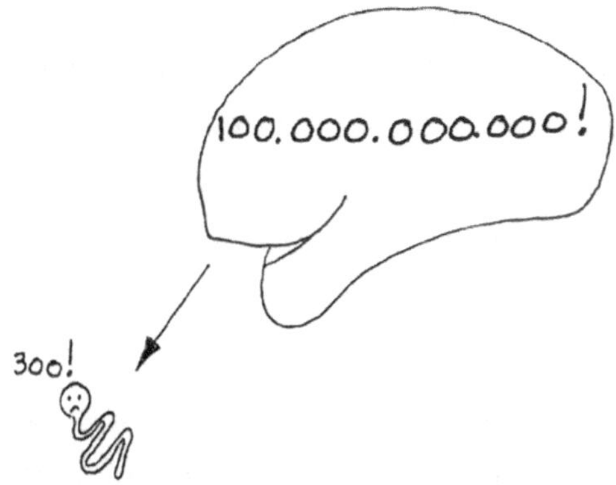

Le nombre de neurones dans le système nerveux du ver et de l'homme : la pensée, à partir de combien de neurones ?

Roger-Pol – La pensée de niveau trois, après l'adaptation automatique et le ressenti, c'est la conscience. Je sais bien que cette notion possède un lourd casier philosophique, si j'ose dire. Mais il est possible de choisir une approche minimale, en appelant « conscience » le fait de rapporter les sensations éprouvées à son propre corps. La vache qui se trouve dans le champ, là-bas, par exemple, a une conscience de ce type. Ce n'est pas une conscience morale, le sentiment d'une norme idéale à suivre, ni sans doute une conscience réflexive, la capacité de faire retour sur sa propre pensée. Mais c'est bien une forme de conscience de soi : cette vache éprouve la faim et le sommeil, la douleur et le bien-être comme se rapportant à son propre organisme.

Sans doute est-il difficile de cerner plus précisément les qualités de cette conscience, qui dépend d'autres circuits cérébraux que les nôtres et s'inscrit dans un organisme différent.

Mais je n'hésiterai pas une seconde à dire que cette vache pense. En effet, elle reconnaît le pré et l'herbe fraîche, elle se souvient du veau qu'on lui a enlevé, elle beugle pour qu'il revienne. Elle est ainsi capable de mémorisation, de recognition, d'anticipation. Elle éprouve des émotions, même si nous ne possédons de ses affections qu'une représentation approximative. Il n'en reste pas moins, quelles que soient l'estime et la sympathie que j'ai pour les vaches et leurs ruminations, que cette forme de pensée demeure à mes yeux radicalement différente de la nôtre.

Yves – Quelle est donc cette différence radicale ? Tu dis toi-même que cette vache pense, parce qu'elle éprouve des sensations, conserve des souvenirs, reconnaît des lieux et des gens et possède une conscience de son environnement et de son propre organisme. J'ajouterai qu'elle a un cerveau volumineux, développé, complexe. Il est différent du nôtre, mais rien ne justifie, à mes yeux, d'affirmer une différence radicale, de nature, entre la pensée de la vache et la nôtre.

Roger-Pol – Ce qui me conduit à cette affirmation, c'est tout simplement le fait que cette vache ne parle pas. Elle dispose de moyens d'exprimer ce qu'elle ressent, mais rien qui ressemble, de près ou de loin, au langage humain. Avoir ou n'avoir pas de langage est le dernier clivage essentiel. Ma conviction, c'est que l'existence du langage a fait basculer les êtres humains dans un tout autre registre, sans commune mesure avec la pensée animale.

Yves – Tout dépend de ce qu'on appelle langage. S'agit-il du langage parlé ou du langage au sens de communication ? Même si les animaux ne parlent pas avec des mots, ils communiquent à l'aide de différents codes exprimés par leur comportement, dont certains semblent particulièrement sophistiqués. Entre pensée sans langage et pensée avec langage, n'y a-t-il pas une continuité plutôt qu'une rupture ?

Roger-Pol – Non, non, pas de continuité ! Au contraire, un changement d'univers. J'y insiste, parce que cette question est source de confusions nombreuses et fréquentes. Je n'ignore pas la diversité et la complexité des communications animales, les cris, chants, danses, postures et autres qui peuvent annoncer un danger, ou l'arrivée d'un prédateur, ou bien la localisation d'une nourriture, ou encore l'appel à la reproduction, avec parfois des nuances bien plus fines.

Mais ces systèmes de communication diffèrent absolument du langage humain, pour plusieurs raisons.

D'abord ils sont innés et fixes, génétiquement programmés. Il n'y a qu'une seule manière, dans une espèce donnée, d'appeler à la fuite ou à l'union sexuelle. Ces communications ne sont pas apprises, ni susceptibles d'évoluer. Elles sont toutes directement liées à des questions de survie.

À l'inverse, les langues humaines doivent être apprises, elles sont toujours acquises, au terme d'un apprentissage qui s'étend sur des années. Alors que nous ne sommes biologiquement qu'une seule et même espèce (puisque toutes les ethnies humaines sont interfécondes), il existe des milliers de langues.

Et surtout, ces langues humaines fonctionnent toutes selon une structure symbolique. Elles n'ont pas pour fonction principale de déclencher un comportement (prendre la fuite, aller chercher de la nourriture…), mais d'évoquer une idée au moyen de signes, d'abord sonores, puis graphiques, avec l'invention des écritures, ou gestuels pour la langue des signes. Ce couplage signe/idée crée un univers de pensée qui n'a plus rien à voir avec les codes programmés génétiquement, ni avec des comportements de survie.

Yves – Je te suis parfaitement, même si je sais que la capacité de langage des humains est, elle aussi, programmée avant la naissance[1], que le comportement des animaux est pour

1. Dehaene-Lambertz G., Hertz-Pannier L., Dubois J., « Speech and cerebral correlates of syllable discrimination in infants », art. cit.

une part appris (c'est le cas des pigeons, par exemple), et que la communication de messages complexes leur est possible (ainsi les abeilles indiquent-elles, par les figures qu'elles décrivent en volant, la direction et la distance des massifs de fleurs qu'elles ont repérés).

Je te suis aussi quand tu dis que, chez les humains, le langage contribue de manière essentielle au développement de la pensée. La question demeure pourtant : est-ce le langage en soi qui fait l'intelligence de l'homme, comme s'il n'y avait pas de pensée sans langage, ou est-ce que l'élocution et l'écriture, qui expriment le langage des humains, permettent d'enrichir en retour sa pensée, ce qui est compatible avec l'idée que le langage n'est que l'expression de la pensée ?

Mon impression est que la puissance de la pensée humaine provient surtout de ses invraisemblables capacités d'apprentissage. À cela deux raisons : le développement remarquable de son cortex cérébral (notamment frontal), qui permet de manipuler les pensées de façon non stéréotypée, non automatique ; et la capacité de modifier voire de créer de nouvelles connexions nerveuses (ce qu'on appelle la neuroplasticité).

En tout cas, tout le monde sera d'accord avec toi pour dire que, chez les humains, la fonction de langage contribue à améliorer la faculté de penser en quantité et en qualité. D'où la suprématie de la pensée humaine sur celle des animaux.

Roger-Pol – Nous sommes à peu près d'accord, mais j'insiste bien plus que toi sur le fait que la différence est majeure entre humains et animaux, en raison de l'entrée des humains dans l'univers du langage symbolique, celui qui relie un signe de convention à une notion générale. Je ne néglige pas les raisons neurologiques qui instaurent cette coupure, mais je veux souligner qu'elle provoque une mutation radicale. Si on place dans une même famille un nourrisson et un chiot, trois ans plus tard l'enfant parle, et pas le chien. Dans l'ensemble, ils ont entendu les mêmes phrases, ils ont baigné dans le même environnement linguistique. Mais le petit humain a les moyens cérébraux d'acquérir un langage symbolique, et le chien ne les a pas.

Cette capacité génétique à maîtriser le langage symbolique, à en comprendre les mécanismes et à les utiliser, n'a bien entendu rien à voir avec la possession innée d'une langue définie. Le nourrisson parlera français, polonais, tamoul, wolof, espagnol ou autre, selon l'environnement dans lequel il sera immergé.

Ces langues, et toutes les autres, définissent des univers de pensée qui possèdent chacun un visage spécifique, lequel est fonction de la sémantique, de la syntaxe, de la manière propre à chaque idiome de découper le monde et d'organiser les catégories pour l'appréhender.

Toutefois, ces nuances culturelles, qui sont importantes, ne doivent pas masquer le fait massif, essentiel, de ce changement de registre dont je te parlais. La capacité humaine de penser en langue, de penser par signes conventionnels couplés à des notions générales, constitue la révolution qui transforme tout, qui fait de l'animal humain un être parlant.

Yves – Révolution ou évolution ?

Roger-Pol – Révolution, sans hésiter, et j'ai même le sentiment que le terme est très en dessous de la réalité ! Car l'avènement du langage humain est peut-être le seul vrai grand bouleversement de toute l'histoire, celui dont tout découle.

Yves – Explique-moi…

Roger-Pol – Je veux simplement rappeler ceci, trop souvent oublié dans les débats actuels : le langage symbolique, qui articule signes et idées, crée un monde mental absolument spécifique. Il sépare la pensée et son expression de toute expérience immédiate et des comportements qui vont avec. Je peux te parler de « la mer » ou de « la montagne », au milieu de la plaine où nous sommes, et tu as des images mentales de ces paysages absents, sans aucun besoin d'y aller pour en parler.

Est-ce que tu imagines combien la vie serait différente, et fatigante, s'il fallait aller chercher un bateau, un zèbre ou une laitue au lieu de dire les mots qui permettent d'y penser ? Et où donc irions-nous chercher une hypoténuse, une dérivée, une puissance ? Ou bien même l'idée de joie, de tristesse, les notions d'« avant » et d'« après » ? Je te laisse compléter. C'est sans fin !

Yves – Tu soutiens donc, si je comprends bien, que c'est le langage qui permet ces notions, qui les crée ? Il ne se contente pas de les exprimer ? Autrement dit, le langage crée la pensée ?

Roger-Pol – Oui, si tu veux, on peut le dire ainsi. C'est même plus grave que cela, parce que le langage symbolique ouvre bien d'autres possibilités que ne possède aucun système de communication animale. Avec des signes et des idées, il devient facile de produire des métaphores, de transférer un terme et une notion d'un domaine à un autre. La vache a une mémoire du champ, mais elle n'a pas l'idée de champ. Dès que le mot est couplé à la notion, tout change, on peut concevoir que le champ de blé est et n'est pas le champ de maïs, on peut comprendre « champ de bataille », « champ de recherche », « champ des possibles », inventer de proche en proche de nouveaux usages, de nouvelles idées.

Comme le souligne le grand linguiste Émile Benveniste dans « Communication animale et langage humain », un article très clair et important repris dans ses *Essais de linguistique générale*, il devient également possible de répéter ce qui a été dit par d'autres. « Il ou elle m'a dit que… » n'est pas praticable dans la communication animale. Le signal est toujours lié au vécu direct d'une situation. Avec la fonction symbolique, il en va tout autrement. Tu peux me parler de la pluie en plein soleil, ou inversement, et je pourrai dire à d'autres ce que tu m'as dit, et le commenter, ou le déformer… et mentir, inventer, créer des histoires.

Voilà pourquoi le langage est bien la césure qui constitue notre monde, et le sépare du reste. La formation des mythes, des littératures, des religions, des sciences, des philosophies, tout ce qui fait qu'il existe des cultures, des techniques, des villes et des industries provient de là. On ne rencontre guère, à ma connaissance, d'épopée chez les vaches, de théâtre tragique chez les mouches, de comédie chez les chiens. Pas plus que de mathématiques chez les moutons ou de physique théorique chez les baleines.

Yves – Je suis convaincu, même si je ne vois pas comment on pourrait s'en assurer, que les animaux ne disposent pas d'un langage symbolique même élémentaire. En tout cas, tu plaides pour une discontinuité absolue, et non pas une continuité, entre le langage de l'espèce humaine et celui des non-humains ? Et aussi pour la pensée, j'imagine ?

Roger-Pol – Oui ! J'ignore comment pareille différence s'est mise en place, et j'hésiterais peut-être à la décréter « absolue », mais elle est colossale. Chez les êtres humains, la pensée, qui existe chez d'autres vivants comme phénomène « général », se trouve entièrement transformée et recadrée par le langage et par la logique, ce que les Grecs de l'Antiquité désignaient par un seul mot, le *logos* (qui signifiait à la fois « la raison » et « la parole »).

Quand Aristote définit l'être humain comme *« zôon logikon »*, il veut dire que l'homme est un organisme vivant, un animal *(zôon)*, et qu'il possède la double particularité de parler en utilisant des outils symboliques (parole) et d'enchaîner ses idées en fonction de règles logiques de déduction et de non-contradiction (raison).

L'homme est bien *un animal*, mais, *en tant qu'être parlant*, c'est un animal profondément transformé, reconditionné par le langage. Pour le dire autrement, nous sommes des animaux pagaillés par la langue. Elle travaille en effet notre sexualité, qui n'est plus un instinct, elle modifie le cours de nos sensations, qui ne sont plus entièrement passives mais aussi réflexives, elle conditionne l'enchaînement de nos idées, qui n'est pas seulement associatif mais aussi déductif et prospectif.

J'ai été bavard, peut-être. Mais je crois avoir tenu mon pari : nous ne sommes plus très loin du village.

Yves – Donc, ce que tu me dis, c'est que la pensée des humains est indiscutablement boostée par la possibilité de s'exprimer à l'aide d'un langage parlé. Pourtant, deux choses me gênent. D'abord cette discontinuité absolue que tu évoques entre *Homo sapiens* et le reste du règne animal. Après tout, au cours de l'évolution, les capacités d'élocution de l'homme ne sont pas apparues d'un coup. Les hommes primitifs, qui avaient des pensées suffisamment élaborées pour vivre en société, ne les exprimaient pas par la parole, ou de manière grossière, peut-être tout simplement parce qu'ils ne disposaient pas des organes de phonation le leur permettant. Autrement dit, qu'il y ait eu rupture dans le champ de la communication, d'accord, mais pourquoi une discontinuité ?

Roger-Pol – Parce que le langage symbolique fait changer d'univers mental. Il transforme le rapport au monde, à soi, aux autres. Et cela me semble demeurer vrai même s'il n'est apparu que de manière progressive. Je suis d'accord avec l'idée que le langage parlé humain n'est pas apparu d'un coup, par miracle. Il n'en reste pas moins qu'au bout du compte la pensée spécifique des humains est entièrement corrélée avec leur capacité de symboliser.

Yves – L'autre point qui me gêne, finalement, c'est que je ne vois pas pourquoi il n'existerait pas de pensée sans langage.

J'admets comme toi que le langage, parlé ou écrit, suscite la pensée, mais je l'interprète comme un aller-retour permanent, qui fait que plus on pense, plus on l'exprime par la langue, et que plus on parle (ou plus on écrit), plus on pense. Mais, pour moi, la pensée précède toujours le langage. Es-tu d'accord ?

Est-ce la pensée du cube (un cube) qui s'exprime sous forme de langage (ce cube), ou est-ce que la pensée de cube est déjà conçue sous forme de langage avant d'être exprimée ?

Roger-Pol – Pas complètement, parce je ne vois pas comment tu pourrais avoir une idée aussi claire et précise que celle d'un cube sans disposer déjà de tout un langage symbolique très perfectionné. Si l'on considère isolément le mot « cube » et l'idée du cube, et surtout si l'on croit que le mot n'est que l'outil sonore pour désigner une idée qui serait indépendante de lui (il me semble que c'est parfois ton cas...), alors on a l'impression que le problème est sans issue, qu'il n'y a pas de moyen de savoir qui est premier de l'œuf ou de la poule, du mot ou du concept. Je crois plutôt qu'il est nécessaire de distinguer, dans la notion de « langage », ce qui appartient à l'élocution et ce qui ressortit de la formation des idées. Je soutiens pour ma part ceci : sans la formation de l'espace mental ouvert par le langage symbolique, il ne peut pas y avoir de pensée logique, déductive et conceptuelle.

Yves – Donc le langage précéderait la pensée ? Pour moi, cette distinction devient capitale, notamment pour répondre à la question que tu poses d'un modèle neurologique de la pensée qui serait analogue à celui de la marche.

Roger-Pol – Ce que je rapproche de la marche, ce n'est pas simplement la pensée « en général », mais avant tout la pensée philosophique, dont nous n'avons pas encore précisé la nature. Nous avons évoqué la pensée symbolique et langagière propre à l'espèce humaine, mais pas encore éclairé quel usage spécifique de cette pensée porte le nom de « philosophie ». Cette activité très particulière n'est pas présente spontanément dès que l'espèce humaine parle et se civilise.

Cette réflexion singulière se caractérise par *un mouvement de retour de la pensée sur ses propres opérations.* Il y a philosophie lorsque la pensée se demande en quoi elle consiste, s'examine, se met à l'épreuve, teste ses propres outils, s'interroge sur sa validité, etc. Philosophique est une « pensée qui se pense » et se passe au crible.

Cet examen implique *une relation particulière au langage* qui se trouve non seulement examiné et analysé, mais qui devient aussi l'objet d'extrapolations et de dérivations très particulières, qui font croire (par exemple) à une existence des idées indépendamment des choses, à la possibilité d'étendre les connaissances à partir des déductions, à la possibilité d'avancer, de *marcher* dans les idées sans autre mouvement que celui de la réflexion.

Yves – Cette pensée « philosophique » n'est-elle pas ce qu'on appelle la métaconscience, c'est-à-dire une pensée sur une pensée ? Si tel est le cas, si on comprend comment la pensée se produit, on devrait comprendre comment fonctionne la métaconscience, considérée comme une pensée de pensée. Et, pour reprendre ton analogie entre la pensée et la marche, on peut aussi imaginer qu'au-delà de la pensée qui m'amène à marcher je peux avoir une « pensée sur cette pensée ».

Roger-Pol – C'est tout simplement la philosophie que tu es en train de définir, à mon avis ! Elle se caractérise, partout, par un retour sur les idées pour les examiner, un retour sur les procédures logiques et les outils de démonstration pour les affiner ou les tester. En Occident, cet examen s'est cristallisé autour de l'idée de vérité. Platon soutient, le premier, que nous sommes capables d'accéder à un monde des Idées éternelles dont nous aurions le souvenir. D'autres préfèrent construire et tester des idées vraies en les tirant de nos expériences, à condition d'employer les bons outils et la bonne méthode. C'est ce que défendent, de manière différente, mais finalement convergente, Aristote et ses catégories, Descartes et sa méthode, Kant et sa *Critique de la raison pure*.

Nous voilà donc sur un sentier qui se balise peu à peu. Ce qu'on peut appeler « pensée » commence à se différencier et à se préciser. Mais il reste du chemin à faire pour pouvoir entrer réellement dans le vif du sujet qui m'intéresse : penser est une façon de marcher.

Yves – Si c'est bien avec notre cerveau que nous marchons, comme on l'a vu, alors nous ne pouvons pas éviter de demander : est-ce avec notre cerveau que nous pensons ? Pour moi, il représente l'organe qui pense, une machine très particulière, tout simplement parce qu'elle est en dérivation sur l'environnement et sur le corps.

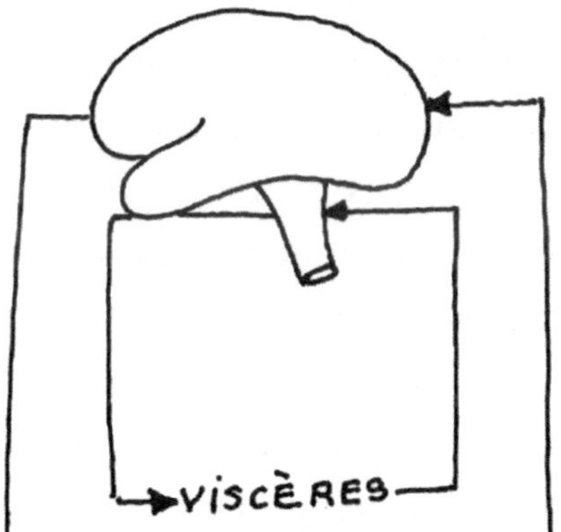

Le cerveau en dérivation sur l'environnement.

Le cerveau reçoit, à sa partie postérieure, les informations en provenance de l'environnement et agit en retour sur l'environnement, à partir de son pôle antérieur. Il en est de même du tronc cérébral qui contrôle l'ensemble de nos viscères, lesquels informent en retour le tronc cérébral, assurant ainsi la régulation physiologique de nos organes.

Le reste du système nerveux, la moelle épinière et les nerfs ne sont que des exécutants qui conduisent en retour la sensibilité et les informations des sens vers le cerveau. L'accès au cerveau des voies qui véhiculent les perceptions et les sorties motrices qui permettent au cerveau d'agir sont assez bien connus. La difficulté commence avec le « traitement » *(processing)* de ces informations au sein du cerveau, ce qui aboutit à ce qu'on peut appeler la pensée.

Roger-Pol – S'il faut un système nerveux pour penser, quelle partie de celui-ci pense, selon toi ?

Yves – Dans le système nerveux, les nerfs périphériques et la moelle épinière ne pensent pas, ou alors de manière tellement élémentaire (quelques neurones connectés dans la moelle épinière) que la quantité de pensée produite est négligeable. En effet, nerfs périphériques et moelle épinière ne sont que les exécutants moteurs et les porteurs des sensations transmises au cerveau.

Roger-Pol – On pense donc, selon toi, avec son cerveau. Si c'est le cas, est-ce à dire qu'on pense aussi avec son corps ?

Yves – Non, on ne pense pas avec son corps, même s'il est indispensable pour amener des informations au cerveau et lui permettre d'agir en retour. À cet égard, je suis frappé par deux erreurs qui se répandent.

La première consiste à croire que l'ensemble de notre organisme pense. Bien sûr, le cerveau interagit avec le milieu extérieur (l'environnement) et intérieur (les viscères) par l'intermédiaire de nerfs et d'hormones indispensables au fonctionnement cérébral. Mais nerfs et hormones ne peuvent pas « penser » en tant que tels. Les nerfs ne font que transmettre au cerveau, sous forme de petits courants électriques, les informations. Les hormones sécrétées par l'hypophyse, sous le contrôle d'une partie du cerveau appelée hypothalamus, ne sont que des composés chimiques simples qui permettent d'assurer la régulation physiologique de nos glandes. Un corps séparé du cerveau peut survivre s'il est alimenté artificiellement (dans le coma végétatif, par exemple), mais il ne pense pas. À l'opposé, un cerveau qui ne reçoit plus d'informations de son corps peut continuer à penser, comme c'est le cas pour les rares survivants à une section haute, complète, de la moelle cervicale.

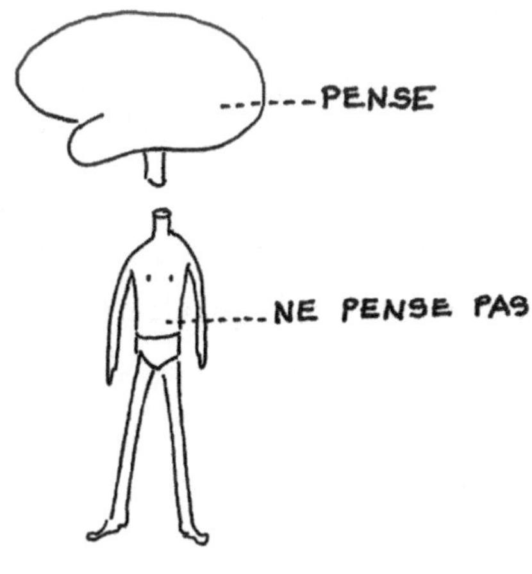

La seconde erreur vient de la mode qui veut faire de l'intestin un « deuxième cerveau ». C'est une sottise : l'intestin comprend certes des cellules nerveuses, du reste sous le contrôle strict du cerveau (surtout le tronc cérébral), mais sa fonction est de produire des excréments, ce qui n'est pas le cas du cerveau. Ceci n'exclut pas que l'intestin envoie divers signaux au cerveau, et que celui-ci réponde à l'aide de neurones qui assurent la bonne motricité intestinale.

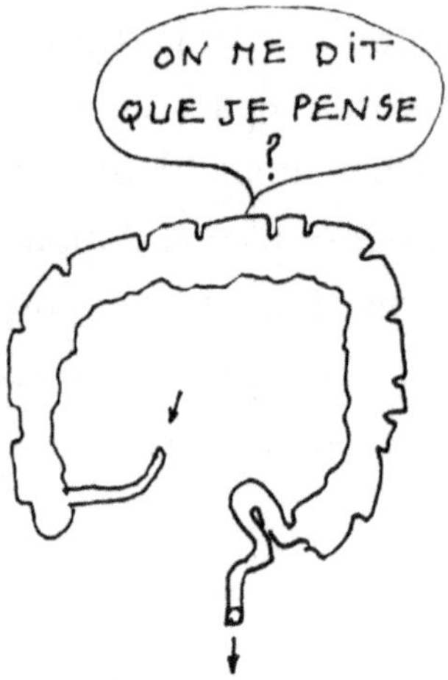

Roger-Pol – Comment expliques-tu que notre cerveau ait cette faculté extraordinaire de produire des discours composés de mots, de réponses adaptées, d'émotions multiples et d'intelligence, bref des pensées ? Et qu'il soit capable de prendre conscience de ce qu'il perçoit, de ce qu'il pense, de ce qu'il fait ? Cette conscience existe « en première personne » chez tous les êtres parlants capables de concevoir et d'exprimer leur intériorité (« je » ressens, « je » pense, « j' » agis). Quel que soit l'angle sous lequel on aborde ce processus, il me semble qu'il existe un saut énorme entre les connexions, synapses et réseaux de neurones d'une part, et ces images, sons, odeurs et idées qui peuplent notre esprit d'autre part.

Yves – Tu as raison. Autant la science a permis de comprendre comment toutes nos perceptions sont intégrées dans le cerveau, et comment le cerveau produit de l'action en retour, autant la question de la pensée qui prend du sens, et *a fortiori* la conscience qu'on en a, reste du domaine de l'hypothèse.

Sans entrer dans le détail, d'abord parce que je ne suis pas le plus compétent sur le sujet, aussi parce que les scientifiques ne sont pas toujours d'accord entre eux, le modèle de fonctionnement du cerveau actuellement admis est « neuronal[1] ». Neuroscientifiques et informaticiens s'accordent pour suggérer que le cerveau est une machine vivante qui reçoit des informations, qui les traite (*processing* qui donne du sens à ces informations), pour produire de l'action[2]. Autrement dit, un « super ordinateur » d'une puissance gigantesque, mais avec deux qualités supplémentaires que n'ont pas les ordinateurs :

– D'une part, les neurones ne représentent que la moitié des cellules nerveuses, l'autre moitié étant constituée de cellules non neuronales appelées cellules gliales, le tout baignant dans un milieu interstitiel comportant aussi une quantité impressionnante de vaisseaux (600 km de capillaires !).

1. Dehaene S., Kerszberg M., Changeux J.-P., « A neuronal model of a global workspace in effortful cognitive tasks », *Proceedings of the National Academy of Sciences*, 1998, p. 14529-14534.

2. Berrou C., Gripon V., *Petite mathématique du cerveau. Une théorie de l'information mentale*, Paris, Odile Jacob, 2012.

À l'avenir, il faudra probablement considérer que le cerveau n'est pas seulement « neuronal », mais qu'il doit être vu comme un tout, à la manière du « milieu intérieur » proposé autrefois par Claude Bernard.

– D'autre part, la différence avec toutes les machines construites par l'homme est que les milliards de milliards de connexions nerveuses du cerveau sont mobiles. Cette « neuroplasticité », qui permet de modifier, d'adapter, d'enrichir les connexions nerveuses, est à l'origine de l'exceptionnelle capacité du cerveau de s'adapter et d'apprendre, presque sans limites, étant donné surtout l'extraordinaire développement de son cortex cérébral.

Roger-Pol – Il n'empêche que le mystère reste entier, car comment cette pensée impalpable naît-elle à partir des ensembles de neurones du cerveau, qui, eux, sont palpables ? Et comment cette pensée peut-elle se traduire en mots, puis en phrases qui ont un sens ?

Yves – C'est la question, en effet. Il est relativement facile de comprendre que, depuis leur naissance, tous les animaux, dont l'homme, établissent en permanence une relation entre les objets perçus (forme, couleur, topographie) et la fonction qui est la leur (ustensile, instrument de musique, etc.). Ces informations sont stockées dans des mémoires dans lesquelles, outre leur qualification propre, une signification leur est attribuée au cours des apprentissages successifs. Lorsque le cerveau perçoit une nouvelle information, celle-ci est reconnue, ce qui permet de lui attribuer sa signification, afin de l'utiliser utilement. Ce qu'on ne sait pas encore, c'est quelle est la nature du codage permettant à ces informations d'être reconnues. Ce code de la pensée consciente fait actuellement l'objet d'intenses recherches[1].

Roger-Pol – Admettons provisoirement que nos définitions actuelles de la pensée sont insuffisantes, et que la conscience n'est que la partie émergée d'un iceberg perceptif et cognitif non conscient.

Yves – Oui, il est important de préciser que nos pensées sont loin d'être toutes conscientes. Pendant la veille, l'immense majorité de nos pensées sont non conscientes. On n'y prête pas attention, on ne s'en rend pas compte, mais c'est pourtant le cas quand il s'agit de marcher, de conduire sa voiture, de réciter un poème qu'on connaît par cœur, etc. Ces pensées, au sens de représentations mentales, non conscientes, accèdent parfois à la conscience. N'est-ce pas aussi le cas pendant le sommeil ? On rêve plusieurs fois par nuit (on n'en est pas conscient puisqu'on dort). Or, le rêve exprime des pensées, sous forme de dialogues, de scènes… certes chaotiques, mais ce sont des pensées puisqu'on peut éventuellement les rappeler.

Roger-Pol – Clarifions plus précisément nos positions respectives. Je ne suis en aucune manière spiritualiste. Au contraire, je suis intimement persuadé que nos plus subtiles intuitions, nos plus solides raisonnements sont affaires de

1. Dehaene S., *Le Code de la conscience*, *op. cit.*

combinaisons matérielles, que nos émotions comme nos déductions sont liées aux processus de nos synapses, enzymes neurotransmetteurs et autres. Toutefois, j'ai conscience qu'il s'agit là d'une hypothèse qui a mon adhésion, et pas d'une vérité démontrée. C'est sans doute ce qui nous sépare.

Je tiens à maintenir intégralement ouverte l'hypothèse d'une âme, fût-elle éternelle, ou l'hypothèse des réincarnations en chaîne, ou quelque hypothèse que ce soit – que rien ne prouve, certes, mais que rien non plus ne contredit formellement. Car ton « processus cérébral » n'existe que par son contenu : raisonnements, émotions, images, c'est-à-dire des informations diverses, plus ou moins complexes. Ces informations sont des éléments de connaissance apportés par les sens, la mémoire, la réflexion.

Yves – Tu l'as dit : ce ne sont que des informations ! Exactement comme un ordinateur, mais d'une complexité gigantesque, puisque le cerveau a la capacité d'enregistrer ces informations à l'aide d'un code particulier, puis de les stocker dans des mémoires d'une puissance abyssale, avant d'éventuellement les restituer telles quelles.

Roger-Pol – Mais il est établi, me semble-t-il, qu'un ordinateur ne pense pas. Il ne fait que combiner des informations sans conscience à la première personne.

Yves – C'est vrai, mais l'ordinateur est capable de stocker toutes les informations que tu veux, qu'il a enregistrées par des gestes (des clics) ou des sons (dictée), et qu'il peut restituer par des signes (écriture) ou des sons (comme au cinéma). D'une certaine manière, c'est un cerveau hyper-simplifié, un modèle dont on peut s'attendre à ce qu'il ne cesse d'augmenter sa puissance en quantité et en qualité[1]. Après tout, les ordinateurs existent depuis moins de soixante-dix ans, alors qu'il a fallu plusieurs millions d'années pour que le cerveau des animaux atteigne son état de sophistication actuel ! La difficulté, aujourd'hui, est que pour adapter le code de la pensée à une machine, il faudrait connaître ce code.

L'ordinateur ne pense pas, l'homme pense, même s'il ne s'en rend pas compte.

Roger-Pol – Il me semble que tu es victime de l'emprise du modèle « computationnel » du cerveau, qui fait croire qu'il est purement et simplement « comme » un ordinateur.

1. Berry G., *L'Hyperpuissance de l'informatique. Algorithmes, données, machines, réseaux*, Paris, Odile Jacob, 2017.

Je n'en suis pas du tout persuadé. Je crois plutôt qu'il n'y a pas de cerveau pensant possible sans corps, sans chair, sans organes vivants... Concevoir la pensée comme seulement « calculante » est un biais, voire un leurre.

Yves – Je n'en suis pas si sûr ! Les capacités d'apprentissage, donc de mémorisation, des ordinateurs deviennent de plus en plus spectaculaires, d'autant qu'ils commencent déjà à s'apprendre entre eux... C'est sans fin, pas comme pour nous ! De plus, si on admet que les informations stockées dans le cerveau, incluant leur signification, sont des pensées, puisque les ordinateurs sont capables de produire de telles informations, ces machines pourraient théoriquement acquérir une conscience, qui n'est qu'une pensée de pensée. Reste l'éternel problème des émotions et des sentiments : si l'on admet qu'une émotion n'est que la réaction à une situation, donc une certaine forme de pensée, pourquoi les machines ne seraient-elles pas capables, un jour, de ressentir de telles émotions ? Il y a cinquante ans, on ne savait à peu près rien de ces mécanismes. Aujourd'hui, avec les progrès de la technologie, les découvertes s'accroissent de manière exponentielle. Même si nous ne sommes pas très intelligents, nous devrions élucider un jour le mystère de la genèse de la pensée, y compris la conscience et toutes ses manifestations.

Roger-Pol – C'est là, vois-tu, que je ne suis pas du tout d'accord. Cette conviction qui fait dire « demain nous saurons », « encore un peu de patience, encore un effort, et nous pourrons expliquer intégralement la pensée, la conscience, les sentiments… » n'est pour moi qu'une pure et simple pétition de principe. Une croyance, si tu préfères.

Une croyance de la science, et en la science, certes, mais une croyance quand même, et en aucun cas une prévision, encore moins une certitude. Il me semble que le rôle des philosophes est aussi de le rappeler, et de souligner que nous ignorerons peut-être toujours comment et pourquoi existent « de la pensée » et « de la conscience ».

Il y a déjà pas mal d'années, j'avais proposé de définir les philosophes comme des « gardiens de l'ignorance ». Cela ne signifie évidemment pas qu'ils sont amis de l'obscurantisme ou ennemis des sciences, mais bien des empêcheurs de conclure sans preuves, des esprits critiques rappelant sans cesse les limites de nos savoirs, les parts d'ombre et les présomptions excessives.

Que nous pensions *avec* notre cerveau ne signifie pas que ce soit notre cerveau, et lui seul, qui pense. Bergson a montré combien l'écart entre ce qui se produit dans mon cerveau et ce que je vis dans ma conscience demeure impossible à combler. Jusqu'à preuve du contraire, je persiste donc à soutenir que l'on peut parfaitement continuer à être, au XXIe siècle, platonicien, cartésien, kantien, hégélien (ou autre) sans que les postulats métaphysiques respectifs liés à chacune de ces positions soient le moins du monde invalidés définitivement par les recherches scientifiques.

Yves – Je veux bien l'accepter, mais je dois faire deux observations. D'abord, cette croyance qui est la mienne, on devrait plutôt dire cette hypothèse, repose sur une accumulation de faits scientifiques validés. Au moins, ce n'est pas une hypothèse fondée sur des opinions. En outre, à la différence des philosophes, qui ont raison de mettre en doute les fantasmes des chercheurs, les scientifiques ont de réelles perspectives de réussite, dans la mesure où des découvertes nouvelles accroissent tous les jours le corpus des connaissances sur le cerveau. Nous n'aurons peut-être jamais de réponse définitive à la question de la matière et de la pensée, mais, au moins, nous tendrons vers cette vérité, probablement de manière asymptotique.

Roger-Pol – Nous voilà presque arrivés. Comme cette dernière question a bien de quoi occuper plusieurs existences, je te propose de la garder pour notre prochain périple.

Yves – Oui !

Roger-Pol – Mais, quand tu dis « oui », c'est un mot ? Une pensée ? Les deux ?

Sixième promenade

Où l'on découvre, en continuant à s'interroger sur le langage et sur la pensée, que la marche pourrait bien être leur modèle, et que des éclaircissements inattendus s'ensuivent.

Yves – J'ai repensé plusieurs fois à notre conversation de l'autre jour, et j'avoue qu'elle m'embarrasse. Elle soulève beaucoup de questions. Nous avons toujours comme horizon la marche et la pensée, mais voilà que sont venus s'interposer la définition de la pensée, les rapports entre pensée et langage, la spécificité du langage humain, les différences entre approche scientifique et approche philosophique… Trop de questionnements se croisent !

Roger-Pol – Oui, mais j'ai vraiment l'impression que nous ne pouvons pas y échapper. Évidemment, nous ne pourrons pas les résoudre. Mais les aborder ensemble, dans l'air de ce matin printanier, je trouve cela plutôt plaisant, et même amusant. Pour mettre de l'ordre dans ces fils enchevêtrés, il peut suffire d'en tirer un, pour commencer.

Yves – Commençons donc par l'articulation entre pensée et langage. Tu soutiens qu'il ne peut exister de pensée humaine sans langage, ce qui me semble à la fois problématique et contestable.

Roger-Pol – Distinguons, si tu le veux bien. Il existe, de toute évidence, des sensations indépendantes du langage. Nous voyons les couleurs, nous entendons les sons, nous goûtons les saveurs avant de savoir les nommer. Il existe également des formes d'intuition ou d'appréhension globale d'une situation qui ne passent pas nécessairement par les catégories des langues et de la pensée logique. C'est le cas, par exemple, des situations menaçantes ou apaisantes : je ressens d'emblée, sans réfléchir, de la peur si une personne me menace physiquement, de la sérénité quand l'environnement et l'atmosphère sont protecteurs. Je sais d'un seul coup, sans explication, qu'un accident a eu lieu ou que l'ambiance est à la liesse.

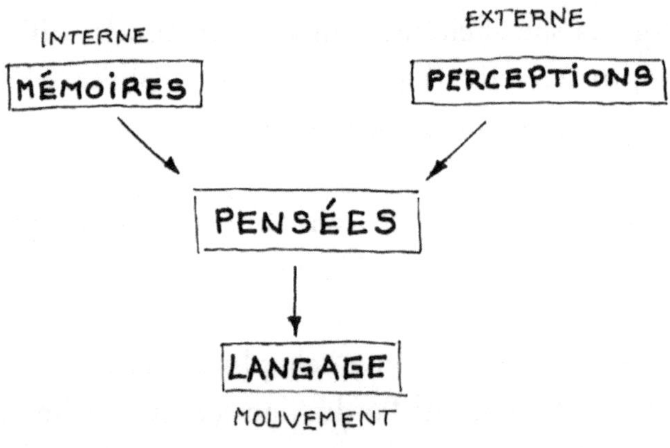

La pensée précède-t-elle le langage ?

Les pensées naissent dans le cerveau à partir d'informations provenant de l'extérieur et d'informations déjà stockées sous forme de mémoires. Si, chez les humains, pensée et langage sont intimement liés, la question demeure de savoir si on peut penser sans langage.

Mais il n'est pas concevable, sans langage, de réfléchir à proprement parler. Élaborer une déduction ou une analyse exige impérativement de disposer du langage symbolique et de ses capacités de distinction et de liaison. Pour pouvoir être, comme disait Descartes, « une chose qui doute, qui entend, qui conçoit, qui affirme, qui nie, qui veut, qui ne veut pas, qui imagine aussi, et qui sent », il faut disposer du langage, et y être immergé !

Yves – Pourtant, la communication entre les individus peut se traduire sous forme d'un langage non verbal : un sourd-muet se fait comprendre à l'aide de gestes ; un artiste peut exprimer ses sentiments ou sa manière de concevoir le monde à l'aide de pinceaux ; les animaux – qui ne causent pas, je te l'accorde – communiquent bien entre eux, individuellement ou collectivement ; un informaticien peut donner des instructions à un ordinateur, etc. Par conséquent, quand tu parles de langage, tu restreins le sujet à ce langage verbal constitué de signes et de symboles, celui qui nous permet d'échanger à l'instant même ?

Roger-Pol – Mais non, pas du tout ! Au contraire, je parle du langage humain, reliant signes et notions, comme de la dimension fondatrice de nos capacités d'abstraction, d'échanges, de relations. Les sourds-muets parlent et pensent comme nous, le fait que leurs signes soient visuels et non sonores est secondaire, alors que les animaux communiquent par des signaux fixes, innés, qui désignent non pas des abstractions mais des alertes concrètes (nourriture, reproduction, prédateurs en vue, etc.). Tes autres exemples relèvent, à mon avis, de sujets différents : le peintre exprime des affects, mais n'use pas d'une langue codifiée ; l'informaticien ne considère pas son ordinateur comme un interlocuteur doté des mêmes capacités que lui… Il me semble que tu rapproches trop vite des registres différents et des définitions distinctes de la pensée.

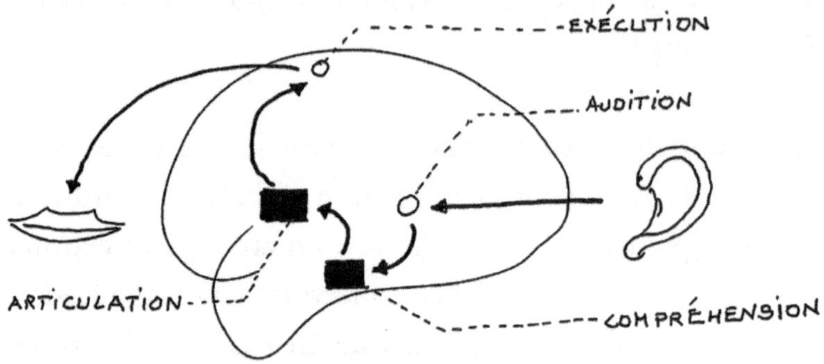

Le mécanisme (trop) simplifié du langage.

Les mots entendus par l'oreille sont transmis, sous forme de courants électriques, de l'oreille interne au centre de l'audition. Les informations sont interprétées dans un « centre de la compréhension » (dit « de Wernicke », situé dans le lobe temporal). Ces informations ainsi comprises sont transmises à un « centre de l'expression » orale du langage (dit « de Broca », situé dans le lobe frontal), avant d'être exprimées sous forme d'élocution à partir du cortex moteur qui commande les muscles de la phonation.

Yves – Pour ma part, je conçois d'abord la pensée comme des séries d'informations produites dans le cerveau, qui traitent des questions intellectuelles, mais aussi différents types de perceptions et d'émotions. À la différence de toi, j'ai l'intuition, ce qui n'est pas une preuve, que la pensée existe indépendamment du langage. Ce qui est devenu une conviction est probablement issu de l'idée simplifiée que j'ai de la genèse du langage parlé, et plus particulièrement du fait que les patients qui ont perdu l'usage de la parole peuvent parfois conserver la capacité de penser.

Roger-Pol – Ils ne peuvent plus parler, mais ils pensent toujours. De là tu conclus que la pensée peut donc exister sans le langage ?

Yves – On sait aujourd'hui que les aphasiques, au moins pour l'immense majorité d'entre eux, conservent une capacité de penser, même pour les choses les plus abstraites. On le sait notamment en raison des auto-observations de patients qui ont récupéré leur langage et ont pu raconter leur expérience antérieure, qu'il s'agisse d'aphasiques ayant eu des troubles massifs de la compréhension (aphasie de Wernicke), ou de patients ayant une suspension du langage tout en comprenant parfaitement ce qu'on leur dit (aphasie de Broca[1]).

La plupart expliquent que leur pensée était intacte, alors même que leur langage se trouvait distordu (avec des paraphasies telles qu'un mot est dit pour un autre, comme dans l'aphasie de Wernicke) ou était réduit, voire absent (aphasie de Broca). Ces situations sont rares, car les lésions cérébrales qui détruisent exclusivement les zones du langage sont peu fréquentes. Cette conservation de la pensée non verbale contrastant avec la perturbation de la fonction verbale traduit bien une dissociation entre la formulation des mots et la conception de la pensée. Il devrait donc exister une pensée sans langage comme il existe un langage sans mots, exprimé par gestes.

---

1. Laplane D., *Penser, c'est-à-dire ? Enquête neurophilosophique*, Paris, Armand Colin, 2005.

Aphasies de Broca et de Wernicke.

Aphasie de Broca: le patient, décrit par Paul Broca en 1867, monsieur Leborgne, comprenait assez bien ce qu'on lui disait, mais ne pouvait que répondre «tan… tan…» quand on lui posait une question. La partie basse et postérieure du cortex frontal avait été détruite à la suite d'un accident vasculaire cérébral à l'origine de ce trouble du langage, réduit à cette stéréotypie.

Aphasie de Wernicke: le dysfonctionnement du cortex temporal gauche chez un droitier, le plus souvent à la suite d'un accident vasculaire cérébral, est à l'origine de troubles de la compréhension du langage alors que l'expression du langage est fluide, mais avec des inversions de phonèmes (paraphasie) et des confusions sémantiques (un mot pour un autre) pouvant aboutir à un véritable jargon, comme dans le discours de cette patiente (d'après la pièce de Jean Tardieu, *Un mot pour un autre*), où la signification peut être devinée au sein du jargon.

Roger-Pol – Eh bien non, mon cher, pas du tout ! Du moins à mon humble avis. Car ces exemples d'aphasie me semblent pouvoir se lire tout autrement. Le trouble concerne la possibilité d'*exprimer* ses pensées, de communiquer en utilisant les mots. Si la pensée demeure malgré tout, dans la plupart des cas, ce n'est pas qu'elle existe « sans langage », c'est au contraire parce que les êtres parlants, devenus capables de penser grâce à leur apprentissage de la langue, restent grâce à cela *capables de penser* même quand ils sont devenus incapables de s'exprimer.

Il me semble bien que la divergence de nos points de vue se trouve là. Tu fais du langage humain une sorte d'outil, un simple instrument pour traduire des pensées qui existeraient sans lui, hors de lui, par elles-mêmes. Moi, je considère le langage comme la condition première d'émergence et d'existence des pensées humaines. Et cette condition première et indispensable reste présente, et active, à partir du moment où l'on a appris à parler, même si l'on devient incapable de s'exprimer !

À propos des aphasiques, je ne dirais donc pas qu'ils ont « perdu le langage » – ils l'ont toujours –, mais qu'ils sont devenus, temporairement ou définitivement, incapables de s'adresser efficacement aux autres.

Yves – Et que penses-tu des sourds-muets, dont la motricité fonctionne, mais qui sont incapables d'exprimer des paroles puisqu'ils ne les ont jamais entendues ? Pourtant, ils pensent, dans la mesure où ils peuvent exprimer leur pensée par une gestualité adaptée. Ils ne peuvent pas utiliser le langage parlé qu'ils n'ont jamais entendu, mais ils disposent dans leur cerveau de toute la machinerie qui permet de concevoir et d'exprimer des pensées, à l'aide d'une autre forme de langage, gestuel cette fois.

Roger-Pol – Cela confirme bien qu'ils ont pleinement accès au langage humain, comme capacité d'abstraction et de communication, et non comme oralité et phonation. En fait, tu viens de dire pratiquement la même chose que Géraud de Cordemoy, un disciple de Descartes, au XVIIe siècle. Il souligne la différence radicale entre le perroquet, qui répète des sons sans les comprendre, et le sourd-muet, qui répond par signes mais « à propos », même s'il est incapable d'émettre une syllabe. Le sourd-muet « parle », incontestablement, si l'on en juge par la pertinence de ses réponses gestuelles. En revanche, le perroquet « ne parle pas », quand bien même il imite bien la voix humaine. Le critère, ici, est celui de l'ajustement sensé de la réponse à la question.

Tu remarqueras, au passage, que le même critère demeure actif dans le fameux test de Turing destiné à distinguer une intelligence humaine de celle d'un automate. Derrière un rideau se trouvent un humain et un ordinateur, les deux répondent aux mêmes questions. Si on ne peut distinguer à aucun moment les réponses de la machine de celles de l'humain, alors on doit décréter qu'on est bien en présence d'une intelligence absolument semblable à la nôtre. Jusqu'à aujourd'hui, aucun robot n'a pleinement satisfait à ces conditions, mais il est vrai qu'on s'en approche de plus en plus…

Yves – Tu le dis toi-même ! On s'en approche…

Roger-Pol – Oui, mais ce qui compte le plus à mes yeux, dans cette idée de pertinence, c'est en fait la dimension relationnelle du langage humain. Car ce qui fait la différence décisive n'est pas de proférer des sons, ni même de manier des signes symbolisant des idées, mais bien de pouvoir le faire « à propos », de manière sensée, dans une interaction avec un interlocuteur.

Yves – C'est ainsi que naissent les dialogues : la formulation d'une pensée invite l'interlocuteur à penser et à répondre.

Roger-Pol – Tout à fait, et « je dirais même plus », comme le diraient les Dupont-Dupond, car cet espace d'interlocution qu'ouvre le langage humain (en permettant de répondre, mais aussi de répéter à d'autres, de reprendre, de broder, de contredire) constitue en fait, à mon avis, l'espace spécifique de la pensée. Je crois que cette manière de s'adresser à un autre, à un « allocutaire », qu'il soit présent ou absent, est *le mode fondamental d'existence* de la pensée humaine. En pensant, en parlant, on s'approche de l'autre, sans jamais l'atteindre, de manière asymptotique. Ce dialogue interminable réactive et aiguise la pensée, laquelle affine le langage, qui réactive la pensée. Sans fin !

J'ajouterai volontiers que cette présence des autres se tient aussi à l'intérieur même de notre pensée, que nous soyons au milieu de nos semblables ou dans une apparente solitude. Quand Platon parle de la pensée comme « dialogue à l'intérieur de l'âme», c'est de cette présence de l'autre en nous qu'il est question, me semble-t-il. Même quand on est physiquement seul, on ne l'est pas dans sa tête. Robinson Crusoé, échoué sur une île déserte, continue à parler et à penser parce qu'il est habité, une fois pour toutes, par le langage humain.

Yves – Reste l'insoluble question : si le langage est l'œuf, et la pensée la poule… lequel vient en premier ? Pensée ou langage ?

Roger-Pol – Et s'il n'y avait pas de terme premier ? S'ils étaient comme le *recto* et le *verso* d'une feuille de papier ? Ou, mieux, comme le pied droit et le pied gauche ?

Yves – Je te vois venir… Tu souhaites reprendre ton hypothèse de départ !

Roger-Pol – Eh oui, penser-parler, c'est comme marcher. Parole pensante et marche bipède singularisent toutes deux l'être humain. Elles s'apprennent presque au même moment de l'existence, entre un an et trois ans, et de manière comparable, par tâtonnements, rééquilibrages, essais et erreurs soutenus et accompagnés par l'entourage de l'enfant, singulièrement par sa mère ou par la personne qui occupe cette fonction.

Il me semble surtout que parler, c'est progresser avec sa pensée, comme on marche avec ses jambes (et son cerveau !), c'est-à-dire avancer en évitant et en répétant des amorces de chutes successives. Marcher consiste à se rattraper avant de tomber. On avance au moyen d'une sorte de chute constamment entretenue, rattrapée, arrêtée et recommencée. On oublie que la parole, les phrases comme l'enchaînement des idées, progresse d'une manière identique à la marche. Quand nous entendons une phrase, ou quand nous la prononçons, nous sommes toujours en suspens, en attente du mot suivant. Si par exemple j'arrête… *(Silence.)*

Yves – Si tu arrêtes quoi ?

Roger-Pol – Tu vois, si j'arrête de prolonger la phrase entamée, c'est déconcertant ! Le sens demeure suspendu, comme si on restait un pied en l'air, immobile, au lieu d'avancer. Il y a toujours un « mouvement vers l'avant » de la parole et de la pensée, comme il y a un mouvement vers l'avant du corps en train de marcher.

Yves – Reste à savoir si ces mouvements sont comparables.

Roger-Pol – C'est exactement la question que je te pose ! Est-ce une comparaison purement intuitive, poétique, littéraire, imaginaire, comme tu voudras, ou peut-on lui trouver des bases neurologiques, des ébauches d'ancrage possible dans la structure et le fonctionnement du cerveau ?

Yves – Si je comprends bien, la question que tu poses est : le patron de programmation d'une pensée dans le cerveau et son exécution motrice n'ont-ils pas quelque analogie avec la programmation de la marche et son exécution motrice ?

Roger-Pol – Oui, c'est une formulation possible. Je sais très bien que le comportement moteur qui en résulte est différent. Je ne demande pas de comparer ces deux activités au sens strict, mais de chercher s'il y a ou non une analogie dans leurs processus.

Yves – Si on admet que la fonction de marche comporte trois phases successives, intégrées de manière harmonieuse, la locomotion, l'équilibre et la posture, il va falloir chercher si, pour le langage, il en est de même ou non. Il faudrait donc qu'on puisse repérer à peu près les mêmes éléments : une « logomotion » (et non locomotion), qui traduit l'avancement de la pensée ; un équilibre, qui assure stabilité et continuité, et qui évite les dérapages de la pensée ; et une posture, qui assure l'adaptation du discours au contexte, bref l'harmonie et la cohérence du tout. En effet, si je n'adoptais pas une certaine continuité d'attitude, dans ma façon de penser et de parler, je serais un imposteur ou un délirant.

Roger-Pol – Il faudrait donc aller voir si cette analogie peut correspondre à des substrats anatomiques et physiologiques comparables au sein du cerveau.

Yves – Encore faut-il d'abord bien séparer l'exécution et la conception de ces deux fonctions de langage et de marche, et ne pas oublier ce que nous avons dit : les circuits de l'exécution de la marche sont différents de ceux de l'élocution et de l'écriture. Car il existe, de ce point de vue, une différence majeure entre le fait de penser et celui de marcher.

On marche en mettant en jeu l'ensemble de son corps, dont les membres inférieurs, on exprime une pensée par l'élocution ou l'écriture. Cette élocution se traduit par une activité motrice évidemment différente de celle de la marche, qui actionne une délicate machinerie musculaire impliquant le larynx – quatre muscles minuscules assurant la tonalité et le timbre de la parole –, la langue, le pharynx,

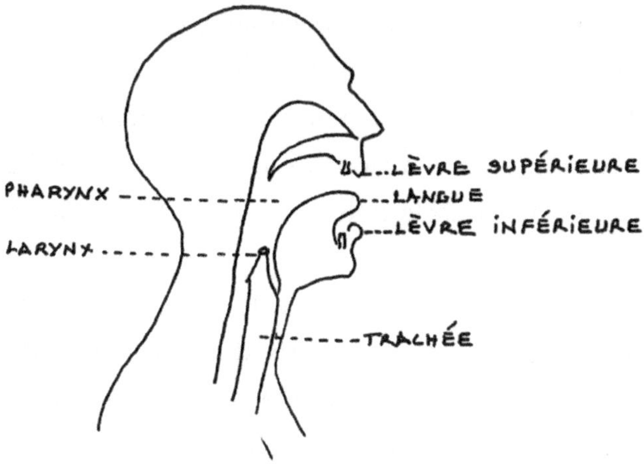

Les organes de la phonation.

le palais, les joues, les lèvres, qui permettent l'expression langagière, mais aussi les muscles de la respiration pulmonaire, plus particulièrement le diaphragme, lequel pousse l'air à travers le larynx (comme si c'était un instrument de musique), de façon à produire l'intensité des sons.

Roger-Pol – Il est vrai qu'on ne pense pas assez à l'efficacité et à la précision stupéfiantes de ce mécanisme qui nous permet de parler. D'ailleurs, tout semble aussi précis et subtil pour la main qui écrit, avec le pouce et l'index certes, mais en fait aussi avec l'ensemble du bras, et même la posture de tout le corps qui s'adapte. Mais que se passe-t-il au sein du cerveau ?

Yves – La mise en œuvre de l'élocution s'effectue à l'aide de circuits de neurones issus d'une zone située à la partie basse du cortex moteur, lesquels se projettent vers les muscles de la phonation. De même pour l'écriture, rendue possible par un circuit neuronal permettant les mouvements des doigts et de la main. L'expression du langage emprunte donc des voies neuronales différentes de celles de la marche et de l'équilibre, dont le circuit neuronal qui prend son origine à la partie supérieure du cortex moteur, se terminant par l'innervation des muscles, en passant par la moelle épinière.

Roger-Pol – Les circuits nerveux de l'élocution et de l'écriture sont donc différents de ceux de la marche. Mais leur mise en jeu physiologique est-elle comparable ? La marche aurait-elle un schéma de fonctionnement physiologique analogue à celui de l'expression par le langage ?

Yves – L'initiation de la marche s'effectue dans le cortex moteur, au-dessus du secteur qui permet d'initier l'écriture. De là, les voies nerveuses qui activent les muscles permettant la marche sont évidemment différentes de celles qui assurent la phonation, mais l'organisation anatomique suit le même schéma physiologique. Autrement dit, l'expression motrice de la parole, de l'écriture et de la marche a une dynamique anatomo-physiologique voisine, même si ces trois fonctions empruntent des circuits nerveux différents.

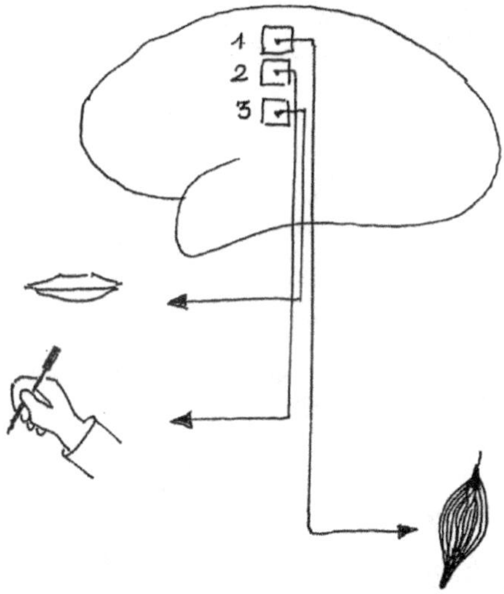

L'initiation de la marche, de l'écriture et de l'élocution.

Les circuits moteurs qui activent les muscles permettant la marche, l'écriture et la phonation prennent leur origine dans le cortex moteur, de haut en bas, respectivement en 1, 2 et 3.

Roger-Pol – Voilà de l'eau pour mon moulin ! Si j'ai bien suivi, tu indiques que le langage et la marche obéissent à un schéma physiologique analogue en ce qui concerne l'exécution motrice. Mais qu'en est-il de la conception d'une expression et de la marche ? Pourrait-on dire que la programmation d'un acte de langage s'effectue comme celle d'une marche ?

Marcher et parler, même principe, circuits différents.

Marcher et parler ont une expression motrice différente. Quand l'ordre de marcher ou de parler est donné en toute conscience, la décision se prend dans la partie antérieure du cortex frontal (point noir), ce qui permet la programmation, soit de la marche (en haut), soit du langage (en bas). Dans les circonstances habituelles, la marche et l'élocution s'effectuent de manière automatique non consciente, sans intervention directe du cortex frontal, par la mise en jeu des noyaux gris centraux (virgule noire au centre du cerveau).

Yves – *A priori*, la question paraît saugrenue. Parce que le mot « marche » a une connotation d'exécution motrice, même si on sait qu'il faut conceptualiser cette marche, la penser avant de l'effectuer. Pour le langage, c'est l'inverse, puisqu'il évoque *a priori* le processus de conceptualisation de la pensée. En amont de l'exécution, marche et langage ont néanmoins un point commun : le cerveau, où s'effectue la programmation de la pensée comme celle de l'activité de marche. Je peux concevoir un raisonnement, porter un jugement, proposer une idée nouvelle, imaginer une scène, tout cela se passe dans mon cerveau.

Quelle est la différence avec la marche ? Avant de commencer à marcher, je pense (activité intellectuelle) ma marche (activité motrice) de la même façon que j'ai une idée (activité intellectuelle) que j'exprime par la parole ou l'écriture (activité motrice). Entre l'idée (marche ou autre pensée) et son exécution sous forme de mouvement, il faut concevoir cette pensée, la mettre en forme. Quand je me mets en marche, il faut que j'aie décidé de prendre en compte cette pensée de la marche, de l'organiser sous forme d'un plan, puis de me préparer à initier concrètement son exécution. Quand me vient une pensée, le chemin cognitif qui m'amène à l'exprimer sous forme de langage est-il différent de celui qui m'amène à concevoir le programme de marche pour l'exécuter ? C'est la question.

Roger-Pol – En attendant, je note que tu supposes donc qu'une pensée commence par exister, sous une forme ou une autre, avant de s'exprimer ensuite sous forme de langage. Ce passage de la pensée au langage doit se *planifier*, si je te suis, en combinant des sons, les phonèmes qui s'agencent pour construire des mots, pour produire finalement la phrase qui traduit ma pensée.

Yves – Exact, mais il n'y a pas que cela ! Tout serait bien fade s'il en était seulement ainsi. Quand tu parles, on t'écoute aussi, peut-être surtout, parce que ce que tu dis est empreint d'émotion. La combinaison ordonnée de tes paroles est modulée par des affects qui donnent sa saveur à ce que tu dis, à travers le rythme, le timbre, la tonalité, l'intensité de la phonation. C'est pourquoi on te reconnaît immédiatement à ta façon de parler. C'est pareil pour l'expression écrite qui m'est propre, comme le montre le « patron » de mon écriture qui reste le même, que je trace les lettres avec deux doigts ou avec l'épaule. De même, la façon de marcher caractérise chacun, à travers une série de détails particuliers qui sont différents d'un individu à l'autre.

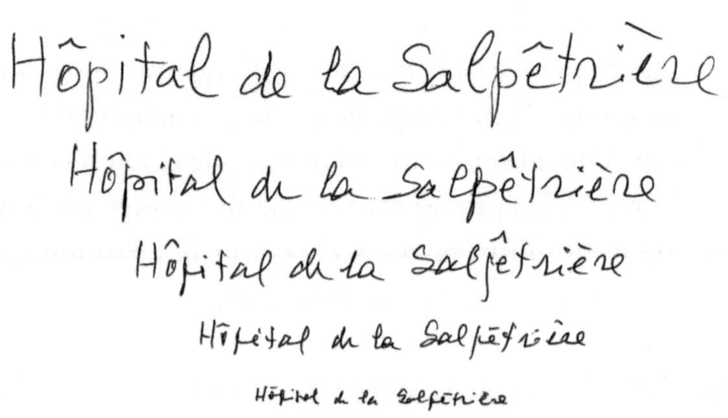

Le patron de l'écriture reste le même que les mots soient écrits avec l'épaule (en haut), le coude, le poignet, les doigts (en bas).

Roger-Pol – Voilà qui m'intéresse beaucoup, je te dirai pourquoi bientôt. Auparavant, je voudrais comprendre jusqu'où peut aller le parallélisme entre les processus de la marche et ceux de la pensée. Si je fais l'hypothèse que « je pense comme je marche », peut-on établir, une fois que mes pensées se sont formées dans mon cerveau, que leur mise en œuvre suivra le même parcours nerveux que celui de la marche ?

Yves – Je ne vois pas pourquoi ce serait profondément différent. Nous avons dit, cet hiver, que la mise en œuvre de l'idée de marche passait par trois étapes : décision, programmation, initiation. Pourquoi serait-ce différent pour une pensée ? Elle s'exprimera sous forme de langage parlé ou écrit, comme la pensée d'avancer s'exprime sous forme de marche. Mais il y a tout de même une différence majeure ! Je planifie ma marche, à l'aide de programmes et de sous-programmes moteurs (pose du pied, flexion de la jambe sur la cuisse, adaptation posturale, etc.) qui permettent d'assurer, de manière coordonnée dans le temps et dans l'espace, le déroulement harmonieux de mon parcours.

La planification du langage qui exprime ma pensée s'effectue de manière différente : des bouts de programmes langagiers, sous forme de phonèmes, permettent de construire des mots chargés de sens qui produisent les phrases capables de traduire exactement ma pensée. Dès lors, est-ce que la dynamique de la programmation de la pensée de marche est analogue à celle de n'importe quelle autre pensée, de la plus élémentaire à la plus abstraite ?

Dans le principe, je ne vois pas de différence, à ceci près que les éléments de programmes qui permettent de planifier l'une et l'autre sont évidemment distincts. Au fond, tout se passe comme si la « grammaire » de ton expression linguistique et celle de ta marche étaient les mêmes, avec un résultat moteur différent…

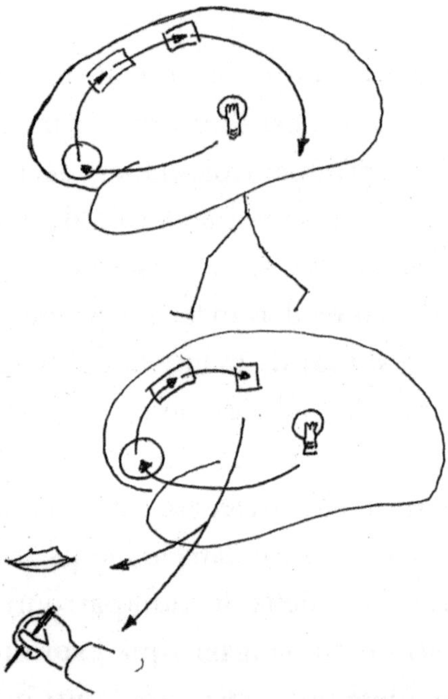

Le cerveau marcheur (en haut), le cerveau penseur (en bas).

L'idée de marche ayant pris corps (l'ampoule), le déroulé de la pensée de marche (en haut) s'effectue dans le cortex frontal en trois étapes *(vide supra)* : décision (cercle), planification (rectangle) puis initiation (carré), avant de s'exécuter sous forme de déambulation. De même, le déroulé d'une pensée passe par ces trois étapes de décision, de planification puis d'initiation, avant de s'exécuter sous forme d'élocution ou d'écriture.

Roger-Pol – Voilà qui me réjouit ! Parce que, même si tu restes prudent, et c'est normal, tu n'exclus pas qu'effectivement l'on puisse établir que je pense « comme » je marche ! Il y aurait bien, d'après tes explications, une matrice neurologique commune aux deux processus.

Si les deux – pensée (parlée ou écrite) et marche – ont des points communs, on devrait peut-être se demander aussi laquelle est première. *Grosso modo*, on commence à marcher avant de parler. Si nous ne nous trompons pas, s'il y a vraiment une analogie entre la façon de marcher et la façon de penser, on pourrait se demander dans quelle mesure cette « grammaire » analogue n'a pas été initiée, au cours de la phylogénèse, par ce comportement élémentaire qu'est la marche, et ce qu'il implique de pensée indispensable pour survivre. On pourrait encore imaginer que l'évolution a complexifié les pensées greffées sur ce mouvement de départ de la marche, en les rendant de plus en plus élaborées.

Yves – Et si je prolonge ta pensée, il deviendrait possible d'envisager une histoire de la pensée qui serait issue de la marche bipède des premiers humains et se serait de plus en plus perfectionnée, tout en conservant le même modèle de départ.

Roger-Pol – Cela te paraît impossible ?

Yves – Sûrement pas impossible à concevoir, mais je ne vois pas comment le vérifier. C'est une hypothèse intéressante. Pour la conforter, il faudrait s'assurer que ce n'est pas l'inverse, à savoir que ce n'est pas la prédisposition à penser qui permet la pensée de marche, et donc la marche !

Roger-Pol – Je comprends bien, mais que cela soit possible, et intéressant, me suffit. Les philosophes se contentent souvent de ces critères, sans avoir les moyens d'établir des résultats confirmés ou infirmés par une mise à l'épreuve expérimentale. Avant de rentrer, j'aimerais revenir sur un point qui m'importe. Tu as bien dit que chaque individu avait sa façon de marcher, comme il a aussi sa façon de parler. Pourtant, tu seras d'accord pour reconnaître aussi que chacun n'a pas sa manière personnelle de raisonner, de déduire ou d'argumenter ; sinon, la logique serait impossible.

Yves – Certainement. Nous avons à la fois des sensibilités individuelles, des traits de caractère ou des tournures d'esprit personnels, mais nous sommes aussi soumis à des processus rationnels qui nous sont communs à tous – encore que l'irrationnel traîne aussi ici et là !

Roger-Pol – De la même façon, nous avons des manières de prononcer les mots qui nous sont personnelles, des préférences de vocabulaire, des tics de langage qui nous singularisent, et pourtant nous sommes collectivement soumis aux règles de la syntaxe française, et globalement à un lexique par définition à peu près identique pour tous.

Yves – Tout à fait. De même que la démarche de quelqu'un fournit un index de sa personnalité, de même, et plus encore, le langage est un excellent reflet de la personnalité. À la fois par son contenu idéique et par la forme de l'expression orale (tonalité, timbre, intensité), depuis l'étudiante timide jusqu'au professeur pompeux, depuis le discours du maire jusqu'à l'aria de la chanteuse d'opéra, depuis le procès-verbal de l'agent de police jusqu'au bla-bla de vieilles demoiselles... De même, la démarche timide et rentrée de l'étudiante *versus* la démarche assurée et dégagée du professeur, les propos enflammés et pompeux du maire et la vocalise émouvante de la soprano, le ton rugueux du fonctionnaire de police *versus* la causette moqueuse des cancanières. Une seule langue, une seule marche, et des multitudes de manières de l'incarner. Je suis d'accord avec ce constat. Mais où veux-tu en venir ?

Roger-Pol – À une remarque qui concerne l'articulation entre individu et espèce, entre personne singulière et collectivité. Il me semble que la marche, la pensée et la langue incarnent des exemples cruciaux d'intersection du collectif et du personnel. Je marche en tant qu'être humain, espèce bipède, et mon cerveau suit les processus qui me permettent de mettre un pied devant l'autre et d'avancer sans tomber. Et je marche aussi, dans le détail, à ma manière, qui n'est pas la tienne, ni celle d'un autre. Autrement dit, ma marche est à la fois générique et unique.

Et pour la langue, c'est la même chose : je n'ai rien inventé de la grammaire, du vocabulaire. Les mots dont je me sers, les conjugaisons que j'utilise, sont les mêmes que ceux de tout le monde. Et pourtant je peux composer des phrases que personne n'a jamais dites et avoir des pensées subjectives.

Ce que je veux indiquer, finalement, c'est que nous ne sommes jamais complètement isolés à l'intérieur de nous-mêmes. Comme l'a dit Henri Michaux : « On n'est pas seul dans sa peau. » Dans ce que nous croyons être notre marche personnelle, privée, réservée à nous seuls, il y a aussi l'humanité qui se déplace. Dans ce que nous imaginons être notre conscience isolée, notre for intérieur, il y a aussi les mots de tous, l'humanité qui parle et pense.

Yves – Voilà une sacrée responsabilité !

Roger-Pol – Sartre la jugeait même écrasante : « En me choisissant, je choisis l'homme. » Ma liberté, selon lui, étant absolue, j'ai la responsabilité, en choisissant ma conduite, de proposer un modèle pour tous. En fait, ce n'est pas cela que je veux dire. De manière plus restreinte, je souligne simplement l'intrication constante des autres et de chacun d'entre nous, jusque dans nos balades solitaires et nos méditations privées. On se croit seul, on ne l'est jamais. Histoire, langage, société parlent, pensent et marchent en nous, même si nous n'en savons rien, ou très peu. Et d'ailleurs…

Yves – Il est temps de rentrer. Sinon, bientôt, nous ne saurons plus rien !

Perspectives d'été

La science et la philosophie peuvent-elles marcher ensemble ?

« C'est en marchant que j'ai eu mes pensées les plus fécondes et je ne connais aucune pensée pesante que la marche ne puisse chasser. »

Søren Kierkegaard (1813-1855)

Marcher pieds nus, sur le sable, tout droit, dans le soleil et le vent est un bonheur simple et sûr. En devisant entre amis, mi-vagabonds mi-sérieux, c'est encore mieux.

Nous avons donc poursuivi nos divagations. Ce terme nous plaît assez. Il a le grand avantage de désigner à la fois des itinéraires sans contraintes et des pensées qui sortent des sentiers balisés.

La marche favorise-t-elle vraiment la pensée ? Si oui, par quel mécanisme ? N'y a-t-il pas des exceptions ? Que peuvent nous apprendre ces cas particuliers ?

D'autres questions s'ensuivent, sur les relations entre démarche philosophique et démarche scientifique et, finalement, sur ce que marcher veut dire.

Septième promenade

Où l'on se demande si marcher peut vraiment permettre de penser plus et mieux, et pour quelles raisons.

Roger-Pol – Quelle douceur ! Tu vois, ici, à l'instant, elle ressemble à une illustration possible de ce qu'est pour moi le bonheur. Ce vent tiède, pas étouffant, qui permet de marcher longtemps au soleil, pieds nus, au bord de l'eau, sans avoir froid. Cet océan à perte de vue, inaccessible à la marche, sans chemin qu'on y puisse tracer, et qu'on ne cesse de longer, de frôler, comme si on se tenait au bord d'un monde tout autre sans quitter le nôtre. Quand je suis sur cette côte immense, j'ai toujours l'impression que je pourrais marcher sans fin, qu'il n'y a pas de retour. Je ne sais pas exactement pourquoi. Peut-être parce qu'une promenade côtière ne peut pas être circulaire, il faut continuer, ou rebrousser chemin, ou quitter la côte. En tout cas, c'est une situation qui me donne envie de poursuivre une promenade interminable.

Yves – Te voilà bien lyrique ! Tu me pardonneras, j'espère, d'être un peu plus terre à terre. Je me disais que, depuis plusieurs mois, nous parlons de la marche en marchant, et que nous tentons, autant que possible, d'expliquer *comment* on marche. Mais nous ne nous sommes pas encore demandé *pourquoi* on marche.

Roger-Pol – Tu veux dire pourquoi on *choisit* de marcher, quand on n'y est pas contraint ? Il y a mille situations où l'on se trouve *obligé* de marcher – pour aller à son travail, faire une course, rendre une visite… D'autres fois, on déambule sans utilité apparente, comme pour jouir de l'élémentaire, beauté des lieux, senteurs du paysage, joie d'échapper aux conventions, satisfaction d'éprouver et de renforcer son corps. Tout cela concourt au plaisir de marcher. D'ailleurs, tout le monde s'accorde aujourd'hui pour parer la marche de vertus psychologiques bienfaisantes. On nous répète que la marche permet d'évacuer les soucis, de réduire l'anxiété, de reprendre courage, d'opérer une sorte de « nettoyage de l'esprit », de mettre à distance les ennuis de tous les jours.

Yves – La marche comme une forme de psychothérapie, au fond ! Marcher semble effectivement salutaire pour le corps et pour l'esprit. Sans oublier ceux pour qui la marche est vraiment un remède. Pour le sujet âgé ou pour celui qui souffre, c'est un exercice essentiel afin de compenser les déficits causés par le dysfonctionnement des articulations ou du système nerveux.

Psychothérapie.

Roger-Pol – Il ne faut pas non plus oublier, à côté de ces pratiques bien connues, l'émergence de plus en plus nette de formes de marche qui se veulent des exercices spirituels. Je songe, par exemple, au regain d'intérêt pour les chemins de Compostelle. Les grands itinéraires médiévaux de pèlerinage sont aujourd'hui de nouveau très fréquentés par des marcheurs qui n'y cherchent pas seulement un exercice sportif. Ils veulent y trouver des formes de solitude et d'ascèse qui leur ouvrent de nouvelles possibilités de pensée. Il en va de même, plus ou moins, de ces pratiques émergentes de « méditation en marchant ». Empruntées au bouddhisme, dont certaines écoles en font une tradition bien attestée, elles suscitent aujourd'hui des expériences nouvelles en Occident. Mais je reconnais volontiers que ces tentatives demeurent encore marginales.

« Le philosophe médite. »

« Je ne puis méditer qu'en marchant ; sitôt que je m'arrête, je ne pense plus, et ma tête ne va qu'avec mes pieds. » (Jean-Jacques Rousseau, 1712-1778.)

Yves – Pour ma part, j'ai le sentiment que beaucoup de gens marchent pour faire jaillir des idées. Des idées de tous les jours, parfois des idées originales. Marcher devient alors une façon d'être plus fécond, plus créatif… C'est mon cas, comme tu sais : sans raison réelle, je décide d'aller faire un tour, une idée me vient, puis une autre, sans que j'aie décidé préalablement de penser à quoi que ce soit de précis.

Roger-Pol – Dans ce registre, nous en avons souvent parlé, tu es en bonne compagnie. Victor Hugo évoque sa « muse pédestre », Jean-Jacques Rousseau, lui, parle de sa « manie pédestre ». Nombreux sont ceux qui témoignent d'un afflux de pensées au cours de leurs marches. « Il semble qu'on sente des essaims éclore et bourdonner dans son cerveau », disait Hugo…

Yves – Tu comprends, pour moi, l'intérêt de marcher ! Si je bute dans mon travail, je pars marcher. Une pensée surgit en réponse à une question qui me tarabustait depuis quelque temps. Ou bien un petit rien qui résout un problème, un détail qui enclenche un raisonnement inattendu. Plus rarement, mais alors c'est le bonheur, une illumination soudaine change la manière de voir les choses ! La formule sort brutalement, entière, éclairante, inattendue… et pourtant depuis longtemps attendue.

Bien des réponses scientifiques, et même de grandes découvertes, ont ainsi surgi en marchant, je t'en ai déjà parlé. Cela ne veut pas dire, évidemment, qu'une idée de génie jaillit chaque fois qu'on marche ! Quand l'idée qui survient est décisive, elle peut constituer la réponse inopinée à un long questionnement antérieur, qui a mûri et cheminé souterrainement. Tout se passe comme s'il y avait un aller-retour permanent entre le questionnement, qui s'effectue en toute conscience, et la réponse inattendue, qui vient sans qu'on y pense, en marchant. Une sorte de dialogue entre la partie consciente et subconsciente de nous-mêmes.

« Je marche, donc je pense. »

Roger-Pol – Rappelle-moi, s'il te plaît, ton hypothèse neurologique pour expliquer ce dialogue ?

Yves – Mon hypothèse consiste à supposer que *l'activité de marche automatique permet de « désengager » le cerveau qui, libéré de cette contrainte de contrôle, peut œuvrer pour* *lui-même.* N'ayant pas la « responsabilité » de la marche, le cerveau aurait ainsi tout loisir pour penser. Cette sorte de flânerie intellectuelle peut l'amener à réfléchir, à raisonner, mais aussi à avoir des émotions, des sensations, ou même à imaginer, à créer… bref, à produire des pensées. Si tel est bien le cas, le cerveau, plus libre, devrait pouvoir consacrer son potentiel conscient aux tâches intellectuelles qu'il souhaite et, s'il en a envie, à des tâches plus conceptuelles, telles qu'un jugement, ou plus complexes, telles qu'un plan stratégique, ou plus créatrices, telles que l'anticipation d'une œuvre d'art, etc.

Roger-Pol – Ta conception donne à la marche un rôle crucial : celui d'offrir à la pensée une liberté et un pouvoir nouveaux. Comment est-ce possible ?

Yves – L'hypothèse repose, tout de même, sur des faits scientifiquement validés. Comme je te l'ai déjà dit, on sait que la mise en action des noyaux gris centraux permet l'activité automatique de marche et que le cortex frontal joue un rôle essentiel pour assurer les comportements conscients de l'ensemble de fonctions mentales. Par conséquent, si j'admets que la marche est un comportement automatique, qui dépend du fonctionnement des noyaux gris centraux, et que la pensée dépend du fonctionnement du cortex frontal, on peut faire l'hypothèse que la mise en route du premier facilite le second.

Roger-Pol – Derechef, comment ?

Yves – Tu te souviens de cette comparaison : *au cortex frontal le rôle de chef d'orchestre, aux noyaux gris centraux un rôle d'instrumentistes !* Eh bien, si les instrumentistes sont suffisamment performants pour jouer la mélodie – en l'occurrence la marche –, le chef d'orchestre peut consacrer son talent à faire valoir la musique, c'est-à-dire à penser plus et mieux. L'hypothèse devrait être confirmée en visualisant les activités métaboliques du cerveau, avec cette difficulté : difficile de faire marcher un sujet dans une machine à IRM…

Le cortex frontal, chef d'orchestre non automatique ;
les noyaux gris centraux, musicien automatique !

Roger-Pol – Tout cela paraît presque aussi solide que l'endroit où nous marchons, ce sable bien damé par les vagues, devenu comme une terre ferme et plate. Mais ce n'est pas encore complètement clair pour moi. Quand des musiciens sont abandonnés à eux-mêmes, même si ce sont de bons instrumentistes, la mélodie risque d'être de plus en plus déformée. En l'absence du chef d'orchestre (cortex frontal), les noyaux gris centraux, non dirigés, ne vont-ils pas « jouer la marche » de manière aberrante ?

Yves – En fait, les noyaux gris centraux demeurent sous le contrôle du cortex frontal, qui sait stopper la marche quand il le faut, et peut en modifier le rythme, l'allure, la vitesse, la trajectoire. Une véritable tutelle ! Du reste, comme chacun en fait l'expérience, tu peux arrêter de marcher quand tu veux.

Hypothèse de la marche qui libère la pensée.

Au repos, le cortex frontal est en boucle avec les noyaux gris centraux. Pendant la marche, les noyaux gris s'activent (en noir), ce qui désengage le cortex frontal, qui peut penser plus et autrement. Toutefois, le cortex frontal continue d'être informé de l'état de la marche par les noyaux gris centraux. Pour s'arrêter, le cortex frontal envoie une information « stop » aux noyaux gris centraux qui interrompent la marche automatique.

Quand le cortex frontal a donné l'ordre de marcher, les noyaux gris centraux ont à disposition un programme *ad hoc* qui leur permet de mettre en œuvre l'activité de marche. En même temps, ils informent le cortex frontal « en continu », tout en restant sous son contrôle, et le cortex frontal peut changer à sa guise le programme de marche. Tout se passe comme si le cortex frontal se mettait en « pilotage automatique », assuré par les noyaux gris centraux. La réalité est certainement plus complexe, mais le schéma est exact.

Roger-Pol – Remarques et objections, votre honneur ! Désengager le cortex frontal pour mieux penser, très bien, mais il n'y a pas que la marche qui permette ce résultat. D'autres activités motrices doivent bien faciliter identiquement la pensée…

Yves – Tu as raison, mais tous les mouvements ne facilitent pas la pensée. Des mouvements volontaires non automatiques, réalisés en pleine conscience, surtout s'ils exigent de la concentration, viennent plutôt arrêter la pensée, la concentrer uniquement sur ce qu'on fait. Par exemple, attraper un plat sur la table, réparer un pneu sur l'autoroute, construire une bibliothèque IKEA, sculpter une pièce de bois, disséquer une tumeur, manipuler de la matière radioactive… Ce ne sont pas des actions qui facilitent la pensée. Au contraire.

Roger-Pol – D'après toi, ce seraient donc les activités motrices automatiques, comme la marche, qui aideraient à penser. Mais, j'y reviens, il n'y a pas que la marche qui soit automatique. Bien d'autres comportements moteurs le sont : prendre une douche, faire un jogging, peler des pommes de terre, passer l'aspirateur, nettoyer la vaisselle, biner son jardin, raboter une planche, etc. Voilà des comportements relativement complexes qui ont été appris et répétés d'innombrables fois. Ils se déroulent tout seuls, presque sans qu'on y prête attention. Et ces routines peuvent favoriser l'activité de penser, tout le monde l'a déjà constaté. Des idées viennent aussi avec d'autres comportements moteurs que la marche, à condition qu'ils soient automatiques, bien intégrés, et qu'ils n'exigent ni concentration ni prise de conscience. Tu es d'accord ?

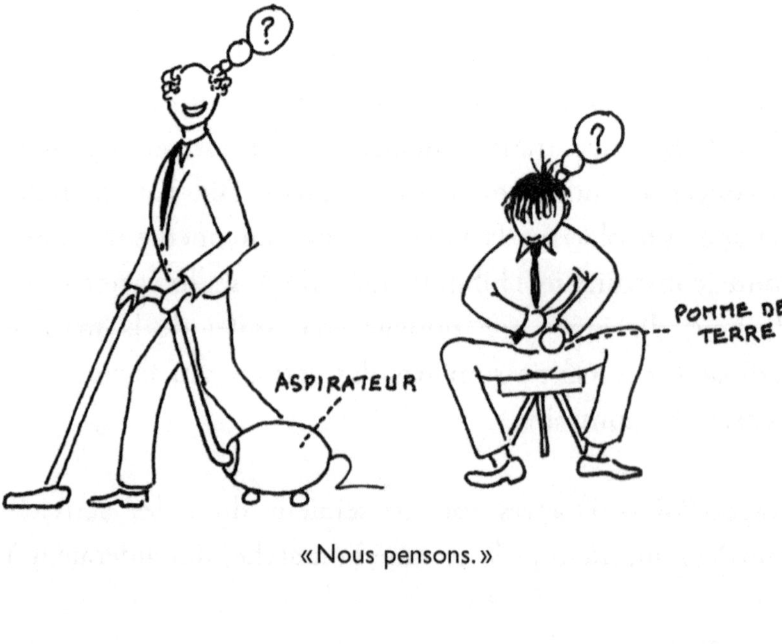

« Nous pensons. »

Yves – Oui, et j'en tire cette conclusion : *ce n'est pas seulement la marche qui facilite la pensée, mais toute activité automatique non consciente.* Toutefois, tu l'as déjà compris, les principes physiologiques demeurent les mêmes.

Roger-Pol – Revenons à la marche, si tu veux bien. N'oublions pas que, en marchant, non seulement on pense mieux, mais on tend aussi à être « mieux dans sa peau ». Et cela pourrait aussi contribuer à l'intensification et à l'amélioration de la pensée.

Yves – Effectivement, la marche donne du plaisir, donne envie de s'activer, elle réveille d'une certaine manière toute notre vitalité. De fait, la marche active l'humeur, la motivation, l'attention, l'éveil – cet ensemble de quatre fonctions élémentaires communes à tous les êtres vivants qu'on peut appeler l'élan vital. Scientifiquement, on connaît assez bien ces quatre fonctions élémentaires.

Roger-Pol – Tu sais ce qui me passe en tête, à l'instant ? Sans doute par un effet de notre déambulation, j'ai repensé à cette impression de cheminer entre le connu et l'inconnu. Comme si, avec nos savoirs, nos hypothèses, nos déductions et tout le reste, nous avancions à la lisière de ce que nous pouvons affirmer et de ce que nous ne faisons que supposer. À peu près comme nous cheminons sur cette côte, entre terre ferme et vagues à perte de vue. Avec la conviction, quoi que nous fassions, d'être très loin d'avoir tout exploré.

Yves – Tu ne crois pas si bien dire. Car il y a d'autres relations de la marche et de la pensée que nous n'avons pas du tout envisagées. Par exemple, la pensée peut déclencher ou au contraire bloquer la marche. Quand on doit se creuser la tête pour penser, on a souvent tendance à marcher. Quand on fait un exposé, on peut aller sur l'estrade faire des pas de droite à gauche et de gauche à droite. Comme si la nécessité de se concentrer, d'affiner sa pensée pour exprimer un point de vue, de convaincre en hiérarchisant au mieux les arguments, ou encore de chercher une idée originale (avec tout ce que cette recherche suppose de concentration intellectuelle consciente) entraînait une déambulation involontaire, dont on ne se rend pas compte. *Il se pourrait que la pensée consciente intense facilite le comportement subconscient de marche.*

Lorsqu'on se concentre sur ce qu'on dit,
on a tendance à marcher.

Roger-Pol – Et inversement, une pensée forte peut interrompre la marche. Nous sommes paisiblement en marche sur cette plage et devisons. Si tout d'un coup je m'apercevais que j'ai oublié mes clés quelque part, ou si je découvrais un point de désaccord total avec toi, je m'arrêterais. La pensée interromprait la marche. Une idée soudaine, un argument inattendu peuvent faire cesser la marche, ou tout autre comportement routinier. Ici, pour emprunter tes termes, *la pensée consciente peut stopper le comportement subconscient.*

Yves – Il faut donc en tirer la conséquence. Tout se passe comme si penser consciemment et marcher subconsciemment étaient interdépendants, l'un pouvant faciliter ou inhiber l'autre.

Roger-Pol – Dès lors, je crains bien qu'il ne faille réviser quelque peu notre jugement sur les philosophes-marcheurs…

Yves – Que veux-tu dire ?

Roger-Pol – Rassure-toi, ce n'est pas forcément une mauvaise nouvelle. Au contraire, ça complique le jeu, et pour cela j'aurais tendance à considérer que c'est plutôt une bonne chose.

Yves – Si monsieur le philosophe voulait bien arrêter de parler par énigmes…

Roger-Pol – Nous avons plusieurs fois remarqué que bien des philosophes sont des marcheurs et font l'éloge de la marche.

La liste est longue : Platon, Aristote, Montaigne, Hobbes, Rousseau, Kant, Schopenhauer, Kierkegaard, Nietzsche, Marx, Wittgenstein, et j'en oublie. Tous, chacun à sa façon, soulignent que les idées qui leur sont venues en marchant sont les seules qui valent, qu'il faut se méfier des pensées qui nous assaillent quand nous sommes immobiles, etc. Bref, nous serions tentés d'en conclure que tous ces philosophes-marcheurs confortent ton hypothèse de départ. C'est effectivement tentant, mais peut-être trop simple.

Yves – Et pourquoi donc ?

Roger-Pol – Première raison : même si leur liste est longue, nos penseurs-marcheurs sont très loin de recouvrir tout le champ de la pensée. Si l'on reste au sein de la pensée occidentale, on pourrait aisément dresser en regard une longue liste de philosophes, et non des moindres, qui ne sont pas connus pour avoir été particulièrement marcheurs et qui font volontiers l'éloge de l'immobilité, de la concentration purement intellectuelle. C'est ainsi, par exemple, que Descartes, Spinoza, Hegel, Bergson, Carnap, et quantité d'autres, sont généralement assis quand ils pensent et ne semblent pas éprouver le besoin de marcher pour penser. Or, pour affirmer qu'ils sont moins bons philosophes, moins inventifs, moins féconds, à cause de cette attitude physique statique, il faudrait être d'une extraordinaire mauvaise foi, ou d'un arbitraire excessif, ce qui revient au même. Faudrait-il conclure que certains pensent avec leurs jambes, et d'autres non ? Les uns ont besoin de se mouvoir, les autres non ? Voilà qui ne va pas bien loin, tu en conviendras.

Yves – Et comment proposes-tu de sortir de cette impasse ?

Roger-Pol – Subtil retour de mon hypothèse : la pensée comme une marche ! En effet, si tous les philosophes avancent dans la pensée « en marchant », peu importe qu'ils soient des marcheurs ou non. Tous marchent. Les uns avec leurs jambes, les autres dans leur tête. Mon hypothèse est que ces deux marches n'en font qu'une, parce que les processus physiologiques à l'œuvre sont semblables. Je suppose donc que la progression dans les pensées, le passage d'une idée à une autre, les déductions et conclusions sont, dans une certaine mesure, « du même ordre » que le fait de mettre un pied devant l'autre. Il se pourrait que la capacité humaine d'avancer dans les abstractions s'ancre dans les mécanismes corporels de la marche bipède.

Comme tu le vois, cette hypothèse n'est ni contraire à la tienne, ni incompatible avec elle.

Yves – Cela dit, je n'ai jamais soutenu qu'on ne pensait qu'en marchant ; mon idée est seulement que la marche facilite la pensée. Quant aux interprétations neurophysiologiques, comme tu le dis, ce ne sont que des hypothèses, d'autant plus que les explications proposées de la mise en œuvre d'une pensée ou de la marche sont ultrasimplifiées, afin de faciliter la compréhension. En tout cas, ces hypothèses sont fondées sur des faits scientifiques. Il restera à les valider, à les tester par l'expérience, ce qui n'est pas forcément trivial…

Roger-Pol – Ça, c'est ton travail ! Et si, avant de rentrer, on se baignait ? Pour ne plus marcher, et continuer à penser, rien de tel que quelques brasses.

Huitième promenade

Où l'on tente un bref bilan, avant d'interroger les échanges entre philosophie et science et leur possible avenir.

Roger-Pol – Quelle forêt ! J'ai rarement vu une telle densité, une telle puissance de la végétation. Regarde, la lumière est comme filtrée par les feuilles. Même en pleine fin d'été, c'est presque la pénombre alors que nous marchons d'un bon pas. Eh bien, ça n'a pas l'air de t'émouvoir outre mesure…

Yves – Pardon, je pensais à autre chose. Je songeais à ce que nous avions traversé au fil de nos pérégrinations. Comment synthétiser ce que nous avons aperçu ? J'aimerais rassembler, le plus clairement possible, l'essentiel de ce que nous avons obtenu au fil de nos échanges.

Roger-Pol – Eh bien, je suis tout ouïe, et j'espère que tu vas apporter de la lumière à ces sous-bois ombreux.

Yves – Ce qui nous importe à tous deux, finalement, c'est l'existence d'un lien constant entre la marche et la pensée, soit qu'on pense comme on marche, comme tu le soutiens, soit que la marche facilite la pensée, comme je le défends. Dans les deux cas, on avance, que ce soit dans l'espace physique ou l'espace mental.

Roger-Pol – Oui, l'idée d'avancement est essentielle.

Yves – Et d'abord physiquement. Que devient l'existence si on ne peut marcher ? On veut avancer, les muscles ne répondent pas. Fini l'autonomie, l'interaction sociale s'estompe. Voilà pourquoi les troubles de la marche sont tellement redoutés par les personnes âgées, et pourquoi ils isolent tragiquement certains jeunes. Je pense à ces mots du poète Xavier Grall : « Le pire des crimes, c'est le surplace, ne pas avancer, rester toujours là comme ça, collé aux chaises comme une chose stagnante, une glaire de vieux. »

Roger-Pol – Ce n'est pas sans raison que tout ce qui est immobile, statique, incapable de bouger, d'avancer, est généralement dévalorisé. Sauf, curieusement, chez les philosophes, en tout cas dans la tradition métaphysique issue de Platon, où l'immuable l'emporte sur le devenir, l'être sur l'évolution, l'éternel sur le temporel. Comme si, en son fond, la pensée devait marcher pour atteindre finalement un point sans avancement, sans…

Yves – Pardonne-moi de t'interrompre. Ne plus avancer physiquement est une tragédie, mais il serait pire encore de ne plus penser, et d'être ainsi dans une situation de dépendance totale, ce qui…

Roger-Pol – Je t'interromps à mon tour, mais il me semble, en fonction de ce que nous avons déjà dit, que s'il n'y a plus de pensée, il ne devrait plus y avoir de mouvement, puisque l'initiation du mouvement doit être pensée.

Yves – Bien vu ! Pourtant, il n'en va pas tout à fait ainsi, parce que, dans le cerveau, les circuits empruntés par la pensée de marche ne sont pas les mêmes que ceux de toute pensée. Et aussi parce que les automatismes moteurs qui permettent la marche non consciente peuvent toujours être conservés, même quand les fonctions cognitives sont profondément perturbées (comme ces patients atteints de la maladie d'Alzheimer qui sont souvent des « déambulateurs »).

Roger-Pol – Finalement, penser et marcher, c'est semblable ou non ?

Yves – Comme un mouvement de marche, une pensée a trois composantes : avancement, équilibre et posture. En effet, toute pensée avance avec le temps, sans retour possible, sauf par le souvenir ; elle se tient en équilibre, avec des déséquilibres rattrapés, et, malgré le risque constant de glisser, elle conserve sa posture, assurant le maintien de la logique et des émotions qui est propre à chacun.

Ces analogies peuvent permettre d'envisager que marcher et penser possèdent un substrat neurophysiologique commun, même s'il est encore incomplètement connu et même en partie hypothétique. Cette proximité entre les fonctions de la marche et de la pensée peut à son tour permettre de postuler qu'*on pense comme on marche* et que *marcher peut faciliter les pensées.* Nous retrouvons nos deux hypothèses initiales.

Roger-Pol – Sur le même plan ? À parts égales ? C'est ce que tu veux dire ?

Yves – Bien sûr que non. Parce que, malgré tout, d'un point de vue scientifique, j'ai une forte réticence à tenir pour vraie ton hypothèse de la « pensée qui marche », tout simplement parce que sa vérification physiologique, dans l'état actuel de ce que nous savons du fonctionnement du cerveau, est plus incertaine que pour la marche physique. Cette « marche de la pensée », de la parole, des idées n'est qu'analogique. Il est certes tentant de penser que ce parallèle fonctionne. Il paraît cohérent, et même séduisant. Mais le substrat scientifique reste à démontrer.

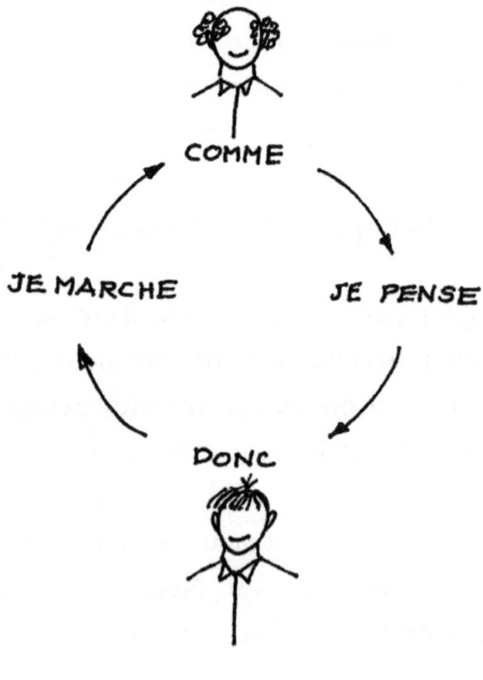

Roger-Pol – Si je t'entends bien, tu me dis que c'est une histoire de philosophe, une belle idée qui brille, mais pas une connaissance scientifique, du moins pour l'instant.

Yves – C'est toi qui le dis ! Il n'y a évidemment dans ce constat aucun mépris de ma part pour la philosophie. Au contraire, je suis convaincu que ce qui manque le plus aux scientifiques, aujourd'hui, dans toutes les disciplines, ce sont justement des liens avec des philosophes.

Roger-Pol – Et réciproquement. Je crois pour ma part que des relations avec les scientifiques font cruellement défaut à l'écrasante majorité des philosophes. En fait, tout se passe comme si chaque tribu avait sa langue, ses rites, ses coutumes et se croyait seule au monde. Chaque monde ignore l'autre. Et l'ignorance engendrant, souvent, le mépris, chaque tribu a tendance à croire que rien d'intéressant n'existe chez les autres.

Yves – Sur ce point, mon expérience rejoint la tienne. Scientifiques et philosophes travaillent séparément, en silo. C'est déjà le cas au cours des études secondaires, cela se poursuit à l'université, et c'est encore le cas dans les laboratoires et les institutions de recherche, et finalement dans l'ensemble de la vie sociale et culturelle.

Roger-Pol – Le plus curieux est que cette séparation est récente, du moins à l'échelle de l'histoire. Pendant plus de deux millénaires, philosophie et science ne se distinguaient pratiquement pas. Elles marchaient main dans la main, souvent pratiquées par les mêmes personnes, abritées par les mêmes institutions. Socrate s'entretient avec Thalès, jeune mathématicien. Platon inscrit au fronton de son Académie : « Que nul n'entre ici s'il n'est géomètre. » Aristote écrit un traité de physique, fonde les sciences naturelles et la biologie en même temps qu'il s'intéresse à la logique et à la métaphysique. Descartes contribue au renouvellement des théories optiques et dissèque des veaux. Leibniz invente le calcul intégral en même temps que son système métaphysique. En fait, jusqu'au siècle des Lumières inclus, la circulation entre philosophie et science est intense et permanente. Voltaire fait découvrir Newton, d'Alembert est géomètre avant de diriger l'*Encyclopédie* avec Diderot.

Les deux silos.

Yves – Sans compter, j'y tiens, la participation de très nombreux médecins à la pensée philosophique !

Roger-Pol – D'ailleurs, un des traités de Galien, médecin de l'empereur Marc Aurèle et maître de la médecine antique, s'intitule *Que l'excellent médecin est aussi philosophe*. Les liens entre médecine et philosophie sont très étroits tout au long du Moyen Âge. Maïmonide, Avicenne, Averroès sont à la fois thérapeutes et métaphysiciens. Et la tradition a perduré jusqu'à nos jours, avec bon nombre de philosophes-médecins, comme Georges Canguilhem ou François Dagognet.

Yves – Ils sont pourtant, à notre époque, des exceptions ! Comment s'est opéré le divorce entre science et philosophie ?

Roger-Pol – Pas de date d'audience, de décision de magistrat, pas même de consentement mutuel. Ce fut un divorce diffus, progressif, multiforme. Tu sais, je crains que, si nous commençons à entrer dans cet entrelacs de questions, nous nous retrouvions assez vite dans un paysage aussi compact que celui de cette forêt.

Yves – J'entends bien, mais je me souviens aussi que tu m'as expliqué, il n'y a pas si longtemps, ce que dit Descartes sur la conduite à tenir quand on s'égare dans un bois : continuer tout droit, pour finir par en sortir.

Roger-Pol – Alors, avançons tout droit, sans fioriture ni digression. Parmi les causes de la séparation entre science et philosophie, il y a d'abord les mutations du savoir scientifique, cette immense révolution inaugurale qu'a été l'invention de la physique mathématique, dont Galilée reste le premier jalon. Avant, depuis Aristote jusqu'à la Renaissance, l'espace physique n'était pas assimilé à l'espace mathématique. Les lieux du monde avaient des qualités propres, les substances des énergies spécifiques. Tout change, et radicalement, quand les lieux ne sont plus définis que par leurs coordonnées, et que le monde devient calculable, indépendamment de nos sensations, de nos impressions. La naissance en cascade, si je puis dire, des sciences modernes a eu pour conséquences gigantesques et rapides la diversification des branches du savoir puis l'accroissement exponentiel des connaissances qui s'ensuivit. À partir de l'Âge classique, il est devenu de plus en plus difficile à un seul esprit de maîtriser à peu près toutes les disciplines. À partir du siècle des Lumières, il fut carrément impossible de tout embrasser.

Yves – Et la spécialisation n'a fait que croître et embellir, jusqu'à nos jours. Avec tous les effets d'ignorance qui en découlent concernant ce qui est en dehors du champ que l'on maîtrise à peu près, et qui est de plus en plus étroit. Finalement, chacun se cantonne dans un territoire de plus en plus précis, mais de plus en plus limité.

Roger-Pol – Absolument. Il n'y a plus de sens à dire que Pierre est physicien, Paul algébriste ou Jacques chimiste si l'on ne précise pas, pour chacun, sur quel sous-sous-sous-domaine il travaille. J'ajoute que cette spécialisation ne serait pas si dommageable si elle n'était pas entretenue et même renforcée par l'enseignement et ses institutions. Jusqu'au XVIIIe siècle, être philosophe n'était pas un métier. Être astronome ou chimiste non plus. Tout a changé, profondément, quand chaque discipline s'est institutionnalisée,

« universitarisée ». Avec des enseignements spécifiques, des diplômes séparés, des vocabulaires et des méthodes de plus en plus spécifiques. De toute évidence, les établissements d'enseignement, à tous les niveaux, dans toutes les nations, ont largement contribué à intensifier ce cloisonnement.

Yves – Peut-on encore espérer y remédier ?

Roger-Pol – Abattre tous les murs, décloisonner toutes les disciplines, certainement pas. Mais il est possible, et indispensable, d'aménager des fissures dans les clôtures, peut-être des brèches, ici ou là. Il y a quantité d'exemples de « transfuges », de penseurs « bilingues », qui passent les frontières pour venir résider et travailler dans un champ de recherche qui n'est pas le leur en le regardant avec d'autres yeux. Jean-Toussaint Desanti, qui fut l'un de mes maîtres avant de devenir un ami proche, a intitulé un de ses livres d'entretiens *Le Philosophe et les pouvoirs*, où il indique que le travail du philosophe, aujourd'hui, pouvait être d'apprendre une langue « étrangère » – par exemple celle des chimistes, des physiciens, des neurologues – et d'en étudier les structures et les singularités. Lui-même s'était fait mathématicien et a écrit *Les Idéalités mathématiques*, devenu un classique.

Yves – C'est fort intéressant, mais tu parles là de travaux de recherche. Ce sont des explorations interdisciplinaires importantes, je n'en doute pas, mais réservées à quelques-uns. Pour décloisonner science et philosophie, pour les faire se retrouver, se connaître à nouveau, s'estimer réciproquement, je dirais même pour leur permettre de s'enrichir mutuellement de manière féconde, il faut des initiatives plus vastes, des politiques culturelles, éducatives, pédagogiques.

Roger-Pol – Certainement, mais c'est un problème difficile, déjà ancien, et pour l'instant sans solution. Chacun continue à parler seulement la langue de sa discipline et à ne voir le monde que selon les catégories de sa tribu, sans connaître ni comprendre celles des autres. Les scientifiques ignorent bien souvent Platon, Aristote, Kant, Hegel et tant d'autres philosophes qui leur livreraient pourtant quantité d'outils qui leur seraient utiles. Et les « intellectuels littéraires » et autres gens bien éduqués restent généralement incapables d'exposer des connaissances élémentaires de physique, comme le second principe de la thermodynamique, les définitions de la masse ou de l'accélération.

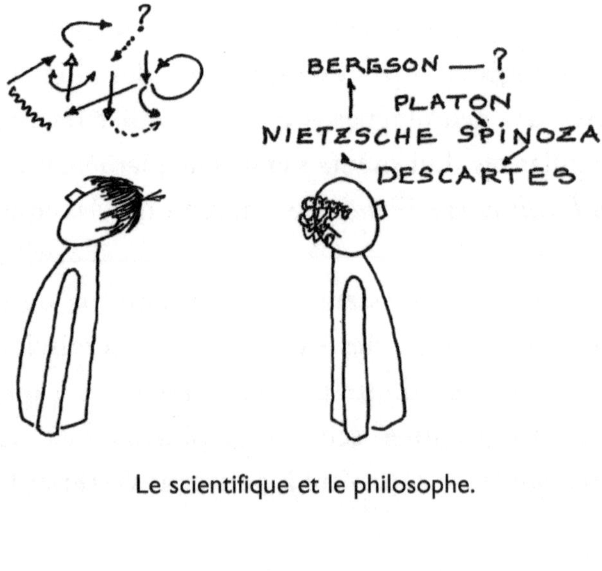

Le scientifique et le philosophe.

Yves – C'est exactement ce que je constate dans mon travail avec les scientifiques et dans mes conversations avec des amis philosophes. Entre dans un laboratoire de biologie, par exemple, et observe les chercheurs. Les uns ont l'œil rivé à leur microscope, les autres manipulent des tubes à essai, d'autres tracent des courbes sur leur écran d'ordinateur. À quoi pensent ces scientifiques, collés douze heures par jour devant leur paillasse couverte de fioles et de machines sophistiquées ? Ont-ils le temps, l'envie, la possibilité de réfléchir à la portée de leurs expériences ?

Certains, évidemment, lisent en dehors de leur spécialité, assistent à des conférences scientifiques, cherchent à atteindre une hauteur de vue sur leurs propres travaux. Ceux-là souhaitent replacer le questionnement très pointu de leur programme de recherche dans un cadre général, que ce soit la recherche d'un concept physiologique nouveau, la découverte d'un moyen thérapeutique inédit, voire une proposition capable d'améliorer le sort de l'humanité.

Malgré tout, ces esprits curieux sont rares. La plupart des chercheurs demeurent exclusivement concentrés sur la réussite de leurs expériences. Ils s'attachent avant tout à publier leurs résultats dans une revue renommée, passent leur temps à remplir des formulaires pour obtenir des contrats de recherche, etc.

Roger-Pol – Ce que tu décris me fait penser à ce que disait déjà, il y a une trentaine d'années, le mathématicien René Thom, créateur de la célèbre « théorie des catastrophes » : « La recherche des contrats a remplacé la recherche des concepts. »

Il dénonçait un état de la recherche scientifique de plus en plus occupée de crédits, de procédures administratives, de «*publish or perish*», et de moins en moins préoccupée de théorie, de conceptualisation, de compréhension.

«Qu'est-ce que vous cherchez? Un contrat...»

Yves – Ce n'est donc pas à l'instant que tu découvres la question.

Roger-Pol – Bien d'autres l'ont déjà examinée avant nous! C'est en 1959 que Charles Percy Snow (1905-1980) prononçait à Cambridge une des conférences les plus célèbres du XXe siècle, «Les deux cultures».

Son analyse a fait le tour du monde, suscité débats et polémiques, avant de tomber dans un relatif oubli. Quand on la relit, elle n'a pas pris une ride. Et les remarques de Snow n'ont pas cessé d'être commentées, prolongées ou critiquées, de Stephen Jay Gould à William Marx, en passant par Simon Critchley. En dépit des évolutions qui ont eu lieu, il importe de relire ce texte, car on comprend mieux l'ampleur du problème et ses ramifications dans de nombreux domaines : cursus scolaires, représentations collectives, gouvernance politique.

Yves – Dans cet enchevêtrement de questions gigantesques, si nous voulons sortir du bois, prenons un chemin encore plus direct. Je te propose d'examiner simplement cette proposition : les philosophes n'auraient-ils pas intérêt à connaître le fonctionnement de leur cerveau ? Leur métier est de penser, et c'est avec leur cerveau qu'ils le font.

S'ils cherchent à apporter des réflexions nouvelles, adaptées à la société d'aujourd'hui et surtout à celle de demain, ne leur faudrait-il pas comprendre la machine qui leur permet de se poser ces questions ?

Roger-Pol – Je t'objecterais volontiers que personne, pour conduire sa voiture, n'a besoin de savoir comment fonctionne le moteur.

Yves – Pour l'usage quotidien de tout le monde, c'est tout à fait exact. Mais pour une course automobile, il est nécessaire de comprendre le fonctionnement du moteur ! Les pilotes contribuent d'ailleurs à sa mise au point auprès des ingénieurs et des techniciens. Dès lors, je crois que mon analogie a un sens. Lorsque les philosophes entendent développer des concepts auxquels personne n'a pensé, ils devraient légitimement chercher à savoir comment ils perçoivent, comment ils donnent sens à leurs perceptions, comment ils les mémorisent, comment ils transforment leurs pensées et leurs émotions en langage, comment ils expriment leur pensée par l'écriture ou par le discours. Une meilleure compréhension des mécanismes physiologiques qui produisent nos pensées et nos émotions ne donnerait-elle pas un certain élan à la philosophie ? Il me semble qu'une deuxième raison plaide en faveur d'une information des philosophes concernant spécifiquement les sciences cognitives et la neurologie du cerveau. Car ces connaissances relatives au fonctionnement cérébral peuvent se révéler utiles pour éclairer certaines questions de la philosophie portant sur les mémoires, le langage, la conscience, autant de phénomènes dont les neuroscientifiques décryptent avec succès les fondements physiologiques. Or, à quelques exceptions près, les philosophes poursuivent leurs analyses dans ces domaines sans faire référence aux sciences cognitives, dont l'objet est précisément de comprendre les bases du fonctionnement cérébral.

Roger-Pol – Tu affirmes donc que les philosophes devraient s'intéresser aux sciences cognitives, à ce qu'elles découvrent du fonctionnement du cerveau, premièrement parce que le cerveau est leur outil de travail, deuxièmement parce que plusieurs questions majeures qui les occupent se trouvent éclairées différemment par ces découvertes ?

Yves – Exactement.

Roger-Pol – Ce que tu dis est marqué par le bon sens, et contient une part de vérité. Je ne vais donc pas te contredire frontalement. Pourtant, dans tes propos subsistent un biais et des présupposés que tu n'as pas l'air d'apercevoir clairement et qui me chiffonnent. Qu'il soit utile de connaître l'outil dont on se sert, c'est de bonne méthode. Mais il n'est pas absolument certain que le cerveau soit « l'outil dont se sert » celui qui pense (qu'il soit philosophe ou autre, parce qu'il n'y a pas que les philosophes qui pensent ou innovent dans le domaine des idées). Pour toi, il s'agit d'une évidence, et c'est pourquoi tu tends à la confondre avec une vérité.

Yves – Tu n'es pas persuadé, toi, que c'est avec notre cerveau que nous pensons ?

Roger-Pol – J'en suis convaincu ! Mais je n'oublie pas pour autant que cette conviction a tout d'une croyance, et rien d'un savoir. Dans *Le cerveau et la pensée. Une illusion philosophique*, Bergson a magnifiquement expliqué, en son temps, les motifs que nous avions de ne pas réduire la pensée à l'activité du cerveau, malgré les parallélismes entre les lésions cérébrales et les dysfonctionnements du langage ou du raisonnement, malgré les avancées dans l'élucidation des connexions neuronales et le fonctionnement de notre conscience, autant d'avancées qui sont aujourd'hui bien plus nombreuses qu'à son époque. Il ne s'agit pas d'affirmer que ces parallélismes sont *faux* ni qu'ils *ne nous apprennent rien*. Il s'agit de *ne pas affirmer* qu'ils constituent la *vérité ultime*, l'explication définitive.

Et il en va de même, à mon avis, de l'éclairage qu'apportent les sciences cognitives aux questions philosophiques classiques de la mémoire individuelle ou collective, au sentiment de l'écoulement du temps, aux processus de décision, de mise en œuvre d'une intention, aux troubles émotifs et à quantité d'autres thématiques. Je suis absolument d'accord pour dire que tous ces thèmes, développés aussi bien par la métaphysique ancienne que par la phénoménologie, le pragmatisme, le behaviorisme ou les psychologies modernes, reçoivent un éclairage nouveau des sciences cognitives.

Dès lors, je te l'accorde également, les philosophes qui touchent à ces questions doivent effectivement s'informer des méthodes développées par ces recherches et des résultats qu'elles ont obtenus. Mais sans se départir pour autant de leur esprit critique, sans réduire d'un coup la divergence des points de vue ni même la différence entre les principes.

Parce que ces questions reçoivent essentiellement un *éclairage* nouveau, mais pas une *réponse*. Il me semble que c'est en fait ce point-là qui nous sépare. En tant que scientifique, tu es enclin à croire que la recherche avance vers la connaissance de la réalité, et que les résultats physiologiques établissent « comment ça marche *en vrai* ». Je préfère dire qu'ils expriment « comment ça marche *d'un certain point de vue* ».

Yves – J'entends, mais l'idée que la science n'apporte qu'un « certain point de vue » me dérange. Parce que si ce n'est qu'un point de vue, cela suggère qu'il y a d'autres points de vue (ce que je ne nie pas), et cela peut aussi suggérer que les autres points de vue sont tout autant valables. Or je pense que, si la science ne fournit pas une « vérité », au moins elle s'efforce d'y tendre. Elle y tend certes lentement, avec obstination, mais avec prudence, avec des doutes. Et cela, de la manière qui, pour moi, est la plus acceptable. Tout simplement parce que les données de la science reposent sur des faits qui sont au mieux validés.

Si tel est bien le cas, les philosophes n'auraient-ils pas intérêt à fonder leur réflexion sur ce qui est établi, démontré, confirmé plutôt que sur les opinions non validées ? Personne ne dit que la science dit « la vérité », mais elle s'en approche au point que certaines données, du plus petit (l'atome) au plus grand (le système solaire), peuvent être considérées comme hautement probables. Et si les philosophes ne s'appuient pas sur des données hautement probables – à tel point qu'en pratique on peut les considérer comme « vraies » (même si on sait qu'elles demeurent théoriquement « falsifiables ») –, ne risquent-ils pas de tourner en rond ?

Roger-Pol – Chaque discipline scientifique pose une grille sur ce qu'elle examine, que ce soit l'homme, le monde ou la pensée. Et cette grille filtre les éléments qui sont pertinents pour elle dans l'immense complexité et diversité des phénomènes. Parmi nos contemporains, c'est sans doute le philosophe Francis Wolff qui a le mieux expliqué cela, en réactivant des pistes tracées autrefois par Aristote.

Par exemple, tu n'auras pas la même image de l'homme si tu le considères comme acteur économique (producteur et consommateur), comme organisme multicellulaire autorégulant sa température et ses besoins énergétiques, comme individu inséré dans un tissu social et familial sociologiquement délimité, etc. Chaque grille de lecture (économique, biologique, sociologique, il y en a de très diverses) fait ainsi saillir les caractéristiques qui lui importent, et en néglige totalement d'autres.

Cela est à la fois parfaitement légitime et tout à fait inévitable. Il n'y a pas lieu de s'en plaindre. En revanche, il faut se méfier de la propension de chaque discipline à croire qu'elle détient « la » vérité, et que sa grille de lecture, au lieu d'être partielle, est « la seule » et « la bonne ».

Voilà pourquoi je suis en plein accord avec toi pour dire qu'il faut s'intéresser aux sciences cognitives, mais réticent pour admettre qu'elles détiendraient seules les réponses exactes et définitives à nos questions. Toutes les disciplines ont une propension à l'impérialisme (à commencer par la philosophie, évidemment), et je crois qu'il faut s'en défier.

Yves – Je comprends ta prudence et ton souci de ne pas verser dans une forme de scientisme, même si je ne suis pas aussi réservé que toi, et enclin à penser que nous tenons déjà des résultats impressionnants qu'il faut prendre en compte.

D'un autre côté, je soutiens que les scientifiques devraient se soucier bien plus des questions philosophiques qu'ils ne le font, ce qui devrait te faire plaisir.

Roger-Pol – Impérialisme oblige… Bien que je pense que la philosophie enseigne aussi le relatif, les limites des perspectives. Dans la mesure où la philosophie, comme telle, n'est pas une doctrine définie mais constitue l'exercice même de la réflexion critique, l'auto-examen de la pensée, tout le monde doit s'y exercer.

Yves – Et les scientifiques plus que tous les autres, sans doute, car ils sont souvent accusés, et pas toujours à tort, d'être rigides, étriqués, obsessionnels, intolérants, terre à terre. Il est vrai que le métier de chercheur est astreignant, routinier, ingrat, alors que l'approche intellectuelle est d'abord exaltante.

Souvent, les jeunes chercheurs finissent par oublier l'objet même de leur recherche. Pourquoi décrypter le mécanisme d'action de cette enzyme que personne ne connaît ? Qui se soucie de la description de ce corpuscule observé sous le microscope ? Personne. Pour en retrouver le sens, le chercheur doit replacer son travail dans une perspective de santé publique, ou d'une meilleure connaissance du monde, ou encore dans le cadre d'une réflexion sur l'existence. Or, souvent, la culture nécessaire pour intégrer leur recherche ponctuelle dans une réflexion générale leur fait défaut.

Pourtant, l'étudiant qui choisit de s'impliquer dans une discipline scientifique se pose des questions par définition. Or, à tous les niveaux, l'enseignement des sciences, quelle qu'en soit la nature, néglige l'ouverture vers les sciences humaines et sociales. Dès la fin du secondaire, les disciplines scientifiques se séparent des disciplines littéraires. À l'université, en sciences comme en médecine, domine une quasi-absence de formation en histoire et en philosophie des sciences. En troisième cycle, la compétition insensée pour les publications amène les étudiants à se focaliser sur leurs dosages, leurs instruments, leurs machines, au détriment de la réflexion sur la finalité de leurs travaux.

À un degré de formation encore supérieur, ceux qui sont amenés à prendre des décisions stratégiques pour les disciplines scientifiques devraient posséder une formation philosophique générale. Au moins celle qui est consacrée aux sciences. À l'inverse, on voit les meilleurs esprits politiques, généralement bien formés aux disciplines littéraires, n'avoir aujourd'hui que peu d'attention pour une planification cohérente de la science du futur.

Roger-Pol – Finalement, tu convies philosophes et scientifiques à faire comme nous : marcher ensemble, en apprenant à se connaître, et continuer d'avancer. En se parlant, modestement, mais continûment, chacun selon son style, ses moyens, sa formation. Je ne dis pas que nous sommes des modèles. Plutôt des randonneurs que d'autres peuvent imiter à leur façon.

Tu as remarqué ? La forêt se termine dans quelques pas. Le paysage s'éclaircit. On va pouvoir marcher encore longtemps.

Yves – Donc penser !

Roger-Pol – Je ne te le fais pas dire !

Conseils de lecture

Parmi les nombreux travaux consacrés à la marche et les textes qu'elle a inspirés, voici une brève sélection, à l'usage des lecteurs désireux de prolonger leur parcours.

Antoine de Baecque, *Une histoire de la marche*, Perrin, 2015.

Roger Gilbert, *Walks in the World. Representation and Experience in Modern American Poetry*, Princeton University Press, 1991.

Frédéric Gros, *Marcher, une philosophie*, Carnets Nord, 2009 ; nouvelle édition revue et augmentée Albin Michel, 2021.

Christophe Lamoure, *Dictionnaire philosophique et vagabond de la marche (et du marcheur…)*, Milan, 2013.

David Le Breton, *Marcher. Éloge des chemins et de la lenteur*, Métailié, « Suites », 2012.

Frank Maubert, *L'homme qui marche*, Fayard, 2015.

Timothy M. O'Sullivan, *Walking in Roman Culture*, Cambridge University Press, 2011.

Pascal Picq, *La Marche. Sauver le nomade qui est en nous*, Autrement, « Les Grands Mots », 2015.

Rebecca Solnit, *L'Art de marcher [Wanderlust. A History of Walking]*, traduit de l'anglais par Oristelle Bonis, Actes Sud, « Babel », 2002.

Anthologies

Écrivains randonneurs, textes choisis et présentés par Antoine de Baecque, Omnibus, 2013.
Les Voix de Compostelle, de saint Augustin à Jean-Christophe Rufin, textes choisis et présentés par Antoine de Baecque, Omnibus, 2015.
Petite bibliothèque du marcheur, présentée par Frédéric Gros, Flammarion, « Champs classiques », 2011.

Remerciements

Nous aimerions remercier tous ceux qui, avant nous, ont pérégriné à pied et réfléchi à ce que marcher implique. Connus ou obscurs, ils sont toutefois trop nombreux pour être cités. Il suffira de dire que nous sommes reconnaissants à ces multiples écrivains, philosophes, médecins, historiens et chercheurs qui ont cheminé avant nous et nous ont accompagnés dans nos promenades.

Notre gratitude va également à celles et ceux qui ont directement rendu ce livre possible : Gilles Haéri, qui accueillit notre projet chez Albin Michel, Hélène Monsacré qui en a suivi la réalisation et la mise au point, Frédérique Pons qui le fit connaître, ainsi que les équipes travaillant à leur côté avec un grand professionnalisme.

Nous exprimons enfin notre vive reconnaissance à nos compagnes pour leur aide précieuse et leur soutien attentif et affectueux.

Table

DONNÉES D'HIVER

Qui a commencé à marcher ?

HYPOTHÈSES DE PRINTEMPS

Parler, penser, est-ce comme marcher ?

PERSPECTIVES D'ÉTÉ

La science et la philosophie
peuvent-elles marcher ensemble ?

DES MÊMES AUTEURS

ROGER-POL DROIT
Sélection, plus sur www.rpdroit.com

Recherches

L'Oubli de l'Inde. Une amnésie philosophique, PUF, 1989 ; Le Livre de Poche, 1992 ; Points, 2004.

Le Culte du néant. Les philosophes et le Bouddha, Seuil, 1997 ; Points, 2004.

Généalogie des barbares, Odile Jacob, 2007.

Le Silence du Bouddha et autres questions indiennes, Hermann, 2010.

Pamphlets

Votre vie sera parfaite, Odile Jacob, 2005.

La philosophie ne fait pas le bonheur… et c'est tant mieux, Flammarion, 2015.

Pédagogies

Les Religions expliquées à ma fille, Seuil, 2000.

La Philosophie expliquée à ma fille, Seuil, 2004.

L'Éthique expliquée à tout le monde, Seuil, 2009.

Une brève histoire de la philosophie, Flammarion, 2008 ; coll. « Champs », 2010.

Maîtres à penser, 20 philosophes qui ont fait le XXe siècle, Flammarion, 2011 ; coll. « Champs », 2013.

Expériences

101 expériences de philosophie quotidienne,
Odile Jacob, 2001 ; 2021 (prix de l'essai France Télévisions).

Dernières nouvelles des choses, Odile Jacob, 2003.

Petites expériences de philosophie entre amis, Plon, 2012.

Si je n'avais plus qu'une heure à vivre, Odile Jacob, 2014.

Comment marchent les philosophes, Paulsen, 2016.

Esprit d'enfance, Odile Jacob, 2016.

Avec Monique Atlan

Humain. Une enquête philosophique sur ces révolutions qui changent nos vies, Flammarion, 2012 ; coll. « Champs », 2014.

L'espoir a-t-il un avenir ?, Flammarion, 2016.

Entre parenthèses, Mars-Mai 2020, en ligne sur www.rpdroit.com

Le Sens des limites, Éditions de l'Observatoire, 2021.

Aux Éditions Albin Michel

Et si Platon revenait…, Albin Michel, 2018 ;
coll. « Espaces libres », 2020.

Monsieur, je ne vous aime point. Voltaire et Rousseau, une amitié impossible, roman, Albin Michel, 2019
(prix Montesquieu).

Un voyage dans les philosophies du monde,
Albin Michel, 2021.

Yves Agid

L'Homme subconscient. Le cerveau et ses erreurs, Robert Laffont, 2013.

Avec Pierre Magistretti, *L'Homme glial. Une révolution dans les sciences du cerveau*, Odile Jacob, 2018.

Je m'amuse à vieillir, Odile Jacob, 2020.

Subconsciousness, Columbia University Press, 2021.

Impression CPI Firmin-Didot en juin 2022
Éditions Albin Michel
22, rue Huyghens, 75014 Paris
www.albin-michel.fr
ISBN : 978-2-226-46067-7
N° d'édition : 24427/03 – N° d'impression : 171072
Dépôt légal : mai 2022
Imprimé en France

Mechthild Lanfermann

BERLINER BLUT

Kriminalroman

btb

MIX
Papier aus verantwortungsvollen Quellen
FSC® C083411

Verlagsgruppe Random House FSC® N001967
Das für dieses Buch verwendete FSC®-zertifizierte Papier
Lux Cream liefert Stora Enso, Finnland.

1. Auflage
Originalausgabe September 2015

Umschlaggestaltung: semper smile, München
Umschlagmotiv: plainpicture/Rubert Warren;
Shutterstock/caesart
Satz: Uhl + Massopust, Aalen
Druck und Einband: CPI books GmbH, Leck
SL · Herstellung: sc
Printed in Germany
ISBN 978-3-442-74915-7

www.btb-verlag.de
www.facebook.com/btbverlag
Besuchen Sie unseren LiteraturBlog www.transatlantik.de

Die Frau nervte.

Stand vor ihm in dem Gedränge und Geschiebe und sah ihn mit ihren Kuhaugen an. In dem Lärm verstand er nicht, was sie von ihm wollte. Wieder dieser Knall, jedes Mal zuckte er zusammen, Herrgott, was hatte das mit Kunst zu tun. Er schwitzte in der Uniform, die Jacke war zu knapp, und die Bezahlung auch lausig, aber na gut, hatte er seiner Freundin gesagt, wann komm ich schon mal ins Museum. Allerdings war das keine Kunst, was die hier zeigten. Diese Knallerei und dann der zerfetzte Vogel, weiter vorn, die kopflosen Gestalten, herumliegende Arme und Beine beschmiert mit roter Farbe und dieses Geschrei – Kunst, das waren Bilder, was Schönes, aber doch nicht dieser Quatsch.

Wieder sagte die Frau vor ihm etwas, er solle mitkommen, was der einfiel, die hatte ihm nichts zu sagen, mit ihren roten Fingernägeln und der affigen Art. Da hinten sei etwas passiert, etwas Schlimmes, sagte sie. Noch schlimmer?, hätte er fast gefragt, aber die Frau sah nicht aus, als ob sie das komisch gefunden hätte. Er sah in die Richtung, in die sie wies, nach hinten, aber sein Platz war hier am Eingang. Durfte er den denn überhaupt verlassen?

Er schüttelte den Kopf, einfach nicht reagieren, dachte er, die wird schon gehen. So einen Befehlston wie von der Rotlackierten, darauf konnte er gar nicht, da war er stur. Die Frau vom Museum hatte ja auch gesagt, er soll hier stehen, hier vorn. Und es war ja wirklich voll. Gerade kam der Chef auf die Bühne, jetzt ging es richtig los, bla bla bla, alle klatschten, und ein Mann im Rollstuhl wurde auf die Bühne gefahren, eher ein Männlein, ganz alt und zerknittert, der musste wichtig sein, so wie alle vor dem buckelten, und die Jungs dahinter waren bestimmt Bodyguards, alle schwarz wie die Nacht, die kamen hier rein wie die afrikanische Mafia, kein Wunder, dass das Museum noch ein paar Aufpasser wie ihn dazugeholt hatte.

Dass er sich schließlich doch entschloss, seinen Platz zu verlassen, lag nicht an der Hartnäckigkeit der Frau vor ihm. Er wollte es, weil er spürte, dass etwas in der Luft lag, und seine Neugierde siegte über seine Angst, etwas falsch zu machen.

Die Gäste stießen sich gegenseitig an, flüsterten miteinander und reckten die Hälse, um in den hinteren Teil der Halle sehen zu können. Ohne zu wissen, was tatsächlich geschehen war, erfasste die eben noch trinkenden und laut lachenden Menschen eine Beklommenheit, und diese Stimmung breitete sich langsam und schleichend wie Bodennebel im Raum aus.

Der Wachmann machte zunächst nur zögerliche Schritte nach hinten in den Raum, dann beschleunigte er seinen Gang und überholte sogar die Frau vor ihm. Grob schob er die Menschen beiseite, die ihm im Weg standen, doch niemand protestierte. Eine Gasse schien sich zu bilden, schweigend standen die Besucher und drängten sich enger aneinander, um ihn durchzulassen.

Es gab kein Suchen, wie ein Magnetfeld war alle Aufmerksamkeit auf eine riesige Skulptur ausgerichtet, die nahe der hinteren Glaswand der Halle aufgebaut war. Der Wachmann drängte die letzten Besucher auseinander, die sich noch zwischen ihm und dem Zentrum der Aufregung befanden, und stand dann vor der überlebensgroßen Figur, die wie ein Diener ein Mahl auf einem silbernen Tablett präsentierte. Zu Füßen der Skulptur kauerte ein Mensch. Eine Frau, nahm der Wachmann an, zierlich und im Kleid, den Kopf geneigt, das Gesicht von langen schwarzen Haaren verdeckt.

Der Wachmann zögerte – vielleicht gehörte die Frau zu dem Kunstwerk? Immer mehr Menschen drängten von allen Seiten näher, flüsterten und starrten auf die Anordnung. Die Rotlackierte hatte ihn jetzt eingeholt und bat ihn mit atemloser Stimme, doch etwas zu unternehmen.

Der Wachmann trat noch einen Schritt näher an das Kunstwerk und räusperte sich nervös. Ein Blitzlicht ließ ihn hochsehen, es war verboten, hier in der Halle zu fotografieren, aber er konnte den Verursacher nicht ausmachen. Die Menschen um ihn herum verstummten, eine erwartungsvolle Stille breitete sich aus. Weiter vorn wurde noch immer gesprochen, vielleicht ein Toast ausgelobt, die Gäste standen auf, die Luft vibrierte von dem Gläserklirren, ihren Stimmen und dem Lärm, den die Kunst veranstaltete, aber der Platz um die Skulptur wirkte seltsam entrückt davon, still, voller Würde. Das Kleid der kauernden Frau war rot und bauschte sich, die Haare flossen bis auf den Boden.

Wieder ein Blitzlicht, jemand durchbrach die Stille mit einem nervösen Lachen. Doch der Wachmann sah nicht auf, er war jetzt ganz von der Gestalt vor ihm gebannt. Sie bewegt sich nicht, schoss es ihm durch den Kopf, sie bewegt sich überhaupt nicht. Er holte tief Luft, griff mit seiner rechten Hand unter das Kinn der Frau und hob das Gesicht hoch. Ein Ächzen ging durch die Besucher, ein leiser Schrei war zu hören. Die Frau starrte mit leeren Augen vor sich hin, die Haut war wächsern. Der Schal verrutschte und legte den aufgeschlitzten Hals frei, Blut trocknete auf dem roten Kleid wie ein dunkler

Spitzenkragen. Entsetzt ließ der Wachmann das Kinn wieder los, und der Kopf sank schwer zurück auf die Brust. Um ihn herum klickten die Fotohandys.

Daniel, der Tontechniker des Berliner Senders *BerlinDirekt*, saß im Übertragungswagen auf dem Vorplatz des Museums und spielte eine Runde Solitaire auf seinem Rechner. Die Schalte für den Ü-Wagen-Bericht war für die nächste Stunde angesetzt worden. Ernst, der Kulturreporter der Welle, war vor zwanzig Minuten ins Gebäude gegangen. Laut Plan sollte Ernst die Begrüßungsrede des Direktors abwarten und dann live von der Nationalgalerie berichten. Daniel hatte schon Dutzende solcher Ausstellungseröffnungen miterlebt und wusste, dass sich meist alles zeitlich nach hinten verschob. Deshalb hatte er sich auf einen gemütlichen Arbeitseinsatz eingestellt und für die Wartezeit ein Bier von zuhause mitgenommen. Noch lag es ungeöffnet in der Tasche.

Als die Tür des Transporters mit einem Ruck aufgerissen wurde und Ernst erschien, schrak der Techniker zusammen. Schnell wechselte er die Oberfläche seines Monitors und fragte: »Was ist los? Schon durch mit der Rede?«

Ernst stellte unsanft das Aufnahmegerät ab und griff, ohne auf die Frage des Technikers zu reagieren, nach dem Telefon. Er drückte auf die Kurzwahlnummer der Redaktion und sagte, während es läutete: »Alles abgeblasen. Keine Eröffnung, die ham eine Tote gefunden.«

Daniel riss die Augen auf. Er wollte es nicht, aber es war doch sein erster Gedanke: Das Bier konnte er vergessen.

»Waas? Weiß man denn schon, wer …?«

Ernst hob die Hand und Daniel verstummte. Susanne war am Apparat, die Redakteurin der Sendung.

»Susanne, du musst umstellen. Die haben hier in der Ausstellung eine tote Frau gefunden. Die Eröffnung ist abgeblasen.«

Susanne reagierte ähnlich überrascht wie Daniel. Anstatt nach der Toten zu fragen, jammerte sie darüber, wie viel Arbeit es sie kostete, das Programm auf die Schnelle zu verändern. Fast automatisch regulierte Daniel den Pegel von Susannes Stimme, die über die Lautsprecher der Anlage tönte. So ist das eben mit den Menschen, dachte der Techniker und wunderte sich fast, wie philosophisch er heute drauf war. Er denkt immer zuerst an sich selbst. Susanne sagte gerade etwas ruhiger:

»Gibt es denn gar kein offizielles Statement?«

»Doch.« Ernst sah kurz auf seine Notizen. »In einer Stunde will die Polizei eine Pressekonferenz abhalten. Hier vor Ort. Ich könnte das natürlich in meinen Bericht einfließen lassen.«

»Als Nebensatz? Nee, lass mal Ernst, ich ruf Emma an. Aber bleib bitte da, wir brauchen vielleicht noch Unterstützung.«

Ernst sog scharf die Luft ein. Seine Wangen röteten sich noch eine Spur tiefer, doch er sagte ganz ruhig: »Ich warte am Wagen auf Emma. Sag ihr, sie soll sich beeilen.«

»Geh lieber noch mal rein, vielleicht bekommst du schon ein paar Töne. Nachher ist doch alles abgesperrt.«

Ernst versprach es und legte auf. Einen Moment starrte er noch mit mahlendem Kiefer auf seine Unterlagen, bis ihn Daniels Stimme aus seinen Gedanken riss.

»Dann bestell ich jetzt 'ne neue Leitung oder was?«

Ernst hob ruckartig den Kopf.

»Na klar bestellst du 'ne neue Leitung. Und weißt du, was ich jetzt mache?«

Daniel beobachtete den Kollegen und sah, wie er mit seinen langen Fingern die einzelnen Blätter aus dem Klemmbrett zog.

»Wieder reingehen und Töne holen?«

»Ich schmeiß jetzt die Arbeit von zwei Tagen in die Tonne.«

Ratsch, ein Blatt zerriss bei der schnellen Bewegung. Ernst zerknüllte es und warf es in den Mülleimer.

»Porträt Frédéric Bruly Bouabré, Zarina Bhimji, ich hab schon Stunden gebraucht, bis ich wusste, wie man diese verdammten afrikanischen Namen überhaupt ausspricht. Den ganzen Tag hab ich das hier vorbereitet, und jetzt kann ich Töne holen für die Kollegin!«

Ernst nahm das leere Klemmbrett, griff nach dem Aufnahmegerät und warf die Tür des Transporters von außen mit einem lauten Knall zu. Na na, dachte Daniel und beugte den Rücken, um Ernsts Abgang durch das Seitenfenster des Transporters beobachten zu können. Der Reporter lief schnell über den Platz in Richtung Eingang der Nationalgalerie, seine grauen Locken, die ihm sonst so gepflegt bis zum Kinn fielen, standen in dem kalten Wind kreuz und quer vom Kopf ab. Daniel grinste. Dann wählte er die Nummer des Schaltraums, um die Leitung ins Funkhaus um eine Stunde zu verlängern.

Emma saß nur rund 300 Meter entfernt im Kino am Potsdamer Platz und langweilte sich. Der Film war heute Mittag in der Kantine heiß diskutiert worden, die Kollegen waren sich einig gewesen, dass die Erzählsprache den Film einzigartig machte und die Bilder konträr zur Stimmung eingesetzt worden waren – oder waren die Bilder einzigartig und die Erzählsprache konträr? Emma hatte danebengesessen, auf ihrem gummiartigen Schnitzel herumgekaut und nur Bahnhof verstanden. Jetzt war sie hier, starrte auf die Leinwand und fragte sich, wieso jemand mit so viel Leidenschaft verfolgte, wie Schauspieler so taten, als wären sie jemand anderes, und eine ausgedachte Geschichte imitierten.

Die Frau in der Reihe vor ihr beugte sich zu ihrem Sitznachbarn und reckte ihm ihr Gesicht entgegen. Der löste seinen Blick nur widerstrebend von der Leinwand, drehte sich dann aber doch zu ihr und küsste sie, wie um das anfängliche Zögern wieder wettzumachen, ausgiebig auf den Mund. Dabei strich er ihr mit seiner Hand, die bis dahin zwischen der Tortilla-Chips-Tüte und seinem Mund hin- und hergewandert war, den langen Pony aus der Stirn. Emma seufzte und ließ sich noch tiefer in den Sitz gleiten. Ganz langsam fielen ihr die Augen zu. Die Berichte der Berliner Polizei waren an diesem Tage bescheiden ausgefallen, und so hatte sie schon bald nach dem Mittagessen den Sender verlassen und war nach Hause gefahren. Ihre Mutter Helene hatte sich für einen Kurzbesuch angekündigt, und Emma sah sich genötigt, ihre kleine Wohnung am Alexanderplatz wenigstens oberflächlich von Staub,

Müll und dreckigen Klamotten zu befreien. Danach hatte sie etwas unschlüssig aus dem Fenster auf den Verkehr gestarrt und sich entschlossen, ins Kino zu gehen. Im UCI am Alex lief der Film nur noch in der Spätvorstellung, und so war sie mit ihrem Fahrrad zum Potsdamer Platz gefahren. Sie dachte, es könnte hilfreich sein, wenn sie sich mit dem beschäftigte, was ihre Kollegen umtrieb, wenn sie die Filmszenen kannte, die die anderen zum Lachen gebracht hatten, wenn sie mitreden konnte. Dabei war ihr schon, bevor die Lichter ausgingen und der Film begann, klar gewesen, dass sie niemals so engagiert mitdiskutieren könnte. Filme, Bücher, Theater, diese ganze ausgedachte Welt der Kunst, damit hatte sie noch nie etwas anfangen können.

Ihr Handy in der Hosentasche vibrierte, Emma zog es heraus und sah die Nummer der Redaktion auf dem Display.

»Hier ist Emma, was ist los?«

Die Frau vor ihr löste sich mit einem schmatzenden Geräusch von ihrem Chips-Esser und drehte sich missbilligend zu ihr um. Emma griff nach ihrer Jacke und drängte sich aus der Sitzreihe, während sie Susanne weiter zuhörte. Dann fragte sie, während sie die von unten schwach beleuchteten Stufen der Saaltreppe im Laufschritt hochstieg: »Ist der Ü-Wagen noch da? Ich bin um die Ecke, aber ich hab mein Aufnahmegerät nicht dabei.«

Susanne erzählte ihr von dem Telefonat mit Ernst, und Emma stieß die schwere Tür des Kinosaals auf. »Gut, dann fahr ich jetzt rüber. Ich melde mich, wenn ich mehr weiß.«

Das hier ist der Direktor des Museums, Dr. Ewald Reiter. Und hier ist der Wachmann, er hat die Tote gemeldet.«

Hauptkommissar Edgar Blume nickte den beiden Männern zu, die sein Assistent Hans Erkenschwick vorgestellt hatte, und wandte sich an den Wachmann:

»Wie sind Sie auf die Tote aufmerksam geworden?«

»Eine Besucherin fand es komisch, dass da jemand einfach so hockt.« Er drückte den Rücken durch, als fühlte er sich unwohl in der Uniform. »Sie bat mich, mir das mal anzusehen.«

Hauptkommissar Edgar Blume ließ seinen Blick über die Schar der Gäste gleiten, die weiter hinten in der Ausstellungshalle standen und zu ihnen hinübersahen. Bestimmt über 500 Leute. Jede Menge Verdächtige. Aber auch potentielle Zeugen. Viel Arbeit, auf jeden Fall. Er richtete seinen Blick wieder auf den Wachmann.

»Und dann sind Sie also zu der Toten gegangen.«

»Ja. Nee, nicht sofort.« Der Wachmann räusperte sich verlegen. »Dr. Reiter fing mit seiner Rede an. Und dann kam so ein Typ zu ihm auf die Bühne, alt, aber mit 'nem Gehabe wie Tony Soprano. Ich dachte, den behalt ich mal besser noch einen Moment im Auge.«

Blume und Erkenschwick wechselten einen Blick, der Assistent fragte: »Was für ein Typ?«

»Ich nehme an, er meint Henry O.« Dr. Reiter räusperte sich und sah missbilligend den Wachmann an. »Ein älterer Mann im Rollstuhl?«

Als der nickte, fuhr er fort: »Henry Obwanashyaka gehört

zu den Förderern der Nationalgalerie. Seinem Engagement ist es zu verdanken, dass diese Ausstellung zustande kam.«

Ein Polizist trat zu der kleinen Gruppe und reichte Blume ein aufgeklapptes Programmheft der Ausstellung. Eine schöne dunkelhäutige Frau mit langen schwarzen Haaren lächelte ihnen von dem Bild entgegen. Leise sagte Erkenschwick:

»Das ist die Tote, Claire Elbar, sie hat hier ausgestellt.« Als Blume stirnrunzelnd hochsah, fügte er hinzu: »Die Skulptur, bei der man sie gefunden hat – sie war von ihr.«

»Aha. Familie?«

»Einen Mann. Der Direktor hat ihn benachrichtigt. Er ist unterwegs.«

Der Direktor räusperte sich. »Herr Blume …«

Blume sah hoch.

»Ich muss Ihnen noch sagen … heute Morgen bei der Pressevorführung. Es hat einen Zwischenfall gegeben.«

Blume klappte das Programmheft zu. »Und zwar?«

Der Direktor trat noch etwas näher an Blume heran und senkte seine Stimme: »Ein Mann hat Claire Elbar attackiert. Die Leute vom Wachdienst wollten ihn schon rausschmeißen, aber Elbar ist dann mit ihm vor die Tür gegangen.«

»Was soll das heißen, attackiert?«

»Er hat sie angespuckt.«

»Haben Sie den Mann gesehen?«

»Nein, ich wurde erst hinterher darüber informiert. Natürlich bin ich sofort zu Claire hin und hab sie gefragt, was los sei. Sie wollte nicht darüber reden, aber … sie schien mir völlig aufgelöst.«

Erkenschwick, der aufmerksam zugehört hatte, sagte:

»Wir müssen die Leute danach fragen, vielleicht hat jemand den Mann gesehen oder sogar fotografiert. Die meisten, die heute Abend hier sind, waren auch schon am Morgen bei der Vorschau dabei.«

Blume nickte. »Hier gibt es doch Überwachungskameras. Stell bitte die Aufnahmen sicher.«

Dann wandte er sich dem Wachmann zu, der ihn mit angespanntem Gesichtsausdruck beobachtete.

»Bitte gehen Sie zu unseren Kollegen, sie werden Ihre Aussage aufnehmen.« Er drehte sich zu dem Direktor um. »Das gilt auch für Sie. Und bitte denken Sie nach, ob Ihnen noch etwas zu diesem Spucker einfällt. Oder ob jemand ihn gesehen haben könnte.«

Die Männer nickten und ließen sich von einer Polizistin in die Mitte des Raumes bringen, wo die Ermittlungstruppe ein provisorisches Büro errichtet hatte. Erkenschwick beobachtete seinen Chef. Sie arbeiteten jetzt schon ein paar Jahre zusammen, er hatte gelernt, in dem Gesicht seines viel jüngeren Vorgesetzten zu lesen. »Was ist?«

»Wo ist der Ehemann?« Blume sah Erkenschwick an. »Wenn deine Frau eine Vernissage in der Nationalgalerie hätte, würdest du dann nicht an ihrer Seite sein?«

Erkenschwick lächelte. »Vielleicht gibt es einen guten Grund, warum er nicht hier ist.«

Blume nickte. »Sag mir sofort Bescheid, wenn er auftaucht.«

»Mach ich. Ach, und …«

»Ja?«

»Wer ist Tony Soprano?«

Blume grinste. »Ein Mafiaboss. Gute Serie.«

»Ach so, Fernsehen.« Erkenschwick nickte langsam, dann sagte er: »Den sollten wir uns vielleicht auch mal ansehen.«

»Das denke ich auch.«

Emma schloss ihr Fahrrad ab, dann sprang sie, zwei Stufen auf einmal nehmend, die breiten Treppen zum Gebäude hoch. Die Halle leuchtete weit in die Dunkelheit hinein. Die Eingangstüren waren geschlossen, Wachleute standen breitbeinig dahinter und schüttelten nur träge den Kopf, als Emma ihren Presseausweis gegen das Glas hielt. Sie sah sich um. Irgendjemand hatte im hinteren Bereich der Halle Vorhangbahnen, die vom Flachdach bis zum Boden reichten, innen vor die Glasfassaden gezogen. Fotoreporter und Neugierige drängten sich von außen an die Fenster, wenn sie kleine Spalten zwischen den Vorhängen entdeckten, und hielten ihre Kameras darauf. Emma stemmte sich gegen den Wind und ging an der Längsseite des Museums auf die Gruppe zu. Da sie in der Berichterstattung für die Verbrechen zuständig war, begegneten ihr oft die freiberuflichen Fotoreporter. Emma blieb normalerweise auf Distanz. Der Zynismus der Kollegen und die rücksichtlose Jagd nach dem besten Bild stießen sie ab. Außerdem waren es ausnahmslos Männer, die eine Frau nicht ernst nahmen, schon gar nicht eine so schmale Frau wie Emma, die sich nicht um ihr Aussehen scherte und ihren Willen mehr mit Sturheit als Charme durchsetzte.

Am Vorhang bewegte sich etwas, eine Museumsangestellte versuchte offenbar, die einzelnen Bahnen noch enger zusammenzuziehen, und legte damit für ein paar Momente unfreiwillig einen Spalt auf das Geschehen frei. Die Reporter vor der Glaswand rissen ihre Kameras hoch und schossen im lauten Stakkato wie mit Maschinengewehren ihre Fotos. Emma stellte sich auf die Zehenspitzen und versuchte, einen Blick auf das Innere des Gebäudes zu werfen, aber die Männer standen wie eine Mauer vor ihr. Nach wenigen Sekunden war der Spuk vorbei, die Sicht komplett verdeckt. Die Männer ließen ihre Kameras sinken, ein paar lachten, manche zündeten sich eine Zigarette an. Feuerpause.

»Weiß man schon, wer gestorben ist?« Emma wandte sich an einen Mann, der seine Bilder in der Regel dem Berliner Abendblatt verkaufte.

»Eine Frau, hab ich gehört. 'ne Schwarze.« Er stieß einen Kollegen an, der ihm daraufhin die Zigarettenpackung anbot. Er nahm sich eine heraus und sagte dann laut in die Runde: »Ein Bein konnte ich noch ablichten. Bevor die sie komplett abgedeckt haben.«

Beifälliges Gemurmel folgte, ein paar der Reporter sahen neidisch zu dem Mann rüber. So ein Schnappschuss konnte viel Geld wert sein. Der Mann grinste, zündete sich die Zigarette an und sagte zu Emma:

»Soll noch 'ne Pressekonferenz geben. Dann kriegste auch noch was, Kleene.«

Emma verzog ihr Gesicht zu einer Grimasse, zwang sich aber dann doch zu einem Danke für die Information und entfernte sich wieder von der Gruppe. Als sie fast bei der Tür angekommen war, hörte sie, wie von hinten jemand auf den Eingang zugerannt kam. Sie drehte sich um. Es war ein Mann, schlank, mit dunkler Hautfarbe im eleganten Anzug. Er schien sie kaum wahrzunehmen, sondern stürzte wie von Sinnen an ihr vorbei auf die große Tür zu. Ein Polizist trat an die Tür, packte den Mann am Arm und zog ihn ins Innere des Gebäudes. Emma drehte sich zu den Fotoreportern um. Keiner schien die kleine Szene am Eingang mitbekommen zu haben, im Gegenteil starrten alle wie gebannt mit erhobenen Kameras auf den Vorhang, an dem eine Mitarbeiterin erneut zerrte. Mit zwei schnellen Schritten war Emma am Eingang und versuchte, zwischen den Wachleuten hindurchzuschlüpfen, doch die schoben sie mit bestimmtem Gesichtsausdruck wieder nach draußen und schlossen hinter ihr die Tür. Emma sah, wie der dunkelhäutige Mann von der Polizei in die rückwärtige Ecke geführt wurde, dann verschwanden sie hinter den Stellwänden. Sie wartete noch einen Moment ab, aber es regte sich nichts mehr.

Erkenschwick sagte: »Von der Pressekonferenz heute Morgen gibt es keine Aufzeichnungen. Also keine offiziellen Bilder vom Spucker. Wir können nur auf die Journalisten hoffen.«

Blume trat an den Schreibtisch und blickte zum Monitor, Erkenschwick tippte weiter auf der Tastatur. Eine Frau, die rechts neben ihm saß, sagte: »Die Kameras wurden für den Aufbau erst eingerichtet. Wir mussten neue Stromkabel verlegen und wegen der Bühne neue Standorte finden.«

Erkenschwick nickte, ohne aufzublicken. »Das ist Frau Dr. Niemann, Kunsthistorikerin, sie ist die Assistentin des Direktors.«

Blume streckte die Hand aus. »Danke, dass Sie uns helfen.«

Die Frau schüttelte sie stumm. Blume holte sich einen Stuhl und platzierte ihn links neben Erkenschwick. Der öffnete gerade verschiedene Dateien. »Das sind die Aufzeichnungen von heute Abend.« Wortlos betrachteten die drei Menschen den Film. Die Kamera war offensichtlich auf den Eingang des Gebäudes gerichtet worden. Besucher strömten herein, lachten, begrüßten sich. Im Einheitsschwarz der Kulturboheme ragten einige Gestalten heraus, gekleidet in bunten afrikanischen Stoffen, gewickelte Turbane um schwarze und blonde Haare. Erkenschwick aktivierte den Schnelldurchlauf. Jetzt sahen die Menschen auf dem Film wie Spielzeugfiguren aus. Blume beugte sich vor und sah an Erkenschwick vorbei zu der Frau vom Museum.

»Gibt es weitere Kameras?«

»Näher am Tatort, meinen Sie?« Die Kunsthistorikerin

sprach den Satz so lässig aus wie eine versierte Ermittlerin. Sicher sieht sie gerne Krimis, dachte Blume.

»Ja. War eine Kamera auf die Installation von Frau Elbar gerichtet?«

»Leider nicht.« Die Frau schüttelte bedauernd den Kopf. »Fest installiert sind nur die Kameras vom Eingang. Aber wir haben die Eröffnungsrede gefilmt. Mein Mitarbeiter hat sie Ihnen bereits geschickt.«

Erkenschwick suchte und fand eine weitere Datei. Der Ausschnitt zeigte ein provisorisches Podest, das in der Mitte der Halle aufgebaut worden war. Die Stuhlreihen vor dem Podest waren vollbesetzt, Erkenschwick und Blume sahen Schultern und Hinterköpfe, die Kamera war frontal auf die Bühne gerichtet. Applaus kam auf und schwoll an. Museumsdirektor Reiter betrat die Bühne, ganz anders, als sie ihn gerade kennengelernt hatten, nicht verstört, sondern strahlend, ein Mann, der vor einem großen Publikum Scherze machte, offensichtlich glücklich über den Moment der Eröffnung. Blume beugte sich vor und stoppte den Film. Das Bild gefror in einer Großaufnahme des Direktors. Blume sah sich um und wies nur wenige Meter hinter sich.

»Die Kamera muss ungefähr hier gestanden haben, nicht wahr?«

»Ja.« Frau Niemann konnte nur schwer den Blick von dem Monitor lösen, wandte sich schließlich Blume zu. »Ich saß etwas weiter hinten, rechts. Als Sie kamen, bat ich die Saaldiener, die Kamera abzubauen.«

»Der Tatort liegt also hinter der Kamera.« Erkenschwick hatte kein Bedauern in der Stimme, er stellte lediglich fest. Blume sagte: »Claire Elbar ist noch kurz vor der Eröffnung gesehen worden. Demnach ist sie in diesen ersten Minuten der

Rede getötet worden. Denken Sie nach, Frau Niemann, Sie saßen nur rund hundert Meter vom Geschehen entfernt, ist Ihnen irgendetwas aufgefallen?«

Mit der Abgeklärtheit der Krimiliebhaberin war es vorbei. Frau Dr. Niemann hielt sich ein Taschentuch vor den Mund und gab erstickte Laute von sich. Langsam schüttelte sie den Kopf. Blume seufzte und ließ die Aufnahme weiterlaufen. Dr. Reiter bat jemanden auf die Bühne, dem er danken wollte. Ein Mann im Rollstuhl wurde umständlich nach vorne geschoben, Reiters Lächeln gefror über den langen Zeitraum. Die letzten Meter auf der Bühne ging er ihm entgegen, beugte den Rücken tief hinunter und schüttelte lange die Hand des Mannes. Blume sah zu der Kunsthistorikerin hinüber.

»Ist das Henry …«

»Obwanashyaka, ja. Henry O. So nennen ihn die meisten.«

Blume betrachtete den Mann im Rollstuhl. Er war alt, das Haar grau, das Gesicht seltsam glatt und trotz der dunklen Hautfarbe fahl. »Warum sitzt er im Rollstuhl?«

»Kaputte Hüfte. Soviel ich weiß, lässt er sich hier in Berlin eine neue einsetzen.«

»Und der Mann hat die Ausstellung hier finanziert?«

»Nicht nur das.« Frau Dr. Niemann sah Blume in die Augen. »Er war der Grund, warum wir Claire Elbar eingeladen haben.«

Blume und Erkenschwick wechselten einen Blick. »Wieso das?«

»Die Liste der Aussteller war längst abgeschlossen. Wissen Sie, das wird oft schon Jahre vorher festgelegt.« Dr. Niemann sah wieder auf den Monitor. Henry O. hatte seinen Rollstuhl jetzt frontal zum Publikum gestellt und genoss offensichtlich den großen Applaus, der ihm entgegengebracht wurde.

»Henry O. bestand darauf, Claire dazuzuholen. Nicht nur das, er machte plötzlich die Finanzierung der Ausstellung davon abhängig. Und das, obwohl die Verträge schon seit Jahren feststanden!«

Dr. Niemann sah grimmig zum Monitor. Kein Zweifel, der Mann hatte sie schlaflose Nächte gekostet. Sie seufzte. »Ich dachte nicht, dass Claire Elbar so kurzfristig zusagen würde. Aber ich wusste natürlich, dass sie seit ein paar Monaten in Berlin lebte, sie war auf Einladung des Akademischen Austauschdienstes hier. Ich rief sie vor sechs Wochen an, und sie schien keinen Moment überlegen zu müssen.«

Erkenschwick räusperte sich. »Es ist doch auch eine große Ehre und sicher auch finanziell nicht unerheblich, wenn ein Künstler hier ausstellen kann, oder?«

Dr. Niemann sah den Beamten an wie ein Insekt. »Die Modern Tate in London wollte sie. Das MoMA in New York, und zwar für eine Einzelausstellung.« Sie holte tief Luft. »Claire Elbar ist die Sensation dieser Ausstellung. Was wird jetzt daraus? Werden wir die Skulptur noch zeigen können?«

Die letzten Sätze sagte Dorothea Niemann mit erstickter Stimme. Sie bat, sich kurz zurückziehen zu dürfen, falls es im Moment keine weiteren Fragen gäbe, und auch das klang, als habe sie zu viel Fernsehen geschaut. Blume und Erkenschwick beteuerten, man könne für den Moment auf sie verzichten, und die Museumsfrau ging, rannte fast die Treppe hinunter, wo sich, wie die Polizeibeamten mittlerweile wussten, die Büros der Angestellten befanden. Erkenschwick starrte ihr hinterher.

»Das nimmt sie ja ganz schön mit. Ob sie die Tote näher gekannt hat?«

Blume ließ bereits den Film weiterlaufen. »Vielleicht sorgt sie sich nur um ihre grandiose Ausstellung.«

»Typischer Fall von Mit-dem-Beruf-verheiratet.«

»Das sagt der Richtige.« Erkenschwick sah Blume erstaunt an und schien gerade protestieren zu wollen, da setzte sich der Vorgesetzte aufrecht hin und wies auf den Bildschirm. »Da. Jetzt haben sie es mitbekommen. Die hinten stecken die Köpfe zusammen, jetzt wird getuschelt, und jetzt rennt unsere Frau Dr. Niemann nach vorn zum Direktor. Claire Elbar wurde entdeckt.«

»Ich dachte erst, der Täter ist größenwahnsinnig, jemanden in einer so belebten Szenerie umzubringen. Aber er hat einen guten Moment abgewartet.«

»Als alle nach vorne sehen und laut Henry O. Beifall klatschen.«

Erkenschwick nickte grimmig. »Vielleicht ist er doch schlauer als ich dachte.«

Der Übertragungswagen parkte am Reichpietschufer vis-à-vis der Nationalgalerie. Von drinnen hörte sie Gelächter, dann Daniels Stimme. Sie klopfte, die Tür des Transporters wurde aufgeschoben, und Ernst und Daniel sahen sie an, Daniel lächelnd, Ernst verhaltener. Emma lehnte sich an die Transportertür und begrüßte die beiden.

»Und, habt ihr schon was?«

»Die Tote heißt Claire Elbar, eine Künstlerin, die hier ausstellt.« Ernst warf ihr die Presseunterlagen zu. »Zurzeit Stipendiatin des Austauschdienstes, lebt seit fast fünf Wochen in Berlin.«

Emma blätterte die Seiten durch, bis sie die richtige fand. Auf dem Foto sah Claire Elbar nicht in die Kamera, sondern mit einem leichten Lächeln schräg auf den Boden. Das dunkle schwere Haar war in einem Zopf gebändigt, der ihr über die linke Schulter nach vorn fiel. Anmutig sah sie aus und fast schüchtern, als schäme sie sich für ihre große Schönheit, die keinem Betrachter verborgen bleiben konnte. Emma sah hoch.

»Töne?«

»Nee, die Eröffnung ist ja erstmal abgeblasen worden.«

»Aber Susanne sagte, du würdest bis dahin schon mal …« Emma sah in Ernsts Gesicht und brach ab. Ernst hatte die wichtigen ersten Minuten nach der Entdeckung der Toten verstreichen lassen, ohne Töne aufzunehmen. Zu diesem Zeitpunkt war es meist noch möglich, mit den Leuten zu sprechen, jetzt hingegen, eine halbe Stunde später, waren die Räume abgesperrt und die Zeugen von der Polizei um Stillschweigen gebeten worden.

»Ich geh dann mal. War nett mit dir, Daniel!« Ernst zog umständlich die Jacke an, nahm seine Tasche und kletterte aus dem Transporter. Emma sagte rasch:

»Wart doch mal! Willst du nicht mit in die PK? Vielleicht wissen sie ja schon, wer die Frau …«

»Nee, lass mal.« Ernst grinste schief, während er den Kragen seiner Jacke hochstellte und die Hände in den Taschen vergrub. »Ist nicht mein Metier, das hör ich früh genug im Radio.« Damit drehte er sich um und verschwand in Richtung U-Bahn. Emma sah ihm nach, dann drehte sie sich mit einem Ruck um und griff nach dem Funk-Aufnahmegerät des Ü-Wagens.

»Daniel, ich geh schon mal los, vielleicht krieg ich noch einen Ton von jemandem. Und die PK ist dann ja auch gleich irgendwann.«

Daniel brummte zustimmend und fuhr den Computer wieder hoch. »Ich sag dir aufs Ohr, wenn die Aufnahme läuft.«

Eine halbe Stunde später drängte Emma gemeinsam mit ihren Kollegen in die Ausstellungshalle, wo die Presseverlautbarung der Polizei stattfinden sollte. Emma ging langsam hinein, stöpselte den Ausgang ihres Aufnahmegerätes in die Verteilerbox der Mikrofonanlage und setzte sich gleich daneben auf einen der Klappstühle. Auf diese Weise konnte Daniel die gesamte Pressekonferenz mitschneiden. Emma schrieb in Stichworten mit, um später die Sätze, die sie verwenden wollte, schneller in der Aufnahme finden zu können.

Vorne war eine improvisierte Bühne mit Mikrofonen aufgebaut, vermutlich hätten hier sonst die Kuratoren zur Ausstellungseröffnung geredet.

Emma hatte niemanden gefunden, der zu der Künstlerin

oder ihrem überraschenden Tod eine Stellungnahme abgeben wollte, und deshalb die Zeit genutzt, um das Programmheft nach Informationen über die Frau zu durchforsten. Claire Elbar war als Kind mit ihren Eltern bei Ausbruch des ersten Kongokrieges 1996 nach Europa geflüchtet. Sie war damals 12 Jahre alt gewesen. Eine Odyssee durch die Länder hatte sie schließlich bis nach England geführt. Claires künstlerisches Talent war entdeckt worden, sie hatte auf dem Saint Martins College abgeschlossen, ihre Arbeiten waren bereits auf der Biennale in Venedig gezeigt worden. Emma sah jetzt schon die Schlagzeilen der Zeitungen von morgen: Eine vielversprechende Künstlerkarriere hatte jäh ein brutales Ende gefunden.

Der Tatort war mit Stellwänden weiträumig abgesperrt worden, Fotoreporter, die dennoch versuchten, ein Bild vom Tatort zu machen, wurden von der Polizei aufgefordert, bei der Pressekonferenz zu bleiben. Von der Treppe ins Untergeschoss kam eine Delegation von Männern und Frauen herauf, die jetzt auf das Rednerpult zusteuerten. Vorneweg lief mit kleinen trippelnden Schritten ein untersetzter Mann um die fünfzig. Emmas Blick wurde starr – wo Hans Erkenschwick war, konnte auch sein Chef nicht weit sein. Und richtig trat gleich hinter ihm Hauptkommissar Edgar Blume auf das Pult zu.

Sie senkte den Kopf. Das war eben ihrer beider Arbeit, Blume war bei der Polizei zuständig für Kapitalverbrechen, und sie war die Polizeireporterin des größten Berliner Radiosenders – es war zwangsläufig, dass sie immer wieder aufeinandertrafen. Emma wünschte, sie könnte es so sachlich sehen, könnte die Bilder ihrer gemeinsamen Zeit aus dem Gedächtnis löschen. Ihre Geschichte war kurz gewesen und hatte in ihr die Gewissheit festgebrannt, dass es besser war, Beruf und Privatleben getrennt zu halten.

Sie zwang sich, den Blick wieder zu heben und mit möglichst unbeteiligter Miene nach vorn zu schauen. Der untersetzte Mann hatte sich auf dem Platz am Mikrofon des Rednertisches niedergelassen und stellte sich den anwesenden Journalisten als Direktor der Nationalgalerie vor. Er sagte nur, dass die Eröffnung der Ausstellung aus gegebenem Anlass verschoben werde, dann fasste er den Mikrofonfuß mit beiden Händen und zog es weiter in Richtung des ermittelnden Hauptkommissars. Edgar Blume nickte ihm zu, dann sah er über die Schar der anwesenden Pressevertreter, und für den Bruchteil einer Sekunde kreuzten sich seine Blicke mit denen Emmas. Dann räusperte sich Blume und sprach in das Mikrofon.

»Leider müssen wir Ihnen mitteilen, dass die Künstlerin Claire Elbar tot ist. Sie wurde ermordet.«

Blume sah geradeaus über die Köpfe der Anwesenden hinaus, während die Fotoapparate klickten und die Kameras surrten. Dann fuhr er fort:

»Ihr wurde die Kehle durchtrennt, vermutlich ist das auch die Todesursache. Genaueres können wir natürlich erst nach der Obduktion sagen.«

Blume senkte den Blick und blätterte in seinen Unterlagen. Trotz allem musste Emma lächeln. Sie wusste, dass er alle Details im Kopf hatte, dass er mit dieser Geste nur den Objektiven der Kameras entgehen wollte. Die Zeitungen druckten ihn gern in Großaufnahme, mit seinen ernsten dunklen Augen und dem schönen Mund sah er aus wie eine Idealbesetzung. Seine Kollegen zogen ihn damit auf, nannten ihn den Filmstar. Blume war das peinlich, er fürchtete, nicht ernst genommen zu werden. Wenn er später allein mit Emma gewesen war und er ihr von den Hänseleien erzählte, hatten sich seine dichten Augenbrauen zusammengezogen und eine Falte auf der Stirn gebildet. Oft hatte Emma mit zarten Fingern darübergestrichen, um die Haut zu glätten und die Gedanken dahinter zu verscheuchen. Ihre Kehle wurde rau, sie musste sich räuspern. Blume sah hoch, genau in ihre Richtung, und sagte:

»Wie uns mitgeteilt wurde, gab es auf der Pressevorführung heute Morgen gegen elf Uhr einen Zwischenfall. Ein Mann geriet in einen Streit mit Claire Elbar. Worum es dabei ging, ist uns noch nicht bekannt. Zeugen haben gesagt, er hätte sie angespuckt und sei dann rausgelaufen. Übereinstimmend wurde ausgesagt, dass es sich dabei um einen dunkelhäutigen Mann handeln soll.«

Emmas Blick ging automatisch nach draußen zum Ü-Wagen. Warum hatte Ernst ihr davon nichts erzählt? Sie war sich sicher, dass er von der Redaktion zur Pressevorführung am Morgen geschickt worden war. Hatte er von dem Zwischenfall nichts mitbekommen?

»Leider waren zu dem Zeitpunkt die Überwachungskameras deinstalliert. Sollte einer von Ihnen also Zeuge dieser Szene geworden sein, dann bitten wir ihn, sich bei uns zu melden.« Blume wandte seinen Blick von ihr ab und ließ ihn über die Menge der anwesenden Reporter gleiten. »Wichtig sind uns natürlich Fotos oder Filmaufnahmen von dem Mann. Aber auch andere Beobachtungen in Zusammenhang mit Claire Elbar könnten von Nutzen sein.«

Die Journalisten wurden unruhig. Ein paar sprachen leise miteinander, andere klickten durch den Speicher ihrer Fotoapparate. Blume wartete ab, aber keiner meldete sich zu Wort.

»Sie können uns jederzeit ansprechen.« Der Hauptkommissar sah wieder in die Runde. Als niemand reagierte, seufzte er und bat um die Fragen der Journalisten.

Im Interview nannte Blume noch ein paar Details zu dem

Fund der Leiche, dann löste sich die Konferenz langsam auf, und die Journalisten strömten auseinander. Emma beendete die Aufnahme und zog das Kabel aus der Split-Box. Per Funk vergewisserte sie sich bei Daniel, dass er den gesamten Wortwechsel der Konferenz aufgenommen hatte und jetzt bereits in den Schnittcomputer spielte. Sie sah auf die Uhr: Viertel vor zehn. Wenn sie sich beeilte, konnte sie den Bericht noch für die Nachrichten um voll fertigstellen. Sie stand auf und zog sich ihre Tasche über die Schulter. Dabei sah sie noch einmal durch den Raum. Blume stand am anderen Ende des Saales und antwortete auf die Fragen eines Fernsehjournalisten. Als ob er ihren Blick gespürt hätte, hob er den Kopf und richtete seine Augen auf sie. Sie lächelte kurz und hob die Hand andeutungsweise zum Gruß. Blume wurde etwas gefragt, er runzelte die Stirn und konzentrierte sich wieder auf das Interview. Emma drehte sich um und verließ mit großen Schritten den Saal.

»... vor Ort beobachtet unsere Polizeireporterin Emma Vonderwehr den Fall. Emma, weiß man schon, wer die Frau ermordet hat?«

»Nein, der Täter ist nicht bekannt. Allerdings verfolgt die Polizei bereits eine heiße Spur, wie mir der ermittelnde Hauptkommissar Edgar Blume erzählte«, Emma gab das Zeichen, und Daniel fuhr den Ton ab. Blumes angenehm dunkle Stimme ertönte, und über den Sender lief seine Schilderung von dem Zwischenfall auf der Pressevorführung am Morgen. Dann übernahm wieder Emma.

»Um wen es sich bei dem Mann handelt und ob er etwas mit dem Mord an der Künstlerin zu tun hat, ist zu diesem Zeitpunkt noch nicht bekannt.«

»Das war unsere Polizeireporterin Emma Vonderwehr live von der Nationalgalerie, dort wurde heute Abend eine Künstlerin der großen afrikanischen Ausstellung ermordet aufgefunden. Und nun schalten wir in die Verkehrszentrale zu ...«

Emma zerrte sich den Kopfhörer herunter und trat an den Transporter. Mittlerweile war es dunkel geworden. Die Scheinwerfer der Anlage erhellten den weitläufigen Platz, die Büsche und Rabatten am äußeren Rand lagen in tiefem Schwarz. Daniel war bereits dabei, den Computer zu schließen und den Sendemast herunterzufahren. Mit der Live-Übertragung in die Nachrichten war ihre Schicht vorbei, den Beitrag für das laufende Programm hatten sie schon vorher aufgenommen und in den Zentralspeicher der Sendeanstalt geschickt.

»Sag mal«, Emma legte das Funkmikrofon auf die Ablage,

»hat Ernst dir etwas von diesem Zwischenfall am Morgen erzählt? Hat er das mitbekommen, auf der Pressevorführung?«

»Nee.« Daniel legte die Schutzhülle über die Tastatur und drehte sich in seinem Stuhl schwungvoll zu Emma um. Er grinste. »Ich bin mir nicht mal sicher, ob er überhaupt da war.«

Emma sah den Techniker erstaunt an. »Aber er hat doch schon den Vorbericht für die Nachrichten gemacht!«

»Wozu gibt es das Internet? Um Bilder zu beschreiben, muss man doch nirgendwo mehr hingehen!« Daniel stand auf, trat aus dem Transporter und schloss mit einem Ruck die seitliche Tür. »Aber von mir hast du das nicht.«

Emma nickte und zog sich langsam den Riemen ihrer Tasche über den Kopf. Wenn das stimmte, konnte sie von Ernst keine Hinweise zu dem Verdächtigen erwarten. Sie schloss ihr Fahrrad auf, Daniel startete den Motor und fuhr mit einem Winken an ihr vorbei Richtung Sendeanstalt. Die Lichter des Transporters blendeten sie für einen Moment, dann schob sie ihr Rad zum Eingang der Kunsthalle. Der Tatort war noch immer mit großen Vorhangbahnen uneinsehbar, doch das Licht und die schemenhaften Gestalten dahinter ließen erahnen, dass dort noch gearbeitet wurde. Emma stellte ihr Fahrrad wieder ab und begann, um das Gebäude zu laufen. Es war, als könnte sie noch nicht gehen, als müsste sie noch etwas über den Ort herausfinden, an dem erst vor Kurzem ein Menschenleben beendet worden war. Im hinteren Teil, am anderen Ende des Geschehens trat eine Gestalt von innen näher an den Vorhang und schob ihn für einen Moment zur Seite.

Emma glaubte, Blume zu erkennen. Sie vermutete, dass die Polizei dort einen provisorischen Standort eingerichtet hatte. Dann fiel der Vorhang wieder. Blume stand eine lange Nacht bevor. Wohin ging er dann? Sie hatte gehört, dass er endgültig aus dem Haus in Zehlendorf ausgezogen war, in dem er mit seiner Frau und seinem Sohn gelebt hatte. Wie ging es ihm mit der Trennung? Traf er sich mit jemandem? Ihr Blick wurde unscharf, sie verlor sich in Erinnerungen, bis ein Geräusch sie jäh in die Gegenwart zurückholte. Sie fuhr herum. Ein Rascheln war von den Büschen gekommen, Zweige knackten.

»Hallo, ist da jemand?« Emmas Stimme zitterte, sie versuchte, sich zusammenzunehmen. Am Ort wimmelte es von Polizisten, doch fast alle schienen sich im Gebäude aufzuhalten. Auf dem Vorplatz saß ein Mann in Uniform hinter dem Steuer eines Polizeitransporters, er hatte den Kopf über eine Zeitschrift gebeugt und achtete nicht auf sie. Emma ging langsam auf die Rabatten zu, ihr Herz klopfte hart gegen die Rippen.

»Hallo?«

Dort stand er, ein Mann, schmal, dunkelhäutig. Er zitterte und sah Emma angespannt entgegen.

»Claire?«

Emma trat vorsichtig noch einen Schritt näher. Sofort wich er zurück, weiter in die Grünanlagen hinein. Emma hob beschwichtigend die Hand und blieb stehen. »Sie suchen Claire? Claire Elbar?«

Der Mann nickte. Seine Augen prüften Emmas Gesicht, sein Körper wirkte zum Zerreißen gespannt, als sei er jeden Moment auf der Flucht. »Claire? Where's the boy?«

»Welchen Jungen meinen Sie? Which boy? Ist ein Junge bei Claire?«

Ein Radfahrer fuhr in rasendem Tempo auf dem Weg hinter dem Zaun entlang, der das Gelände vom Landwehrkanal trennte. Der Mann zuckte zusammen und versteckte sich hinter einem Busch. Vorsichtig trat Emma näher.

»Claire Elbar is dead. Tot, verstehen Sie? Somebody murdered her.«

Der Mann sah sie jetzt mit einem entsetzten Gesichtsausdruck an. Er stieß ein Keuchen aus und flüsterte: »And the boy? Where is Chance?«

»Chance? Ist das sein Name, Chance? Wer ist der Junge?«

Der Mann trat wieder aus den dunklen Büschen in das Licht der Straßenlaternen. Er zog ein Foto aus seiner Hosentasche und hielt es Emma hin. Auf dem Bild standen ein Mann und ein Junge Arm in Arm an einer staubigen Straße. Der Junge lachte in die Kamera, der Mann sah den Jungen an. Der Mann tippte auf den Jungen.

»Brother«, sagte er. »Chance. He is my brother.«

Erst jetzt bemerkte Emma, dass er selbst der Erwachsene auf dem Foto war. Er sah dort so anders aus als der Mann neben ihr im Gebüsch. Auf dem Foto hielt er den Kopf hoch, und seine Augen waren voller Stolz und Liebe für den Jungen neben ihm.

»Was ist mit Ihrem Bruder? Where is he? Where is Chance?«

Ein Auto brauste vorbei, der Mann zuckte zusammen. Dann sagte er leise. »Claire.«

»War der Junge bei ihr? Was Chance with Claire?«

»No.« Der Mann schüttelte den Kopf, er suchte offensichtlich nach Worten. »She promised.« Er ließ die Hand mit dem Foto sinken, in seinen Augen standen Tränen.

»Was hat sie versprochen?«

»To bring Chance to me. He is my little brother. I have to look after him. Claire promised to bring him.«

»Hierher nach Deutschland? Did Claire promise to bring Chance to Germany?«

Er nickte.

»Hallo Sie da, was machen Sie denn da?«

Der Polizist vom Einsatzwagen kam im Laufschritt auf sie zu. Der Mann drehte sich blitzschnell um, rannte durch das schmale Wäldchen auf die Absperrung zu. Schon war er am Zaun und sprang auf die unteren Streben. Ohne nachzudenken, stürzte sich Emma durch die dichten Büsche hinterher. Am Zaun erwischte sie den Flüchtenden an seinem Hosenbein, dunkler Stoff, erdverkrustet. Dann hörten sie erneut die gellende Stimme des Polizisten: »Bleiben Sie stehen!«

Ein erschrockenes Stöhnen, für den Bruchteil einer Sekunde drehte sich der Mann zu Emma um. Sie flüsterte: »Please, stay!« Mit einer schnellen Bewegung riss er das Hosenbein aus Emmas Umklammerung und stieß mit dem Fuß hart gegen ihren Kopf. Emma taumelte rückwärts, etwas Scharfes bohrte sich schmerzhaft in ihre haltsuchende Hand. Sie schrie auf, einen Moment kämpfte sie mit ihrem Gleichgewicht. Dann stand sie wieder fest und sah nach vorn. Der Mann war verschwunden.

»Wo ist er?« Keuchend stand der Polizist neben ihr und leuchtete mit einer Taschenlampe in die Rabatten. Emma antwortete nicht. Sie drehte sich um, zwängte sich durch das Gebüsch und um die Absperrung herum in Richtung Landwehrkanal. Vereinzelt brausten Autos über die Straße und streiften sie mit ihren Scheinwerfern. Einen Fußgänger sah Emma nicht. Sie blieb keuchend stehen und wischte sich über die Handfläche, es brannte.

Der Polizist war ihr gefolgt und hielt sie jetzt keuchend am Arm fest. »Sie kommen jetzt aber mal mit!«

Mit einer wütenden Bewegung riss sie sich los. Während sie langsam an der Seite des Polizisten zum Museum zurückging, zog sie mit der unverletzten Hand ein Taschentuch aus der

Hosentasche und wickelte es um die Handfläche. Vor dem Eingang blieb sie stehen. Die weite Fläche von Betonquadern vor der Nationalgalerie war leer, die beleuchtete Kunsthalle wirkte wie ein Raumschiff in der dunklen Berliner Nacht. Sie sah auf ihre Hand, das Tuch färbte sich rot.

»Jetzt kommen Sie schon!«

Die Polizisten an der Tür beobachteten sie neugierig, als ihr Kollege sie vor sich her in das Gebäude schob. Emmas Hand pochte vor Schmerz, sie war müde und wütend über das ungeschickte Eingreifen des Polizisten. Doch dann sah sie eine bekannte Gestalt die Treppe aus dem Untergeschoss heraufkommen.

»Herr Erkenschwick? Können Sie bitte mal kommen?«

Blumes Assistent kam mit fragendem Gesichtsausdruck zur Tür. Dann erkannte er Emma und nickte ihr lächelnd zu. Auch wenn sie sich nie privat begegnet waren, wusste er natürlich von ihrer ehemaligen Beziehung zu seinem Chef Blume. Ohne auf den Beamten an ihrer Seite zu achten, hob sie die Hand mit dem blutgetränkten Taschentuch und sagte:

»Draußen war jemand im Gebüsch. Er kannte Claire Elbar, er wollte sie treffen. Und vielleicht hätte ich auch erfahren, wer das war, wenn Ihr Kollege nicht so übereifrig gewesen wäre.« Erkenschwick starrte sie und den Polizisten neben sich einen Moment erstaunt an, dann trat er einen Schritt vor und informierte sich kurz bei dem Beamten. Emma konzentrierte sich auf ihre Hand und versuchte, den Schmerz wegzudrücken.

»Bitte kommen Sie, Frau Vonderwehr.«

Sie folgte Erkenschwick in eine hintere Ecke des Ausstellungsraumes. Wie sie vermutet hatte, war von den Beamten dort ein provisorisches Büro eingerichtet worden. Sie setzten sich, Erkenschwick tippte ein paar Minuten auf der Tastatur eines Computers und forderte Emma dann auf, von dem Vorfall zu erzählen. Sie konzentrierte sich und berichtete in allen Einzelheiten von dem Zwischenfall mit dem flüchtenden Mann. Dabei beobachtete sie das Gesicht ihres Gegenübers. Blume hatte ihr manchmal kleine Eigenheiten seines Assistenten verraten, zum Beispiel, dass er sich beim Zuhören gerne auf die Zungenspitze biss. In der Erinnerung daran musste sie grinsen.

»Was für ein Junge?«

»Er suchte seinen Bruder Chance. Wenn ich ihn richtig verstanden habe, wollte Claire ihn hier nach Deutschland bringen.«

»Mmh.« Erkenschwick tippte weiter, dann sah er hoch. »Mehr wissen Sie nicht?«

»Er hat mir ein Foto von sich und dem Jungen gezeigt. Ich schätze den Bruder auf zehn, vielleicht elf Jahre. Sie wirkten beide so …«

Emma zögerte. Innig, wollte sie sagen, so voller Liebe füreinander, aber war das überhaupt von Bedeutung? Erkenschwick sah sie fragend an, und sie räusperte sich. »So schmächtig. Halb verhungert.«

Erkenschwick nickte. Er wies mit dem Kinn auf ihren Schoß. »Was ist mit Ihrer Hand?«

Sie senkte den Kopf und hob das Taschentuch etwas an. Die Haut war rot und geschwollen, aber sie blutete nicht mehr.

»Ein hochstehender Zweig, nehm ich an. Oder ein scharfer Stein. Vielleicht auch Glas.«

»Tetanus geimpft?«

Keine Ahnung, dachte Emma. »Natürlich.«

Erkenschwick nickte und beugte sich wieder über seine Tastatur. Emma hatte Blume damals geneckt und gesagt, er mache sich über den Mann lustig, weil er sich ihm im Grunde unterlegen fühlte. Blume hatte übertrieben gestöhnt und sie gebeten, ihn mit ihrer Küchenpsychologie zu verschonen, doch den Rest des Abends war er schweigsam gewesen, und Emma war davon ausgegangen, dass sie einen Nerv getroffen hatte. Der Drucker fing an zu arbeiten, und Erkenschwick erhob sich.

»Ich sage dem Chef Bescheid. Wollen Sie, dass ich einen Krankenwagen für Sie hole?«

»Das wird nicht nötig sein.«

Erkenschwick ging um eine riesige Installation mit Blechelementen herum und verschwand aus ihrem Gesichtsfeld. Da keiner sich um Emma kümmerte, umrundete sie die provisorische Schreibtischinsel der Polizeibeamten und folgte Erkenschwick. Sie schob sich an dem Kunstobjekt vorbei und sah nun das rotweiße Flatterband der Absperrung. Es bildete einen Kreis um eine mindestens drei Meter große Skulptur, die mit ausgestreckten Armen dem Betrachter etwas entgegenstreckte. Zu Füßen der Figur war das rote Klebeband, das den Fundort der Leiche markierte. Vor der Figur stand der dunkelhäutige Mann, der vorhin so schnell an Emma vorbei in das Museum gerannt kam. Er ließ die Schultern hängen und hatte den Kopf tief gebeugt. Neben ihm stand Hauptkommissar Blume, ins Gespräch mit Erkenschwick vertieft. Erkenschwick wies in ihre Richtung, offensichtlich erzählte er Blume, was sie gesehen hatte. Um Blumes Blick zu entgehen, fixierte Emma den dunkelhäutigen Mann. Sie registrierte, dass er dem Gespräch der Polizisten konzentriert zuhörte.

»Frau Vonderwehr!«

Erkenschwick hatte sie gerufen, doch auch die anderen beiden Männer, Hauptkommissar Blume und der dunkle Mann neben ihm, starrten jetzt in ihre Richtung. Erkenschwick kam auf sie zu.

»Wollen wir?«

Erkenschwick machte Blume ein Zeichen, dass sie rausgingen und Blume nickte. Ein paar Männer in den weißen Anzügen der Spurensicherung schlossen sich ihnen an. Emma löste nur widerstrebend ihren Blick von der Szene bei der Skulptur. Blume redete jetzt wieder auf den Mann ein, der starrte noch immer in ihre Richtung. Es war, als wollte er sich Emmas Gestalt einprägen, und Emma lief ein Schauder über den Rücken. Erkenschwick legte eine Hand auf ihren unverletzten Arm. »Kommen Sie bitte.«

Draußen war der Wind noch kälter geworden. Vielleicht kam es Emma auch nur so vor nach der Wärme der Halle.

»Hier war er.«

Sie wiesen sie an, keinen Schritt weiter zu gehen, und machten sich daran, den Ort gründlich abzusuchen. Erkenschwick sah Emma mit einem Blick von der Seite an.

»Vielen Dank für Ihre Hilfe. Wenn wir noch Fragen haben, melden wir uns.«

Emma nickte langsam. Sie bewegte sich keinen Zentimeter weg. Ihre Hand schmerzte, sie war müde, und ihr war kalt. Aber sie konnte jetzt nicht gehen. Was, wenn sie etwas fanden?

»Sie sollten morgen doch noch zu einem Arzt gehen. Nur zur Sicherheit.«

Erkenschwick wollte sie loswerden, das war offensichtlich. Langsam ging sie zum Fahrrad und beschäftigte sich mit ihrem Schloss. Sie zitterte vor Kälte, wartete aber dennoch so lange, bis die Männer Erkenschwick zuriefen, dass es keine offensichtlichen Spuren zu sehen gäbe. Erkenschwick fluchte und trippelte mit seinen kurzen schnellen Schritten zurück ins Museum. Die Spurensicherung sperrte den Ort ab für weitere Untersuchungen bei Tageslicht, und Emma schob ihr Rad endgültig zur S-Bahn Haltestelle. In der Bahn lehnte sie sich im Sitz zurück und schloss die Augen. Als sie sie wieder öffnete, bemerkte sie die Blicke eines Fahrgastes ihr gegenüber, er starrte auf ihre Hand, ein kreisrunder roter Fleck hatte sich auf dem Tuch ausgebreitet. Emma zog rasch den Ärmel ihrer Jacke darüber. Am Alex schob sie ihr Rad in den Hinterhof ihres Wohnhauses, fuhr mit dem Fahrstuhl nach oben, schloss die Wohnungstür auf, ging hinein, legte die Tasche ab und ließ sich in ihrem Schlafzimmer aufs Bett fallen. Lange lag sie so da, die Augen geschlossen. In ihrem Kopf hämmerte es, als schliefe sie neben einem Presslufthammer, und der Schmerz in der Hand pochte. Sie stand wieder auf und nahm zwei starke Schmerztabletten. Als sie endlich einschlief, tauchte eine schöne dunkelhäutige Frau in ihren Träumen auf. Es war die tote Claire Elbar, sie trug das Kleid und einen Haarschmuck wie auf dem Bild im Katalog der Ausstellung. Sie saß auf dem Boden, und in ihrem Schoß schlief ein ungefähr zehnjähriger Junge. Der Mann, der heute neben Blume gestanden hatte, lief auf sie zu. Er hob den schlafenden Jungen hoch und ließ ihn in die Luft davongleiten. Dann beugte er sich über Claire und schnitt ihr die Kehle durch.

Am nächsten Morgen war Emma früh im Sender. Das Funkhaus befand sich im fünften Stock eines Einkaufszentrums im Süden der Stadt. Da die Geschäfte noch geschlossen waren, war sie durch das Parkhaus bis nach oben gelaufen, hatte vorne bei der Sekretärin die Lokalseiten der Berliner Tageszeitungen mitgenommen und sich damit hinter ihrem Schreibtisch im Großraumbüro des Radiosenders *BerlinDirekt* verschanzt.

Alle Zeitungen machten auf den Lokalseiten mit dem Mord auf. Claire Elbars dunkle ernste Augen in Großaufnahme, Bilder vom abgedeckten Tatort, das *Abendblatt* tatsächlich mit einem vom Teleobjektiv aufgenommenen Foto eines Beines der Toten, das unter einem Tuch herausragte.

Der Bote hatte ein leicht verschwommenes Bild über die ganze erste Seite gezogen. Darunter stand in fetten Blockbuchstaben: »Ist das der Mörder? Polizei sucht Spucker«. Emma beugte sich gespannt über das unscharfe Foto. Claire Elbar hielt sich die Hände vor das Gesicht, hinter ihr, mit dem Rücken zum Fotografen und halb von der Künstlerin verdeckt, aber mit einem roten Kreis gekennzeichnet, eine Gestalt in einer schwarzen Jacke, mit kurzen Haaren und dunkler Haut. Darunter stand:

»Tumult bei der Presseschau. Der Mann hat Claire angespuckt, sie soll ihn getreten haben. War Leidenschaft im Spiel? Die Polizei glaubt – er ist der Täter!«

Emma stand auf und nahm aus dem Schreibtisch des Redaktionssekretärs eine Lupe. Sorgfältig betrachtete sie die unscharfe Aufnahme. Am Ende war sie sich fast sicher: Der

Mann auf dem Foto könnte derjenige sein, den sie im Dunkeln vor der Nationalgalerie getroffen hatte. Sie kopierte die Artikel zum Mord und fand im Internet Berichte über die Künstlerin Claire Elbar. Mit einem Marker notierte sie rasch auf den ausgedruckten Blättern, was ihr wichtig erschien.

Andreas, der Nachrichtenmann, öffnete die Tür. Emma hob den Blick zur Uhr, es war kurz nach sieben. Seit fünf Uhr hatte Andreas jede volle und halbe Stunde über den Mord berichtet, dabei den trockenen Nachrichtenbericht von Emma mit Blumes Frage nach dem verdächtigen Spucker abgewechselt. Er trat an Emmas Tisch.

»Morgen, Emma. Super, dass du schon da bist. Kannst du mir ein Update machen? Die Takes sind verbrannt.«

»Ich hab was Besseres. Ist Harms vorne? Ich hab einen Verdächtigen aufgescheucht.«

Andreas sah sie erstaunt an, dann grinste er und hob beide Daumen. Emma ging ins Sendestudio, um den verantwortlichen Morgenredakteur Harms zu informieren. Vielleicht kommen wir so auf die Spur des Mannes, dachte sie. Vielleicht hört er uns. Oder jemand, der ihn kennt.

Ich sehe, deine Hand ist verletzt. Hat er dich angegriffen?«

»Nein, er versuchte zu fliehen. Ich bekam ein Hosenbein von ihm zu fassen, aber er stieß mit dem Fuß gegen meinen Kopf, und ich taumelte rückwärts. Dabei habe ich mir die Hand verletzt. Der Mann verschwand dann über den Zaun.«

Das Rotlicht an ihrem Mikrofon leuchtete, die Computer surrten, und Sönke, der Frühmoderator, sah aus, als hätte er genug Kaffee an diesem Morgen getrunken. Harms hatte sie bei der nächsten Gelegenheit in das Sendestudio geschoben.

»Konntest du mit ihm sprechen?«

»Ja, kurz bevor er wegrannte. Er war auf der Suche nach seinem Bruder. Er hat ein Foto gezeigt, viel war darauf nicht zu erkennen, es war ja dunkel. Wenn ich ihn richtig verstanden habe, dachte er, sein Bruder sei bei Claire.«

Sönke lachte leicht ins Mikrofon.

»Da sind Dutzende von Polizeibeamten vor Ort, und ausgerechnet unsere Reporterin stolpert über den Mörder. Sie sehen, unsere Leute …«

»Ich glaube nicht, dass es sich bei dem Mann um den Mörder von Claire Elbar handelt. Er schien verzweifelt, als ich ihm vom Tod der Frau erzählte.«

Sönke runzelte die Stirn, es ärgerte ihn offensichtlich, dass Emma ihm in der laufenden Sendung über den Mund gefahren war.

»Nun, vielleicht war er ja auch verzweifelt wegen einer furchtbaren Tat, die er eben erst begangen hatte. Danke, Emma, wir wissen, du bleibst für unsere Hörer am Fall dran. Es ist

7 Uhr 25, und nach einer kleinen Werbepause sagen wir Ihnen, wie Sie heute Morgen am besten durch den Berliner Verkehr kommen.«

Emma nickte Sönke zu, der nicht auf sie achtete und den Kopf tief über seine Unterlagen beugte. Auch Harms beachtete sie nicht weiter, er stritt sich am Telefon mit dem Verkehrsstellenleiter.

An der Tür wurde sie fast von Andreas überrannt, der die Nachrichten um halb las. Er hielt sie am Ellenbogen fest.

»Kannst du mir noch einen Beitrag machen? Aus dem Interview gerade hab ich mir schon einen Ton geschnitten.«

Emma nickte. »Ich frag noch bei der Polizei nach.«

»Danke.«

Die Pressestelle der Polizei wusste nichts Neues zu berichten, doch sie erreichte trotz der frühen Stunde den Direktor der Nationalgalerie, der zu einem Telefoninterview bereit war. Emma ging ins Aufnahmestudio und rief den Mann über die Anlage an. Er erzählte ihr, dass er selbst den Spuckervorfall am Morgen zwar nicht miterlebt, hinterher jedoch mit der Frau gesprochen hatte.

»Ein Mitarbeiter informierte mich, und ich rannte in den Ausstellungsraum. Claire war völlig aufgebracht.« Der Direktor schwieg einen Moment, Emma regulierte kurz die Lautstärke, dann fragte sie: »Wie äußerte sich das?«

»Sie zitterte stark. Ich ließ ein feuchtes Tuch holen, und sie wischte sich damit die Spucke aus dem Gesicht. Da habe ich es bemerkt.«

»Haben Sie sie gefragt, wer der Mann war und worum es bei dem Streit ging?«

»Sicher, aber sie wollte nichts dazu sagen. Das habe ich natürlich auch schon der Polizei erzählt.«

»Herr Direktor Reiter«, Emma zögerte kurz, dann sagte sie: »Haben Sie vielleicht mitbekommen, ob der Mann einen schwarzen Kapuzenpulli anhatte?«

»Nein, wie gesagt, ich war zu dem Zeitpunkt nicht in der Halle. Wieso fragen Sie das?«

»Nicht wichtig.«

»Ich hoffe wirklich, sie finden den Kerl. Claire Elbar war eine große Künstlerin. Ein vielversprechendes Talent. Wird Ihr Sender einen Nachruf bringen?«

»Ich denke schon«, Emma zögerte, »das fällt nicht in mein Ressort, wissen Sie. Ich werde es in der Konferenz ansprechen.«

»Vielen Dank. Sie hat es verdient.«

Emma schnitt aus dem Telefoninterview den Augenzeugenbericht des Direktors und baute selbst eine Nachricht daraus – sie »drehte das Ereignis weiter«, wie sie es im Funkhaus nannten. Als die beiden Takes im Nachrichtenspeicher aufleuchteten, warf ihr Andreas über die Tische eine Kusshand zu, und sie grinste und lüftete einen imaginären Hut. Noch immer blieb ihr eine Viertelstunde bis zur Konferenz, sie beschloss, sich von oben einen Kaffee zu holen.

In der Kantine versammelte sich langsam die Frühschicht, müde Gesichter, die schon seit drei Stunden sendeten. Manche legten ihre Nachbesprechung gleich nach hier oben. Emma stellte sich in die Schlange am Kaffeeautomaten und dachte über den Fall nach. Der Kontakt zum Museumsleiter war Gold wert, doch als Quelle für die Ermittlungen taugte er wenig. Emma seufzte. Sie drückte auf das Icon für Espresso und starrte auf die kleine weiße Tasse. Es war klar, wen sie anrufen musste, um Informationen zu bekommen. Den Leiter der Ermittlungen, Edgar Blume.

Hauptkommissar Edgar Blume?«

»Blume, hier ist Emma. Ich habe … ich muss mit dir reden.«

»Emma! Wart mal bitte einen Moment.«

Bei Blume waren Stimmen im Hintergrund, eine Tür klappte, dann Verkehrslärm. Blume schien an ein offenes Fenster oder vor die Tür getreten zu sein. »So, ich … Wie geht es deiner Hand?«

Es war schön, seine Stimme zu hören. Interessierte es ihn wirklich, wie es ihr ging, oder war er nur höflich? Emma beschloss, den unangenehmen Teil des Gespräches gleich hinter sich zu bringen. Sie räusperte sich und sagte: »Gut. Du, ich wollte dich nur fragen – habt ihr den Mann schon, der aus dem Gebüsch?«

»Ach so.« Blumes Stimme klang jetzt zehn Grad kälter. »Schon praktisch, wenn man die Handynummer des ermittelnden Polizisten kennt, was? Nur weil du zufällig über ihn gestolpert bist, gibt dir das noch lange keine Sonderrechte, wenn …«

»Nein, ich mein, weil – schließlich hab ich ihn ja für euch gefunden, oder?«

»Für uns? Hör mal, Emma, ich muss jetzt …«

»Vielleicht fällt mir ja noch was ein, was die Ermittlungen voranbringen könnte.«

»Und zwar?«

Die ersten Kollegen gingen in Richtung Konferenzraum, sie nickten Emma zu. Sie sah auf die Uhr – noch drei Minuten bis zur Sitzung. Sie griff nervös zu dem Bleistift auf ihrem Schreibtisch und drehte ihn zwischen den Fingern. Etwas leiser sagte sie:

»Wie wär's, wenn wir uns kurz treffen. Ich sage dir alles, was mir aufgefallen ist, und du gibst mir ein Interview. Eins, das ich auch senden kann.«

Blume stöhnte auf. »Emma, du behinderst meine Ermittlungen. Hör auf mit den Spielchen.«

»Spielchen? Wir nennen das Arbeit.«

Blume schwieg, Emma sah ihn vor sich, die Augenbrauen zusammengezogen. Schließlich knurrte er: »In Ordnung. Wir sehen uns ...«

Emma sagte schnell: »Ich hab erst Sitzung. Aber danach fahr ich gleich los. In einer halben Stunde bin ich da.« Dann legte sie auf, bevor Blume noch etwas sagen konnte. Na spitze, dachte sie, jetzt muss ich mir was Gutes einfallen lassen. Sie raffte ihre Unterlagen zusammen und rannte grinsend in den Sitzungsraum.

Hauptkommissar Edgar Blume schob sein Handy in die hintere Hosentasche seiner Jeans, umfasste die Balkonbrüstung mit beiden Händen und sah mit einer Mischung aus Ärger und Belustigung auf den Verkehr, der sich hier in Mitte durch die Baustellen und Einbahnstraßen rund um den Hackeschen Markt quälte. In einer halben Stunde würde er sie wiedersehen. Hatte sie wirklich etwas Wichtiges zu sagen, oder war das nur ein Vorwand? Ihre taktischen Manöver brachten ihn immer wieder auf die Palme.

Aus dem Zimmer hörte er Lärm, erregte Stimmen, und er drehte sich um. Durch das Fenster sah er Samuel Ndeze, den Ehemann der Toten an einem Tisch stehen, er schien nach etwas zu greifen, dann glitten seine Hände unter die Jackentasche. Blume trat vom Balkon wieder in die Wohnung. Der weitläufige Raum war schlicht eingerichtet, die wenigen hellen Möbel erinnerten an skandinavisches Design. Blume hatte das registriert und sich gleichzeitig über die eigenen Klischeebilder im Kopf geärgert. Bei einem Paar, das ursprünglich aus Afrika kam, hatte er folkloristische Elemente wie Masken, bunte Stoffe oder ausladende niedrige Sitzelemente erwartet. Doch hier war alles funktional. Sitzgelegenheiten gab es nur vor schlichten weißen Tischen mit Computern.

Sein Assistent Hans Erkenschwick stand neben dem Ehemann und stritt sich, offensichtlich genervt, um den Laptop, den der Mann jetzt an die Brust presste. Neben dem großen teuer gekleideten Mann wirkte Polizeikommissar Erkenschwick wie ein struppiger Terrier, der nicht locker ließ.

Jetzt nahm er dem Mann unsanft das Gerät ab und reichte es an einen Mitarbeiter der Spurensicherung weiter.

»Wir müssen den Computer beschlagnahmen. Sie bekommen ihn zurück.«

»Aber ich brauche ihn für meine Arbeit! Da sind Dateien drauf, die ich auf meinem nicht habe!« Seine Stimme war rau, er sprach ein überdeutlich betontes, aber korrektes Deutsch. Nervös knetete er seine langen, feingliedrigen Finger. Sein schmaler Körper bewegte sich unablässig, er schien wie unter Strom zu stehen. Die Augen lagen tief verschattet in ihren Höhlen.

»Tut mir leid, da kann ich Ihnen nicht helfen.« Erkenschwick wandte sich an den näherkommenden Blume und sagte: »Im Atelier stehen weitere Computer, aber an dem hier scheint sie ihre private Korrespondenz erledigt zu haben.«

Samuel Ndeze lachte gequält auf, es klang eher wie ein Stöhnen. »Bei Ihrem Job kann man das vermutlich trennen. In unserem ist Privates und Berufliches nicht so leicht auseinanderzuhalten.«

Blume hob beschwichtigend seine Hand. »Herr Ndeze …«

»Nennen Sie mich Samuel, bitte,« der Ehemann wandte sich jetzt Blume zu, »wenn Ihr Deutschen meinen Nachnamen aussprecht, klingt es immer so falsch, dass ich mich nicht angesprochen fühle.«

»Herr Ndeze, es sollte doch auch in Ihrem Interesse sein, dass wir den Mörder Ihrer Frau finden, oder nicht?«

Samuel Ndeze hob die Augenbrauen und sagte nichts. Seine ganze Haltung drückte Skepsis aus. Er schien nicht zu glauben, dass die deutsche Polizei dazu in der Lage sein würde. Blume betrachtete ihn schweigend, dann streckte er die Hand aus. »Und deshalb sollten Sie uns auch das Notizbuch geben, das Sie gerade eingesteckt haben.«

Der Ehemann schien mit sich zu ringen, aber dann zog er mit einem Ruck das kleine, goldschwarze Büchlein aus der Innentasche seines Jacketts und reichte es Blume. Erkenschwick nahm es und blätterte darin. Er hob den Kopf und sagte an Blume gewandt:

»Ein Kalender. Scheint ihrer gewesen zu sein.«

Blume wartete einen Moment, ob Erkenschwick Weiteres zu dem Buch sagte, doch sein Assistent blätterte nur schweigsam darin. Blume drehte sich zu Samuel Ndeze und sagte: »Gestern Abend haben Sie mir erzählt, dass Sie wegen eines Auftrages nicht an der Vernissage Ihrer Frau teilnehmen konnten.«

Der Mann sah Blume an und nickte zögerlich. Jetzt sah Erkenschwick von dem kleinen Kalender hoch und ergänzte: »Wir haben das überprüft. Ihr Auftritt im Berghain begann gegen 3 Uhr in der Früh. Sie hätten also genug Zeit gehabt, in die Nationalgalerie zu kommen.«

»Ich muss mich vorbereiten, das hab ich Ihnen gestern schon gesagt. Was denken Sie, ich stöpsel meinen Laptop an und los geht's? Das ist nicht so einfach.«

Ndeze verschränkte die Arme und wies mit dem Kinn auf den goldschwarzen Kalender in Erkenschwicks Hand. »Bekomme ich den zurück?«

»Später. Zunächst ist er beschlagnahmt.« Erkenschwick steckte das Büchlein ein, dann fuhr er fort: »Sie haben ausgesagt, dass Sie gestern hier alleine am Computer gearbeitet haben. Aber eine Praktikantin vom Museum hat sie am frühen Abend in der Nationalgalerie gesehen.«

Ndeze sah von Erkenschwick zu Blume. »Sie muss mich verwechselt haben.«

»Sie sagte, Sie hätten mit dem alten Mann im Rollstuhl, Henry Obdan-, Henry Obwanada …«

»Das zeigt deutlich, dass sie lügt oder blind ist. Mit Henry Obwanashyaka würde ich nicht mal reden, wenn wir die letzten Menschen auf Erden wären.«

»Warum nicht? Der alte Mann ist doch ein Gönner Ihrer Frau gewesen, oder? Eine Frau vom Museum hat uns gesagt, dass sie nur wegen seines Engagements in die Ausstellung genommen wurde.«

»Claire hatte das nicht nötig. Sie war gut genug.« Ndeze vergrub seine Hände in den Hosentaschen. Wütend trat er gegen einen Stuhl, der bedenklich kippelte. Erkenschwick wechselte einen vielsagenden Blick mit Blume. Der schaltete sich wieder in das Gespräch. »Herr Ndeze, wir haben die Kontodaten Ihrer Frau überprüft. Sie hat eine große Summe an eine niederländische Organisation mit Namen ›Global witness‹ überwiesen. Kennen Sie diese Gruppe? Wissen Sie, warum Ihre Frau das Geld gespendet hat?«

Ndeze sah mürrisch vor sich auf den Boden, zuckte dann mit den Schultern. »Sie war ein großzügiger Mensch.«

»Sie hat 30 000 Euro überwiesen. Das ist wirklich sehr großzügig, oder?«

Ndeze schwieg, doch man sah seinem Gesicht an, dass ihn die hohe Summe überraschte.

»Herr Ndeze, wie war die Beziehung zu Ihrer Frau?«

Samuel Ndeze sah jetzt wütend hoch. »Sie war gut. Wir haben uns geliebt.«

»Wirklich? Dafür hat sie Ihnen recht wenig erzählt, finde ich. Aber von dem Vorfall am Morgen, der Übergriff auf der Pressekonferenz, davon wissen Sie doch sicherlich?«

Ndeze sah ihn unsicher an. »Sie war sehr aufgebracht.«

»Wer war der Mann? Warum kam es zu diesem Zwischenfall? Sie haben doch sicher nachgefragt?«

»Sie wollte nicht darüber reden. Das habe ich respektiert.«

»Apropos Respekt.« Blume schwieg einen Moment, dann fuhr er fort: »Ihre Nachbarn haben erzählt, dass Sie häufig stritten. Sie hätten Claire Elbar angebrüllt, auch gestern.«

Samuel verschränkte wieder seine Arme. »Das ist doch Unsinn.«

»Du verdammte Hure. Wenn du dich mit ihm einlässt, bist du nichts als eine billige Hure.« Blumes Blick klebte geradezu an dem Mann. »Klingt nicht wirklich respektvoll. Haben Sie das zu Ihrer Frau gesagt, Herr Ndeze?«

»Ich kann mich nicht erinnern.«

»In diesem Buch hier«, Erkenschwick hielt den kleinen Kalender hoch, »taucht immer wieder ein Kürzel auf. BG.« Er blätterte in den dünnen Seiten mit Goldschnitt. »Hier wieder. Letzte Woche sogar mehrmals. Treffen BG.« Erkenschwick sah hoch. »Wer ist BG, Herr Ndeze?

»Ich habe keine Ahnung.«

»Samuel«, Blumes Stimme war jetzt ganz leise, »Samuel, hatte Ihre Frau eine Affäre? Vielleicht mit dem Mann, der ihr am Vormittag ihres Todes vor allen Leuten ins Gesicht gespuckt hat? Und haben Sie sie deshalb angeschrien? Sie eine Hure genannt?«

Samuel Ndeze sah an den Männern vorbei aus dem Fenster. Sein Gesicht war unter der dunklen Haut aschfahl, und seine Stimme bebte von unterdrückter Wut. »Ich glaube, es ist besser, wenn ich jetzt nichts mehr sage.«

Emma öffnete möglichst geräuschlos die Glastür zum Konferenzraum und glitt zu ihrem Platz am Seitenende des Tisches. Chefredakteur Manfred Schneider sah missbilligend von dem Sendeplan hoch, sagte jedoch nichts. Er war ihr Onkel und hatte sie vor ein paar Jahren unterstützt, sodass sie in Berlin beruflich wieder Fuß fassen konnte. Mittlerweile hatte Emma bewiesen, dass sie eine fähige Journalistin war, und mit spektakulären Ermittlungsberichten für gute Quoten gesorgt. Dennoch kamen ihr immer wieder missgünstige Stimmen zu Ohren, die in ihr nur den Protegé des Chefs sahen.

Ihre Kollegin Bente hatte ihr einen Platz freigehalten. Emma setzte sich und legte ihre Unterlagen auf den Tisch. Andreas berichtete gerade von den Meldungen, die er an diesem Morgen gebracht hatte. Außer dem Mord an der afrikanischen Künstlerin gab es noch eine Massenkarambolage auf der Stadtautobahn, ein Beschluss der Bezirksregierung von Tempelhof zum alten Flughafengelände und ein Zusatzkonzert der Ärzte im Olympiastadion. Auf Schneiders Bitte berichtete Emma im Anschluss, was sie von dem Mord in der Nationalgalerie erfahren hatte. Und von ihrem Zusammentreffen mit dem Mann draußen in der Anlage. Sönke, der Frühmoderator, streckte die Hand vor wie ein Erstklässler, der gesehen werden wollte.

»Ich fand das nicht gut, dass du mir so ins Wort gefallen bist. Dabei wollte ich gerade Werbung für uns machen!«

Wohl eher für dich, dachte Emma. »Das war ein Schnellschuss, Sönke. Wir wissen doch noch gar nicht, ob der Mann was damit zu tun hat.«

Bente beugte sich vor.

»Stell dir vor, der Typ meldet sich heute, und er ist ein alter Freund des Opfers. Jemand, der es nicht so hat mit der Polizei. Ist alles schon vorgekommen. Was glaubst du, wie peinlich das für uns ist, wenn wir vorher schon sagen, wir hätten den Mörder gesehen!«

Sönke verschränkte die Arme und sagte halblaut: »Dass du zu Emma hältst, ist ja wieder typisch.«

Schneider schlug mit der flachen Hand leicht auf den Konferenztisch. »Leute, Schluss jetzt mit dem Kindergarten.« Er sah in die Runde. »Was wissen wir von dem Spucker? Wer war der Mann? Und was ist das für eine Geschichte mit seinem Bruder, einem kleinen Jungen, der angeblich bei der Toten sein sollte?«

Sönke meinte: »Na das kann ja wohl alles sein. Familiendrama? Flüchtlingsschlepper? Kinderhandel?«

»Weil sie schwarz sind, traust du ihnen wohl alles zu, was?« Bentes Stimme wurde langsam schärfer.

»Immerhin ist ein Mord geschehen, oder etwa nicht?« Wütend sahen die beiden sich an. Schneider seufzte, sparte sich jeden weiteren Kommentar und wandte sich an Ernst Mahler. Der Kulturschreiberling der Welle saß wie immer in den Sitzungen ganz hinten neben der Glastür und blätterte in einem Fotoband, als ginge ihn das Geplänkel der Kollegen nichts an. Schneider sagte: »Ernst, klär uns Banausen auf: Was ist das für eine Frau, die Tote?«

Als habe er nur darauf gewartet, schnellte Mahler erstaunlich behände nach vorne und hielt das Buch aufgeklappt hoch, so dass die Runde das Foto auf der Seite betrachten konnte. Es zeigte eine Skulptur, eine Art überdimensionierten Diener, der etwas auf einem Tablett hielt. Emma erkannte es als die Skulptur, an der Claire Elbar tot aufgefunden worden war.

»Tantalos. Ein Werk der Künstlerin, wohl ihr bekanntestes, es war schon auf der Biennale in Venedig zu sehen und ist nun Teil der Ausstellung hier in Berlin. Claire Elbar beschreibt in ihren Arbeiten ein Afrika, das zwar reich an Bodenschätzen ist, das aber …« Schneider hob leicht die Hand und unterbrach ihn:

»Ernst, bitte keinen Vortrag, erzähl uns einfach, woher die Frau kommt.«

Ernst Mahler biss sich auf die Lippen, seine Augen blitzten wütend, aber er wagte es offenbar nicht, dem Chef zu widersprechen. Er drehte das Buch in seinen Händen wieder um und ließ es mit einem Knall aufgeschlagen auf den Tisch fallen. Dann sagte er mit tonloser Stimme:

»Claire Elbar wäre in diesem Jahr 30 geworden. Als junges Mädchen mit den Eltern aus dem Kongo geflüchtet. Gelandet ist die Familie zuerst in Holland, dann sind sie nach England gezogen. Elbars Talent wurde entdeckt, sie bekam ein Stipendium für das Saint Martins in London. Elbar war wohl das, was man heute unter einer Afropolitin versteht, sie …«

»Einer was?« Bente beugte sich vor und starrte Ernst fragend an.

»Einer Afropolitin. Junge Akademiker, international ausgebildet mit afrikanischen Wurzeln. Das Feuilleton hat diese Leute doch gerade entdeckt, jeden Tag wird jemand Neues vorgestellt …«

»Aha.« Bente lehnte sich wieder zurück. »Hab ich noch nicht mitgekriegt.«

Mahler warf Bente einen langen vielsagenden Blick zu, kommentierte das aber nicht weiter. Stattdessen sagte er: »Sie war für ein Jahr mit ihrem Ehemann hier in Berlin, auf Einladung des DAAD.« Wieder sah er zu Bente. »Des Deutschen Akademischen Austauschdienstes.«

Bente grinste. »Den kenn ich.«

»Die Ausstellung in Berlin ist ihr erster großer Auftritt in Deutschland. Sie ist als Künstlerin zurzeit sehr gefragt, die Preise für ihre Werke steigen ständig. Das wird sich jetzt nach ihrem Tod natürlich noch mal vervielfachen.«

Chefredakteur Schneider zog aus dem Zeitungshaufen vor sich die Lokalseite des *Boten* heraus und hielt sie hoch. Alle sahen auf die verschwommene Aufnahme und die fettgedruckte Überschrift – *Ist das der Mörder? Polizei sucht Spucker!* Schneider tippte mit seinem gelben Raucherfinger auf das Foto.

»Hast du gestern Morgen auf der PK davon was mitgekriegt? Du warst da doch eingeladen, oder?«

»Also, ich hab das erst heute Morgen aus der Zeitung erfahren.« Ernst Mahler lief ganz langsam rot an. Alle betrachteten ihn schweigend, eine ungemütliche Stimmung breitete sich aus. Etwas leiser fügte er hinzu:

»Ist ja 'ne riesige Ausstellung. Da war ich wohl gerade woanders im Raum.«

Schneider sah ihn prüfend an. Dann fragte er mit scharfem Unterton: »Wo warst du denn da, Ernst?«

Der Kulturredakteur schluckte. Leise sagte er: »Ich weiß es nicht.«

Schneider nickte, sah ihn noch einen Moment zwingend an und beließ es dabei. Er ließ die Zeitung wieder sinken und sagte: »Kannst du uns einen Nachruf machen? Aber erzähl nicht zu breit über ihre Werke, Kunst, das interessiert unsere Hörer nicht. Eher dieses Flüchtlingsschicksal, kleines afrikanisches Mädchen wird zum Star der internationalen Kunstszene, so was.«

Ernst, offensichtlich erleichtert über den Themenwechsel, verzog bei den Worten seines Chefs leicht spöttisch das Gesicht, nickte aber. Schneider drehte sich wieder um. »Emma?«

»Ich glaube, der Spucker aus der Zeitung und der Mann, den ich gestern dort gesehen habe, sind ein und dieselbe Person.« Sönke wollte etwas sagen, aber Emma redete schnell weiter. »Ich bin mir nicht sicher. Jedenfalls treffe ich gleich den Hauptkommissar, der den Fall leitet, Edgar Blume.« Eine der Technikerinnen kicherte leise, Emma ignorierte es und hielt den Blick starr auf Schneider gerichtet. Natürlich wussten alle im Raum von ihrer Liebesgeschichte mit dem Polizisten. »Er gibt mir ein Interview zum Stand der Dinge.«

»Gut, gut.« Schneider betrachtete sie einen Moment gedankenverloren, dann räusperte er sich und sagte: »Solange wir nicht wissen, was es mit diesem Spucker auf sich hat, belassen wir es dabei. Sollte etwas durchsickern, müssen wir dann natürlich sofort reagieren. Vielleicht kriegst du was bei dem Gespräch heraus, Emma.«

Emma nickte, griff nach ihrem Zettelstapel und sagte: »Ich muss gleich los, er wartet an der Nationalgalerie. Ist es okay, wenn ich jetzt schon …«

»Na klar, geh man.«

Während sich Emma an den Kollegen vorbei aus dem Raum zwängte, wandte sich Schneider dem nächsten Thema zu. Emma erreichte die Glastür, legte die Hand auf die Klinke und wollte sich mit einem Blick in die Runde verabschieden. Doch ihre Augen blieben an dem Bildband hängen, den Ernst Mahler noch immer aufgeschlagen vor sich liegen hatte.

Sie trat wieder einen Schritt in den Raum hinein, lehnte sich über den Kollegen und zog das Buch zu sich heran. Im Hintergrund der Skulptur war die Künstlerin selbst zu sehen.

Sie wirkte viel jünger als auf dem Porträt der Ausstellung. Ihr Haar stand in einer wilden Krause von ihrem Kopf ab, sie lachte, und ihr rotgoldenes Kleid glänzte im Sonnenschein. An ihrer Seite stand ein Mann, ebenfalls dunkelhäutig, und hatte den Arm um sie gelegt. Es war eindeutig der Mann, der neben Blume gestanden hatte, der Mann, der erst nach Bekanntgabe des Mordes in das Museum gerannt war. Emma beugte sich über die Unterschrift und las: »Die Künstlerin Claire Elbar in Los Angeles, an ihrer Seite ihr Mann Samuel Ndeze, ein international gefragter DJ.« Emma wandte sich an Ernst und fragte flüsternd: »Das ist ihr Mann? Hast du ihn gestern Abend auch gesehen?«

Mahler schüttelte den Kopf und sah Emma neugierig ins Gesicht. »Nee, du?«

»Er kam angelaufen, als ich draußen stand. Völlig fertig sah der aus.«

»Ich meine, seine Frau ist tot. Was erwartest du denn?«

»Dass er von vornherein da ist. Wieso ist der eigene Mann nicht auf so einer wichtigen Eröffnung von seiner Frau, kommt dir das nicht komisch vor?«

Ernst wollte gerade antworten, da rief Schneider rüber: »Raus oder rein, Emma, das stört!« Emma hob beschwichtigend den Arm. »Bin schon weg!« Sie drehte sich um und verließ schnell den Raum.

Emma konnte zu diesem Zeitpunkt nicht wissen, welche Folgen ihr Radiointerview hatte. Als sie ihre Tasche nahm, das Gebäude verließ und mit dem Fahrrad Richtung Mitte fuhr, bewegte sich synchron dazu ein kleiner roter Punkt auf einem Monitor, die Standpunkte übermittelt durch GPS-Daten ihres Handys. In den dunklen Nebengassen der globalen Datenautobahn, dem Darknet, wurden Informationen über Emma und ihr Treffen mit dem Mann im Gebüsch weitergegeben und um Instruktionen gebeten, wie mit der Zielperson umzugehen sei. Der gesamte Datenverkehr lief verschlüsselt, mit gefälschten Internet-Protokoll-Adressen im Absender- und Empfängerfeld und über drei Anonymisierungsserver, auf denen jeweils Teile der Daten-Inhaltsverzeichnisse gespeichert wurden. Wer hier Informationen in zerstückelten, verschlüsselten Dateien austauschte, das war für Außenstehende nicht mehr nachzuvollziehen.

Von einem Absender außerhalb Deutschlands kam die Anweisung, diese Journalistin exakt zu überwachen, sie jedoch nicht zu liquidieren, solange die Möglichkeit bestünde, sie könne Kontakt zu dem Jungen aufnehmen. Der Empfänger bestätigte die Nachricht, dann wurde die temporäre Browsersitzung beendet. Damit löste sich die gesamte Darknet-Verbindung auf, alle Spuren der Kommunikation waren aus dem Netz gelöscht.

Blume ging auf dem Hochplateau vor der Nationalgalerie ruckartig auf und ab, und Emma sah schon von drinnen, dass er wütend war. Dabei konnte er kaum lang gewartet haben. Sie war nur noch ganz kurz ins Museum gegangen und hatte mit dem Direktor gesprochen. Wann die Ausstellung voraussichtlich für Besucher geöffnet werden konnte und dann, in einem beiläufigen Ton, was denn der Ehemann der Toten von dem Zwischenfall mit dem Spucker gehalten hatte. Die Antwort war aufschlussreich gewesen. Als sie sich jetzt Blume auf dem Vorplatz näherte, hob er den Kopf und sah in ihre Richtung.

»Hallo Emma. Da bist du ja.«

Emma wusste nicht, was sie auf eine so offensichtliche Feststellung antworten sollte, und nickte nur. Sie trat ein paar Schritte in Richtung der Büsche, hinter denen der Mann gestanden hatte. Jetzt flatterte hier das Absperrband der Spurensicherung. Emma drehte sich zu Blume um.

»Hier hat er sich versteckt. Ich hab noch gedacht, es ist einer von den Fotoreportern. Da kam er plötzlich rausgesprungen.«

Blume war ihr gefolgt und stand jetzt dicht neben ihr. Sie konnte den feinen Duft seines Aftershaves wahrnehmen.

»Das hast du uns gestern Abend erzählt. Was weiter? Du hast am Telefon gesagt, du hättest noch weitere Erkenntnisse über ihn.«

Emma schluckte, trat einen Schritt zur Seite und zog ihr Aufnahmegerät aus der Tasche. Blume runzelte die Stirn.

»Emma, ich gebe dir dein Interview. Aber lass uns erst diese Sache hier klären.«

»Ich soll dir einfach vertrauen?«

Einen Moment lang standen sie voreinander, bis sich Emmas Mundwinkel ganz leicht nach oben verzogen und auch Blume grinsen musste. Er sah müde aus, fand Emma, und trotzdem so unglaublich anziehend. Sie stopfte das Gerät mit dem Mikrofon wieder in ihre Tasche.

»Er hat mir ein Foto gezeigt, von sich und seinem Bruder. Er sagte, Claire hätte ihn zu ihm bringen sollen.«

»Das habe ich auch schon gestern von dir gehört.«

»Ich hab noch mal darüber nachgedacht.« Emma zupfte nervös an ihren Jackenknöpfen. »Vielleicht arbeitete diese Claire mit Schleuserbanden zusammen? Ermittelt ihr in diese Richtung?«

Blume klappte demonstrativ sein Notizbuch zu. Ihre Blicke trafen sich.

»Ist was?«

»Und du meinst, das ist ein Interview wert?«

»Mir ist noch was aufgefallen – wegen des Ehemannes.«

Immerhin, ein Funken Interesse. Schnell redete Emma weiter.

»Der Direktor hat mir erzählt, dass der Ehemann nichts von dem Spucker gewusst hat.«

»Nichts ist nicht ganz richtig, aber …« Blume zögerte, sprach dann doch weiter. »Er schien sich nicht sonderlich dafür zu interessieren.«

»Na, das ist doch komisch, oder? Ich bin zwar nicht verheiratet, aber ich nehme doch mal an, dass man mit seinem Ehepartner darüber redet, wenn man in aller Öffentlichkeit angespuckt wird. Und dass der andere dann nachfragt, was denn da los war. Wäre das nicht das übliche Verhalten von Eheleuten?«

Blume sah sie missmutig an. Der Unterton, mit dem sie von »Eheleuten« sprach, war ihm nicht entgangen.

»Er sagt, sie wäre erschrocken gewesen. Hätte nicht darüber reden wollen.«

»Anscheinend haben sie generell nicht mehr so viel miteinander geredet.«

»Wieso denkst du das?«

»Hat er etwa auch nicht mitbekommen, dass sie in Deutschlands bedeutendster Ausstellungshalle ihr Werk präsentiert hat? Immerhin war er nicht da. Er kam erst nach dem Mord hierher.«

»Woher weißt du das?«

»Ich hab ihn gesehen. Er lief auf den Eingang zu und war total aufgelöst. Sah nicht so aus, als wäre er nur schnell mal Zigaretten holen gegangen.«

Blume fragte schnell:

»Wie hat er auf dich gewirkt?«

Emma tastete nach ihrem Mikrofon, sie ließ sich Zeit. »Wie meinst du das?«

Blume räusperte sich, dann sagte er, noch eine Spur leiser: »Du hast ihn in dieser Situation gesehen, früher als wir alle. Er fühlte sich womöglich unbeobachtet. Hast du das Gefühl gehabt, er war tatsächlich aufgeregt? Oder wirkte es auf dich – sagen wir – irgendwie aufgesetzt?«

»Vorgetäuscht, meinst du?«

Emma fixierte Blume, der auf ihre Frage nicht reagierte, sondern sie nur angespannt ansah. Sie biss sich leicht auf die Lippen, dann schüttelte sie den Kopf.

»Auf mich wirkte er glaubwürdig.«

Blume sah sie noch einen Moment zweifelnd an, dann nickte er leicht und trat wieder einen Schritt zurück.

»Dann vergiss am besten, was ich dich eben gefragt habe.«

»Aber Blume, glaubt ihr denn, dass …«

»Danke für deine Hilfe.«

Sie wartete noch einen Moment, aber seine Miene war undurchdringlich. Emma zog ihr Aufnahmegerät aus der Tasche.

»Jetzt bist du dran. Wie weit seid ihr mit der Suche nach dem Mörder?«

»Noch ganz am Anfang.« Blume blickte unbehaglich auf das Mikrofon, das sie dicht an sein Gesicht hielt. »Wir sichten Spuren, versuchen, den Tathergang zu rekonstruieren. Hatte Claire Elbar Feinde? Gab es Konflikte?«

»Und? Seid ihr auf etwas gestoßen?«

»Bisher nicht. Claire Elbar wird von allen als freundlich und zurückhaltend beschrieben. Sie war noch nicht lange in der Stadt. Und auch in dieser Zeitspanne war sie viel unterwegs. So hat sie zum Beispiel den Transport ihrer Werke von Venedig hier in die Nationalgalerie begleitet.«

»So ganz konfliktfrei kann das ja alles nicht abgelaufen sein, immerhin ist sie von einem Mann beschimpft und angespuckt worden. Was ist mit diesem Spucker? Seid ihr da weitergekommen?«

»Wir haben das Foto von dem Journalisten vervielfältigt und an alle Medien geschickt mit dem Aufruf, sich zu melden, wenn jemand den Mann wiedererkennt.« Blume seufzte. »Auch wenn das Bild nicht viel hergibt, hätten wir das natürlich gerne schon gestern getan. Aber wir erfuhren auch erst durch die Zeitung von der Existenz des Fotos.«

Natürlich, dachte Emma. Welcher Reporter hätte es sich schon nehmen lassen, so ein Foto exklusiv zu bringen?

»Mehr kann ich dir im Moment nicht sagen.«

Sie speicherte ihre Aufnahme. »Nicht gerade viel.«

»Na du bist es doch, der hier geblufft hat. Von wegen noch was eingefallen.«

»Ich geb's zu. Aber du bist trotzdem gekommen.«

Er blinzelte über sie hinweg in die Sonne.

»Auch weil – ich wollte wissen, was deine Hand macht.«

Emma zupfte an dem Verband um ihre Hand. »Ist nicht schlimm.«

Einen Moment schwiegen beide, dann räusperte sich Blume.

»Ein Beamter wird deine Aussage zu Protokoll nehmen. Bitte melde dich bei den Kollegen im Museum.«

Emma nickte.

»Und, wie gesagt – on Air lässt du unser Gespräch über den Ehemann raus.«

»Ist das ein Befehl? Dann schuldest du mir was.«

Er lächelte. Wie jung er plötzlich wieder aussah. »Einen doppelten Espresso mit Schaum?«

Sie senkte den Kopf und beschäftigte sich mit ihrem Fahrradschloss. Nein, dachte sie. Nein. Ich will nicht, dass das Ganze von vorne losgeht.

»Ich dachte eher an die Adresse des Ehepaares.«

Jetzt sah sie ihn an. Sein Gesicht verschloss sich wieder wie eine Auster.

»Was soll das, du weißt, dass ich dir das nicht sagen kann.« Er drehte sich um, entfernte sich. Sie ließ das Schloss los, kam hoch und war mit ein paar raschen Schritten an seiner Seite. »Komm schon, ich finde es ja doch heraus. Geht nur ein bisschen schneller.« Jetzt war Blume am Auto. Er drückte auf die Fernbedienung, die Scheinwerfer leuchteten auf. Er öffnete die Fahrertür und drehte sich noch einmal zu Emma um.

»Denk an die Aussage! Erkenschwick ist im Museum.« Er setzte sich hinein und startete den Wagen.

Emma lief durch die Ausstellung, flüchtig sah sie auf die verschiedenen Kunstobjekte. Es war noch immer fast leer in den Räumen, die Ausstellung war vorerst für Besucher gesperrt, und bis auf Emma waren nur ein paar Polizeibeamte und Angestellte des Museums in dunkelblauer Einheitskleidung zu sehen. Emma gähnte. Sie hatte wenig Lust, sich mit moderner Kunst zu beschäftigen, aber im Moment schien es ihr notwendig, um mehr über Claire Elbar herauszufinden.

Emma hatte Erkenschwick von dem Gespräch mit Blume erzählt, und der Polizeibeamte schrieb jetzt an der aktualisierten Fassung des Berichts. Sie sollte warten, um das Protokoll zu unterschreiben.

Am Fuß der Treppe zum Untergeschoss entdeckte Emma den Direktor der Nationalgalerie, und erleichtert steuerte sie auf ihn zu.

»Herr Direktor, entschuldigen Sie ...«

Der kleine untersetzte Mann sah Emma neugierig entgegen. Sie blieb etwas atemlos vor ihm stehen und sagte: »Ich bin Emma Vonderwehr, von *RadioDirekt*, wir haben heute Vormittag telefoniert.«

Der Mann lächelte und nickte. »Frau Vonderwehr, ja, ich weiß. Sie fragten, ob der Mann einen Kapuzenpulli anhatte, nicht wahr?«

Emma lächelte nun auch. »Und Sie fragten mich, ob unser Sender einen Nachruf auf Claire Elbar machen wird.«

»Und?«

»Ja, das wurde heute in der Konferenz beschlossen.«

»Sehr gut. Das freut mich.«

»Ich berichte über die Künstlerin in Zusammenarbeit mit dem Kulturexperten unserer Welle,« sagte Emma und fand, dass es nicht einmal so falsch war, was sie sagte. »Vielleicht können Sie mir ja noch ein wenig über Claire Elbar und ihre Kunst erzählen? Ich bin da nicht so die Fachfrau. Können Sie mir die Statue zeigen, an der sie gefunden wurde?«

Der Direktor zögerte und sah nach hinten zum provisorischen Büro der polizeilichen Ermittlung.

»Nun, ich weiß nicht, ob …«

Emma folgte seinem Blick, und sie verstand. Sie bat ihn, einen Moment zu warten, und ging dann mit schnellem Schritt zurück zu dem Schreibtisch von Erkenschwick. Sie fragte ihn, ob das Protokoll schon fertig wäre, der Mann verneinte, sie müsse sich noch einen Moment gedulden. Emma nickte, drehte sich um und winkte dem Direktor, mit ihr zu der Statue zu gehen. In einiger Entfernung von Erkenschwick sagte sie halblaut:

»Kommen Sie, es ist alles in Ordnung!«

Kein Hinweis deutete darauf hin, dass hier ein Mord geschehen war. Es waren weder Spuren der toten Claire Elbar noch Kennzeichen der ermittelnden Polizeitruppe zu sehen. Emma stellte sich frontal vor die Skulptur und betrachtete sie stirnrunzelnd. Die überlebensgroße Figur war grob aus dunklem, rötlich schimmerndem Holz geschnitzt. Es war ein Mann mit drohend zusammengezogenen Augenbrauen, dicken Lippen und einer breiten Nase. Dem Betrachter reckte er etwas, das wie ein Braten aussah, auf einem silbernen Tablett entgegen. Emma trat noch einen Schritt näher heran und ging auf die Zehenspitzen, um zu sehen, was sich auf dem Tablett befand. Als sie es erkannte, zuckte sie zurück – es war ein Kinderkörper, angerichtet wie ein Spanferkel.

»Tantalos«, sagte der Museumsdirektor, dem ihre Reaktion nicht entgangen war, »eine Figur aus der griechischen Mythologie. Er tötete seinen Sohn Pelops und bot ihn den Göttern als Mahl dar.«

Emma schluckte. »Warum macht er das?«

»Er wollte ihre Allwissenheit auf die Probe stellen. Aber die Götter durchschauten sein Handeln und bestraften ihn mit den berühmten Tantalosqualen.« Der Direktor wies zu den Füßen der Skulptur, wo es blau und rot schimmerte. »Wasser und Früchte sind immer in seiner unmittelbaren Nähe, aber er kann sie nicht erreichen, leidet Hunger und Durst – bis in alle Ewigkeit.«

»Geschieht ihm ganz recht, dem Kindermörder.« Emma verschränkte die Arme, und der Direktor lachte leise. »Sagen und Mythen sollte man eher im übertragenen Sinne verstehen. Außerdem wurde Pelops von den Göttern wieder vollständig hergestellt – sogar die Schulter, die die Göttin Demeter angeknabbert hatte, wurde durch Elfenbein ersetzt – die erste Prothese, sozusagen.«

»Ist es nicht merkwürdig, dass …« Emma wusste nicht recht, wie sie ausdrücken sollte, was sie dachte. Der Mann an ihrer Seite sah sie neugierig an, und sie platzte heraus: »Warum benutzt eine afrikanische Frau die griechische Mythologie für ihre Kunst? Ist das nicht seltsam?«

»Keineswegs.« Der Direktor trat einen Schritt vor und wies auf die Mitte der Skulptur. »Sehen Sie, wie die Figur ihre Hände unter dem Tablett hält? Sie sind geformt wie eine Schale. Das entspricht einer christlichen Ikonographie. Und sehen Sie sich das Kostüm des Mannes an. Auf den ersten Blick ein bunt gewebter Teppich, ein typisch afrikanisches Muster. Wenn man genau hinsieht, erkennt man Bilder darauf, Fotodateien, ihr

Druck imitiert eine alte asiatische Lithographie-Kunst.« Der Direktor ließ Emma Zeit, die Details der Figur aufzunehmen, dann sagte er: »Claire Elbar sah sich als Weltenbürgerin. Ihre Formensprache war universell. Als Künstlerin war sie erratisch.«

Fasziniert betrachtete Emma die einzelnen Szenen auf dem Gewand der Figur. Sie meinte einfache Hütten zu erkennen, ein Tor, Männer und Kinder, die schwere Säcke schleppten. Dunkel gewebte Stoffe zeigten Kinder unter Tage, in Höhlen, manche mit zu großen Schutzhelmen auf den zarten Köpfen. Ganz nah ging sie ran, ihre Nase berührte fast den Stoff. Es roch staubig, ein schwacher Holzgeruch mischte sich mit den Fasergerüchen des Tuchs. Auf einmal verwischten sich die Konturen der einzelnen Gestalten, die winzigen Augen weiteten sich und schienen aus dem Bild heraus auf Emma zuzufallen. Emma meinte einen Moment, keine Luft mehr zu bekommen. Schnell trat sie wieder zurück und hustete.

Der Direktor blieb ruhig neben ihr stehen und wartete, bis sie wieder zu Atem kam. Dann sagte er:

»Die Figur des Tantalos findet sich immer wieder im Werk von Claire Elbar. Für sie war die mythische Figur ein Sinnbild für Afrika. Diesem Kontinent liegt alles zu Füßen. Ein unermesslicher Reichtum, Gold, Öl, Diamanten, davon gibt es in Afrika mehr Vorkommen als irgendwo sonst auf der Welt. Nur haben die meisten Afrikaner nichts davon. Sie leiden Hunger und Durst im Angesicht des Überflusses. Wie Tantalos.«

Emma blieb stumm und betrachtete weiter die winzigen Bilder auf dem Gewand der Figur. Was sie taten, war schwer zu erkennen. Hände waren erhoben, Münder aufgerissen. Kämpften sie gegeneinander?

Sie räusperte sich und sagte dann mit rauer Stimme, ohne

den Kopf zu wenden: »Ich verstehe Kunst nicht. Ich verstehe nicht, was sie bewirken soll. Warum hat Claire Elbar monatelang, vielleicht jahrelang an dieser Figur gearbeitet? Warum ist sie nicht auf die Straßen gegangen und hat dort protestiert?«

Sie drehte sich zu dem Kurator um. »Tut mir leid, ich möchte Sie nicht beleidigen, ich frage mich wirklich …«

Er hob leicht die Hand. »Schon gut.« Der Mann schwieg einen Moment, er schien nach Worten zu suchen. Schließlich sagte er:

»Kunst berührt die Menschen auf einzigartige Weise. Nicht immer. Und nicht jeden.« Er lächelte. »Aber Sie selbst waren gerade bewegt, das habe ich Ihnen angesehen.« Emma nickte langsam, sie konnte seinen Eindruck nicht leugnen. Dann sagte sie:

»Warum ist Claire Elbar hier umgebracht worden? Es war riskant, so viele mögliche Zeugen. Warum nicht zuhause oder auf dem Weg hierher?«

»Das habe ich mich auch schon gefragt. Es sieht aus wie …« Er brach ab, verstummte. Emma sah den Direktor an. »Was meinen Sie?«

»Wirkt es auf Sie nicht wie eine Demonstration? Die Frau am Fuße der Skulptur, ein Opfer des Halbgottes Tantalos. Wirkt es nicht wie – wie ein Kunstwerk, das vervollständigt wird?«

Langsam ging Emma um die Skulptur herum. »Vielleicht haben Sie recht.«

»Hier sind Sie!« Erkenschwick tauchte auf, sichtlich verärgert. »Das ist immer noch ein abgesperrter Tatort, Sie haben hier nichts zu suchen!«

Der Direktor sah verwirrt zu Emma. »Ich dachte, Sie …«

Emma meinte schnell. »Herr Direktor, nur noch eine Frage:

Wo hat Claire Elbar das Kunstwerk gefertigt? Hat sie hier in der Stadt ein Atelier oder eine Wohnung?«

Der Direktor sah von Erkenschwick zu Emma, sichtlich nervös. »In Venedig, soviel ich weiß. Sie hatte ein Atelier als Art-in-Residence zur Verfügung, wie alle Stipendiaten, die auf der Biennale ausstellen.«

»Aber sie muss hier doch irgendwo in der Stadt untergekommen sein?«

»Sicher, sie war ja auf Einladung des DAAD da, die haben natürlich ebenfalls Stipendiatenwohnungen, nur hat sie dort nicht ...«

Erkenschwick mischte sich ein.

»Jetzt reichts. Frau Vonderwehr, bitte kommen Sie mit, sonst lasse ich Sie hinauswerfen.«

Erkenschwicks Stimme hatte einen scharfen Klang bekommen, den Emma noch nie an ihm gehört hatte. Sie hob abwehrend die Hände, nickte dem Museumsdirektor noch einmal zu und ging dann mit dem Polizeibeamten zu seinem provisorischen Schreibtisch.

»Herr Erkenschwick, finden Sie es nicht auch ungewöhnlich, dass der Mörder die Frau ausgerechnet hier, vor so vielen Augen ...«

»Ich diskutiere den Fall nicht mit Ihnen, Frau Vonderwehr.«

Mit seinen kurzen dicken Fingern wies Erkenschwick auf das ausgedruckte Formular, und Emma beugte sich über den Tisch, um das Papier zu unterschreiben.

»Und jetzt muss ich Sie bitten, das Gebäude zu verlassen. Vielen Dank für Ihre Mithilfe.«

Emma streckte ihren Rücken und drehte sich betont langsam zu der Skulptur um.

»Ich wollte mir eigentlich noch die anderen Exponate ansehen, wissen Sie, ich bin ein Kunstfan, und wenn die Ausstellung erst mal eröffnet ist, dann …«

»Sie verlassen jetzt augenblicklich das Gebäude. Und zwar pronto, wenn ich bitten darf.«

Emma grinste. Sie nickte und ging zum Ausgang. Vor der Tür holte sie ihr Handy heraus und rief den Direktor an.

»Leider konnten Sie mir die letzte Frage nicht mehr beantworten, Herr Direktor.«

»Ja, ich war etwas verwirrt, ich dachte, Sie hätten die Erlaubnis von der Polizei, sonst hätte ich doch nie …«

»Nehmen Sie Herrn Erkenschwick nicht zu wörtlich.« Emma tat, als wäre das nur ein großer Spaß zwischen ihr und dem Polizeibeamten. Der Verkehr brauste auf der Potsdamer Straße, und Emma hob ihre Stimme.

»Sie sprachen von einer Unterkunft, die der Austauschdienst den Künstlern zur Verfügung stellt.«

»Ja, in der Auguststraße, in dem Ensemble der Kunsthöfe. Aber ich weiß nicht …«

»Tschüss, Herr Direktor!«

Brauchst du die Töne gleich? Ich weiß jetzt, wo Claire Elbar gewohnt hat und will mich da noch ein bisschen umhören.«

Andreas am anderen Ende der Leitung zögerte. »Kannst du mir einen Aufsager machen? Kurzes Statement, dann komm ich die nächste Stunde klar.«

Emma versprach es und stellte sich danach in eine windgeschützte Ecke der Nationalgalerie. Sie notierte sich wenige Sätze für eine Nachrichtenminute, beginnend mit der Meldung vom Morgen, ihr Aufspüren des Mannes in den Grünanlagen des Museums. Die Polizei gehe jetzt davon aus, so Emma, dass es sich bei dem Mann um den gesuchten Spucker handele. Das Foto werde vervielfältigt, die Polizei hoffte, dass jemand den Mann wiedererkenne. Sie schickte den Einspieler mit dem Sprachmemo-Programm ihres Smartphones an die Redaktion. Dann zog sie den Reißverschluss ihrer Jacke bis unter die Ohren zu und fuhr mit dem Fahrrad in die Auguststraße.

Der Kaffee war teuer, aber dünn, und Emma beschloss, nach der zweiten Tasse zur Sache zu kommen. Sie war der einzige Gast in dem gläsernen Café, und die Bedienung, eine Frau Mitte dreißig in einem individuell gefilzten Flatterkleid, wischte missmutig über die Tische. Emmas Bestellung hatte sie wortlos entgegengenommen. Vermutlich hatte sie einen Doktor in Kunsthistorik und sich die Arbeit für den Kunstbereich des Akademischen Austauschdienstes anders vorgestellt. Emma stand auf und ging mit ihrer leeren Tasse zur Theke.

»Ganz schön viel los hier gerade«, meinte sie einleitend. Die Frau hinter dem Tresen sah sich ausdruckslos im leeren Café um. Emma beeilte sich hinzuzufügen: »Ich meine, wegen dieser Künstlerin. Die ermordet wurde.« Jetzt blitzte so etwas wie ein Lebensfunken in diesem reglosen Gesicht auf. Die Frau rückte ein paar Zentimeter näher an Emma heran und versuchte ein Lächeln. Also doch, dachte Emma, ein bisschen Klatsch ist eine Abwechslung. Sie schob die Tasse über den Tresen. »Ich wollte mir die Ausstellung ansehen. Aber die ist ja bis auf Weiteres geschlossen.«

Die Frau verzog abschätzig die Mundwinkel. »Haste nicht viel verpasst. Das meiste stand schon auf der letzten documenta.«

»Aber diese Frau, Claire Elbar, die hat doch noch nie in Deutschland ausgestellt, oder?«

»Glaub nicht.« Sie nahm die Tasse und stellte sie mit Schwung auf die Ablage. »Bestimmt wird sie jetzt hoch gehandelt. Von der hätte man früher was kaufen sollen.«

»Ihre Skulptur ist allerdings etwas zu groß für mein Wohnzimmer.« Emma lachte affektiert. Die Frau sah sie an, plötzlich misstrauisch geworden. »Hast du das denn schon gesehen? Ich dachte, die Schau ist noch geschlossen.«

»In Venedig.« Emma bemühte sich, einen ähnlich blasierten Gesichtsausdruck wie ihr Gegenüber hinzubekommen. »Bei der Biennale war sie ja.«

Die Frau sagte nichts, doch ihre Miene verriet, dass sie Emma jetzt als Kunstkennerin offensichtlich ernster nahm. Emma beugte sich vor und sah durch die gläserne Wand auf die Fenster im Hintergebäude.

»Hier hat sie irgendwo gewohnt, nicht wahr?«

Die Frau nickte. »Ganz oben, fünfter Stock. Da ist auch ihr Atelier.«

»Warst du mal drin?«

»Nee.« Die Frau fing an, die Stoffservietten kunstvoll zu falten. »Aber sie hat hier oft gegessen, Mittagstisch.«

»Mit ihrem Mann?«

»Nicht so oft.« Die Frau lachte. »Der ist doch DJ. Bestimmt schläft der um die Zeit noch.«

Emma spielte mit einem Streichholzblättchen, auf dem vorne die Konturen des Cafés abgedruckt waren.

»Starker Typ, oder? Wie warn die denn so drauf? Zusammen, mein ich.«

»Also, wenn du mich fragst«, die Frau beugte sich vertraulich vor, »da war schon längst Funkstille. Die hatten sich nicht mehr viel zu sagen.«

Emma nickte nachdenklich. Zwei Frauen kamen lachend und laut redend durch die Schwingtür. Sie brachten ein paar wirbelnde Pappelblätter mit herein, die die Pflastersteine im Hof bedeckten, und breiteten sich an einem Tisch nahe der gläsernen Wand aus. Die Bedienung beeilte sich jetzt, die Tafel mit den aktuellen Mittagstischangeboten an den Eingang zu stellen, und tatsächlich füllte sich der Raum nach und nach mit laut diskutierenden und essenden Menschen, die alle irgendwie nach Kunst aussahen.

Emma bestellte sich ebenfalls eine Suppe und setzte sich strategisch günstig zwischen zwei Gruppen, die beide aus verschiedenen Teilen des Gebäudeensembles gekommen waren. Es dauerte nicht lange, bis sich die Gespräche um den Mord an der berühmten Nachbarin drehten.

»Letztens haben die ganz schön rumgeschrien.«

»Ich dachte, die reden gar nicht mehr miteinander.«

»Ist er nicht sowieso schwul?«

»Sie wurde ja stark überschätzt, wenn ihr mich fragt.«

Ein junger Mann in Ringelshirt und mit Undercutfrisur stieß seinen Tischnachbarn an, der verstummte. Ein paar blickten betreten an Emma vorbei. Sie folgte ihren Blicken und drehte sich um. Samuel Ndeze sah von außen durch die Glastür in das Innere des Cafés, entdeckte Emma und kam mit großen Schritten auf sie zu.

»Was machen Sie hier?«

Schlagartig wurde es stiller im Raum. Emma sah auf ihre Linsensuppe hinunter. »Ich esse.«

»Wenn Sie etwas über mich erfahren wollen, warum kommen Sie dann nicht persönlich zu mir?«

Emma blinzelte zu ihm hoch. »Manchmal ist es interessant, andere Meinungen zu hören.«

»Klatsch, meinen Sie.«

»Außerdem war mir nicht klar, ob Sie überhaupt mit mir reden.«

Der Mann zögerte, er wirkte wütend, doch anscheinend

auch interessiert an Emma. Nachdem er einen Moment unschlüssig neben ihr stehen geblieben war, holte er sich vom Nebentisch einen Stuhl und setzte sich dicht neben sie an den kleinen Bistrotisch. Leise sagte er: »Ich weiß, dass Sie mit dem Mann draußen am Museum gesprochen haben. Er hat Sie nach dem Jungen gefragt.«

Emma schob den Teller mit der Suppe beiseite. Sie war erstaunt. Hatte er sie zufällig im Radio gehört? Oder hatte Blume mit ihm darüber gesprochen?

»Woher wissen Sie das?«

Er sah sie an. »Als ich Sie in der Pressemeute sah, wusste ich, dass Sie Reporterin sind. Warum redet dann der Kommissar mit Ihnen? Da wurde ich neugierig. Zum Glück haben Sie einen ungewöhnlichen Namen, Frau Vonderwehr. Der Rest war nicht schwer. Die Onlineredaktion ihres Senders arbeitet ausführlich.«

Da sie beide sehr leise redeten, war das Interesse der anderen Gäste wieder abgeflaut. Der Lärmpegel schwoll erneut an, und nur gelegentlich spürte Emma die Blicke von den Nachbartischen auf sich ruhen. Sie beugte sich vor.

»Was ist das für ein Junge? Was wollte der Mann?«

Auch Samuel Ndeze rückte näher und verschränkte seine Arme auf dem wackligen kleinen Tisch. Emma spürte, wie sich ihre Knie darunter berührten.

»Ich weiß nicht, was er von Claire wollte. Aber vielleicht können wir das zusammen herausfinden.«

Emma sah dem Mann prüfend ins Gesicht. Warum wollte er sie einweihen? Offensichtlich hielt er nicht viel von der Presse. »Warum waren Sie nicht bei der Eröffnung der Ausstellung?«

Er lachte überrascht, richtete sich im Sitzen wieder auf und verschränkte die Arme.

»Warum wollen Sie das wissen?«

»Ich versuche zu verstehen, was hier läuft. Und warum Sie plötzlich ein Interesse haben, jemanden von der ›Meute‹, wie Sie es nennen, in die Details einzuweihen.«

Er lachte leicht und zog einen imaginären Hut. »Sie stellen die richtigen Fragen, Frau Reporterin.« Sofort war er wieder ernst. Er spielte mit seinem Ehering und hörte erst damit auf, als er Emmas Blick auf seine Finger registrierte. »Ich brauche jemanden, der sich in dieser Stadt auskennt.«

Sie schwieg noch immer, und wieder versuchte er ein Lachen. »Und ehrlich gesagt ist mir da eine schöne Frau lieber als ein Polizeibeamter.«

»Warum brauchen Sie jemanden, der sich in Berlin auskennt?«

»Weil ich den Mann finden will.«

Emma spürte ein Kribbeln in ihrem Magen. Konnte sie ihm trauen? Wenn sie zusammen mit dem Witwer den Hauptverdächtigen in diesem Mordfall aufspüren würde, wäre das eine Sensation.

»Haben Sie denn eine Idee, wo wir den Mann finden könnten?«

»Vielleicht.« Ndeze legte einen Zehneuroschein neben Emmas Suppe. »Kommen Sie mit?«

»He, Moment mal.« Emma schob ihm das Geld rüber. »Mein Essen zahl ich selber.« Sie holte ihr Portemonnaie heraus und legte ein paar Münzen vor sich auf den Tisch. Ihre Hand zitterte leicht. »Vielleicht ist es doch besser, den Kommissar einzuweihen.«

Ndeze stand auf, der Stuhl schrammte unschön über den Boden. »Dann eben nicht. Ich finde schon jemanden in dieser Stadt, der mir hilft.«

Mit großen Schritten lief er zum Ausgang, Emma brauchte nur wenige Sekunden, um sich zu entscheiden. An der Glastür hatte sie ihn eingeholt. Sie legte ihre Hand auf den Türgriff und versperrte ihm den Weg.

»Warten Sie!«

Ndeze blieb stehen, er starrte einen Moment auf die Tür, dann drehte er sich abrupt zu ihr um. »Warum glauben eigentlich alle hier, dass ich meine Frau umgebracht habe? Weil ich schwarz bin?«

Emma registrierte, dass es ganz still im Raum geworden war. Sie spürte die Blicke der Gäste in ihrem Rücken. Ndeze sah sie an und schien auf eine Antwort zu warten. Emma platzte heraus: »Warum waren Sie nicht bei der Eröffnung der Ausstellung? Warum sagen hier alle, dass Sie beide nicht mehr miteinander geredet haben? Worüber haben Sie so gestritten?«

Ndeze sah sie an, fragend, verständnislos, und Emma spürte in dem Moment, wie klischeehaft ihre Sätze klangen. War jemand des Mordes verdächtig, weil er seine Frau nicht mehr liebte? Sie ließ den Kopf hängen. »Entschuldigung«, sagte sie leise. »Das klingt unglaublich blöd, nicht wahr.« Er seufzte und sah wieder nach draußen auf den gepflasterten Hof mit den Laubblättern. Ein Mann in einem senfgelben Jackett näherte sich von außen der Tür, öffnete sie und zwängte sich, Entschuldigung murmelnd, an ihnen vorbei in den Raum. Der erneute Windstoß durch die geöffnete Tür verjagte Emmas Bedenken, sie holte Luft und sagte: »Was wollen Sie mir zeigen?«

Ndeze lächelte, er stieß die Tür erneut auf und ging ihr voraus über den Hof ins Hinterhaus.

Hier muss es sein.«

»Seminar für Afrikawissenschaften« stand auf dem Schild, darunter: »Bereich Geschichte«. Edgar Blume verzog das Gesicht, als er die vielen Studenten sah, die durch die Schwingtüren ins Innere des Gebäudes strömten, drinnen auf den niedrigen Heizungen saßen oder im Laufschritt die Treppen nahmen. Blume hatte sich oft gefragt, ob er an irgendeiner Kurve seines Lebens falsch abgebogen war und der Schule zu früh den Rücken gekehrt hatte. Dummheit war es nicht gewesen, auch nicht unbedingt Faulheit. Vielleicht eher die Haltung, das Leben müsse sich ihm anbieten. Er straffte seine Schultern. Letzten Endes war doch alles gut gelaufen.

Polizeioberkommissar Hans Erkenschwick ging voran, schob behutsam Schultern beiseite und stieg über lang hingestreckte Beine den Flur weiter hinunter. Auch hier im ersten Stock des Gebäudes standen und saßen überall Studenten, manche unterhielten sich, andere lasen oder schrieben in ihren Unterlagen. Vor einer schlichten weißen Tür blieb Erkenschwick stehen und klopfte. Fast sofort wurde sie von innen aufgerissen, und ein Mann im blauen Anzug mit dunkler Hautfarbe stand vor ihnen, die Augen umringt von kleinen Fältchen, das Haar an den Schläfen schon grau.

»Professor Lequoc? Wir haben telefoniert, wir sind von …«

Der Mann winkte sie leicht fahrig in sein Zimmer. »Ja, ja, ich weiß schon, kommen Sie, setzen Sie sich.« Er lachte. »Hab mir schon gedacht, dass Sie keine Studenten sind.«

Blume setzte sich auf den Besucherstuhl am Schreibtisch

und schlug die Beine übereinander. »Ganz schön was los bei Ihnen«, sagte er und zeigte mit dem Kinn in Richtung Flur.

Der Professor seufzte. »Semesteranfang. Kann ich Ihnen etwas zu trinken anbieten?«

Die beiden verneinten, dankten dem Wissenschaftler, dass er sich Zeit für sie nahm, und baten ihn zu erzählen, was er über Henry Obwanashyaka wusste.

Professor Lequoc ging zu einer kleinen Anrichte und goss sich selbst ein Glas Wasser ein. Blume erschien es, als wolle der Mann sich noch einen Moment Zeit verschaffen, bis er auf die Frage antwortete.

»Er muss jetzt in den 60ern sein, aber er sieht älter aus.«

»Genau gesagt, 61 Jahre.« Erkenschwick, der sich neben Blume in einen Sessel hatte fallen lassen, holte sein Notizbuch heraus und blätterte darin bis zu den noch leeren Seiten. »Kennen Sie ihn persönlich, Professor?«

»Nun, kennen wäre übertrieben.« Lequoc setzte sich hinter seinen Schreibtisch und stellte das Wasserglas ab. »Es lässt sich nicht vermeiden, dass wir uns bei gesellschaftlichen Anlässen treffen. Henry O., wie er allgemein genannt wird, ist ein Mäzen der Kunst und der Wissenschaft. Auch dieses Institut profitiert von seiner Freigebigkeit.«

Lequoc lehnte sich in seinem Stuhl zurück und legte die Fingerspitzen seiner Hände aufeinander, eine betont professorale Geste, fand Blume. Lequoc fragte:

»Darf ich erfahren, warum Sie sich für Henry O. interessieren?«

Blume sagte: »Sie haben sicher von dem Verbrechen bei der afrikanischen Ausstellung gehört? Eine junge Künstlerin, Claire Elbar, wurde ermordet aufgefunden.«

»Sicher, sicher.« Der Mann räusperte sich. »Ich las es am

Morgen in den Zeitungen. Es war ein Schock. Eigentlich wäre ich an dem Abend auch dort gewesen.«

Erkenschwick sah fragend von seinem Notizbuch hoch, und Professor Lequoc sagte, den Kopf in seine Richtung gewandt: »Meine Frau fühlte sich nicht wohl, deshalb sind wir zuhause geblieben.«

Erkenschwick machte eine Notiz, und Blume fuhr fort: »Eine Mitarbeiterin der Kunsthalle sagte uns, dass Claire Elbar zunächst nicht für diese Schau ausgewählt worden war. Henry O. bestand aber darauf, dass man ihr Werk in die Ausstellung aufnahm. Da er eine beträchtliche Summe für die Ausstellung zugesichert hatte und auch den Aufbau für Elbars Kunst finanzierte, willigte der Direktor ein.«

»Ja, ein Freund der Kunst, das ist er. Haben Sie schon mit ihm gesprochen?«

Blume und Erkenschwick wechselten einen Blick. »Noch nicht. Die Reaktionen auf den Namen Henry O. sind, sagen wir, ungewöhnlich. Elbars Ehemann scheint ihn zu hassen. Und der Museumsleiter – er sprach davon, dass Henry O. eine schillernde Figur sei. Wir hielten es für das Beste, uns zunächst über ihn zu erkundigen«.

»Sicher, ich verstehe.« Wieder die Fingerspitzen, dann ein tiefer Seufzer. »Henry Obwanashyaka kam vor einigen Jahren nach Berlin. Er litt unter starken Rückenschmerzen und ließ sich in der Charité eine künstliche Hüfte einsetzen.« Der Professor machte eine Pause. »Das muss vor 2009 gewesen sein. Unser Institut war damals noch in dem Nebengebäude, völlig marode. Henry O. erholte sich schnell, er fand Gefallen an dem gesellschaftlichen Leben in Berlin. Offiziell hieß es, er könne nicht auf die Reha hier verzichten, aber ich habe das nie so recht glauben können. Es gibt auch in Kinshasa sehr gute Ärzte.«

»Moment mal«, Erkenschwick sah von seinen Notizen hoch. »Sie sagten Kinshasa? Das ist doch die Hauptstadt des Kongos, oder? Stammt Henry O. nicht aus Ruanda?«

»Das ist richtig. Aber dort sollte sich Obwanashyaka besser nicht sehen lassen.«

Blume beugte sich vor. »Warum nicht?«

»Das ist eine lange Geschichte.« Der Professor stand auf, ging die wenigen Schritte zum Fenster und öffnete es. Frische Luft wehte hinein, von fern ein paar Stimmen. Der Mann holte tief Luft und drehte sich wieder zu seinen Gästen um.

»Ich nehme an, Sie wissen über den Genozid in Ruanda Bescheid?«

Blume und Erkenschwick sahen sich an. Blume meinte unsicher: »In Grundzügen, ja.«

»Henry O. gehört zum Volk der Hutu. Er war in den 90ern führendes Mitglied der Akazu, einer radikalen Hutu-Bewegung, die 1994 den Völkermord an den ruandischen Tutsi vorantrieben. Über eine Million Menschen wurden damals regelrecht abgeschlachtet.«

»Wurde Henry O. später zur Verantwortung gezogen?«

»Es gab eine Anklage gegen ihn wegen Völkermord, aber er schaffte es, mit seinen Truppen in den benachbarten Kongo zu fliehen. Vor ihrem Abzug räumten sie noch sämtliche Reserven aus der Zentralbank ab, alles Bargeld, was sie im Land finden konnten. Mit dem Geld finanzierten sie im Kongo eine neue militärische Macht, 30 000 bis 40 000 ruandische Soldaten, eben noch Strippenzieher des Völkermordes, waren jetzt auf der Flucht und schmiedeten im Exil neue Pläne. Was in Ruanda gescheitert war, dass sollte im Kongo Wirklichkeit werden – ein reines ›Hutu‹-Land.«

Der Professor spuckte die Worte mehr aus, als dass er sie

sprach. Alle schwiegen einen Moment, dann sagte Lequoc wieder ruhiger:

»Obwanashyaka gilt als einer der Gründer der sogenannten Ruandischen Befreiungsarmee FDLR. Eine Truppe, die sich aus Milizionären, Soldaten der alten Ruanda-Armee und Tausenden von Kindersoldaten zusammensetzt. Sie ziehen über die Dörfer, töten, brennen alles nieder. Mit den Werten, die sie erbeuten, finanzieren sie internationale Schattenreiche.«

Erkenschwick fragte: »Aber was gibt es dann da zu holen?«

»Täuschen Sie sich nicht, der Ostkongo ist eine der reichsten Gegenden der Welt. Gold, Diamanten, Edelsteine. Es gibt riesige Coltanminen und Methangas-Vorräte. Die FDLR überfällt die Minen und erpresst von den Arbeitern Wegzoll, meist mehr, als sie leisten können. Wer sich weigert, wird sofort erschossen.«

»Gibt es keine Regierung im Kongo, die das verhindert?«

»Es gibt seit Jahren einen internationalen Boykott. Weder Rohstoffe noch Geld dürfen aus der Region weitergehandelt werden. Es geschieht dennoch, niemand weiß, auf welchen Wegen.«

Blume und Erkenschwick wechselten erneut einen Blick. »Die, die dran verdienen, werden es schon wissen«, meinte Erkenschwick.

»Das Problem ist, dass es vor Ort kaum Kontrollen über den Handel gibt. Der Ostkongo ist eine No-go-Area, da traut sich keiner hin. Die Milizen sind seit Jahren im Guerillakrieg ausgebildet, und durch den illegalen Handel mit den Rohstoffen haben sie genug Geld, um sich mit Waffen einzudecken.«

Lequoc richtete seinen Blick auf eine farbenprächtige Afrikakarte, die links von ihm an der Wand hing. Eine Weile sagte niemand etwas. Die Stimmen von draußen wehten hinein wie aus einer anderen Welt, einem sorglosen, sicheren Platz.

Lecquoc seufzte und drehte sich wieder zu den beiden Polizeibeamten, die vor ihm saßen. »Glauben Sie mir, ich würde Ihnen gerne andere Geschichten von Afrika erzählen. Erfolgsgeschichten, ja, tatsächlich blühende Landschaften, sagte das nicht mal ein Regierungschef bei Ihnen«, er lachte kurz auf, »die gibt es nämlich auch in Afrika. Aber nicht im Osten des Kongos. Der Reichtum dieses Landes ist wie ein Fluch für die Menschen dort.«

Wieder stand der Mann auf, ging zum Fenster und schloss es. Die Stimmen von draußen verstummten.

»Es gibt immer wieder Versuche, die Rebellen zu besiegen, aber bisher ist es nicht gelungen. Die Leidtragenden sind die Bewohner der Dörfer und die Minenarbeiter. Jeden Angriff beantwortet die FDLR mit hundertfachen Massakern an der Bevölkerung.«

Alle schwiegen, zu hören war nur das Kratzen des Stiftes, mit dem Erkenschwick seine Notizen machten. Nach einer Weile fragte Blume leise: »Und die UNO?«

»Seit Jahren sind UN-Truppen im Ostkongo stationiert. Die Krankenhäuser in Walungu und Bukavu sind oft die letzte Rettung der Bewohner, vor allem der Frauen und Kinder. Sie sind die zahlreichsten Opfer des Genozids. Bis heute.«

Lequoc drehte sich wieder zu seinen Gästen um und lächelte hilflos.

»Sicher gibt es internationale Anstrengungen, der Lage Herr zu werden. Aber die kongolesischen Regierungstruppen und die UN-Soldaten sind machtlos, solange sie nicht an die Köpfe der Organisation rankommen. Und die Anführer sitzen nicht im Kongo.«

»Sondern?«

Professor Lequoc sah mit festem Blick auf Blume.

»In London, Paris, New York? Vielleicht ja auch in einem Reihenendhaus in Berlin Reinickendorf.«

Eine halbe Stunde später saßen Blume und Erkenschwick in ihrem Wagen und versuchten, das eben Gehörte zu verdauen.

»Also ein Kunstliebhaber und vermutlich ein Massenmörder.« Blume sah nach links zu Erkenschwick. »Aber es gibt keinen internationalen Haftbefehl. Keine Vorstrafen, keine Anzeigen. Nicht mal ein Ticket wegen Falschparken.«

Sie schwiegen und sahen auf die vielen jungen Leute, die um ihr Auto herum zum Universitätsgebäude liefen.

»Wir können ihn nur als Zeugen befragen. Er kannte Claire Elbar, und er hat sich für sie eingesetzt.«

»Weißt du, was mir gerade in den Sinn kommt«, ruckartig drehte sich Erkenschwick zu seinem Chef. »Der Ehemann, Samuel Ndeze, hat Claire Elbar als Hure beschimpft. Er sagte, wenn du dich mit ihm einlässt, bist du nichts als eine Hure.« Erkenschwick starrte seinen Chef an. Blume sagte: »Du meinst, es ging gar nicht um einen Liebhaber, sondern um Henry O.? Ndeze hasst ihn, das war deutlich zu sehen.«

»Und er muss mit ansehen, wie sich seine Frau von diesem Massenmörder kaufen lässt. Der Museumsleiter hat klar gesagt, dass er sich Claire Elbar nur wegen der Finanzspritzen von Henry O. hatte leisten können.«

Blume starrte nach vorn und nickte langsam. »Aber lass uns die These vom Liebhaber nicht komplett aus den Augen verlieren. Wir müssen rausfinden, was die Initialen in ihrem Terminkalender bedeuten.«

»Ich weiß.«

»Und selbst wenn es keine Affäre war, ist der Ehemann deshalb noch lange nicht aus dem Schneider. Vielleicht war Claires Zugeständnis an den Alten schlimmer für ihn als jede Bettgeschichte.«

Erkenschwick fasste das Lenkrad und drehte den Zündschlüssel. Der Wagen startete mit einem leisen Brummen. »Jetzt besuchen wir erstmal den feinen Herrn Henry Obwanashyaka.«

»Er ist ein Zeuge. Mehr nicht. Es liegt nichts gegen ihn vor.«

»Schon klar«, sagte Erkenschwick und rollte im zweiten Gang vom Uniparkplatz.

Das Treppenhaus war schlicht, aber gut renoviert, es roch nach Holz und schwach nach Terpentin. Ndeze schloss eine Tür im fünften Stock auf und ging in die Wohnung. Emma folgte ihm zögernd. Sie betraten einen mindestens dreißig Quadratmeter großen Raum. In der Mitte stand auf einfachen Holzböcken eine grobe Holzplatte, voll gestellt mit Papieren, Zeitschriften, Leim und Stiften. Große Fenster gingen auf den Hof hinaus, sie standen auf Kipp, und Emma hörte jemanden draußen rufen. An der gegenüberliegenden Längsseite war eine Galerie angebracht, an der Hunderte von Fotos hingen. Der Eindruck war ähnlich dem Kunstwerk im Museum: Ohne Lücke dicht an dicht gehängt, wirkte das Ganze wie das abstrakte Muster eines Wandteppichs, der nur dem geduldigen Betrachter verrät, was sich hinter den bunten Farben verbirgt.

Vorsichtig trat sie näher. Ndeze warf seine Schlüssel auf den Tisch, ging mit großen Schritten durch den Raum zur gegenüberliegenden Tür und fragte über die Schulter: »Willst du was trinken?«

»Ein Wasser.«

Er verschwand, sie hörte ihn einen Schrank öffnen, Gläser klirrten. Er wirkte plötzlich so zuvorkommend, ein höflicher, sehr gutaussehender Mann. Doch Emma rief sich ins Gedächtnis, was sie eben im Café gehört hatte: Dass er sich lautstark mit seiner Frau gestritten hatte. Und dass diese Frau jetzt mit zerschnittener Kehle in der Rechtsmedizin lag.

»Bitte.«

Lächelnd hielt er ihr ein Glas hin. Sie nahm es und trank,

das Wasser war still und kalt. Sie stellte es auf den Arbeitstisch. Ndeze musterte sie, und auch um diesem Blick zu entgehen, wandte sie sich den Fotografien zu.

»Was ist das?«

Ndeze wies mit großer Geste auf die Wand.

»Voilà. Hier ist der Grund, warum ich meine schöne begabte Frau angeschrien habe. Das wolltest du doch wissen, oder?«

Sie sah ihn forschend an, doch sein Gesichtsausdruck blieb undurchdringlich. Sie betrachtete die Fotos. Landschaften, staubig und gelb, dann wieder üppig grün. Überall Menschen, die meisten ärmlich gekleidet. Fast alle waren schwarz.

»Die Fotos sind aus einer Coltanmine in Bisiye.« Er sah zu Emma. »Das ist in Ruanda. Die Mine wird von einem Deutschen betrieben.«

»Coltan?«

Er nickte. »Ein Erz. Extrem hitzebeständig. Man nennt es das schwarze Gold oder auch den Stoff der Zukunft.«

Die letzten Worte hatte er wie ein ironisches Zitat gesprochen, dabei trat er näher an Emma und die Fotos heran. Emma spürte seine körperliche Nähe, sie schluckte. Er strich mit dem Fingernagel langsam über das Bild einer Hügelkette, es sah aus, als wollte er es zerkratzen.

»Ich bin in der Gegend geboren worden. Claire wollte unbedingt dorthin, sie wollte alles von mir wissen. Wir waren auf unserer Hochzeitsreise. Claire hielt an und fragte, ob wir uns die Mine anschauen dürften.«

Er zog das Foto aus seiner Klammer und begann, es in kleine Schnipsel zu zerreißen.

»Die Männer steigen jeden Tag da runter, für einen Hungerlohn. Das Geld kassiert der deutsche Betreiber. All die Schätze Afrikas gehen nach Europa und nach Amerika und machen dort die Leute reich. Und wenn die Schwarzen vor Ort so schön fleißig sind und nicht aufmucken, dann dürfen ihre Kinder bei den Weißen in die Schule gehen. Dort lernen sie dann, dass das mit der Weltordnung schon alles seine Richtigkeit hat.«

Er ließ die kleinen Schnipsel auf den Boden rieseln. Auf dem Wandteppich klaffte jetzt ein winziges Loch, dort, wo Ndeze das Foto entwendet hatte. Emma erschien es wie eine Wunde. Langsam sagte sie:

»Die Bilder erinnern mich an die Tantalosskulptur im Museum. Nur, ich weiß nicht, irgendwas ist anders …«

»Claire hat die Bilder nach einer alten asiatischen Technik bearbeitet und daraus das Gewand ihrer Figur gemacht. Vielleicht erscheint es dir deshalb anders.«

Ganz leicht fuhr er mit den Händen über die Fotos, die Finger zitterten, starke Adern traten hervor. Emma hielt den Atem an. »Verfremden, bloß nicht zu eindeutig werden. Mit dieser verschissenen Kunst ist es wie mit der Geschichte. Von weiter weg verschwimmen die Einzelheiten, und niemand muss sich mehr angegriffen fühlen.«

Er trat einen Schritt zurück und kniff die Augen leicht zusammen.

»Kolonie 2014 hieß es erst, ihre Statue, aber dann hat sie es umbenannt, in Tantalos. Sie fand es zu platt.« Er lachte wütend, seine Augen blitzten. »Aber in Europa hat es niemand verstanden! Die Kuratoren in Venedig faselten was von dem Schicksal Afrikas und so weiter. Die politische Aussage wollte niemand sehen, ist ja auch nicht so angenehm.«

Emma räusperte sich, sie fühlte sich unwohl.

»Ich verstehe immer noch nicht, warum du nicht bei der Ausstellungseröffnung warst.«

Samuel stieß einen Fluch aus. Er schob seine große Hand unter eine Reihe von Fotos und fetzte sie zu Boden. »Das Projekt war gescheitert, verstehst du das denn nicht? Claire wurde gelobt, sie wurde herumgereicht, dabei hätte sie ihre Kunst auf den Müll werfen sollen! Sie hat die Männer verraten, die da in der Mine schuften, sie hat Afrika verraten. Weißt du, wer ihren Auftritt hier bezahlt hat?«

»Die Männer, die in der Mine schuften …«, sagte Emma leise.

»Ein Mann aus Ruanda, einer der schlimmsten Kriegsverbrecher, der sich hier in Deutschland feiern lässt. Claire hat sich mit Geld kaufen lassen, an dem Blut klebt!«

Ndeze trat an den Tisch, er griff nach Emmas Glas und trank das Wasser in großen Schlucken. Eine Weile schwiegen beide. Emma sah auf die Fotos an der Wand, auf die zerrissenen am Boden. Sie sah die Höhlen und Minengänge, Männer mit Spitzhacken und Helmen. Kinder in Schulen, eine Krankenstation. Sie runzelte die Stirn. Es war nicht nur die Verfremdung, etwas war anders als bei den Fotos auf dem Kunstwerk. Was war es nur?

Sie spürte, dass er sie beobachtete, sie hob den Kopf, ihre Blicke begegneten sich. Leise sagte sie:

»Du wolltest mir etwas zeigen.«

Er sah sie an, als wüsste er nicht, warum sie hier war, die Gedanken weit entfernt. Etwas lauter meinte Emma:

»Der Spucker?«

Jetzt klärte sich sein Blick. Er drehte sich abrupt um und ging mit raschen Schritten weiter in die Wohnung hinein. Emma wartete, dann folgte sie ihm zögernd. Von einem quadratischen Flur gingen Türen ab, Emma sah eine kleine Teeküche, voll gestellt mit gebrauchtem Geschirr, ein karger Raum, in dem nur eine alte Ledercouch stand, dahinter ein Bad. Die Geräusche kamen von weiter hinten. Emma ging durch die Küche und blieb am anderen Ende zögernd im Türrahmen eines weiteren Zimmers stehen. Ein großes zerwühltes Bett stand in der Mitte, Türme von CDs und DVDs an beiden Seiten, Bücher, Zeitungen, einzelne ausgedruckte Blätter. Überall achtlos hingeworfene Kleider, Jeans, T-Shirts. Wie bei mir, dachte Emma, aber ihre Beklommenheit wich nicht. Die Luft roch abgestanden. Samuel kniete mitten in dem Chaos und wühlte sich durch die Zettelhaufen. Dann stieß er einen leisen triumphierenden Schrei aus und hielt ein kleines Papier in die Höhe. Geschmeidig wie eine Katze kam er wieder auf die Füße und streckte ihr den Zettel entgegen.

Emma nahm ihn zögernd und strich ihn glatt. Er war kaum größer als ein Geldschein, das Papier schon leicht verschmutzt, von einer Seite bedruckt.

Wertgutschein über 5 Euro stand da in großen Lettern, einzulösen für Lebensmittel und Hygieneartikel, nur gültig in Berlin bei – und dann folgten die Logos der beteiligten Supermarktketten. Emma sah fragend Ndeze an.

»Was ist das?«

»Das siehst du doch, ein Wertgutschein.« Ndeze knetete seine Hände, er wirkte wie unter Strom. »So was gibt deine Regierung an Asylsuchende aus. Den Umgang mit Geld scheint man ihnen nicht zuzutrauen.«

»Und wieso glaubst du, das hat was mit dem Spucker zu tun?«

»Gestern Morgen, also, gestern Mittag eher«, Ndeze setzte sich auf die Fußkante des Bettes. »Ich hab geschlafen, dann wurde ich wach. Claire saß in der Küche und weinte. Ich stand in der Tür und sah den Zettel in ihrer Hand.«

Er schwieg, und Emma fragte drängend: »Und dann?«

»Ich ging ins Bad. Als ich zurückkam, war der Zettel verschwunden.«

»Hast du sie nicht gefragt, warum sie weinte?«

Ndeze sah Emma an, die Augen ganz dunkel. »Sie sagte, ein Mann habe sie angespuckt. Ich wollte wissen, ob das mit der Ausstellung zu tun hatte, und sie schrie gleich los, du verstehst nicht, worum es mir geht, du Idiot!«

Ndeze holte tief Luft, dann stand er auf, ging ans Fenster und öffnete es weit. Frische Luft strömte hinein. Ndeze blieb am Fenster stehen und sagte, Emma im Rücken: »Idiot, das war das Letzte, was sie zu mir gesagt hat.«

Stille im Raum. Dann drehte er sich wieder um. »Später, also nachdem das alles passiert ist, nach dem Mord, da hab ich den Zettel in ihrer Jeans gefunden. Im Wäschekorb. Scheint die Polizei übersehen zu haben.«

Emma sah auf den Zettel in ihren Händen und überlegte. »Das heißt jetzt aber nicht automatisch, dass der Gutschein von dem Spucker kam. Vielleicht war das Zufall.«

»Was glaubst du, mit wie vielen Asylsuchenden haben wir hier Kontakt?« Ndeze verzog spöttisch das Gesicht. »Hast du nicht selbst im Radio erzählt, der Mann sei ärmlich gekleidet gewesen?« Er kam wieder näher, sein Atem wurde heftiger, er sprach jetzt laut und aggressiv: »Sie dich doch um, geh ins Café da unten – wie viele bezahlen da mit Wertgutscheinen, was meinst du?«

Emma wich zurück, bis sie den Türrahmen im Rücken spürte. Sie wollte hier raus, der Mann schien ihr am Ende seiner Selbstbeherrschung. Äußerlich ruhig meinte sie:

»Ich werde darüber nachdenken. Vielleicht habe ich eine Idee, wie wir damit weiterkommen.«

Ndeze wischte sich den Schweiß von der Stirn. Er holte tief Luft, dann sagte er leise. »Entschuldigung.«

Emma drehte sich zur Tür um.

»Ich werde jetzt gehen.«

Sie war noch nicht durch die Küche, als sie merkte, dass er ihr folgte. Seine Stimme überschlug sich fast, als er sagte:

»Ich hab mich schon erkundigt, es gibt so viele Flüchtlingslager in der Stadt. Aber vielleicht haben sie unterschiedliche Gutscheine, vielleicht geht es über die Supermärkte …«

»Ich melde mich.«

Sie war jetzt an der Wohnungstür, griff nach der Klinke und drückte sie herunter. In dem Moment hatte er sie eingeholt. Seine Hand stieß hart gegen die Tür und verschloss sie wieder.

»Augenblick noch.«

Sie ließ die Hand auf der Klinke, wartete ab.

»Hast du das Gefühl, dass dir jemand folgt? Ich meine, seit du im Radio von dem Jungen erzählt hast?«

Damit hatte sie nicht gerechnet. Sie war so überrascht, dass sie die Klinke losließ und sich umdrehte.

»Nein. Wieso fragst du mich das?«

»Weil du mit deiner Aktion sicher einige aufgescheucht hast.«

»Wen? Wer sollte hinter mir her sein? Komm schon, Samuel, solche Andeutungen kann ich nicht leiden, ich dachte, du weißt nichts!«

»Das tue ich auch nicht. Aber Claire ist tot, oder etwa nicht?«

Samuel starrte nach vorn, sagte einen Moment nichts. Dann: »Vielleicht hat sie auch protestiert. Auf ihre Weise. Und ich … hab es nicht erkannt. Ich Idiot.«

Jetzt sah er wieder klar, Emma fest im Blick.

»Wenn es mit der Mine zu tun hat, dann nimm dich in Acht. Die Leute, die daran verdienen, haben mächtige Freunde.«

Er riss jetzt die Tür auf und öffnete sie weit. »Mach dein Handy aus. Nimm den Akku raus. Vor allem, wenn du willst, dass dir niemand folgt. Und Emma …«

Er beugte sich zu ihr, sein Atem war ganz nah, als er sagte:

»Wir haben einen Deal. Ich habe dir gesagt, was du wissen wolltest. Ich erwarte von dir das Gleiche.«

Sie schluckte, dann drehte sie sich um und rannte die Treppen hinunter.

Es war ein ganz normales Reihenendhaus in Berlin Reinickendorf, roter Klinker, die Haustür mit Glasbausteinen, ein Willkommensspruch auf der Fußmatte. Erkenschwick klingelte. Sie hörten Stimmen, schemenhaft huschte jemand durch den Flur, Gewisper. Erkenschwick beugte sich vor und klopfte auf die Kunststoffeinfassung der Tür.

»Hallo? Polizei. Würden Sie bitte mal öffnen?«

Nach einer Weile öffnete sich langsam die Tür. Eine dicke Frau in einem Kleid mit braungelbem geometrischem Muster stand vor ihnen, die grauen Haare mit einem Tuch zurückgebunden. Blume schätzte sie auf Mitte fünfzig. Er räusperte sich und sagte:

»Wir würden gerne mit Henry Obwanashyaka sprechen.«

Sie musterte ihn, ihre Mundwinkel waren heruntergebogen, ihre linke Hand lag locker auf der fülligen Hüfte. Dann ging sie zur Seite und machte mit der rechten eine einladende Bewegung. Blume nickte kurz, dann trat er in den Flur, und Erkenschwick folgte ihm.

Es roch nach Essen, ein leicht süßlicher Duft, vermischt mit exotischen Gewürzen. An der Wand hingen Teppiche, Säbel kreuzten sich darüber und eine Urkunde, die Schrift auf Französisch. Der Flur mündete in einen Raum, aus dem Stimmen zu ihnen drangen. Blume steuerte darauf zu, doch behänder, als er es ihr zugetraut hatte, schlüpfte die Frau an ihm vorbei und versperrte mit ihrer Körperfülle den Eingang zu dem Zimmer.

»Warten Sie hier.«

Die Frau drehte ihm den Rücken zu, Worte auf Französisch,

dann klang es, als rollte etwas auf sie zu. Die Frau trat zur Seite. Eine heisere, aber nicht unangenehme Stimme fragte:

»Polizei? Es wird doch nichts passiert sein?«

Der alte Mann stemmte seine Ellenbogen auf die Seitenlehnen seines Rollstuhls und sah mit besorgtem Gesichtsausdruck zu den Beamten hoch. Blume hätte ihn auf mindestens siebzig geschätzt. Im direkten Vergleich mit der fülligen Frau wirkte seine Zartheit noch grotesker. Vogelgleich die Knochen, die Hände wie Spinnenglieder, das Gesicht von tiefen Falten zerfurcht. Der Raum war voller Menschen, Kinder und Erwachsene, viele davon muskulöse, junge Männer. Im Hintergrund lief ein Fernseher, eingestellt auf ein ausländisches Programm. Der Mann vor ihnen im Rollstuhl war der einzige Ältere im Raum. Blume beugte sich zu ihm.

»Sie sind Henry Obwana …«

»Ja, ja. Nennen Sie mich Henry O., das machen alle so.« Er gab den Rädern seines Rollstuhls einen leichten Dreh und fuhr rückwärts wieder in den Raum hinein. Ein Mann, dessen Tattoo von der breiten Brust bis über beide Oberarme wucherte, stand von seinem Stuhl auf, packte die Griffe des Rollstuhls und schob ihn an einen Couchtisch mit bunten Kacheln. Der Alte sagte etwas in einer Sprache, die Blume nicht kannte, es klang nicht französisch. Die Männer um ihn sprangen auf, einer machte trotz Protestes der Kinder den Fernseher aus, zwei weitere verließen den Raum, die anderen stellten sich im Halbkreis um den Rollstuhl des alten Mannes. Die dicke Frau ging durch eine weitere Tür in einen angrenzenden Raum. Blume hörte von dort Geschirr klappern. Der Alte sagte:

»Kommen Sie. Mögen Sie Kaffee?«

Blume nickte, drückte sich am niedrigen Kacheltisch vorbei bis ans Ende des Sofas nah an den Rollstuhl und setzte sich.

Erkenschwick folgte ihm. Seltsam steif saßen sie dort und bemühten sich um Haltung in den weichen Polstern des Sofas, die Knie ragten spitz nach oben. Henry O. beobachtete sie lächelnd. Die Frau kam wieder herein, in den Händen ein Tablett mit Tassen, einer Kanne und einer Etagere voller Gebäck. Gemächlich teilte sie jedem eine Tasse zu. Alle warteten schweigend. Blume merkte, wie unwohl er sich unter den vielen prüfenden Blicken fühlte. Er streckte seinen Rücken durch und räusperte sich.

»Herr Obwananshyaka, mein Name ist Hauptkommissar Edgar Blume, und das ist mein Assistent Kommissar Hans Erkenschwick. Wir ermitteln in dem Mordfall Claire Elbar.«

»Natürlich, natürlich.« Augenblicklich verschatteten sich seine Augen, der greise Mund verzog sich, fast sah es aus, als finge er jeden Moment an zu weinen. »Ein großer Verlust. Sie war wie eine Tochter für mich.«

»Woher kannten Sie sie?«

Henry O. sah einen Moment erstaunt zu Erkenschwick, als hielte er es für ungewöhnlich, dass der Assistent ungefragt das Wort ergriff. Es war nur ein Wimpernschlag, dann hatte sich der alte Mann wieder unter Kontrolle und das Gesicht erneut zur Trauer verzogen.

»Ich traf sie in Venedig auf der Biennale. Ich sah ihr Werk, und ich wusste sofort – sie ist eine große Künstlerin.«

»Der Museumsleiter sagte uns, Sie hätten darauf bestanden, Claire Elbar mit in die Berliner Schau aufzunehmen.«

Der alte Mann lächelte und nickte leicht mit dem Kopf. »Kunst, das ist meine große Liebe. Ich kann nicht aufhören, mich für sie einzusetzen.«

Er wies mit seinen spinnenartigen Fingern auf das Gebäck.

»Probieren Sie die Beignets, eine Erinnerung aus meiner Heimat. Sie ähneln Ihren Krapfen.«

Blume schüttelte dankend den Kopf, aber Erkenschwick griff zu.

»Sehr gut«, sagte er nach dem ersten Bissen, in den Mundwinkeln noch Zucker. Henry O. legte ihm noch ein Stück auf den Teller und sagte:

»Keine macht Beignets so gut wie Asali.« Er sah sich suchend im Zimmer um, rief noch einmal den Namen, und die füllige Frau drehte sich fragend zu ihm. Sie saß weiter hinten und starrte auf den Fernsehbildschirm, der wieder angeschaltet, aber ohne Ton lief. Herny O. sagte etwas zu ihr, sie nickte gleichmütig und starrte weiter auf den stummen Bildschirm. Henry O. strich sich mit seinen Spinnenfingern über die Hüfte. »Ich muss leider verzichten. Blutzucker, Bluthochdruck, das darf ich nicht riskieren, jetzt auf den letzten Metern.«

Blume sah irritiert auf den dürren Körper des alten Mannes. Er sah nicht aus, als kämpfte er mit Bluthochdruck. »Was meinen Sie damit, die letzten Meter?«

Der alte Mann strich sich über die Seite. »Ich bekomme eine neue Hüfte. Die zweite. Nur noch ein paar Tage, und dann kann ich hoffentlich wieder laufen. Nach der Reha, natürlich.«

Blume beschloss, das Thema zu wechseln, und sagte: »Der Direktor hat uns auch erzählt, dass Sie die Ausstellung und vor allem die Teilnahme von Claire Elbar sehr großzügig finanziell unterstützt haben. Darf ich Sie fragen, wie Sie Ihr Geld verdienen?«

Henry O. lächelte Blume nur an, dann wandte er sich wieder zu Erkenschwick:

»Vermutlich hat einer Ihrer Vorfahren das Rezept ins Land gebracht. Damals, als sie behaupteten, unser Land hieße jetzt Deutsch-Ostafrika. Als unsere Frauen gezwungen wurden, den deutschen Besatzern zu dienen. Ja, ich nehme an, dass in dieser Zeit die ersten Krapfen in Ruanda gebacken wurden. Vermutlich hatten die Besatzer Sehnsucht nach einem echt deutschen Gebäck. Wie viele von unseren Frauen wurden wohl ausgepeitscht, weil es nicht schmeckte wie im fernen Berlin, was meinen Sie?«

Erkenschwick schluckte hart und legte den angebissenen Kuchen zurück auf seinen Teller. Henry O. hob entschuldigend die Arme.

»Essen Sie, essen Sie doch. Es ist doch nur das Geschwätz eines alten Mannes, das soll Sie nicht stören.«

Blume räusperte sich. »Vielleicht haben Sie von dem Zwischenfall im Museum gehört, bei dem Claire Elbar angegriffen wurde?«

Der alte Mann sah ihn höflich, aber verständnislos an.

»Am Morgen ihres Todes, kurz vor der Pressekonferenz geriet sie mit einem Mann in einen Streit. Es war ein dunkelhäutiger Mann, Zeugen gemäß war er eher einfach gekleidet. Er geriet in Wut und spuckte Claire Elbar an.«

Die Regung im Gesicht des alten Mannes schien diesmal nicht gespielt zu sein. Zunächst überrascht, drückte es jetzt nur noch Wut aus. Er drehte sich mit einem Ruck zu seinen Männern und zischte etwas in einer fremden Sprache. Völlig verängstigt sahen ihn seine Leute an, keiner sagte ein Wort. Offensichtlich um Fassung bemüht, meinte Henry O. zu Blume:

»Von diesem bedauerlichen Zwischenfall höre ich zum ersten Mal. Wissen Sie noch mehr darüber, gibt es einen Anhaltspunkt, wo der Mann zu finden ist? Ich kenne viele Menschen in der afrikanischen Szene, ich könnte …«

»Wir haben bisher keine weiteren Erkenntnisse. Sollten Sie jedoch etwas hören, bitte ich Sie, nichts auf eigene Faust zu unternehmen, sondern uns zu benachrichtigen.«

Blume erhob sich leicht und holte eine Visitenkarte aus seiner Brieftasche. Der alte Mann nahm sie und betrachtete sie mit halb zusammengekniffenen Augen. Dann reichte er sie, ohne sich umzudrehen, an einen seiner Männer weiter, der die kleine Karte achtlos in die Tasche steckte. Der Alte sagte:

»Haben Sie mit Claires Ehemann gesprochen, konnte er Ihnen weiterhelfen?«

»Leider nein.«

»Ich verstehe. Als Ehemann erfährt man doch immer zuletzt von solchen Sachen, nicht wahr?« Er drehte sich leicht mit dem Oberkörper zu seinen Männern und sagte wieder etwas in der fremden Sprache, es klang abschätzig. Die Männer lachten dröhnend. Erkenschwick fasste Blume unauffällig am Arm und machte ihn mit einem Blick auf etwas im hinteren Raum aufmerksam. Blume nickte und sagte dann in das verklingende Gelächter hinein: »Sie haben mir noch nicht die Frage nach Ihrem Einkommen beantwortet, Herr Obwanashyaka.«

Der alte Mann sagte noch etwas, das die allgemeine Heiterkeit erneut anfachte. Er selbst drehte sich wieder zu Blume um und sagte mit zuckenden Mundwinkeln.

»Ich bin Geschäftsmann, Herr Kommissar. Import/Export.«

»Und welche Waren vertreiben Sie?«

»So dies und das. Kolonialwaren, so nannten Ihre Landsleute das früher.«

»Ich würde mich gerne einmal in Ihrem Haus umsehen.«

Henry O. lächelte und machte eine einladende Geste. »Aber sicher. Sobald Sie mir den Durchsuchungsbefehl vorlegen.«

Blume schwieg einen Moment, sie maßen ihre Kräfte mit Blicken. Dann sagte er: »Uns ist zu Ohren gekommen, dass Sie die Leitung der sogenannten Ruandischen Befreiungsarmee innehaben, der FDLR.«

»So ist es.« Der alte Mann hob stolz den Kopf. »Ich sollte die Führung abgeben, ich bin körperlich nicht mehr in der Lage, den Männern ein Vorbild zu sein.« Er seufzte, strich sich über die Hüfte, als hätte er dort Schmerzen, dann aber lächelte er: »Aber ich bin ihr Leitbild, ich kann sie doch nicht einfach so im Stich lassen.«

»Es heißt«, Blume wechselte einen Blick mit Erkenschwick, »die FDLR sei verantwortlich für zahlreiche Verbrechen im Ost-Kongo. Mord, Plünderung, Vergewaltigung.«

»Aber nein.« Obwanashyaka sah die Beamten mit schockiertem Gesichtsausdruck an. »Die FDLR ist die Vereinigung der aus Ruanda vertriebenen Hutu. Unser einziges Streben gilt dem Sturz von Ruandas jetzigem Präsidenten, dem Tutsi-Verbrecher Kagame. Damit wir endlich in unser geliebtes Land zurückkehren können.«

Obwanasyhakas Worte hatten einen feierlichen Ton angenommen, der seine Leute aufhorchen ließ. Alle sahen ihn an. In die Stille hinein fügte der alte Mann hinzu: »Natürlich wollen wir das nur mit demokratischen Mitteln erreichen, Herr Kommissar. Wir lehnen Gewalt ab. Die schlimmen Gerüchte über die FDLR werden von unseren Feinden, den Tutsi, verbreitet.«

Blume sah in die Runde.

»Warum sind so viele Männer hier bei Ihnen, Herr Obwanashyaka? Brauchen Sie Leibwächter?«

»Aber nein, Herr Kommissar. Im Kongo, da hatte ich Leibwächter, viele Leibwächter.«

Er drehte sich ein wenig in seinem Rollstuhl und schloss mit einer Geste die umstehenden Männer ein.

»Dies hier, Herr Kommissar, dies sind meine Söhne.« Er fügte die Hände zusammen, als wolle er beten. »Alles meine Söhne.«

»Ich würde gerne ihre Papiere sehen.«

»Natürlich nur im übertragenen Sinn.« Der alte Mann lächelte die Männer an seiner Seite liebevoll an. Dann wandte er wieder den Kopf und sagte zu Blume:

»Wissen Sie, wie sie mich nennen? Dawe. Ich bin für sie der Vater, den sie nie hatten.«

»Die Papiere, Herr Obwanashyaka.«

Der alte Mann seufzte, dann gab er dem nächststehenden Mann einen Wink. Der beugte sich zu ihm hinunter, Henry O. sagte leise etwas zu ihm. Der Mann ging durch die Reihe, sammelte die Ausweise der Männer ein und gab sie mit einer sarkastischen Verbeugung an Blume. Der blätterte die Unterlagen durch, wohl wissend, dass es nur eine hohle Machtgeste war, die hier niemanden einschüchterte.

»Ich danke Ihnen. Scheint mir so weit alles in Ordnung zu sein.«

Henry O. nickte belustigt. »Kann ich sonst noch etwas für Sie tun, meine Herren?«

Blume stand auf, Erkenschwick tat es ihm nach. »Im Moment nicht. Danke für Ihre Zeit.«

»Wenn es denn hilft.«

Blume sah ihn fragend an, und Henry O. fügte hinzu: »Den Mörder zu finden von der armen Claire. Welch ein Verlust.«

Die Frau, die Henry O. Asali genannt hatte, stand auf und wies die beiden Polizisten an, mit ihr den Raum zu verlassen.

Alle Augen folgten ihnen. Als sie im Flur waren, schien die Stimmung im Raum geradezu zu explodieren. Lachsalven dröhnten bis zu ihnen, laute Stimmen riefen sich vergnügt etwas zu. Dann öffnete die Frau die Haustür, sie gingen hindurch, und mit einem lauten Knall fiel sie hinter ihnen wieder ins Schloss.

»Sag mal, spinn ich? Was ist das denn, organisiertes Verbrechen in Reinickendorf?« Erkenschwick wischte sich den Schweiß von der Stirn.

Blumes Augenbrauen wanden sich wie wütende Schlangen, sein Kiefer mahlte.

»Wieso gibt es nichts Offizielles über den Mann? Was ist das für eine Versammlung von Nahkampftypen? Wie steckt der Alte in dem Mord mit drin?«

»Ich wette, der weiß mehr, als er zugibt. Hast du die Koffer gesehen? Entweder sind diese Typen alles Musiker, oder dieses Reihenhaus ist das reinste Waffenlager.« Erkenschwick nahm den Autoschlüssel aus der Tasche und ließ die Lichter aufblinken. »Nur die Geschichte mit dem Spucker, die schien ihn echt zu überraschen.«

Blume öffnete mit einem Ruck die Beifahrertür und ließ sich auf den Sitz fallen.

»Hat der überhaupt einen Waffenschein? Verdammt, das gibt es doch gar nicht!«

Erkenschwick startete den Motor und fuhr los. Eine Weile sagte niemand ein Wort. Dann meinte Blume, deutlich ruhiger.

»Wir müssen beim BKA nachfragen. Und beim BND. Es kann nicht sein, dass nichts über ihn vorliegt.«

Erkenschwick nickte. Blume wandte den Kopf nach links. »Aber nicht die offizielle Nummer, das dauert zu lange. Du kennst doch da bestimmt jemanden.«

Emma hatte Bente angerufen, die Kollegin saß im Ü-Wagen, versprach aber, nach dem Dienst noch einmal in den Sender zu kommen und sich den Wertgutschein anzusehen. Emma konnte es kaum abwarten, aber sie zwang sich, den kleinen Zettel in ihrer Tasche zu lassen und zunächst das Naheliegende zu erledigen. Sie baute für Andreas zwei Nachrichtenminuten mit den Interviewtönen von Blume. Einmal der Bericht über die Suche nach dem Spucker, dazu Blumes O-Ton: »Wir haben das Bild vervielfältigt und an die Medien geschickt …« Der zweite Take war weniger spektakulär, dafür persönlicher. Emma erzählte von der schönen jungen Künstlerin, die gerade erst mit ihrem Mann nach Berlin gezogen war, um von hier aus ihre europäische Karriere zu starten. Dazu Blumes Frage: »Hatte Claire Elbar Feinde? Gab es Konflikte? Sie wird von allen als freundlich und zurückhaltend beschrieben.«

Danach klebte Emma über zwei Stunden am Bildschirm ihres Rechners, gab Stichworte wie Coltan und Bisiye in die Suchleiste. Sie überflog Berichte, druckte aus, was ihr wichtig erschien, und öffnete immer weitere Seiten. Sie versank vollständig in ihren Recherchen, und ihre Kollegen ließen sie in Ruhe.

Chefredakteur Manfred Schneider ging durch den Raum und klopfte mit den Fingerknöcheln auf ihren Schreibtisch.

»Klang fein, Emma.«

Sie sah kaum hoch, nickte. Dann, er war schon fast vorbei, schnellte ihr Kopf hoch. »Manfred, warte mal. Du kennst doch jeden …«

Er stoppte, drehte sich halb zu ihr um und blinzelte freundlich mit seinen grauen Augen. »Um wen geht es?«

»Eine Firma. H. C. Marx, hat ihren Sitz hier in Berlin. Schon mal gehört?«

Schneider runzelte die Stirn. »Was produzieren sie?«

»Sie handeln mit einem Rohstoff, der vor allem in Afrika geschürft wird. Coltan.«

»Coltan? Ist das nicht …«

»Ein Metall. Doppelt so haltbar wie Stahl, schmilzt erst bei 3000 Grad. Ist in fast jedem Handy drin.« Emma wies mit dem Kinn auf die ausgedruckten Artikel auf dem Tisch. »Manche nennen es das Gold des 21. Jahrhunderts.«

»Afrika?« Schneider trat näher, er zog sich ein paar der Blätter näher heran und überflog sie. »Hat das mit dem Tod dieser Künstlerin zu tun?«

»Vielleicht.« Emma nahm ihm die Blätter vorsichtig aus der Hand, Chef hin oder her, sie mochte es nicht, wenn jemand in ihren Recherchen wühlte. »In ihrer Kunst hat Claire Elbar Szenen aus Ruanda verarbeitet, aus der Gegend um Bisiye am See Kiwu. Das ist der Heimatort ihres Mannes.«

»Mmmh.« Schneiders Blick schweifte durch den Raum, Emma spürte, dass sein Interesse schwand. Sie beeilte sich weiterzusprechen.

»In Bisiye ist eine der größten Coltanminen der Welt, die sich im Besitz der deutschen Firma H. C. Marx befindet. Eine Firma aus Berlin.«

»Ich denke, sie war da wegen ihres Ehemanns.«

Emma trommelte nervös mit ihrem Stift auf dem Tisch. »Das weiß ich noch nicht. Auf jeden Fall ist die Firma H. C. Marx einer der Hauptsponsoren der Ausstellung, in der Claire Elbar ausgestellt hat.«

»Tja, wenn die da unten ihr Geld machen, gibt's da ja vielleicht auch ein Engagement für Afrika bei dieser Firma.«

Emma warf den Stift auf den Tisch. »Ich würde gerne noch ein bisschen an der Spur dranbleiben.«

Schneider schnaubte. »Spur? Welcher Spur?«

Ihr Handy surrte, das Bild ihrer Mutter Helene erschien auf dem Display. Schneider wies mit der Hand auf das Telefon, seine Augen klebten an dem Bild. Emma hatte ihn schon lange im Verdacht, dass er heimlich für Helene schwärmte.

»Deine Mutter. Bleib mal eher da dran!«

Emma ärgerte sich über den Befehlston, nahm aber dennoch das Handy in die Hand und drückte auf Annahme. Bevor ihre Mutter reagieren konnte, sagte sie »Helene? Warte mal«, hielt ihre Hand über das Mikro und sah zu Schneider hoch. »Also, was ist jetzt mit dieser Firma? Kennst du da jemanden?«

Schneider schüttelte den Kopf. »Nee. Aber grüße Helene von mir, ja?«

Emma brummte etwas, wartete, bis sich Schneider entfernte, und nahm dann die Hand von ihrem Telefon.

»Seid ihr schon angekommen? Soll ich euch abholen?«

»Tut mir leid, Große.« Die Stimme ihrer Mutter klang seltsam hohl, als stünde sie in einer Halle. »Wir müssen unseren Besuch bei dir absagen. Ich hab mir den Knöchel gebrochen. Ich rufe aus dem Krankenhaus an.«

»Was? Aber – was machst du mit Ida?«

»Das ist immer der erste Gedanke, nicht wahr?« Die Mutter lachte traurig, Emma wurde verlegen.

»Entschuldigung. Ich wollte nur – wie geht es dir? Wie ist denn das passiert?«

»Bin einfach umgeknickt, ganz blöd vor dem Haus auf der Treppe. Frau Polsen holt Ida aus der Schule und passt auf sie auf. Ich hab einen schicken Tapeverband bekommen, Gips scheint out zu sein. Aber auftreten kann ich damit nicht so gut.«

»Verstehe.« Emma spürte, wie sich ein ganz klein wenig Erleichterung unter ihre Enttäuschung stahl. Sie vermisste ihre Mutter und stärker noch ihre kleine Schwester Ida, aber es war einfacher, ihre Familie zuhause in Norddeutschland zu besuchen, als sie hier in Berlin zu empfangen. Ihr Verhältnis zu ihrer Mutter war seit dem Tod ihres Vaters angespannt, und Ida, ihre hübsche kleine Schwester mit den dicken Brillengläsern und dem weichen Mund, den sie so gerne zu einem breiten Lächeln verzog, Ida war aufgrund ihres Down-Syndroms schnell überfordert, wenn man ihren gewohnten Lebensrhythmus durchbrach. Ida sehnte sich nach ihrer großen Schwester, wann kommst du wieder zu uns, wann, wann, fragte sie bei jedem Telefongespräch. Es stimmte, sie fuhr viel zu selten zu den beiden. Sie fühlte sich einfach nicht mehr wohl in ihrer Heimatstadt, Helene wusste das doch.

Wenn du nicht kommst, hatte ihre Mutter gesagt, dann müssen wir dich eben in Berlin besuchen. Natürlich hatte sie sich gefreut, die beiden zu sehen. Aber sie hatte auch Angst davor gehabt. Sie fürchtete, dass Ida alles zu viel wurde, die großen Häuser, die vielen Menschen und der dichte Verkehr. War sie, Emma, dann schuld, wenn Ida krampfte?

»Vielleicht ist es ja auch besser so, und ich besuche euch demnächst wieder in Bremen.«

»Etwas mehr könntest du es schon bedauern.«

»Entschuldige.«

Ein Schweigen hing zwischen ihnen, Emma hörte ihre Mutter atmen. Im Hintergrund Stimmen, quietschende Sohlen auf Krankenhausböden. Sie fragte:

»Kann ich was für dich tun?«

»Meld dich mal die Tage bei Ida. Aber nicht heute, okay? Ich muss ihr das schonend beibringen.«

»Ist gut.« Emma konnte sich vorstellen, was ihrer Mutter bevorstand. So entzückend Ida war, wenn sie sich freute, so maßlos zeigte sie auch ihre Wut. »Ihr könnt jederzeit kommen, wenn es dir besser geht.«

»Machs gut, Große.«

»Du auch.«

Erst als sie das Gespräch weggedrückt hatte, erinnerte sich Emma an die Worte von Schneider – sie hatte Helene nicht von ihm gegrüßt.

Ihre Kollegin Bente kam rein, schmiss ihre Tasche auf den Schreibtischstuhl und drehte sich mit komisch verzogenem Gesichtsausdruck nach Emma um.

»Kein einziger Schnittchentermin heute, ich sterbe vor Hunger – kommst du mit nach oben?«

Emma nickte, plötzlich froh. Sollten die anderen doch sehen, wie sie klarkamen. Es war nicht ihre Schuld, dass Helene jetzt nicht mehr nach Berlin kommen konnte. Nicht ihre Schuld, dass ihre Eltern sich bis zum Tod des Vaters nicht versöhnt hatten, dass noch Ungeklärtes zwischen Helene und Manfred stand. Sie war es leid, sich für ihre verkorkste Familie verantwortlich zu fühlen. Jetzt würde sie die nächsten Tage ungestört arbeiten können, und das war ihr im Grunde am liebsten.

Es war nach zwei, die Tische in der Kantine leerten sich schon wieder, das Salatbuffet war so gut wie weggeputzt, und der Fisch sah aus, als trocknete er schon seit Stunden vor sich hin. Emma entschied sich für das Linsencurry, das wurde eher besser mit der Zeit. Sie setzten sich an ihren Lieblingsplatz ganz hinten am Fenster. Bente ertränkte ihren Fisch in Zitronensauce und erbat sich vom Nachbartisch Salz und Pfeffer. Kurz blieb sie stehen und plauderte mit den Kollegen. Als sie sich wieder zu Emma setzte, grinste sie und sagte mit gedämpfter Stimme.

»Er hat nach dir gefragt.«

Emma sah erschrocken hoch. »Wer, der Chef?«

»Quatsch.« Bente verteilte großzügig Salz auf die Kartoffeln. »Der Neue. Er heißt Henning. Heute hat er seine Probesendung gemacht. Schulenburg will ihn für den Vormittag.«

»Ach so.« Emma warf einen schnellen Blick zum Nachbartisch. Die Wellenleitung probierte ein paar neue Moderatoren aus, ohne klar zu sagen, welche der Mitarbeiter auf der Abschussliste standen. Das ewige Los der Freien – wer rausflog, entdeckte es erst auf dem Dienstplan.

Der Neue saß im Kreis der Vormittagsredaktion und schien das Gespräch zu dominieren. Sein dunkles kurzes Haar stand kreuz und quer vom Kopf ab, als hätte er sich immer wieder in den Schopf gegriffen, die braunen Augen blitzten lebhaft, er erklärte etwas mit Händen und Füßen. Er sah gut aus, wirkte wie jemand, dem andere zuhörten. Als hätte er ihren Blick gespürt, sah er in ihre Richtung und lächelte. Emma wandte sich ab, sie spürte, dass sie verlegen wirkte, und ärgerte sich.

Bente sah ihr grinsend ins Gesicht. »Willst du nicht wissen, was er gefragt hat?«

»Nein, stell dir vor, das ist mir völlig schnuppe.«

Die Neuen waren nicht schuld am System, aber wusste er nicht, dass er jemanden von seinem Posten verdrängte? Wen würde es treffen? Micha, der gerade mit seiner Scheidung beschäftigt war und deshalb manchmal unkonzentriert am Mikro wirkte? Jan, der sich mit seiner Frau bei der Nachtwache der Baby-Zwillinge abwechselte? Nein, es war nicht die Schuld der Neuen, aber Emma mochte trotzdem lieber die, die am Anfang weniger selbstsicher auftraten. Sie beschloss, das Thema zu wechseln.

»Hattest du schon mal mit der Firma H. C. Marx zu tun?«

»Sagt mir nichts. Was machen die?«

»Sie verarbeiten Coltan und beliefern fast alle großen Handyfirmen damit.«

Bente zog mit spitzen Fingern eine Gräte aus ihrem Fisch. »Und warum interessierst du dich für die?«

Emma rührte in ihrem Linsencurry. Es war noch zu heiß. »Die Firma ist Sponsor bei der afrikanischen Ausstellung. Außerdem hat Claire Elbar Fotos aus der Gegend in ihrem Kunstwerk verarbeitet.«

»Na und?«

»Na hör mal! Claire Elbar wird am Morgen auf der Pressekonferenz von einem fremden, offensichtlich sehr wütenden Mann angespuckt, am Abend wird sie kurz vor der Eröffnung umgebracht. Das muss doch im Zusammenhang mit ihrer Arbeit stehen!«

Bente schien nicht sehr beeindruckt zu sein. Emma zog den Gutschein aus ihrer Hosentasche und legte ihn vor Bente auf den Tisch. Bente besah sich den kleinen Zettel, und Emma sagte: »Wenn es stimmt, was ihr Ehemann sagt, und dieser Gutschein von dem Spucker stammt, dann lebt der Mann höchstwahrscheinlich in einem der Flüchtlingslager der Stadt. Vielleicht kommt er aus der Gegend? Vielleicht hat er in einer dieser Minen gearbeitet?«

Bente wischte sich die Finger an ihrer Serviette ab und nahm den Zettel hoch. Sie betrachtete ihn schweigend, dann legte sie ihn zurück und meinte:

»Das solltest du den Mann fragen.«

Emma steckte den kleinen Zettel wieder ein. »Wenn wir ihn

finden, werde ich das auch tun.« Eine Weile aßen sie schweigend. Bente schob ihren Stuhl zurück. »Ich hol mal Kaffee.«

Als sie zurückkam, hatte Emma ihren Teller geleert und nahm dankbar den Becher entgegen. Sie legte ihre Hände darum und blies in den Dampf.

»Hast du schon mal was von dem Ehemann gehört, Samuel Ndeze? Scheint ja ein sehr gefragter DJ zu sein.«

»Techno, oder?« Bente lachte. »Da musst du meine Töchter fragen.«

»Ob er irgendwo auflegt? Aber wahrscheinlich hat er alle Termine abgesagt.«

»Na, wenn nicht, kann das ja nur gut für dich sein.« Bente grinste. »Dann gehst du jedenfalls mal tanzen!« Sie stellte ihre Tasse so schwungvoll auf den Tisch, dass ihr der heiße Kaffee über die Finger schwappte.

»Ach, Shit.« Sie wischte sich die Hand mit der Serviette sauber, dabei rollte sie mit den Augen wie eine besorgte Mutter.

»Du musst nämlich mal raus aus diesem Irrenhaus. Spaß, Emma! Alkohol und Sex! Vergiss diesen Polizisten. Andere Mütter haben auch schöne Söhne!«

»Ich hab nichts von Blume gesagt.«

»Ihr seid wieder am gleichen Fall dran. Erzähl mir nicht, das macht dir nichts aus.«

Emma sah auf den Kaffee in ihren Händen. »Mich interessiert nur der Mord an Claire Elbar.«

Bente griff nach ihrer Tasse und stand auf. »Wenn das so ist. Komm, an die Arbeit.«

Sie baten Schneider, sein Büro nutzen zu dürfen. Er nickte großzügig – den Rest des Nachmittags würde er sowieso auf Sitzungen rotieren. Bente öffnete die Fenster weit, und Emma verschob einige Zeitungsstapel, um Platz zu schaffen. Schneider klemmte sich die Umlaufmappe mit den Sendeplänen unter den Arm und wollte schon mit einem Winken den Raum verlassen, da blieb er noch mal vor Emma stehen und zog einen Zettel aus seiner Hosentasche.

»Bevor ich's vergesse – du hast mich doch wegen der Firma gefragt.«

Erstaunt nahm sie den Zettel entgegen – darauf ein Name und eine Telefonnummer in Schneiders krakeliger Handschrift.

»Ich hab mich ein bisschen umgehört. Keine Garantie, aber es heißt, der Typ hatte mal was mit denen zu tun.«

»Hast du mit ihm über mich gesprochen?«

»Nicht direkt. Einer aus der IT-Branche schuldete mir noch was, um drei Ecken ist das ein Freund. Ein Hacker, wenn ich es richtig verstanden habe. Also, vielleicht nützt es dir ja was.«

»Danke!«

Schneider winkte ab, konnte sich aber ein Grinsen nicht verkneifen. Er mochte langsam zum alten Eisen gehören, seine Kontakte waren noch immer Gold wert.

Kaum waren sie allein, breitete Bente einen Stadtplan aus, den sie Sebastian aus der Schublade des Redaktionssekretärs geklaut hatten. Emma legte den Gutschein daneben. Bente sagte:

»Solche Gutscheine werden an Asylbewerber in Erstaufnahmelager abgegeben. Davon gibt es zwei zentrale Lager in Berlin«, Bente malte Kreise auf die entsprechenden Stadtteile, »eins in Spandau und eins in Lichtenberg.«

»Na dann«, erleichtert wollte Emma schon den Plan zusammenlegen, aber Bente hielt ihn fest und fuhr fort.

»Dazu kommen sechs vertragsgebundene Sammellager und die Heime der Arbeiterwohlfahrt. Treptow, Tegel, Charlottenburg und noch mal Lichtenberg und Spandau.«

Emma starrte auf den Plan. »Oh je.«

»Außerdem noch die 18 Lager in Brandenburg, da könnte dein Mann theoretisch auch untergekommen sein. Aber da die Anbindung an Berlin sehr schlecht ist und die meisten sich sowieso nicht aus der jeweiligen Stadt trauen, vernachlässigen wir das erst mal.«

Emma und Bente hatten auf dem Rückweg in die Redaktionsräume die Lage besprochen. Wenn sie den Mann anhand des Wertgutscheins finden wollten, so Bente, dann sei ihre einzige Chance, systematisch nach dem Ausschlussprinzip vorzugehen. Emma hatte folgsam genickt und kein Wort verstanden. Das schätzte sie an ihrer Kollegin – wo sie selbst mit Instinkt und Leidenschaft vorging, da blieb Bente kühl und sachlich. Emma stürzte sich kopfüber in die Geschichten, Bente analysierte Statistiken und holte sich Rat bei Experten. Zusammen waren die beiden Kolleginnen unschlagbar.

»Wir müssen uns die beteiligten Geschäfte ansehen.« Bente ging an Schneiders Computer und wechselte auf die Homepage des ersten Anbieters. »Die meisten haben sich auf Ost oder West festgelegt, manche haben nur wenige Filialen in der Stadt. Vielleicht haben wir Glück, und wir finden ein Lager, in dessen Umkreis alle Anbieter sind.«

Andreas, der Nachrichtenmann, kam herein und schaute den beiden über die Schultern.

»Hier steckt ihr! Kommt eine von euch mit eine rauchen?«

Bevor sie etwas sagen konnten, hatte er sich den Gutschein geschnappt und beäugte ihn ausführlich. »Freunde der Nacht, kommt mal im neuen Jahrtausend an. Rewe und Aldi, die haben doch längst 'ne App mit einem Filialsucher. Da könnt ihr eure Kreislein vergessen.«

»Aldi und Rewe können wir sowieso vernachlässigen.« Bente nahm ihm den Zettel wieder aus der Hand und legte ihn auf den Plan. »Die haben Berlin flächenmäßig eingedeckt. Interessant sind für uns die kleinen Geschäfte. Und die haben so was nicht, du kleiner Klugscheißer.«

Andreas grinste und knuffte Bente in den Rücken. Sie ignorierte ihn und malte weitere Kreise. Der Stift quietschte leise. »Hier, das sind die Filialen von Butter Lindner, alle im Westteil der Stadt. Und wenn mich nicht alles täuscht, gibt es von dieser Drogeriekette, die hier angeführt wird, nur sehr wenige Läden im Westen.«

Sie verglich weiter die Adressen und setzte Marken. Emma beobachtete sie schweigend, während Andreas sich ans offene Fenster stellte und eine der Zigaretten des Chefs rauchte. Das ging nur hier, denn Schneider selbst hielt sich nicht an das Rauchverbot im Haus. Bente richtete sich auf und wandte sich an den Nachrichtenmann.

»Andi, hol bitte noch mal dein iPad raus. Vielleicht brauchen wir jetzt doch noch die App.«

Andreas nahm noch einen tiefen Zug, dann warf er den Stummel aus dem Fenster und holte sein Tablet heraus. Schweigend verglichen sie die Standorte, dann tippte Bente auf den nördlichen Teil im Stadtplan.

»Tegel. Es muss Tegel sein. Charlottenburg wäre sonst auch noch gegangen, aber erstaunlicherweise gibt es dort weit und breit keinen Aldi.«

Es klopfte, Henning, der Neue, streckte seinen Kopf hindurch. »Ach ihr seid hier! Ich suche Schneider, wisst ihr, wo er steckt?«

Bente richtete sich auf den Knien auf. »CvD-Besprechung. Müsste aber gleich zurückkommen.«

»Was macht ihr denn hier?« Henning schob sich durch die Tür in den Raum hinein und betrachtete interessiert den mit Kreisen verzierten Stadtplan. Bente grinste und sagte: »Beinharte Recherche. Emma ist hinter dem Spucker her …« Sie wühlte in den Papieren auf dem Schreibtisch. Emma sah den Gutschein und schob ihn wie absichtslos zwischen zwei Stapel. »Was willst du denn von Schneider?«

»Hab gleich Air-Check. Der Typ sitzt schon im Konferenzraum und hört alles durch, der verzieht keine Miene. Stefan Heitler. Kennt ihr den? Ist das ein Scharfer?«

»Oh je, Heitler.« Bente seufzte gespielt auf. »Wir nennen ihn ja Hitler, natürlich nur, wenn er nicht im Raum ist. Leider ist er gnadenlos.« Henning wurde blass um die Nase, und Bente grinste schadenfroh. Durch diese harte Schule waren sie alle gegangen, Stefan Heitler war ein gefürchteter Air-Checker, ein Externer, der in Sondersitzungen mit dem Chef die Aufnahme einer Sendung Wort für Wort auseinandernahm. Wer vor der Besprechung noch der Meinung war, eine halbwegs gute Arbeit abgeliefert zu haben, lief danach nur noch mit gesenktem Kopf über die Flure. Emma tat der Neue leid, und sie meinte: »Keine Sorge, Schneider wird das schon richtig einordnen. Der kennt Heitler seit Jahren. Wir wurden von dem alle schon zusammengefaltet, und wie du siehst, sind wir immer noch hier.«

Emma und Bente klatschten sich ab, Henning versuchte ein Lächeln, wirklich beruhigt wirkte er nicht. Er räusperte sich und fragte: »Und, habt ihr den Spucker denn jetzt ausfindig gemacht?«

Bente lachte. »Na klar, Emma geht gleich mal einkaufen. Butter Lindner, Rewe oder Drogerie?«

Henning sah sie fragend an, aber Bente sagte nichts mehr. Emma sammelte die Papiere zusammen, Andreas war schon spät dran für seine nächste Nachrichtensendung und stieß an der Tür fast mit Schneider zusammen. »Henning, da sind Sie ja, kommen Sie, wir warten ungern.«

Bente und Emma wechselten einen Blick, dass hieß im Klartext, Stefan Heitler wartete ungern. Henning lief rot an, nahm seine ausgedruckten Sendepläne und beeilte sich, Schneider zu folgen. Von seiner anfänglichen Selbstsicherheit war nicht mehr viel übrig, er fing an, Emma sympathisch zu werden. »Viel Glück«, rief sie ihm leise hinterher, und er drehte sich an der Tür um und lächelte ihr dankbar zu. Hübsche Grübchen, dachte Emma noch, dann war er im Flur verschwunden. Bente stand im Raum, hielt die Arme verschränkt und sah sie an. Emma wurde rot und ärgerte sich. »Was ist?«

»Nichts.« Bente grinste. »Was hast du jetzt vor?«

»Na was wohl?« Emma nahm ihre Tasche. »Ich fahr nach Tegel.«

»Solltest du nicht lieber der Polizei Bescheid geben?«

Emma schrieb sich die Adresse auf den Handrücken. Sie zögerte, meinte dann: »Das kann ich ja immer noch machen. Wenn ich da mit den Polizeiwannen anrücke, dann ist der doch gleich weg.«

»Sei vorsichtig. Der Mann wird wegen Mordes gesucht.«

»Ich pass schon auf.«

Schon an der Tür fielen Emma zwei Dinge ein. Zum einen, dass sie Samuel versprochen hatte, sich bei ihm zu melden. Und zum anderen, dass Bente nach der Arbeit noch einmal in den Sender gekommen war, um ihr zu helfen. Ihre Kollegin war ihr nachgekommen, und sie hielt ihr die Tür auf. »Danke, Bente.«

»Ist doch klar.« Die ältere Kollegin sah sie nachdenklich an. »Ich meins ernst, Emma. Geh nicht zu weit.«

»Ich versprech's dir.«

Emma holte ihre Jacke aus dem Redaktionsraum. Die meisten Tische waren jetzt geräumt, die Computer heruntergefahren. Die Kollegen von der Frühschicht wie Bente waren gegangen, die übrigen Reporter in der Stadt unterwegs. Andreas ging wie immer im Eilschritt an ihr vorbei Richtung Sendestudio und sagte schnell:

»Grad ist noch was reingekommen von deinem Fall, ich mach's erst mal trocken.«

Emma stutzte. Bevor sie Andreas fragen konnte, was er meinte, war der Kollege schon durch die Tür. Sie sah auf die Uhr – kurz vor drei, gleich musste Andreas die Nachrichten sprechen. Emma öffnete die Agenturen. Die dpa-Eilmeldung sprang ihr sofort ins Gesicht.

»Ehemann unter Mordverdacht? Nachbarn bezeugen Eifersuchtsdrama«

Ein Klick und sie las:

»Die 62jährige Nachbarin des afrikanischen Paares berichtete unserem Reporter, die Tote und ihr Ehemann hätten sich häufig gestritten. Dabei habe der Mann die Frau als Hure beschimpft. Den Geräuschen zufolge meinte die Zeugin, es sei auch zu Handgreiflichkeiten gekommen. Das habe sie auch der Polizei gesagt. Steht der Ehemann jetzt unter Mordverdacht? Seine Agentur verweigerte jeglichen Kommentar zu den Vorwürfen.«

Mist. Emma starrte auf die flimmernden Buchstaben. Diese Meldung hätte auch sie selbst bringen können. Hatte sie schlecht gearbeitet, weil sie ihrem Sender eine Sensationsmeldung vorenthalten hatte? Andererseits – war das die Art von Vorverurteilung, die sie unterstützen wollte?

Sie suchte im Netz die Nummer der Agentur, die Samuel Ndeze als DJ vertrat. Nein, sagte die Frau am andren Ende der Leitung, Herr Ndeze habe wegen der aktuellen Berichterstattung jeglichen Kontakt zu der Presse abgesagt. Emma versuchte die Frau zu überzeugen, dass sie Ndeze kenne und er sie persönlich gebeten habe, ihn zurückzurufen, aber die Sekretärin ließ sich nicht erweichen.

»Und übrigens weiß ich auch gar nicht, wie ich ihn erreichen soll. Er hat sein Handy abgestellt und ist auch nicht zuhause.«

Na, dann nicht, Samuel Ndeze, dachte Emma. Ich habs jedenfalls versucht. Noch während die Frau sprach, klickte Emma auf den Link zu Ndezes Homepage. Eine Leiste mit Terminen im Berliner Club Berghain tauchte auf. Emma fragte, fast mehr sich selbst als die Frau am anderen Ende der Leitung:

»Hat Ndeze seine Auftritte der nächsten Zeit abgesagt?«

Die Frau zögerte. »Davon weiß ich nichts.«

»Das heißt, er legt heute Nacht im Berghain auf?«

»Einen Moment bitte.«

Emma hörte einen Stuhl rücken, dann Absätze auf Parkett. Nach einer Weile sprach die Frau wieder ins Telefon.

»Nein, die Auftritte wurden bisher nicht abgesagt.«

»Darf ich Sie also zitieren, dass Samuel Ndeze weiter auftritt, obwohl seine Frau gestern ermordet worden ist?«

»Nein, Sie dürfen mich überhaupt nicht zitieren.« Die Stimme der Frau zitterte.

»Aber Sie haben mir doch gerade …«

»Hören Sie«, die Frau atmete schwer, sie schien ihre Worte

zu bedenken. »Samuel ist ein feiner Kerl, und er ist am Boden zerstört. Wenn Sie ihn kennen würden …«

Emma sagte: »Aber ich werte das doch gar nicht.«

»Das glaube ich Ihnen nicht. Und selbst wenn, alle anderen werden es werten. Und das, wo er doch sowieso schon …«

»Schon was?«

»Sie haben die Räume durchsucht und alles mitgenommen. Seinen Laptop mit den Tracks und so.«

»Wie kann er dann auftreten?«

»Er hat natürlich Back-ups. Aber das muss er erst wieder zusammenstellen.«

»Und ist er darüber so am Boden zerstört oder über den Mord an seiner Ehefrau?«

»Bitte«, die junge Stimme klang flehentlich, »ich hab Ihnen nichts gesagt, okay?«

»Natürlich.« Emma überlegte, dann sagte sie: »Falls er sich meldet, könnten Sie ihm dann bitte sagen, dass Emma angerufen hat? Ich fahre jetzt nach Tegel. Er soll mich anrufen, meine Nummer hat er.«

»Gut«, meinte die Frau zögerlich. Sie schien sich nichts aufzuschreiben, hatte sie wirklich vor, die Botschaft weiterzugeben?

»Es ist wirklich wichtig.«

»Schon gut, ich richte es ihm aus. Falls er sich meldet.«

Nachdem sie aufgelegt hatte, ließ Emma nachdenklich ihren Kugelschreiber zwischen den Fingern kreiseln.

Sollte sie noch eine Meldung für Andreas verfassen? Der Ehemann arbeitet weiter, als sei nichts geschehen? Emma selbst fand das nicht verwerflich, sie wusste um die betäubende Wirkung der Arbeit bei einem großen Schmerz. Als sich ihre Freundin Jenni damals erhängt hatte, war sie nur noch zum

Schlafen nachhause gekommen, wochenlang. Nur hatte niemand etwas von ihr senden wollen, weil alle ihr die Schuld an dem Selbstmord der jungen Frau gegeben hatten.

Andreas kam herein und setzte sich geschäftig wieder an seinen Schreibtisch. Als Emma aufstand und die Jacke anzog, sah er auf.

»Und, kann ich da noch was erwarten?«

»Ich würd nicht drauf zählen.« Emma nahm ihre Tasche und die Schlüssel und winkte zum Abschied. An der Tür zögerte sie, dann wandte sie sich noch einmal an Andreas.

»Sag mal, gehst du eigentlich manchmal tanzen?«

»Wieso, willst du ein Date mit mir?« Andreas lachte. Das Bild seines Lebensgefährten klebte für alle sichtbar am Bildschirm seines Computers.

»Wenn ich ins Berghain will, komm ich da rein?«

»Heute Abend oder an einem Wochenende?«

»Heute.«

Andreas stützte sich auf seinem Schreibtisch ab. »In der Woche ist es leichter. Früher standen da mal die härtesten Türsteher von Berlin. Heute wird jeder Depp durchgelassen.«

»Na danke.«

»Ey, Emma«, Andreas lachte. »So wie du aussiehst, kommst du in jeden Club der Stadt. Nur …«

Sie sah ihn an. »Was nur?«

»Zieh dir was anderes an. Ein Kleid oder so. Hose geht auch, aber sexy. Und ein bisschen schminken wäre nicht schlecht.«

Emma stöhnte auf. Andreas lächelte belustigt. »Mach mal was aus dir. In dem Entlein steckt ein Schwan.«

»Ja, Mutti.«

»Du hast mich gefragt.«

An der Tür stieß Emma fast mit dem Neuen zusammen,

Henning. »Hoppla«, sagte er, hielt sie einen Moment länger als nötig an den Oberarmen fest. Es war nicht unangenehm, sie grinste verlegen.

»Ich muss los.«

»Schon Feierabend?«

Emma zuckte mit den Schultern, der Satz ärgerte sie. Was wusste der Kollege schon von ihren Arbeitszeiten. Andreas lachte von seinem Platz aus und rief: »Feierabend. Kennt unsere Kollegin nicht. Du hast doch sicher noch was zu tun, oder Emma?«

Das passte ihr jetzt auch wieder nicht. Hielt Andreas sie tatsächlich für einen Menschen, der nur die Arbeit kannte?

»Mal sehen, vielleicht mach ich für heute wirklich Schluss.«

Hennings Gesicht hellte sich auf. »Wollen wir noch was trinken gehen?«

Emmas Lächeln verrutschte. »Ein anderes Mal.«

Sie ließ die Tür hinter sich zufallen, der Neue sagte noch etwas, sie hörte es nicht mehr. Auf dem Flur rückte sie ihre Jacke zurecht und holte tief Luft. Ihre Beziehung mit Blume war daran gescheitert, dass sie sich beim Job in die Quere kamen. Das Letzte, was sie wollte, war, im Sender eine Affäre anzufangen.

Der Fahrstuhl kam, Emma trat hinein, die verspiegelten Türen schlossen sich hinter ihr. Jetzt betrachtete sie sich, während der Fahrstuhl langsam nach unten fuhr. Hatte sie schon immer so einen harten Zug um den Mund gehabt? Und die Stirn war auch nicht mehr glatt.

Sie seufzte und drehte sich zur Seite. Aber wie sollte sie es anstellen, einen Mann kennenzulernen, der nichts mit ihrem Job zu tun hatte? Wo sollte sie ihn kennenlernen, wenn sie rund um die Uhr arbeitete?

Das Erstaufnahmelager war in einer ehemaligen Kaserne untergebracht. Es lag weit abseits. Nach einer Weile fluchte Emma innerlich und überlegte, das Rad stehenzulassen und mit der BVG weiterzufahren. Sie verwarf es nach einem Blick auf die App des öffentlichen Nahverkehrs – man musste dreimal umsteigen, am Ende fuhr ein Bus, aber auch nur in die Nähe des Standortes. Emma beschloss, mit dem Fahrrad weiterzufahren. Kaum hatte sie wieder ein ordentliches Tempo erreicht, da surrte ihr Handy. Emma bremste scharf und zerrte ihr Telefon aus der Tasche.

»Ja?«

»Du hast ihn gefunden?«

Es war Samuel Ndeze. Die Assistentin musste ihn doch noch erreicht haben.

»Ich bin mir nicht sicher. Aber wir glauben zu wissen, aus welchem Lager der Gutschein stammt.«

»Und zwar?«

Emma zögerte. War es gefährlich, Samuel einzuweihen? Andererseits war es ein Deal gewesen. Ohne Samuels Vertrauen wäre sie nie auf die Spur des Mannes gekommen.

»Was willst du mit der Information machen?«

»Emma, sag mir, was du weißt!«

Er schrie fast, musste völlig am Ende sein. Das entschied Emmas Haltung. »Samuel, ich kann es dir nicht sagen.«

Er explodierte. »Glaubst du, ich finde es nicht heraus? Ich kann dich jederzeit per GPS orten, also sag's mir!«

Emmas Finger krallten sich in ihr Handy. »Du bluffst doch.«

»Emma, du weißt nicht, mit wem du dich anlegst. Wenn ich es nicht kann, jemand anderes kann es. Und der hat dich längst im Visier!«

»Was redest du denn da? Wer hat mich im Visier?«

»Sagst du mir jetzt, wo du bist?«

Sie holte tief Luft. »Nein.«

»Dann kann ich dir nicht helfen.«

Aufgelegt. Emma stopfte das Telefon mit zitternden Händen zurück in ihre Tasche. Sie ertappte sich dabei, dass sie sich umsah. Hatte er recht? Verfolgte sie jemand? Zögernd trat sie wieder in die Pedale, mit zunehmendem Tempo verwarf sie den Gedanken. Sie fuhr durch halb aufgegebene Industriegebiete nördlich des Flughafens, Wege, auf denen ihr kilometerweit niemand entgegenkam. Langsam entspannte sie sich wieder. Niemand folgte ihr. Samuel hatte sie nur erschrecken wollen.

Ihre Verfolger waren nicht in Sichtweite. Sie beobachteten weiter einen roten Punkt auf einem Bildschirm. Erst als sich dieser Punkt nicht mehr bewegte, sondern an einem Ort blinkte, gab es eine Order.

Am Eingang des Aufnahmelagers zeigte Emma dem Pförtner ihren Presseausweis, sie sagte, sie wolle versuchen, mit den Asylsuchenden ins Gespräch zu kommen und mehr über ihr Leben zu erfahren. Der Mann hörte ihr schweigend zu, dann zuckte er mit den Schultern und winkte sie durch.

Links und rechts einer baufälligen Betonstraße standen dreistöckige schlichte Wohnhäuser in Grau und Gelb. Die Häuser waren durchnummeriert, Nummer sechs mit Stacheldraht und Zaun abgetrennt. Vor den anderen saßen und standen Männer und Frauen, manche rauchten, die meisten schwiegen. Es lag eine bleierne Stille über der Szene, und Emma fühlte den Blick der Menschen, als sie weiter die Straße hinunterging. Auf einem Fensterbrett standen alte Turnschuhe zum Auslüften, ein Kind rumpelte mit einem Bobbycar über die brüchigen Betonplatten. Emma seufzte und blieb stehen. Was sollte sie tun? Was fragen? Sie wusste nichts von dem Mann, kannte nur flüchtig sein Aussehen. Eine Frau hängt an einer Leine Wäsche auf, eine ausgeblichene Hose, ein dünnes Hemd. Emma betrat vorsichtig das kleine Rasenstück zwischen den Häusern.

»Hello? Ähm – sorry?«

Die Frau drehte sich um, die Augen unter dem bunten Kopftuch freundlich auf Emma gerichtet.

»Sorry, ähm, I am looking for a man. A black man.«

Die Frau sah sie verständnislos, aber weiterhin freundlich an. Emma wurde bewusst, was für eine lächerliche Figur sie abgab. Stand sie wirklich hier in einem Erstaufnahmelager für Asylsuchende und fragte, ob es hier einen dunkelhäutigen Mann gab?

»Hallo Sie, was machen Sie denn da?«

Eine Frau kam aus einem der Häuser auf sie zu. Sie war um die dreißig, trug Jeans und einen geringelten Wollpulli und hatte ihr langes helles Haar zu einem Zopf geflochten, der ihr den Rücken hinunterbaumelte.

»Kann ich Ihnen helfen?«

»Ach, keine Ahnung.« Emma streckte die Hand aus, die Frau hatte einen starken Händedruck. »Ich bin dieser Tage mit einem Asylsuchenden ins Gespräch gekommen, am Potsdamer Platz. Ich bin Journalistin und würde gerne noch mal mit ihm reden. Aber leider weiß ich nur, dass er vermutlich hier untergebracht ist.«

»Das wird nicht einfach. Wir platzen aus allen Nähten, jeden Tag kommen neue Flüchtlinge, vor allem aus Syrien. Über 800 Leute sind hier zurzeit untergebracht, dabei ist das Ganze hier für höchstens 600 ausgerichtet.«

Emma drehte sich um, musterte die Männer, die vor den Häusern standen. »Er war dunkelhäutig und hatte einen schwarzen Kapuzenpulli an.«

»Vielleicht haben wir Glück, und er ist im Aufenthaltsraum. Die Gruppen bleiben meist unter sich.«

Sie ging voraus nach links zu einem Haus, das leicht zurückversetzt stand. Emma beeilte sich, an ihre Seite zu kommen.

»Wie lange sind die Bewohner normalerweise hier?«

»Vom Gesetz her höchstens 3 Monate, dann sollen sie auf kleinere Lager oder auch Wohnungen verteilt werden. Es sei denn, sie …«

Sie nickte kurz zu Haus 6, dem Gebäude mit dem Stacheldraht und Fenstergittern. Emma fragte: »Was ist das? Ein Gefängnis?«

»Abschiebegewahrsam.« Die Frau ging auf Haus drei zu und

öffnete schwungvoll die Tür. »In die Zimmer kann ich Sie nicht lassen, Privatsphäre gibt's hier wenig genug. Aber die Zimmer sind klein und leider auch zugig, die meisten halten sich lieber in den Gemeinschaftsräumen auf.«

Emma folgte ihr in den langen Flur, und sofort schlug ihr der durchdringende Geruch eines Putzmittels entgegen. Die Frau klopfte und öffnete eine Tür. Emma sah Männer und Frauen an viereckigen Tischen, manche spielten Karten, andere unterhielten sich, wenige sahen zu ihnen hinüber. Emma nickte grüßend. Den Mann im Kapuzenpulli konnte sie nirgendwo entdecken.

Die Frau mit dem Zopf sah Emma fragend ins Gesicht, als diese den Kopf schüttelte, schloss sie die Tür und ging erneut den Gang hinunter. Emma passte sich dem schnellen Schritt der Frau an. »Sehr nett, dass Sie mir helfen.«

»Ein bisschen Berichterstattung über die Leute hier kann nur helfen«, sagte die Frau. »Sie sehen jetzt nicht so aus, als würden sie für ein Naziblatt schreiben.«

Sofort meldete sich bei Emma das schlechte Gewissen. Nein, dachte sie, ich schreibe nicht für die Nazis, ich suche nur einen Mörder. Und wenn ich den hier im Asylantenheim finde, dann spiele ich den Rechten damit schön in die Hände.

»Hier arbeitet der Küchendienst für heute.«

Emma sah an der Frau vorbei in den Raum, und fast sofort kreuzte sich ihr Blick mit dem des Kapuzenmannes. Er stand an der Spüle und sah zu ihnen hinüber. Sein Gesicht drückte unverkennbar eine Warnung aus, er sah von Emma zu der Angestellten und schüttelte kaum merklich den Kopf. Emma nickte. Sie wandte sich an die Frau an ihrer Seite und sagte laut: »Nein, ich finde ihn leider nicht. Aber vielen Dank für Ihre Hilfe.«

Draußen verabschiedete sie sich von der Angestellten und schlenderte zum Ausgang. Dann lehnte sie sich von außen an die Absperrung und wartete. Nach einer Weile kam der Mann aus dem Haus heraus. Er sah sich zögernd um und entdeckte sie hinter dem Zaun. Sie nickte mit dem Kopf zu einem kleinen Rondell und ging betont langsam darauf zu. In ihrem Kopf wirbelten die Gedanken. War es wirklich schlau gewesen, sich mit ihm zu verständigen? Der Mann sah nicht gefährlich aus, aber er wirkte wachsam und zu allem entschlossen. Sie tastete in ihrer Tasche nach einer Waffe, fand aber nur Stifte, einen Block, ihr Aufnahmegerät und das Handy. Ganz unten lag noch eine große Haarnadel, mit der sie sich im Sommer manchmal die Haare hochgesteckt hatte. Sie strich über die lange Metallschiene – zur Not konnte sie damit immerhin zustechen.

Eine Bewegung ließ sie aufsehen – der Mann im Kapuzenpulli kam näher. Seine Blicke scannten die Umgebung, dann richteten sie sich auf Emma.

»Chance?«

Seine Stimme war rau, sein Atem ging schnell und flach. Emma stotterte: »I don't know, where Chance is.«

Der Mann sah sie an, die Augen, gerade noch voller Hoffnung auf sie gerichtet, schienen zu erlöschen. Schnell trat Emma einen Schritt auf ihn zu.

»I want to help you. Maybe I can find him. Wir zusammen? Vielleicht finden wir ihn?«

Er sah sie zweifelnd an. Aus seinen Augen traten Tränen. Er wandte sich ab, lief ein paar Schritte, vielleicht schämte er sich vor Emma. An einem Stromkasten blieb er stehen. Er drehte sich nicht um, sondern stützte seine Arme auf und beugte den Kopf. Emma sah seine Schultern zucken – er weinte. Sie ging langsam zu ihm. Holte den Gutschein aus ihrer Hosentasche und legte ihn neben den Mann auf den Stromkasten. Nach einer Weile wandte er den Kopf, betrachtete den Zettel. Emma sagte:

»Did you give Claire this?«

Er nickte, lächelte fast ein wenig. »Wanted to give her money. But she didn't want it. I said to her: Take it.«

Ein Fünf-Euro-Wertgutschein, eine hilflose Geste. Er nahm den Gutschein, strich mit seinen Fingern darüber. Emma trat einen Schritt näher heran. »Hören Sie, vielleicht kann ich Ihnen ja helfen. Where is your brother?«

Er schüttelte den Kopf, wandte sich nicht um. »Gone. Gone. Claire said.«

»Hat sie das gesagt? When you met her at the museum? Was sagte sie?«

Der Mann wandte sich ab und ging ein paar Schritte, dann ließ er sich ins Gras sinken. Er holte etwas aus seiner Hosentasche, Emma trat näher, übersah Hundekot und Eisstängel in der Anlage und setzte sich möglichst nah an den Mann. In seinen Händen hielt er wieder das Foto von seinem kleinen Bruder Chance und sich selbst, saß dort im Gras, starrte auf das Bild und schien seine Umgebung kaum mehr wahrzunehmen. Nach einer Weile legte Emma ihre Hand leicht auf seinen Arm, aber er schüttelte sie ab. Sie überlegte, dann nahm sie ihre Brieftasche, zog etwas heraus und hielt es dem Mann vor das Gesicht. Nach einer Weile zog er seine Hände weg und sah hin. Dann fragte er: »Your daughter?«

Emma schüttelte den Kopf. »My sister.«

Sie betrachtete das Foto in ihren Händen. Es war ganz anders als sein Bild. Ida und sie saßen auf den Stufen ihres Altbremer Hauses, Emma hatte den Arm um die kleine Schwester gelegt, und Ida lachte, den Mund voller Kuchenkrümel. Es war anders, und doch zeigte es das Gleiche: die Verbundenheit unter liebenden Geschwistern.

Der Mann lächelte jetzt unter Tränen. Er sagte: »Claire said: gone. Somewhere in Europe. Can't reach him.«

»Haben Sie sie deshalb angespuckt?« Er sah sie fragend an. »Spit?« Emma tat so, als würde sie spucken. Er verstand und nickte. »Angry. Fear. Where is he?«

»Hören Sie, vielleicht können wir Chance finden. Ich rede mit der Polizei. Police.«

Er sah sie mit schreckgeweiteten Augen an. »No police! No Police! He is illegal!«

»Chance? Er ist illegal eingereist?«

Der Mann nickte. »They send him back. Like me.« Mit einem furchtsamen Blick sah der Mann zum Haus 6, dem Abschiebegefängnis hinüber. »They send me back. Every day I wait.«

Emma stand auf, ihre Knie schmerzten vom harten steinigen Boden in diesem trockenen Rondell. Dem Mann schien es nichts auszumachen. Hatte er recht, wurde er demnächst abgeschoben? Sie war sich sicher, dass dieser Asylsuchende und sein kleiner Bruder Chance eine wichtige Rolle in dem Mordfall spielten. Wie sollte sie hinter das Rätsel kommen, wenn sie verschwanden?

»Do you have any documents? Papiere?«

Ein deutsches Wort, dass der Mann anscheinend schon oft gehört hatte, sofort zog er ein paar gefaltete Zettel aus seiner Jackeninnentasche. Emma überflog sie. Sie runzelte die Stirn. Die Papiere waren nicht übersetzt, das krude Amtsdeutsch war selbst für sie nicht zu verstehen. Woher sollte ein Asylsuchender, der nur ein paar Brocken Englisch spricht, wissen, was mit ihm geschieht! Sie hockte sich zu dem Mann.

»I will ask. Okay? I ask, if you can stay or if you have to leave. Okay?«

Er sah nicht auf, nickte aber. Emma streckte sich wieder und wandte sich dem Gelände zu. In welches Haus war die hilfsbereite Angestellte verschwunden?

Emma ging zurück auf das Gelände. An Haus 4 stand ein Schild »Sekretariat und Verwaltung«, und Emma schob den Eingang auf. Sie klopfte an die erste Tür und öffnete sie einen Spalt.

»Entschuldigung, ich habe noch eine Frage …«

In dem Zimmer saß die Frau mit dem blonden Zopf. Sie erhob sich sofort und kam auf Emma zu. Emma zeigte ihr die Papiere.

»Der Mann weiß nicht, ob er demnächst abgeschoben wird, ich glaube, er hat große Angst davor. Können Sie mir sagen, wie es für ihn steht?«

»Leider kann ich da keinem Dritten Auskunft geben, wegen des Datenschutzes, verstehen Sie?«

»Klar.« Emma sah die Frau bittend an. »Ich würde ihm gern sagen, was los ist, er spricht kein Deutsch und wagt es anscheinend nicht, Sie oder Ihre Kollegen zu behelligen.« Sie hob das Blatt in ihrer Hand hoch. »Ist es denn möglich, dass Sie mir die Kürzel erklären, dass ich es dann ihm erklären kann?«

Die Frau zögerte, doch dann nahm sie Emma die Zettel aus der Hand, studierte sie kurz und gab sie ihr zurück. Dabei tippte sie auf die obere rechte Ecke.

»Hier, das ist entscheidend. Erstaufnahme. Das Kürzel steht für Italien. Ihr Mann hat recht, er wird bald ausgewiesen werden, der Bescheid ist ja schon bewilligt. Wenn er möchte, suche ich ihm das Datum raus, dafür müsste er aber wirklich selbst …«

Draußen quietschten Reifen, die Frauen hörten ein Auto

aufheulen, Schreie. Sie sahen sich an, dann stürzten sie nach draußen. Der Pförtner kam aus seinem Wachhaus gelaufen, einzelne Lagerbewohner, alles rannte zum Ausgang. Nein, dachte Emma. Bitte nicht.

Er lag auf dem Bauch, unter dem Kopf ein Blutfleck, der sich langsam ausbreitete. Niemand wagte ihn anzufassen. Eine Frau schrie und riss ihr Kind weg, der Pförtner rannte zurück, vermutlich, um den Notarzt zu alarmieren. Emma kniete sich neben den Mann. Er hatte die Augen offen. Emma flüsterte:

»Please. No. Keep on.«

Er schien zu beten. Emma beugte sich tief an seinen Mund, um ihn zu verstehen, aber sie hörte nur Bruchteile.

»Oh mein Gott.« Die Angestellte mit dem blonden Zopf stand jetzt neben Emma. Sie drehte sich um, rief zum Pförtner: »Haben Sie 112 gerufen?«

Ein Stöhnen, Emma wandte sich wieder dem Verletzen zu. Für einen Moment war sein Blick klar. Er hob mit großer Kraftanstrengung den Kopf und flüsterte:

»Chance.«

»Ja.« Emma liefen die Tränen über die Wangen. »I will help you. Please help me. Stay.«

Der Mann ließ den Kopf wieder fallen und schob seine rechte Hand vor. Emma sah, dass er darin noch immer das Foto festhielt. Er reichte es ihr – und sie nahm es. »Yes«, flüsterte sie. »I will find him. I promise.«

Seine Augen verschleierten sich, Blut lief aus einem Mundwinkel. Die Menschen standen schweigend, einer schien leise ein Gebet zu sprechen. Emma nahm die Hand des Mannes und streichelte sie vorsichtig. Dann hörte sie von Weitem das Martinshorn des Rettungswagens. Der Wagen bremste scharf direkt vor ihnen, zwei Männer sprangen heraus und baten die

Umstehenden, Platz zu machen. Emma erhob sich und stolperte beinahe dabei. Dem Mann wurde eine Sauerstoffmaske übergestülpt, die Rettungsärzte begannen mit ihren Wiederbelebungsversuchen. Einige der Umstehenden machten verstohlen Fotos mit ihren Handys. Emma musste den Blick abwenden. In ihrer Hand hielt sie immer noch das Bild der beiden Brüder und die Papiere. Ihr fiel auf, dass sie noch nicht einmal den Namen des Mannes kannte. Mit zitternden Fingern glättete sie vorsichtig die Dokumente, dann las sie, was er in die ersten Zeilen eingetragen hatte. Der Mann hieß Patrice Diakondua. In dem Moment hörte sie ein Geräusch, und sie hob den Blick. Der Rettungssanitäter, der sich über den Mann gebeugt hatte, setzte sich auf und schüttelte leicht den Kopf.

Hauptkommissar Edgar Blume parkte direkt neben dem rot-weiß flatternden Absperrband. Die Leiche lag noch immer dort, bedeckt mit einem weißen Tuch. Blume grüßte die erstaunten Kollegen vom zuständigen Morddezernat und informierte sich über ein paar Details des Vorfalls. Wie die tiefen Reifenspuren zeigten, war der Fahrer des Wagens über die Absperrung auf das Rondell gefahren und hatte den Mann mit voller Wucht erwischt. Dann war er mit quietschenden Reifen geflüchtet. Entweder war er stark betrunken gewesen, oder er hatte den Mann mit Absicht getötet. Der Pförtner hatte den Lärm gehört, aber weder Fahrer noch Wagen gesehen. Auch sonst schien es keine Zeugen in dieser menschenleeren Gegend zu geben.

Blume wandte sich ab und ging mit schnellen Schritten auf das Gelände. Sie saß vor Haus 3 auf den Treppenstufen zum Eingang und hatte den Kopf zwischen den Schultern vergraben.

»Emma!«

Mit einem Satz war er bei ihr, sie hob den Kopf, und er zog sie zu sich in die Arme. Ihr Körper, schmal und kantig, zitterte leicht. Sie legte den Kopf auf seine Brust, und er atmete ihren Duft ein. Eine Weile standen sie so, dann löste er sich vorsichtig von ihr und fragte leise:

»Warum hast du mich angerufen?«

Sie hatte geweint, das konnte er sehen. Die Augen waren noch immer rot und ein wenig verquollen. Sie wies mit der Hand zu dem Tatort vor dem Tor.

»Der Mann dort, das ist – war der Spucker. Der Mann, der Claire Elbar angespuckt hat.«

Blume starrte sie an. »Woher weißt du das?«

»Er hat es mir selbst gesagt.«

»Hat er dir sonst noch was erzählt?«

»Von seinem Bruder. Aber das war vor dem Überfall.«

»Und hinterher? Hat er dir erzählt, wer das getan hat?«

»Nein.« Emma zögerte. Dann sagte sie: »Ich hab nicht alles verstanden. Einmal sagte er Father. Ich glaube, er hat gebetet.«

»Father? Was hast du noch gehört, Emma? Hat er das Wort Dawe ausgesprochen? Sagte er Dawe, Emma?«

Sie sah ihn verwundert an, er hielt sie jetzt an beiden Oberarmen und sah ihr ernst in die Augen. Sie überlegte, dann sagte sie:

»Ich glaube schon.«

Blume verstärkte seinen Griff an ihren Armen und setzte sie unsanft rücklings auf die Treppenstufen. »Warte hier.«

Sie rief ihm nach: »Was bedeutet das denn?«, aber Blume winkte ab. Er ging zu seinen Kollegen und klärte die Lage. Der Tote musste in die Gerichtsmedizin, alle Unterlagen beschlagnahmt, die Spurensicherung verstärkt werden. Dann rief er Erkenschwick an, erzählte kurz, was er wusste, und bat ihn her.

Emma saß noch immer dort, wo er sie hingesetzt hatte, und sah ihm entgegen. Er setzte sich neben sie. Ihre Körper berührten sich leicht, und Blume widerstand dem Impuls, den Arm um sie zu legen.

»Wie hast du ihn gefunden?«

Sie sah ihn nicht an, sondern scharrte mit dem Fuß im Staub vor sich. »Ich bekam einen Hinweis. Claire hatte einen Gutschein bei sich, von diesem Flüchtlingslager. Deshalb bin ich hierhergefahren.«

»Von wem hast du den Gutschein? Emma, wer hat dir den Gutschein gegeben?«

Sie schwieg, sah ihn unsicher an. Blume sagte: »Du hast ihn vom Ehemann, oder? Samuel Ndeze? Wusste er, dass der Mann hier lebte?«

Emma schüttelte den Kopf. »Nein, er hatte nur den Gutschein bei Claire gefunden. Er wusste nicht, in welchem Heim der Mann war. Deshalb hat er mich ja überhaupt eingeweiht. Ich sollte ...«

»Du solltest für ihn herausfinden, wo der Mann zu finden ist?«

Sie schluckte. Tränen stiegen in ihr hoch, sie hielt sie mühsam zurück.

»Und, hast du ihm erzählt, in welchem Lager der Mann war? Emma, hast du ihn auf die Spur des Mannes gebracht?«

Emma schüttelte den Kopf, jetzt liefen ihr die Tränen hinunter. »Ich glaube nicht.«

»Was heißt das, du glaubst nicht? Was soll ich damit anfangen?«

»Er hat behauptet, er könnte mich orten. Per GPS, wegen meines Handys. Er war wütend, weil ich ihm nicht sagen wollte, in welchem Lager der Mann lebt.«

Emma zog die Nase hoch. Ihr fiel ein, dass sie der Assistentin seiner Agentur gesagt hatte, sie fahre nach Tegel. Hatte die Frau das so an Ndeze weitergegeben? Und was hatte er mit der Information gemacht? Ein Schmerz machte sich in ihrer Kehle breit, sie schluckte hart. Ein Gedanke kam auf und ließ sich nicht vertreiben. War sie schuld am Tod von Patrice Diakondua?

Blume sah sie stumm an, er runzelte die Stirn. »Du hättest mich sofort anrufen müssen.«

Emma wischte sich die Tränen aus dem Gesicht und sah stur

geradeaus. Blume sah Erkenschwicks Auto vor der Einfahrt halten. Er schirmte seine Hand gegen die Sonne ab und hob sie kurz, als Erkenschwick ausstieg. Sein Assistent nickte und kam auf sie zu. Sie warteten, bis er bei ihnen angelangt war, dann drehte sich Blume wieder zu Emma und fragte:

»Was hatte er mit Claire Elbar zu tun? Woher kannte er sie? Und warum hat er sie angespuckt?«

Emma erzählte, was sie von der Suche nach dem Jungen mit Namen Chance wusste. Das Foto der beiden Brüder ließ sie dabei in ihrer Hosentasche. Sie wusste, dass sie es vorzeigen sollte, aber sie brachte es nicht über sich. Blume würde es ihr garantiert abnehmen. Sie hatte Diakondua versprochen, den Jungen zu finden, und sie brauchte das Foto dafür.

»Ein Junge also, um die zehn. Verschwunden. Was ist mit dem Kind?«

»Ich weiß es auch nicht genau. Claire hat anscheinend versprochen, den Jungen nach Europa zu holen. Dann muss etwas schiefgegangen sein. Er wäre weg, soll sie gesagt haben, er sei irgendwo in Europa.«

Erkenschwick beugte sich vor. »Genauer hat er es nicht gesagt? Europa?«

Emma nickte. Erkenschwick zögerte, dann meinte er: »Er hat nicht zufällig Holland erwähnt?«

»Nein.« Emma sah von dem einen Mann zum anderen. »Wieso Holland? Wie kommen Sie darauf?«

Erkenschwick und Blume wechselten einen Blick, Blume nickte leicht, und Erkenschwick sagte: »Claire Elbar hat eine größere Summe an eine Organisation in Holland überwiesen, eine NGO mit Namen global witness. Schon mal von gehört?«

Emma schüttelte den Kopf. »Haben Sie bei der NGO angerufen?«

»Natürlich. Niemand scheint dort eine Claire Elbar zu kennen.«

»Vielleicht wollen sie es nur nicht zugeben?« Emma sah Blume an. »Angenommen, sie haben mit dem Geld dieses Kind illegal nach Europa geschleust, dann würden sie das der Polizei vermutlich nicht so gerne auf die Nase binden.«

»Wir werden noch mal Kontakt mit denen aufnehmen.« Blume stand auf. Erkenschwick sagte: »Und wir sollten auch noch mal bei ...« Blume hob pfeilschnell seine Hand, und Erkenschick verstummte auf der Stelle. Emma sah von einem zum anderen.

»Was meint ihr? Hat das mit dem Namen zu tun, den du erwähnt hast, Blume? Dawe, das war es, das sagte er, oder? Was bedeutet Dawe?«

Blume sagte kurz: »Darüber kann ich dir nichts sagen.«

»Na toll, ich breite dir hier alle meine Rechercheergebnisse aus und du ...«

»Dies ist kein Spiel, Emma!« Blume war laut geworden. Sie blaffte zurück: »Das weiß ich! Da vorne liegt ein Mann in seinem Blut. Glaubst du, ich halte das hier für ein Spiel?«

Blume stand auf, er raufte sich die Haare. Nach einer Weile sagte er ruhiger: »Ich kann nicht wie du frei entscheiden, was ich wem erzähle!«

Alle drei schwiegen. Dann fügte Blume hinzu: »Ich habe Angst, dass du dich zu weit in die Geschichte eingräbst, Emma. Ich will das nächste Mal nicht dich so finden. Wie den Mann hier.«

»Sein Name war Patrice Diakondua.«

»Diakondua, ja.« Blume reichte ihr die Hand und zog sie hoch. »Wer hat noch gewusst, dass du hier zu ihm rausfährst? Wer hat was von deinen Nachforschungen mitbekommen?«

»Nur ein paar Kollegen und …« Emma zögerte.

»Ndeze.«

Sie ließ ihn los. »Ich hab ihm nicht gesagt, wo das Lager ist.«

Emma biss sich auf die Lippen. Sie dachte daran, wie Sam sie gewarnt hatte. »Mach dein Handy aus. Nimm den Akku raus. Du weißt nicht, auf was du dich hier einlässt.«

»Und wenn jemand tatsächlich mein Handy geortet hat?«

Blume und Erkenschwick sahen sie zögernd an. Sie zuckte mit den Schultern. »Ist doch heutzutage kein Problem mehr, oder?«

Blume fragte: »Glaubst du denn, dass dich jemand im Visier hat?« Er sah sich um. »Ist dir jemand auf dem Weg hierher aufgefallen?«

»Nein.« Emma fasste in ihre Tasche. Sie zog ihr Handy heraus, und mit einem leichten Zögern stellte sie es aus. Blume beobachtete sie dabei.

»Sollen wir einen Kollegen bitten, dich nachhause zu bringen?«

»Danke, nicht nötig.«

Erkenschwick ging voraus zum Tor, Blume und Emma folgten ihm schweigend. Der Tote wurde eben in einen Sarg gelegt, die Männer schlossen den Deckel. Ein paar Heimbewohner sahen schweigend zu. Es hat einen Vorteil, dachte Blume, dass diese Heime so fernab liegen. Weniger Schaulustige. Und keine Presse. In dem Augenblick sah er den Ü-Wagen, der unter einer Straßenlinde parkte. Blume wandte den Kopf zu Emma und sagte:

»Muss das denn sein?«

Emma ging an ihm vorbei. »Was willst du? Das ist mein Job.«

Er hielt sie am Arm fest. Leise sagte er: »Wenn du Holland erwähnst, dann bring ich dich um.«

Sie riss sich los. »Ich werde nichts erwähnen, was mit dem Bruder zu tun hat. Aber ich werde nicht verschweigen, dass hier ein Asylsuchender ermordet wurde.«

»Dass es ein Mord war, ist nicht bewiesen.«

Emma sah ihn wütend an, dann ging sie weiter zum Transporter. Er sah ihr hinterher. Sie war so zart. Das mit der Handy-Ortung machte ihm mehr Sorgen, als er zugeben wollte.

Erkenschwick trat neben ihn. »Was machen wir mit Henry O.?«

»Wir fahren hin. Und fragen ihn, ob er Patrice Diakondua getötet hat.«

»Er wird uns auslachen.«

»Ja.« Blume runzelte die Stirn, seine Augenbrauen bewegten sich wie Schlangen. »Aber er soll wissen, dass wir an ihm dran sind.«

Sie schwiegen einen Moment und beobachteten, wie Emma mit dem Sendegerät aus dem Wagen kletterte. In der rechten Hand hielt sie das Mikrofon, in der linken ein Klemmbrett mit Notizen. Sie beachtete die beiden Männer nicht, sondern schien sich über Mikro und Kopfhörer mit jemandem zu verständigen. Erkenschwick sagte, ohne Emma aus den Augen zu lassen: »Machst du dir Sorgen um sie?«

Auch Blume beobachtete Emma. In seinem Gesicht lag ein schmerzlicher Ausdruck. »Diese Frau zu mögen heißt, sich immer Sorgen um sie zu machen.«

Vermutlich starb er an inneren Verletzungen.« Emma spürte, wie ihre Stimme zitterte. Sie holte tief Luft und fasste das Mikrofon fester. Klar drang Sönkes Stimme über den Kopfhörer zu ihr. »Emma, du hast uns gerade erzählt, dass der Asylantrag des Opfers, also von Patrice Dio …«

»Diakondua.«

»Ja, Diakondua, also dass sein Asylantrag bereits abgelehnt worden war.«

»Das ist richtig. Er hatte sich zuerst in Italien registrieren lassen. Laut der Drittstaatenregelung wäre er dorthin abgeschoben worden. Ich habe mit einer Betreuerin geredet, sie sagte, dass Patrice Diakondua vermutlich in den nächsten Tagen ausgewiesen worden wäre.«

»Kann es nicht sein, dass der Mann sich aus Verzweiflung über die Ausweisung selbst vor das Auto geworfen hat?«

»Nein, Sönke, das halte ich für ausgeschlossen.« Emmas Stimme klang jetzt wieder fest. »Die Bremsspur zeigt deutlich, dass der Wagen über einen hohen Bordstein in das Rondell hineingefahren ist, direkt auf Diakondua zu. Die Polizei geht ebenfalls ganz klar von einem Verbrechen aus. Entweder war der Fahrer – oder die Fahrerin – stockbetrunken. Oder das Opfer wurde mit voller Absicht überfahren.«

»Das war unsere Polizeireporterin Emma Vonderwehr live vom Erstaufnahmelager Tegel, in dem heute ein Flüchtling auf tragische Weise ums Leben kam. In wenigen Minuten dann die Nachrichten mit weiteren Einzelheiten.«

Auf tragische Weise, dachte Emma, während sie den Kopfhörer von ihren Ohren zog und zurück zum Transporter ging. Auf tragische Weise, das klang wie eine Naturkatastrophe. Sie legte das schwere Sendegerät vorsichtig auf die Rückbank. Laut sagte sie: »Ich bin sicher, es war Mord.«

Daniel reagierte nicht, er war dabei, den Computer zu schließen und die Antenne herunterzufahren. Was juckt es ihn, dachte Emma, er fährt von Nachricht zu Nachricht. Daniel drehte sich zu ihr um und fragte: »Soll ich dich irgendwo absetzen?«

»Kriegst du mein Rad mit rein?«

Daniel verzog das Gesicht, der Wagen war so etwas wie sein Wohnzimmer. »Weil du es bist.«

Emma grinste erleichtert. Sie hob ihr Rad in den Laderaum, der Techniker befestigte es mit Schnellspanngurten. Dann schlug er die Tür des Transporters zu, und Emma kletterte vorne auf den Beifahrersitz. Am Tatort waren noch immer die weißgekleideten Männer von der Spurensicherung beschäftigt. Blume und Erkenschwick waren nicht zu sehen.

Daniel fuhr los, und Emma lehnte sich in dem Sitz zurück. Chance, dachte sie. Was für ein seltsamer Name. Haben wir eine Chance, dich zu finden? Sie seufzte. Ich habe es versprochen, dachte sie. Der Wunsch des sterbenden Patrice Diakondua war eindeutig gewesen. Finde ihn. Beschütze ihn, wenn ich es nicht mehr kann.

Emma fuhr mit der Hand an ihrer Jeanstasche entlang und fühlte den Rand des Fotos unter ihren Fingerspitzen. Was, wenn sie den Jungen tatsächlich fand? Sollte sie ihm sagen, dass der große Bruder ermordet worden war? Emma zuckte mit dem Finger zurück, das Papier hatte eine winzige Wunde in die Kuppe geschnitten. Was, wenn ihr tatsächlich jemand gefolgt war? Brachte sie dann nicht auch das Kind in Gefahr?

Ein Schauder überlief sie, sie wickelte sich in ihre Jacke und drückte sich tief in den Autositz. Daniel sah sie kurz von der Seite an, aber Emma wandte nicht den Kopf.

Warum wollte jemand den Asylsuchenden Diakondua zum Schweigen bringen? Und was war mit dem Jungen? Sollte er ebenfalls getötet werden?

Emma seufzte wieder. Sie hatte es versprochen. Sie musste den Jungen finden. Vielleicht konnte sie noch einmal mit Blume reden. Dawe. Sie wollte endlich wissen, mit welchen Gegnern sie es zu tun hatte.

Daniel stellte das Rad auf den Bürgersteig vor ihrem Haus, sie winkte zum Dank, schob es in den Hinterhof und kettete es an. Dann stand sie für einen Moment unschlüssig im Treppenhaus. Oben in ihrer Wohnung erwartete sie das übliche Chaos, nichts zu essen und viele Vorwürfe, die sie sich selbst machte. Sie hatte Hunger, sie war aufgewühlt und ratlos, und wie immer in so einer Verfassung gab es nur einen Ort, zu dem es sie hinzog. Sie ging zu dem kleinen kambodschanischen Imbiss ihres Freundes Khoy.

Der Laden lag in einer Nische gegenüber ihres Wohnhauses am Alexanderplatz. Khoys ganze Familie arbeitete hier. Die Mutter stand meist in der Küche des asiatischen Restaurants, der Vater saß an der Kasse des kleinen Supermarktes, der von einem Vorhang abgetrennt an das Restaurant angeschlossen war. Manchmal half noch eine Tante, die Schwester seiner Mutter, aus. Khoy selbst bediente im Restaurant und packte die angelieferten Waren im Markt aus. Seine Eltern wünschten sich, er würde weiter zur Schule gehen, aber davon wollte Khoy nichts wissen. Hinter dem Äußeren eines Punks versteckte er die androgyne Zartheit eines Außenseiters, der der Welt meist den Rücken kehrte. Emma war seine einzige Freundin.

Sie kletterte auf die für Mitarbeiter reservierte Bank an der Theke und drückte sich in die Nische. Khoy winkte mit vollen Tellern, sie lächelte matt, und er stutzte. Kam zurück, nachdem er das Essen serviert hatte und blieb vor ihr stehen.

»Hast du geweint?«

Statt einer Antwort drückte sie ihre Fäuste an die Schläfen, sie wollte nicht wieder anfangen. Khoy wartete einen Moment, als sie nichts sagte, verschwand er kurz in der Küche und brachte ihr einen Teller mit ihren Lieblingsleckereien: Frische Mango, Zuckerpalmfrüchte und schwarzen Reis mit Kokosraspeln.

»Ich bin gleich bei dir.«

Emma nickte und griff zu. Zucker kann manchmal ein großer Trost sein. Zehn Minuten später setzte sich Khoy zu ihr auf die Bank.

»Es ist doch nichts mit Ida? Wo ist sie denn?« Khoy liebte Emmas kleine Schwester. Ida war vorlaut und manchmal übergriffig, sie ging anderen Menschen schnell auf die Nerven. Bei Khoy hatte sie seine Scheu komplett überrannt. Der asiatische Punk und das Kind mit Down-Syndrom waren wie zwei Wesen von einem anderen Stern, die sich auf Erden gefunden hatten.

»Zuhause«, sagte Emma mit vollem Mund. Sie schluckte und wischte sich den Saft der Mango aus den Mundwinkeln. »Mama hat sich den Knöchel gebrochen, der Besuch wurde verschoben.«

»Bist du deshalb so traurig?«

Emma schüttelte den Kopf. Khoy wartete, fragte jedoch nicht weiter nach, als Emma schwieg. Stattdessen lächelte er und sagte: »Es ist komisch, wenn du von Helene redest und Mama sagst.«

»Ja?« Emma dachte nach. »Stimmt, ich nenne sie fast nie Mama. Helene war immer so jung, viel jünger als die Mütter meiner Freundinnen.« Helene hatte Emma mit 18 bekommen, ihre Mutter betonte immer, dass sie trotzdem ein Wunschkind gewesen war. Der Wunsch sei eben erst mit der Schwangerschaft entstanden. Als Emma im Abi stand, kündigte sich ihre kleine Schwester an. Helene wollte das Kind unbedingt, auch, als bei dem Fötus Trisomie 21 festgestellt worden war. Der

Vater wollte es nicht. Die Familie zerbrach darüber. Während Emma lange Jahre wütend auf den Vater war, der die Familie verlassen hatte, sah sie die Dinge mittlerweile differenzierter. Für eine Aussöhnung mit ihrem Vater war es zu spät gewesen – er war vor ein paar Jahren gestorben.

Ein älteres Paar betrat den kleinen Gastraum, er trug einen Janker, sie einen langen Rock und vernünftige Schuhe, Touristen vermutlich. Etwas verunsichert betrachteten sie Khoy, der ihnen lächelnd die Speisekarten reichte. Als er zur Küche ging, machte die Frau verstohlen ein Foto von ihm, die beiden kicherten wie Schulmädchen, jetzt hatten sie zuhause noch eine Geschichte über das verrückte Berlin zu erzählen. Khoy zwinkerte Emma zu, als er an ihr vorbeiging, und sie konnte wieder lachen.

Später setzte er sich mit einem Kaffee zu ihr. Emma tupfte mit den Fingern letzte Reste des exotischen Zuckerzeugs auf und steckte es sich in den Mund, wunderbar süß und tröstend schmeckte es. Khoys Körper schmiegte sich in der engen Nische an sie. Wir sind schon zwei, dachte Emma. Zwei verlorene Hühner. Sie wollte ihm etwas sagen, ihm zeigen, dass er genau das Richtige tat, aber sie wusste nicht, wie. Stattdessen fragte sie »Was würdest du tun, wenn du jemanden finden willst?«

»Wie finden?« Er nahm einen Schluck, hielt fragend die Tasse hoch. »Willst du auch einen?«

»Nein, danke.« Emma malte mit den Einmalstäbchen Muster in die Tischdecke. »Stell dir vor, du weißt nur ganz wenig von der Person.« Sie sah ihren Freund an. »Was würdest du machen?«

»Internet?«

Sie schüttelte den Kopf.

»Dann gemeinsame Freunde oder Bekannte fragen. Irgendjemand, der die Person kennt.«

»Geht nicht. Die sind alle tot.«

»Moment mal.« Khoy stellte die Tasse ab, dass es klirrte. »Ist das hier eine hypothetische Frage, oder hat das, was ich sage, mit deiner Verfassung zu tun?«

Sie zupfte konzentriert an seinem T-Shirt, um den Kloß runterschlucken zu können, der ihr in der Kehle saß. »Rein hypothetisch!«

Khoy schwieg. Nach einer Weile meinte er: »Wahrscheinlich würde ich überlegen, wo ich diese Person das letzte Mal gesehen habe. Über die Situation nachdenken, die ich mit ihr verbinde. Im Kopf noch mal zurückgehen und mich fragen, ob es irgendwo etwas gibt, was mich dieser Person näherbringt.«

Er trank den Kaffee aus. »Hat sie mal was erwähnt, was sie gut findet, wo man sie treffen könnte, wer sie kennen könnte. So was.«

Emma schüttelte unzufrieden den Kopf. »Das passt alles nicht. Ich hab diesen Menschen ja selber nie getroffen. Vermutlich ist er auch gar nicht in Berlin.«

Sie dachte weiter nach, während Khoy das benutzte Geschirr zurück in die Küche brachte und dann auf neue Gäste zuging. Unbewusst spielte sie mit ihrem Handy. Es war noch immer ausgeschaltet. Emma dachte an Samuels Warnung, das Telefon nicht zu benutzen. Warum hatte er das gesagt? Hatte er verfolgen können, auf welchen Wegen sie ins Flüchtlingslager fuhr? Hatte er Patrice Diakondua über den Haufen gefahren?

Sie sah den Flüchtling vor sich, im Staub der Straße liegend, seltsam verformt und blutend. Schmerzlich stieg die Wut in ihr hoch. Samuel hatte sie benutzt, hatte gewollt, dass sie den Mann findet. War er ein brutaler Doppelmörder? Und war sie der Steigbügel, der ihm half, seine Opfer zu finden? Auf einmal hielt sie es nicht mehr aus.

»Khoy, ich muss los!«

Er war am Tresen, kassierte gerade einen Gast ab.

»Wo gehst du jetzt hin?«

»Das kann ich dir nicht sagen, ich … muss was klären.«

»Warte!« Khoy kam hinter dem Tresen hervor, erwischte Emma noch an der Schulter. »Mit dir stimmt doch was nicht, lass mich mitkommen, ich …«

»Und was ist mit dem Wechselgeld, he?« Der Mann am Tresen stemmte die Hände in die Hüften, und Khoy sah zögernd nach hinten. Emma schob seine Hand weg.

»Schon gut, Khoy, ich krieg das hin. Danke für das Essen.«

Er sah sie zweifelnd an, sie schob die Tür auf. Er versuchte nicht mehr, sie aufzuhalten, sagte nur noch: »Ruf mich an, wenn du Hilfe brauchst!«

Das geht nicht, dachte Emma und nickte. Mein Handy lass ich erst mal aus. Wer weiß, wozu es gut ist.

Dann drehte sie sich um und rannte fast aus dem Laden. Draußen wurde es allmählich dunkel, Fußgänger waren unterwegs, der Verkehr brauste um sie. Emma sah nicht nach links oder rechts, rannte stur weiter die Rosenthaler herunter, nicht mal die Zeit, ihr Fahrrad zu holen, nahm sie sich, obwohl sie damit sicher schneller gewesen wäre. Laut keuchend stand sie vor den Kunsthöfen in der Auguststraße und versuchte, wieder zu Atem zu kommen. Im Glascafé war jetzt Hochbetrieb, aber Emma ging daran vorbei direkt auf die Haustür zu. Sie klingelte Sturm, nichts rührte sich. Voller Wut schlug sie mit dem Fuß gegen die aufwendig restaurierte Holztür, sie schrie: »Samuel, du Arschloch, mach auf!« Wieder klingelte sie Sturm. Wieder regte sich nichts. Sie ging ein paar Schritte zurück und legte den Kopf in den Nacken – die Fenster im fünften Stock waren alle dunkel. Wieder dieser Kloß im Hals. Es war befreiend zu schreien. Nach einer Weile konnte sie nur noch krächzen, sie drehte sich um – und sah in aufgerissene Augen, offene Münder. Fast alle Gäste des Cafés waren aufgestanden, starrten zu ihr durch die Glasscheibe wie auf ein wild gewordenes Tier. Wenn sie nicht so außer sich gewesen wäre, hätte sie gelacht.

Schnell drehte sie sich um und lief zurück bis zur Kleinen Hamburger Straße. Der Sportplatz leuchtete im Flutlicht, die Jugend von Blau Weiß Berolina trainierte unter den Schreien des Trainers. Emma setzte sich auf die unterste Bank der Tribüne und zog einen zerknitterten Zettel und ihr Handy heraus.

»Ja?«

Die Stimme klang jung. Was hatte Schneider gesagt? Der Freund von einem Freund.

»Mein Name ist Emma Vonderwehr. Ich bin Journalistin und recherchiere über die Firma H. C. Marx.«

Stille. Emma wurde unsicher. Hatte Schneider ihr die richtige Nummer gegeben?

»Mich interessiert vor allem der Coltanhandel der Firma, es gibt da eine Mine in …«

»Nicht am Telefon.«

Hoppla, dachte Emma. »Okay, können wir uns treffen?«

»Ich schicke Ihnen eine SMS.«

Aufgelegt. Wann, hatte sie noch fragen wollen. Jetzt gleich? Morgen? Weihnachten? Emma starrte auf die Jungs in den blau-weißen Trainingsanzügen, ihr Atem als weißer Nebel. Dann piepte ihr Telefon.

Pfeiffers am Heinrichplatz. In einer halben Stunde.

Sie steckte das Handy weg und stand auf. Heinrichplatz. Kreuzberg. Und das alles ohne Fahrrad.

Mit hochgeschlagenem Kragen lief sie zur nächsten U-Bahn-Station.

Emma ging vom Moritzplatz die Oranienstraße hinunter. Autos schoben sich hupend an ihr vorbei, Schulmädchen mit und ohne Kopftuch drängten sich an den Kleiderständern der Boutiquen, und vor dem Club SO 36 fegte ein Hardrocker mit tätowierten Oberarmen die Spuren der vergangenen Nacht weg.

Das Pfeiffers war ein schmales Café zwischen Programmkino und Bioladen. Emma blieb auf dem Bürgersteig stehen und sah hinein. Kleine Tische, alte, schokobraun bezogene Ledersessel, an der Wand riesige Siebdrucke. Ganz hinten eine Bar, eine junge Frau an der Kaffeemaschine. An den Tischen sah Emma nur einen Menschen: Ein großgewachsener Junge mit Vollbart im gestreiften Nicki beugte den Kopf über seinen Laptop. Sie holte Luft und betrat das Café.

»Entschuldigung?« Der Junge hatte nicht aufgesehen, als Emma hereingekommen war, auch jetzt hob er nur langsam den Kopf, als löse er sich ungern von dem Monitor. Kein Wort. Emma versuchte es noch mal.

»Haben wir eben telefoniert?«

Der Junge starrte sie weiter an. Emma spürte, wie ihr das Blut in den Kopf schoss. Was für ein Spiel lief hier?

»Willst du mich verarschen oder was?«

»Ich nehme an, du suchst mich?«

Emma drehte sich überrascht um, die Stimme kam aus ihrem Rücken. In einer Nische hinter der Tür saß ein Mann tief in den Ledersessel gedrückt, den Mund zu einem schiefen Lächeln verzogen. Schnell trat Emma die wenigen Schritte zu seinem Tisch. Der Mann war um die zwanzig, er hatte spärliches rotes Haar und einen Schnäuzer. Unter der Motorradlederjacke trug er ein verwaschenes schwarzes T-Shirt, drei Buchstaben in eckiger Schrift spannten über seinem Bauch, durchzogen von einem stilisierten Kabel: CCC.

»Emma Vonderwehr?«

Emma nickte, holte sich einen Stuhl und setzte sich zu dem Mann. Der tippte schon wieder auf seiner Tastatur.

»Was ist das, checken Sie jetzt alles, was über mich im Netz zu finden ist?«

Der Mann lachte, ohne aufzusehen.

»Ist es das, was du erwartest, wenn du jemanden von der Community triffst?«

»Es würde mich zumindest nicht überraschen.«

»Nein nein, keine Sorge, ich muss das nur noch eben …« Er vertiefte sich wieder in die Datei vor ihm, und Emma drehte sich zu der Bedienung um. Sie stand noch immer am Tresen und machte keine Anstalten näherzukommen. Emma rief halblaut: »Kann ich 'ne Cola haben?« Die Frau nickte, bewegte sich nicht.

»So, jetzt …« Der Mann klickte noch einmal und klappte sein Notebook dreiviertel zu. Dann streckte er Emma die Hand entgegen. »Klaus. Du hast gesagt, du interessierst dich für die Firma H. C. Marx?«

»Ja.« Emma nahm die Hand, schüttelte sie. Sie war nass und schwitzig, sie ließ sie schnell wieder los. »Vor allem für die Mine in Bisiye, in der Coltan geschürft wird. Schon mal mit denen zu tun gehabt?«

»Scheiße, klar doch. Hab auf unserem Kongress über die referiert, hat mir 'ne Menge Ärger eingebracht.«

»Wieso interessiert sich der Chaos Computer Club für H. C. Marx?«

»Wundert dich das? Coltan, Mann, das ist der Stoff, der uns am Leben hält, unsere heilige Kuh, unser Heroin. Ohne Coltan würden wir noch Pacman spielen, und Mark Zuckerberg müsste arbeiten gehen. Coltan ist für jeden Hacker MEGAWICHTIG, Mann.«

Emma stützte sich mit dem Ellenbogen auf und unterdrückte ein Grinsen. Das Gespräch fing an, ihr Spaß zu machen.

»Und wieso brachte dir das Ärger ein?«

»Naja, zuerst war ja alles easy. Total open space, ich saß auf dem Schoß vom CEO.« Emma sah ihn groß an. »Digital gesehen, Mann. Ich kam überall rein. Am Ende haben die mich sogar da runtergeflogen.«

Emma sah erstaunt hoch. »Du warst in Bisiye?«

»Scheiße, klar man, Tauchurlaub inklusive. Aber was ich darüber erzählt hab, das fanden die dann nicht mehr so geil.«

Die Thekenkraft brachte die Cola, Klaus starrte ihr mit offenem Mund in den Ausschnitt. Emma räusperte sich.

»Erzähl mir mal ein bisschen über die. Ich weiß nicht viel.«

Er löste nur ungern den Blick.

»Okay, stell dir vor, du bist im Kongo. *Herz der Finsternis*, mal gelesen? Lehmhütten mitten im Urwald, finster, keine Sau glaubt, dass es so was noch gibt. Menschen mit Haut so schwarz wie deine Seele, fast am Verrecken vor Hunger und Krankheiten, sitzen auf den größten Reichtümern der Erde – Gold, Diamanten und eben Coltan.«

Der Computermann holte tief Luft und trank einen Schluck von etwas undefinierbar Braunen in einem Glas.

»Sie graben mit den Händen, Männer, Frauen und Kinder, schleppen das Zeug eimerweise durch den Dschungel, vier Tage ohne Wasser oder Verpflegung, und am Ende bekommen sie 4 Dollar für das Kilo. Schätz, was so ein Kilo Coltan auf dem Weltmarkt bringt?«

Er lehnte sich zurück, verschränkte die Arme. Offensichtlich gefiel er sich in der Rolle des Vortragenden. Emma tat ihm den Gefallen.

»Sag du es mir.«

»940 Dollar. Keine schlechte Spanne, was? Alle paar Wochen überfällt ein Söldnertrupp die Dörfer. Wham!«

Klaus schlug auf den Tisch, Emma zuckte zusammen, seine Tasse kippte bedenklich.

»Köpfe rollen, Frauen rennen um ihr Leben. Wer nicht für den neuen Chef arbeitet, wird abgeschlachtet. Mal *Apocalypse Now* gesehen? Rattatatata …«

Der Mann schrie jetzt fast vor Emphase, Emma sah sich nach der Kellnerin und dem anderen Gast um. Keiner hob den Kopf. Sie drehte sich wieder zu Klaus, der kurz seine E-Mails checkte. Vermutlich ein Routinegriff, so wie andere nach der Uhrzeit sahen. Emma meinte:

»*Apocalypse Now*? Das spielte doch in Vietnam, wenn ich mich richtig erinnere.«

»Aber nur, weil den Amis Afrika am Arsch vorbeigeht. Vietnam, das ist ihr Trauma! Aber in Wahrheit geht's um den Kongo. Blut, Schweiß und Gedärme, Mann!«

»Und wie kommt jetzt bei diesem ganzen Horrorszenario die Firma H. C. Marx ins Spiel?«

»Die Zustände im Kongo waren natürlich bekannt. Es gab immer wieder Journalisten, die da runterfuhren und gefilmt haben. Auch Flüchtlinge, die davon erzählt haben, obwohl, denen glaubt ja erst mal sowieso keiner.«

Klaus griff in seine Tasche, holte eine Packung Zigaretten heraus. Sie war schwarz, notebookkompatibel, ebenfalls die drei Cs aufgedruckt. Er versteckt nicht gerade seine Hackeridentität, dachte Emma. Klaus zündete die Zigarette an und inhalierte tief.

»Willste auch eine?«

Emma sah wieder zur Theke. »Hier ist doch bestimmt Rauchverbot.« Er lachte, hustete. »Ich mach denen hier die IT, det is hier mein Wohnzimmer.«

Emma nahm eine Zigarette, dabei rauchte sie nicht, die ganze Situation war skurril genug. Klaus lehnte sich wieder zurück und redete weiter.

»Apple, Nokia, die haben das solange es irgend ging ignoriert. Scheiße Mann, die waren ja angewiesen auf das Zeug! Es gibt ein paar Vorkommen in Australien und Kanada, aber erstens ist das viel zu wenig, und zweitens würde es natürlich einen Riesenhaufen mehr kosten, das Zeug da zu schürfen! Aber immer mehr Leute pissten ihnen ans Bein – Journalisten, Politiker, NGO-Trupps. Große Demos in New York und London, Leute schrien Blut-Handys und so'n Zeug. Die Firmen mussten handeln. Die Afrikaner da unten waren denen zwar scheißegal, aber der Imageschaden war langsam nicht mehr abzuwenden.«

Emma nahm ihren Block aus der Tasche und machte sich Notizen. Der Mann redete schneller als ein Wasserfall.

»Und dann tauchte H.C. Marx auf. Finden Coltanvorkommnisse im Nachbarstaat Ruanda. Hipp, hipp, hurra!«

Der Mann winkte mit der Zigarette, als wollte er ihr zuprosten. Emma nahm vorsichtig einen Zug, paffte. Es schmeckte besser, als sie es in Erinnerung hatte.

»Also der feine Herr Marx leiert den korrupten Staatsführern die Schürfrechte aus den Rippen und baut eine Mine auf, die in jedem Disney-Film spielen könnte. Abgesicherter

Stollen, Schutzkleidung, Krankenversicherung, keine Kinderarbeit. Sie bieten Journalistenreisen da runter, erste Klasse, Übernachtung in Bambushütten, eine Woche Tauchurlaub hintendran. Alle schreiben, wie toll es den Arbeitern da geht, und die Firma kriegt weltweit GutMensch-Preise. Glauben Sie mir, Apple küsst den Leuten von H. C. Marx den Arsch!« Klaus rülpste. »'tschuldigung.«

Emma ignorierte das. »Was ist so schlimm daran?«

»Natürlich ist die Arbeit in der deutschen Mine ein Fortschritt für die Leute da unten. Geregelte Arbeitszeiten können nerven, aber bevor da wieder so ein Warlord kommt und meine ganze Familie abschlachtet – hey, ich wüsste, was ich wählte! Nur sollte man dabei nicht aus den Augen verlieren, dass die Afros da vor Ort immer noch ein lausiges Geld kriegen. Und die großen Firmen ihren Reibach machen.«

»Ich verstehe«, sagte Emma langsam.

»Ich hab 'ne saubere Bilanz präsentiert. PowerPoint, dieser ganze BWL-Scheiß. Denen öffentlich aufs Brot geschmiert, wie die Leute ausgenommen werden. Das kam bei denen nicht so richtig gut an.« Emma nickte. Sie malte mittlerweile Wolken um die Worte, die sie aufgeschrieben hatte, überlegte, wie sie die Dinge zusammenbringen konnte, die in ihrem Kopf kreisten.

»Ich hab dir doch von der Künstlerin erzählt, oder? Claire Elbar?«

»Nee, aber ich hab's mir schon angesehen.« Wurde er rot? »Klar hab ich dich kurz gecheckt, man will ja wissen, wer da auf einen zukommt. Da hab ich den Bericht gesehen, du scheinst da ja ganz gut mitzumischen. Scheiße Mann, dieser Afro-Frau haben sie reell den Hals aufgeschlitzt!«

Emma zog ihr Notizbuch näher heran. »Das war auf der

Ausstellungseröffnung. Claire Elbar hat Fotos von einer Mine in ihrer Kunst verarbeitet. Bevor sie ihr Kunstwerk offiziell präsentieren kann, wird sie umgebracht. Ich frage mich, ob ihr Tod mit ihrer Arbeit zusammenhängt. Ihr Ehemann sagt, sie waren zusammen in Bisiye und haben die Mine besichtigt. Vielleicht hat sie dort etwas Illegales entdeckt und wollte damit an die Öffentlichkeit gehen.«

»In der Mine in Bisiye?« Klaus sah sie skeptisch an, schüttelte den Kopf.

»Kann ich mir nicht vorstellen. Da läuft das nach der Devise: Kapitalismus tut weh, vor allem den anderen. Aber immer schön legal. Scheiße Mann, die Typen von H. C. Marx sind zwar Arschlöcher, aber keine Idioten. Alle großen Handyfirmen beziehen ihr Coltan von dieser Firma, weil es ja so schön pc ist. Das ist 'ne Frage von Image. So was riskiert man nicht.«

Emma setzte sich aufrecht hin und rollte nervös ihren Bleistift zwischen den Fingern. Wie passte das alles zusammen?

»Glaubst du, ich bekomme einen Termin bei H. C.Marx?«

»Scheiße, klar doch. Früher hättste mal bei den Handyzulieferern anfragen sollen! Entschuldigung, klebt zufällig Blut an Ihren Rohstoffen? Die haben aufgelegt, bevor man ›Du mich auch‹ sagen konnte. Da hättste eher die Nummer von Scarlett Johansson bekommen als du von der Abteilung für Fragen der Sozialen Verantwortung.«

»So was haben die da?«

»Netter Name, nicht? Die Typen sind im Grunde für die gesamte Abwicklung zuständig. Was glaubste, was die alles vertuschen müssen.« Klaus lachte glucksend, wurde aber schnell wieder ernst. »Offiziell sollen die für die *people* da unten sorgen, aber ich hab das ja ziemlich von innen gesehen. Das ist die Abteilung, die für den Glanz an der Oberfläche sorgt – was nicht so glänzt, bleibt schön im Dunkeln. Also ich sag mal – wenn die Firma Marx ein Staat wäre, dann ist die Abteilung für Soziale Fragen ihr Geheimdienst.«

Er klappte sein Notebook wieder hoch und tippte etwas darauf.

»Also grundsätzlich ist so ein Termin kein Ding. Fragt sich nur, ob du bis Mitte Februar warten kannst.«

»Was, wieso?«

Er drehte den Monitor ein wenig zu ihr.

»Termine mit Journalisten sind Chefsache, die macht nur der Oberboss persönlich. Und der hat erst Mitte Februar wieder einen freien Termin.«

Emma traute ihren Augen kaum. »Ist das etwa …«

»Der Terminkalender von Hilpert Constantin Marx persönlich.« Klaus grinste, es gefiel ihm offensichtlich, sie zu beeindrucken. »Ich hab dir doch gesagt, ich saß auf seinem Schoß.« Langsam zog er das Notebook zu sich heran, und Emma musste, wenn sie weiter auf den Monitor sehen wollte, näher an ihn heranrücken. Er tippte bereits wieder.

»Wollten wir doch mal sehen, was Mr Big morgen so macht.«

Eine Bewegung ließ Emma aufsehen, der Typ im gestreiften Nicki verließ das Café. Er sah Emma durchdringend an, oder kam es ihr nur so vor? Wurde sie langsam paranoid?

»Morgens ist er nicht da. Um zwölf dann Termin mit Herrn Schulze aus dem Vertrieb.«

Er tippte, hielt inne.

»Vonderwehr in einem Wort, oder?«

»Nein, warte.« Sie überlegte. »Schreib Fügemann. Bente.«

Er sah sie fragend an.

»Wenn die meinen Namen googeln, dann sehen die auf den

ersten Blick, dass ich an dem Elbar-Fall dran bin. Das möchte ich vermeiden.«

Er zuckte die Achseln, beugte sich über sein Notebook und tippte.

»Einen Betreff brauchst du. Sagen wir, du schreibst eine Reportage über innovative Firmen in Berlin. Das wird ihm gefallen.«

Mit einem knallenden Schlag auf Enter beendete er die Eingabe.

»So, morgen um zwölf hat Frau Fügemann einen Termin mit dem Marx. Herr Schulze muss leider warten.«

»Cool. Und du glaubst, das funktioniert? Wird sich die Sekretärin nicht wundern, wenn sie einen Termin sieht, den sie nicht gemacht hat?«

»Kein Thema. Auf den Terminkalender haben mehrere Leute Zugriff. Und wenn kein Kürzel hinter dem Eintrag steht, dann geht sie davon aus, dass der Chef selbst das eingetragen hat. Der bestellt sich gern mal zwischendurch Frauen ins Büro, wenn du weißt, was ich meine.«

»Scheiße, klar doch.« Emma grinste, er schien es nicht mal zu merken. »Danke.«

»Kein Problem. Diese Typen sind zwar so clever, ihre nicht so netten Absprachen im Darknet zu treffen. Aber nicht schlau genug, ihre Praktikanten richtig einzuschätzen.« Er lachte. »Wenn's darum geht, der Firma Marx in den Hintern zu treten, hier bitte, da ist mein Fuß.«

»Ich werd's mir merken.«

Johann plapperte vom Fußballtraining, von dem Neuen in der Klasse und dem Bastelnachmittag im Schülerladen. Edgar Blume nickte mechanisch, schenkte Früchtetee nach und schmierte Leberwurst aufs Brot. Die Stimme seines Sohnes floss an seinem Bewusstsein vorbei.

Der zweite Besuch bei Henry O. war wie erwartet verlaufen. Der alte Mann hatte ihn freundlich, aber verständnislos angesehen, er hatte sich den Namen des toten Flüchtlings umständlich buchstabieren lassen und mit ratloser Miene den Kopf geschüttelt. Hinter und neben ihm hatten die muskelbepackten Männer gestanden, gefeixt und sich gegenseitig auf den Bizeps geboxt.

»Papa? Was meinst du, Papa?«

Johann sah ihn fragend an. Wie hübsch der Junge war, jeden Tag glich er mehr seiner Mutter.

»Was ist denn, Johann?«

»Wegen morgen? Meinst du, ich könnte schon früher zu Mama?« Der Junge wirkte verlegen. »Bei der Hetty wollen sie das Laub verbrennen und Äpfel rösten, und ich dachte, wenn ich bei dir bin bis abends, dann verpass ich das doch alles!«

»Natürlich geht das. Ich sprech gleich mal mit Mama.«

»Hab ich schon. Also, sie hat gesagt, für sie ist das okay.«

Der Junge konzentrierte sich auf sein Leberwurstbrot. War er erleichtert, nicht den ganzen Nachmittag mit seinem Vater verbringen zu müssen?

»Wenn du gerne zu Mama möchtest, kannst du das ruhig sagen, das ist doch okay.«

Jetzt sah der Junge hoch, Tränen standen in seinen Augen.

Wieder falsch, dachte Blume, dieser beleidigte Ton. Was kann er denn dafür. Johann stieß sich vom Tisch ab, die Stuhlbeine schrammten über den Holzfußboden. Er rannte aus dem Zimmer, Blume hinterher.

»Johann, warte doch mal.«

Er hatte sich in seine Höhle vergraben, das gleiche Indianerzelt von Ikea, das auch in dem Haus in Zehlendorf stand, Blume hatte gedacht, das erleichtere dem Jungen den ständigen Wechsel. Sanft zog er an dem Kissen, in das sich Johann gewühlt hatte.

»Was ist denn?«

Er sah hoch, das kleine Gesicht tränennass. »Siehst du, deswegen wollte ich nicht fragen. Weil ich gewusst hab, dass du das dann denkst.«

Blume zog den Jungen in seine Arme, schluckte schwer. Johann umschlang seinen Vater und flüsterte in sein Ohr. »Ich will doch nur das Apfelfest bei Hetty mitmachen. Du bist gemein, wenn du denkst, dass ich nicht bei dir sein will.«

Jetzt weinte er stärker, Blume fühlte seinen Hemdkragen feucht werden. Sanft wiegte er ihn. Nach einer Weile ebbten die Schluchzer ab. Er nahm das Gesicht seines Sohnes in beide Hände und hielt es so, dass sie sich in die Augen sehen konnten.

»Ich hab's kapiert. Apfelfest bei Hetty. Ich hab dich lieb, mein Kind.«

Sie hielten sich noch eine Weile im Arm. Blume strich über den mageren Jungenkörper und sog den Duft ein. Nach einer kleinen Ewigkeit entspannte sich das Kind und schlief ein. Vorsichtig bettete er ihn auf die Spielmatratze und zog die Decke über seinen Rücken. Dann streckte er seine Beine aus und legte sich mit dem Oberkörper dicht an ihn. Mein Junge, flüsterte er lautlos, mein Kind. Es tut mir leid, was wir dir zumuten.

Emma wälzte sich im Bett hin und her, für kurze Momente sackte sie in einen Schlaf der Erschöpfung, aus dem sie schweißgebadet wieder hochschreckte. Sie sah auf die Uhr, halb drei. Das Bett war feucht und schwer, ihr Kissen klumpig. Sie stand auf, schlang sich eine Wolldecke um den Körper und öffnete das Fenster.

Draußen rauschte der Verkehr, auch nachts war es nicht still am Alexanderplatz. Dagegen schien das Haus zu schlafen. Der Fahrstuhl bewegte sich nicht, kein Türenschlagen, kein schrilles Lachen, Brüllen oder Kinderweinen wie am Tag. Emma starrte auf die blinkenden Lichter des Park Inn. Hinter dem Hochhaus schoss schnurgerade die Frankfurter Allee in Richtung Osten, Richtung Friedrichshain. Was machte der berühmte DJ Samuel Ndeze dort jetzt? Ließ er sich feiern? Lachte und trank er mit seinen Freunden und erzählte von ihr, der wildgewordenen Reporterin, die vor seinem Haus herumgelärmt hatte?

Emma lehnte sich gegen das Fenster, es kühlte ihre heiße Stirn. Sie wusste nicht, ob sie von Patrice Diakondua und seinem kleinen Bruder Chance geträumt hatte oder ob es die Bilder im Wachen waren, die sie nicht hatten schlafen lassen.

Ihr war klar, dass sie in dieser Nacht keinen Schlaf mehr finden würde. Sie stellte sich kurz unter eine lauwarme Dusche und setzte im Bademantel einen Espresso auf. Dann inspizierte sie die Ecke, in der sie ihre Jeans und Pullis aufbewahrte. Ein Kleid, hatte Andreas gemeint. Besaß sie nicht sogar eins? Sie wühlte sich durch, zog ein dünnes schwarzes Etwas aus dem

Haufen, roch kurz daran und befand, dass in einem Club sowieso nicht die beste Luft herrschte. Ihr Spiegelbild leuchtete ihr unter dem Neonlicht der Badezimmerlampe entgegen, als sie langsam den kirschroten Lippenstift auflegte. Den Espresso trank sie im Stehen, dann schob sie etwas Geld und ihr Handy in die Jackentasche, nahm ihre Schlüssel und verließ die Wohnung.

Auf ihrem Gepäckträger klemmte eine leergegessene Pommesschachtel, auf dem Hof roch es nach Urin. Emma entsorgte den Müll und schob das Rad nach vorn durch die Hofeinfahrt. Bis zum Berghain war es nicht weit, rund zehn Minuten von Mitte bis Friedrichshain. Sie fuhr die Frankfurter Allee hoch, vorbei an den Prachtbauten im Zuckerbäckerstil, mit denen die noch junge DDR ihren Aufbau Ost hatte demonstrieren wollen, vorbei am Kino International mit seinen selbstgemalten Plakaten und dem wie ein Raumschiff erleuchteten Café Sibylle. Nirgendwo war der Osten schöner.

Das Berghain war in einem alten Heizkraftwerk untergebracht, ein riesiger grau verwitterter Kasten inmitten einer Industriebrache mit gesprungenen Betonplattenwegen und wucherndem Unkraut. Emma fror an den Beinen, sie trug Chucks zu dem Kleid, andere Schuhe hatte sie nicht. Sie schloss ihr Fahrrad ab und ging zum Eingang. Den Lippenstift wischte sie sich als Erstes aus dem Gesicht.

Die Schlange war nicht lang, vielleicht zehn Leute. Sehr junge waren darunter, zwei Spanier, die sich hin und wieder etwas zuflüsterten, aber auch ein Mann um die fünfzig, der still an den Fäden seiner zerlöcherten Jeans zog. Emma fühlte sich wie in einem Paralleluniversum. Welche Leute standen nachts um drei Uhr mitten in der Woche vor einem Club und hofften, dass sie hineingelassen wurden?

Alle starrten wie hypnotisierte Kaninchen auf den Türsteher. Es war nicht der berühmte Fotograf, den sogar Emma aus der Zeitung kannte, es war ein Kollege, ähnlich gepierct und tätowiert, aber eher sehnig als kräftig. Mit halbgeschlossenen Augen entschied er für seine Gäste über ihre Nacht. Wem er mit einem flüchtigen Kopfschütteln den Eintritt verwehrte, der verschwand lautlos, löste sich buchstäblich in Luft auf, vermutlich, um die Schmach gering zu halten. Zwei Frauen in dunklen Mänteln ließ er rein, dann die Spanier und den Mann mit der kaputten Jeans. Ein Mann mit kindlichen Gesichtszügen, der von dem, was er sich eingeworfen hatte, kaum mehr ruhig stehen konnte, wies er ab. Als Emma an die Reihe kam, beobachtete sie neugierig sein Gesicht, versuchte, hinter das Muster der Selektion zu kommen. Mit zwei Fingerspitzen, über die ein Spinnennetz lief, öffnete er sacht die Tür, und Emma schlüpfte hindurch. Sie war drin.

Hier war die Musik deutlicher zu hören. Ein spärlich beleuchteter Gang aus rohem Beton wies den Weg ins Innere des Clubs. Es war wie ein Vorhof zur Hölle – je weiter sie ging, desto heißer und lauter wurde es. Männer und Frauen lehnten an den nackten Betonwänden, manche rauchten. Keiner sagte ein Wort, niemand beachtete sie.

Durch einen breiten Türrahmen ohne Tür trat sie auf eine Art Plattform, rund zwei Meter über dem riesigen Raum, der sich nun vor ihr öffnete. Dies war das Herzstück des Heizkraftwerkes gewesen, und auch jetzt schien es, als wolle der Raum vor Hitze, Lärm und Menschenleibern explodieren. Dröhnende Elektrobeats hämmerten durch den Raum, zuckende Blitze erhellten das Dunkel und zeigten immer nur Ausschnitte von Körpern. Nichts stand still. Alles war in Bewegung. Emma holte tief Luft und trat am Rand die Stufen hinunter, um sich durch die Leiber nach hinten zur Bar zu schieben. Schreiend versuchte sie, sich ein Bier zu bestellen, gab es schließlich auf und zeigte auf das Getränk eines Nachbarn, Gin mit irgendwas Süßem, wie sie nach dem ersten Schluck aus dem Glas feststellte, das der Barmann ihr daraufhin gebracht hatte. Sie kippte den Drink in wenigen Schlucken, es war heiß, sie hatte Durst. Dann suchte sie mit den Augen den Raum ab nach einem Podest oder einer Galerie, wo ein DJ das Geschehen im Blick haben könnte. Von ihrem Platz aus war nichts zu sehen, deshalb glitt sie von dem Hocker und schob sich erneut in die tanzende Menge. Dann sah sie ihn. Samuel Ndeze stand auf einem Podest in einem höheren Stockwerk, die Wand war an der Stelle herausgebrochen worden, und arbeitete konzentriert an mehreren Notebooks gleichzeitig. Auf seinen Ohren lagen große schwere Kopfhörer, die muskulösen nackten Arme waren ständig in Bewegung, und sein Gesicht drückte absoluten Frieden aus.

Ohne es bewusst zu wollen, hatte Emma selbst angefangen zu tanzen. Durch die Enge wurde sie gezwungen, sich im Strom zu bewegen, um nicht dauernd anzustoßen. Die Bässe wummerten durch ihren Körper und schienen ihren Herzschlag zu ersetzen. Ihre ganze Wut und ihre Angst flossen in den Rhythmus, sie spürte den Gin, wie er ihre Muskeln lockerte. Ndeze würde noch Stunden dort oben stehen und unerreichbar für sie sein. Emma schloss die Augen, hob ihre Arme und ließ sich von der Musik entführen.

Später stand Ndeze noch immer an der gleichen Stelle, das Gesicht unbeweglich und in tiefstem Einklang mit sich selbst, während die Finger wie losgelöst vom restlichen Körper über dem Touchpad schwebten. Emma hatte sich mehrmals etwas zu trinken an der Bar geholt und den DJ im Auge behalten, sie war müde, ihre Beine schmerzten und wollten doch nicht aufhören, sich zu bewegen. Dies war ein anderes Tanzen als auf den Partys ihrer Jugend, voller Beobachtungen und ungewollter Berührungen, wenn der Alkohol die Angst vor Zurückweisung betäubt hatte. Hier war jeder für sich und doch Teil eines einzigen riesigen Körpers. Allein, aber nicht einsam zu sein war ein Zustand, der sie glücklich machte. Ihr Körper hatte sich im Tanz entladen und war bereit, seinen Frieden zu machen. Ruhen, schlafen, vor übergroßer Erschöpfung alles vergessen können. Jetzt verstand sie, was diese Leute um drei Uhr nachts an die Metalltür eines alten Heizkraftwerkes trieb.

Sie sah auf ihre Uhr, fast sechs, und der Raum war noch immer brechend voll. Die Pupillen waren bei den meisten riesengroß, ohne Hilfe schienen auch die Profis hier die körperlichen Strapazen nicht aushalten zu können. Sie wühlte sich erneut durch die Menge zum Barmann. Die Musik war inzwischen ruhiger, der Bass gedimmt, dass man sich mit Mühe verständigen konnte. Emma beugte sich vor und fragte schreiend, wie lange der Club noch aufhätte. Der Barmann lachte, sagte, bis drei Uhr heute Nachmittag, und stellte ihr etwas, das nach einer Cola aussah, vor die Nase. Geht aufs Haus.

Emma kippte das Glas in einem Zug, ihr Körper war völlig ausgetrocknet. Sie nickte dem Barmann zu und drängte erneut auf die Tanzfläche. Für einen Moment war dort eine Leerstelle entstanden, vielleicht gefiel den Tänzern dieser Nacht die veränderte Musik nicht, vielleicht wartete mit dem Morgengrauen ein Leben als Bankberater und Arzthelferin auf sie. Schon drängten neue Tänzer auf die freigewordenen Stellen, die Fläche füllte sich erneut wie ein vielköpfiges Monster, dessen abgeschlagene Häupter nachwuchsen. Es waren nur wenige

Sekunden, in denen Emma allein in ihrer Ecke stand. Und in diesen Sekunden drehte Samuel Ndeze seinen Kopf und sah ihr direkt in die Augen. Dieses Gesicht, das sich vorhin noch konzentriert der Musik hingegeben hatte, starrte sie jetzt mit einer Wut an, die Emma zurückfahren ließ.

Sie geriet aus dem Tritt, und sofort drängte sie jemand zur Seite. Emma wischte sich den Schweiß von der Stirn und wühlte sich erneut in eine Ecke, von der aus sie das DJ-Pult sehen konnte. Der Blick nach oben ließ sie erstarren. Der Platz in dem Betonloch, an dem eben noch Samuel Ndeze gestanden hatte, war leer.

So schnell es ging, schob sie sich durch die Menge zum Ausgang. Sie rannte die Stufen nach oben zur Galerie. Dort bog sie statt nach links zum Ausgang nach rechts ab, ein weiterer langer Gang aus rohem Beton. Schwere Brandschutztüren, manche verschlossen, andere führten in kleinere dunkle Räume, wieder Musik und sich bewegende Körper. Auf den Fluren spürte Emma die Kälte eines Berliner Oktobermorgens, das Kleid klebte an ihr, sie war durchgeschwitzt. Im nächsten Gang eine ähnliche Galerie, wieder offene Türen, noch mehr Menschen. Emma versuchte, die Orientierung zu behalten. Sie musste sich jetzt ungefähr auf der Höhe des DJ-Pultes befinden, aber in welchem Teil des Gebäudes befand sie sich?

Wieder ein Gang, diesmal kleiner und menschenleer. Es stank nach Erbrochenem, und auch hier waren die Fenster mit Sperrholzplatten vernagelt. Wurde es nicht langsam hell draußen? Emma hörte Schritte von irgendwo, das diffuse Licht ließ nur wenig erkennen. Noch eine Biegung, im nächsten Raum mit Zementsäulen wie ein Parkhaus war es wieder dunkler. Täuschte sie sich, oder hörte sie ein Keuchen? Der Blick des DJs kam ihr wieder ins Gedächtnis, diese Wut, als er sie erkannte. Sie zwang sich weiterzugehen, Schritt für Schritt. So viele Säulen. Tatsächlich weiter hinten auch Autos. Emma dachte an den dpa-Bericht, der Ehemann sei gewalttätig. Sie sah Patrice Diakondua vor sich, in der Hand das Bild von ihm und seinem Bruder. Ein paar Minuten später in seinem Blut auf der Straße wie auf einem rotsamtenen Kissen. Emma tastete sich weiter. Wie er am Pult gestanden hatte, riesengroß und muskulös. Und sie trug keine Waffe und nur ein dünnes Kleid.

Etwas packte sie und riss sie herum, Emma schrie. Sie sah das Gesicht jetzt ganz nah vor sich, die dunkle Haut schweißbedeckt, die Augen vor Wut verzerrt. Der Mund zischte:

»Was willst du hier? Mir wieder die Polizei auf den Hals hetzen? Hast du noch einen Toten, den ich umgebracht haben soll?«

Emma zitterte, die Stelle am Arm, die er noch immer gepackt hielt, brannte. Sie versuchte sich zu lösen, schaffte es nicht, und etwas in ihr drehte durch. Sie fing an zu schreien und zu treten. »Lass mich los, du verdammtes Arschloch!« Jetzt wirkte er doch erschrocken, er ließ sie augenblicklich los und trat einen Schritt zurück. »Spinnst du jetzt, oder was? Hör auf zu schreien!«

Schwer atmend blieb sie stehen. Die plötzliche Stille war ohrenbetäubend. »Was hast du mit dem Tod von Diakondua zu tun?«

»Ist das der Flüchtling?« Als Emma knapp nickte, sagte Ndeze, jetzt ruhiger: »Nichts hab ich damit zu tun.«

»Und was sollte das Gerede von der GPS-Ortung?«

»Ich wollte dich warnen. Wenn sie auf dich aufmerksam geworden sind, dann bist zu längst auf ihrem Radar.«

Am anderen Ende der Halle hörten sie ein Geräusch wie

von einer leise zufallenden Tür. Emma bekam eine Gänsehaut, und Ndeze drängte sie hinter eine Säule. Sie lauschten, aber sie hörten nichts mehr. Emma spürte die Hitze seines Körpers. Er beugte sich zu ihr: »Bist du alleine hier?« Sie nickte beklommen, lauschte weiter. Ndezes Haare kitzelten sie an der Wange, und sie flüsterte fast lautlos: »Radar? Wovon redest du? Wer sind die?«

Er sah sie an, seine Lippen ganz dicht an ihrer Wange. »Emma, das alles …«

»Emma? Emma, bist du hier?«

Emma erstarrte. Ndeze drehte sich zu ihr und sah sie mit einem wütenden Lächeln an. »Allein, was? Verpiss dich!« Er wandte sich zum Ausgang, und Emma griff nach seinem Arm.

»Nein, warte! Du kannst jetzt nicht einfach so abhauen, du bist mir eine Erklärung schuldig, ich will wissen …«

»Emma!«

Ndeze riss sich los, er verschwand in einem der vielen Gänge des Gebäudes. Emma zögerte. Sollte sie ihm hinterherrennen? Am anderen Ende der Halle tauchte ein Mann auf, den Emma erst beim Näherkommen erkannte. Es war Henning, der neue Kollege.

»Da bist du ja, zum Glück! Ist irgendwas passiert?« Etwas verlegen stand er vor ihr und versuchte sein Damit-komm-ich-immer-durch-Lächeln, die Allzweckwaffe schöner Menschen. Emma war außer sich. Die Erschöpfung, die Angst und die Kälte ließen sie überreagieren. Sie schrie:

»Sag mal, bist du total bescheuert? Was machst du überhaupt hier?«

Das Lächeln verschwand, jetzt sah er aus wie ein beleidigtes Kind. »Andreas hat mir von dir ausrichten lassen, dass du heute hierherkommst. Ich dachte, du freust dich, wenn ich … Und dann hab ich dich ja auch gesehen, und du bist plötzlich weg und – was ist denn?«

Emma hatte ihren Arm gehoben. Sie zitterte am ganzen Körper vor Wut und war kurz davor, diesem Mann in sein hübsches Gesicht zu schlagen. Wortlos drehte sie sich um und raste zurück zur großen Halle. War es zu spät, war der Einsatz der Nacht umsonst gewesen? Wo war Samuel Ndeze?

In der Haupthalle war es mittlerweile leerer geworden, wenn sich auch immer noch viele Tänzer zu den gleichmäßigen Beats der Musik bewegten. Oben am DJ-Pult stand jetzt ein anderer Mann, Samuel Ndeze war nirgendwo zu sehen.

Emma fand ihre Jacke und drängte sich durch die Tanzenden nach draußen. Im Flur standen noch immer wortlos ein paar Menschen herum, Emma erschien es wie ein Stillleben, das sie schon vor Stunden betrachtet hatte. Draußen kroch ein fahles Grau über die Industriebrache, eine Katze schlich durchs Gestrüpp. Der Türsteher war noch immer da, die Schlange hatte sich aufgelöst. Emma sah auf ihre Uhr – sechs Uhr dreißig schien ein guter Zeitpunkt zu sein, wenn man ohne langes Anstehen in den Club kommen wollte.

Weiter vorn sah Emma einen hochgewachsenen Mann in ein Auto steigen. Sie rannte darauf zu. Mitten auf der Straße blieb sie stehen und hob eine Hand. Der Wagen hielt mit quietschenden Reifen. Es war tatsächlich Ndeze. Er ließ die Scheibe runtersurren und rief ihr zu: »Soll ich dich überfahren, oder was? Mann, lass mich in Ruhe!«

Emma ging zur Seite an sein offenes Fenster. »Ich muss den Jungen finden. Ich habe es ihm versprochen. Und ich brauche dabei deine Hilfe.«

Ndeze starrte sie an. »Ich verstehe kein Wort.«

»Der Mann, der heute überfahren wurde, Patrice Diakondua, er hat seinen Bruder gesucht. Claire hatte versprochen, ihn nach Deutschland zu bringen.«

»Was? Das ist vollkommen unmöglich. Warum hätte Claire das tun sollen?

»Das weiß ich nicht. Aber ich glaube, wenn wir den Jungen finden, verstehen wir besser, warum Claire sterben musste. Und auch Patrice Diakondua.«

Einen Moment lang schwieg Ndeze. Er starrte nach vorn, der Motor brummte leise. Emma presste die Jacke an sich. Ein Schaudern durchlief sie. Er sah hoch. Keineswegs freundlich blaffte er:

»Du zitterst ja. Steig ein!«

Sie ging mit steifen Beinen um den Wagen herum und stieg auf der Beifahrerseite ein. Ndeze legte beide Hände um das Lenkrad und fragte, ohne Emma anzusehen:

»Warum willst du den Jungen finden? Warum bist du hier?«

Emma breitete ihre Jacke über die nackten Beine, sie konnte nicht aufhören zu zittern. »Ich hab's ihm versprochen. Er lag im Sterben, und er wusste es. Ich hab ihm versprochen, seinen Bruder für ihn zu finden.«

Sie schwiegen. Emma spürte, wie langsam die Sitzheizung ihres Beifahrersitzes auf Touren kam, und sie hoffte, dass Ndeze nicht auf die Idee kam, sie abzustellen. Der Mann rumpelte über die brüchigen Betonplatten und schien mit sich zu kämpfen.

»Ich weiß nicht, wie ich dir helfen kann.«

»Du hast den Gutschein gefunden. Vielleicht findest du noch mehr, was uns zu dem Jungen bringt.«

»Es gibt nichts. Die Polizei hat alles andere mitgenommen. Ich habe schon tagelang gesucht, ich ...«

Er schlug mit der Hand auf das Lenkrad, seine Augen brannten im Dunkel. Sie verließen jetzt das Gelände, Ndeze bog auf die befestigte Straße, und Emma dachte flüchtig an ihr Fahrrad, das sie an einen der Metallringe am Pförtnerhaus des Geländes angekettet hatte. Aber um nichts in der Welt würde sie jetzt den beheizten Sitzplatz aufgeben.

»Es muss etwas geben. Das kann doch nicht alles an dir vorbeigegangen sein.«

Er warf ihr einen schnellen Blick zu.

»Wir hatten uns gestritten, das habe ich dir doch schon erzählt.«

»Ja. Ich weiß.« Sie schwieg einen Moment, sagte dann: »Trotzdem. Wie kann man sich über eine Ausstellung so entfremden?«

Es dauerte eine Weile, bis er darauf etwas sagte. »Es ist kompliziert. Ihr versteht es nicht.«

»Wer, wir?«

»Ihr Weißen.«

Eine Weile fuhren sie, viel war noch nicht auf den Straßen los, die Beleuchtung war noch angeschaltet, die Stehimbisse und frühen Kaffeebuden verrammelt. Erste Berliner standen an den Ampeln, den Kopf gesenkt, in der Hand eine Aktentasche oder Stoffbeutel, den Körper bis zur Nasenspitze in Jacken vergraben. Dann fragte Ndeze:

»Du bist nicht in einer Beziehung?«

Emma drückte ihren Rücken durch. »Nein. Wieso?«

»Weil du sonst vielleicht mehr Verständnis dafür hättest.«

Jetzt fiel Emma nichts mehr ein. Sie dachte an Blume, natürlich dachte sie an ihn. Sie hatten nicht gestritten. Ein Problem war aufgetaucht, und sie war gegangen. Würde es immer so enden? War sie nicht in der Lage, eine Beziehung zu führen? Stockend meinte sie:

»Vielleicht ist da was dran. Vielleicht denke ich – wenn man sich findet, wirklich füreinander bestimmt ist –, wie kann es dann passieren, dass man sich so wieder verliert?«

Er hielt vor einer Ampel, sah zu ihr. »Der Typ im Berghain?«

»Was?« Emma starrte Ndeze an. »Quatsch. Das war nur ein Kollege.«

»Ist er in dich verliebt?«

»Ich kenne ihn eigentlich gar nicht.«

Sein Blick streifte sie. Dann war eine Weile Stille, bis Ndeze leise sagte: »Ich war so verliebt in Claire. So verliebt. So unheimlich und sagenhaft ...«

Emma schwieg. Jemand hupte hinter ihnen, Ndeze gab Gas und hob entschuldigend die Hand. Ein schwarzer Wagen brauste an ihnen vorbei, ein SUV mit Allradantrieb, breit genug, um die Sahara zu durchqueren. Er zeigte Ndeze die Faust. Er spuckte aus.

»Scheiß Nazis.«

»Ich glaube nicht, dass er so differenziert. Du nimmst seinem Schwanzverlängerungs-Allradantrieb das Tempo, also disst er dich.«

Ndeze lachte wütend. Emma verschränkte die Arme.

»So ist eben das Verkehrsverhalten gemeiner Deutscher. Vielleicht solltest du besser U-Bahn fahren.«

»Bist du verrückt? Die Bahn gerammelt voll, nur neben mir bleibt der Platz frei?«

»Vielleicht unterschätzt du die Berliner, Sam. Es sind nicht alles Rassisten.«

»Vielleicht siehst du die Welt mit den Augen einer Weißen, Emma.«

Wieder war es eine Weile ruhig im Auto, und Emma sagte, mehr, um die Stille zu unterbrechen: »Schöner Wagen.«

»Hab ich mir gestern Abend geliehen. Meiner wird gerade untersucht. Ob ich nicht einen Asylsuchenden damit totgefahren habe.«

Das dünne Band zwischen ihnen, gerade erst gesponnen, zerriss. Emma hörte auf zu lächeln. »Wohin fahren wir eigentlich?«

»Ich will dir was zeigen.« Weiter vorn tauchte das goldene M auf. »Kaffee?«

»Unbedingt.«

Er fuhr durch einen McDrive und bestellte zweimal Kaffee. Die Frau am Schalter sah sie beide neugierig an. Samuel stellte den heißen Becher in die Ablage und fuhr wieder an. »Siehst du, das mein ich. Die Frau hat sofort gerätselt, was wir miteinander zu schaffen haben.«

»Sie hat sich vermutlich gefragt, wo ich so einen tollen Typen aufgegabelt habe.«

»Weil Schwarze ja so gut im Bett sind.«

»Also echt.« Emma nahm einen Schluck und fuhr zurück, der Kaffee war brühend heiß. »Du willst es auch nicht anders sehen.«

Er öffnete den Mund, wollte etwas entgegnen und blieb dann doch still. Emma ließ ihm Zeit, trank ihren Kaffee.

»Wieso kannst du eigentlich so gut deutsch?«

Samuel warf ihr einen Blick zu, sie hob abwehrend die Hand. »Glaub mir, ich frag das nicht jeden Schwarzen, der hier aufgewachsen ist. Aber bei dir weiß ich ja, dass es nicht so ist.«

Wieder ein Seitenblick, etwas freundlicher. Emma sah nach vorn, schloss die Augen und versuchte sich an ihre Notizen zu erinnern: »Geboren in Ruanda, mit dreizehn bist du nach London gekommen, später dann Musikstipendiat am St. Martins, Kompositionsklasse. Da hast du dann ja auch vermutlich Claire Elbar kennengelernt.«

Sie öffnete wieder die Augen, sah zu ihm rüber. »Seitdem Engagements weltweit. Jetzt zum ersten Mal ein längerer Aufenthalt in Deutschland.«

Er lächelte. »Gute Arbeit, Frau Reporterin.«

»Das ist keine Antwort auf meine Frage.«

Sie fuhren die Seestraße entlang, Stop and go im frühen Berufsverkehr. Emma schmiegte sich an ihren warmen Sitz und sah aus dem Fenster. Und dann fing Samuel an zu erzählen.

»Ich bin Hutu, weißt du. Bis ich zehn war, wusste ich das nicht mal. Wir wohnten in einem Dorf in der Nähe von Bisiye im Osten von Ruanda. Anfang April redeten die Erwachsenen plötzlich von Morden, weiter im Westen, in den Städten. Von Vergeltung war die Rede und davon, dass jetzt endlich die Hutu das Sagen haben würden. Es dauerte noch ein paar Tage, bis es zu uns kam.«

Emma saß mucksmäuschenstill in ihrem Sitz und hörte zu.

»Wir spielten Fußball auf dem Dorfplatz. Plötzlich zeigte mein Freund Kadeje nach vorn, er fing an schreien. Da sah ich meine Eltern, meine Onkel und Tanten. In ihren Händen trugen sie Messer und Knüppel, manche hatten Macheten, und sie fingen an, auf ihre Nachbarn einzuschlagen. Kadeje griff nach meiner Hand, wir wollten in die kleine Kirche neben dem Gesundheitszentrum flüchten. Da stand jemand an der Ecke und traf Kadeje mit einer Axt im Gesicht. Es war mein Onkel. Er schlug mir meinen Freund aus der Hand.«

Emma schluckte. Nach einer Weile fragte sie leise:

»Was passierte mit dir?«

»Ich rannte weg. Nach Stunden konnte ich nicht mehr, ich fiel über etwas und blieb einfach liegen. Meine Familie war in den nächsten Tagen zu beschäftigt, um sich um mich zu kümmern. Ich wäre wohl verdurstet, wenn mich nicht Schwester Milgitha gefunden hätte.«

»Schwester Milgitha?«

Samuel blinkte und fuhr rechts in eine der Straßen Richtung Wedding. »Sie war Ordensschwester bei den Barmherzigen Schwestern. In ihre Kirche wollten wir flüchten, Kadeje und ich und all die anderen. Wie albern zu glauben, die Mörder machten vor einer Kirche halt!«

Ndeze bog noch einmal rechts ab und hielt dann an einer Straßenkreuzung. Er stellte den Motor ab, atmete tief durch und sprach weiter.

»Sie hat uns zusammengesucht, all die Kinder, die von den Mördern und die von den Opfern. Hat uns von der Straße gesammelt, aus den Erdlöchern gezogen. Wir waren über hundert Kinder, und die meisten wachten nachts laut schreiend aus Albträumen auf.«

Samuel zog eine Zigarettenschachtel aus der Seitenablage, holte eine heraus und zündete sie sich mit dem Zigarettenzünder an.

Emma fragte leise: »Und deine Familie?«

Samuel drückte auf den Fensteröffner, fast lautlos glitt die Scheibe ein paar Zentimeter herunter.

»Das Blatt wendete sich. Wer es noch rausschaffte, der verkroch sich im Kongo und in Uganda, Gott weiß wo.«

Er nahm einen tiefen Zug und stieß den Rauch aus dem Fenster.

»Ich blieb drei Jahre in der Missionsschule, so lange, bis Schwester Milgitha einen Platz in einer europäischen Stiftung für mich fand. Deshalb spreche ich deutsch.« Er grinste. »Mit rheinischem Akzent, wie man mir sagt. Schwester Milgitha stammte aus Siegburg.«

Emma war stumm, ihr fiel nicht ein, was sie sagen sollte. Ndeze stieg aus und warf seine aufgerauchte Zigarette in eine Pfütze. Emma öffnete die Beifahrertür und stellte sich neben ihn. Sie sah sich um.

»Was machen wir hier?«

Samuel hatte die Hände in den Taschen seines Trenchcoats und wippte mit den Füßen vor und zurück. Seine Wehmut schien verflogen zu sein, es sah aus, als amüsierte ihn die Situation.

»Weißt du, warum hier alle Straßen afrikanische Namen tragen?« Emma sah sich um. Sie standen an der Ecke Togo/Windhuker Straße. Sie meinte: »Vielleicht waren ihnen die Dichter ausgegangen.«

»Das Gebiet hier heißt Rehberge.« Samuel machte mit dem Arm eine große Kreisbewegung. »Um 1900 waren hier nur Felder. Der vielgerühmte Carl Hagenbeck hatte vor, hier eine seiner Völkerschauen aufzubauen.«

Emma sah zu Samuel, sie blinzelte in die aufgehende Sonne. »Der aus Hamburg? Mit dem Zoo?«

»Genau der. In Hamburg lief das prima, Wilde begaffen. In Berlin gab es so was noch nicht.«

Samuel ging ein paar Schritte in den Schatten, als wäre so viel Sonne zu viel für einen Nachtarbeiter wie ihn. »Die Berliner Stadtverordneten waren begeistert! Der reiche Hagenbeck kommt nach Berlin und baut uns einen Menschenzoo, hurra! Und zum Dank haben sie gleich angefangen, die Straßen drumherum in ein afrikanisches Viertel zu verwandeln. Es hat ihnen aber nicht gereicht, Ländernamen zu nehmen, nein, sie bevorzugten es, die größten Schlächter und Rassisten der Kolonialgeschichte zu ehren.« Er trat wieder ans Auto und riss die Fahrertür auf. »Komm schon, ich fahr dich hin.«

Emma öffnete langsam die Beifahrertür, aber sie blieb stehen. »Warum zeigst du mir das alles?«

Samuel sah sie über das Autodach hinweg an. »Du hast mich gefragt, warum Claire und ich uns so zerstritten haben. Du hast recht, es ging dabei um viel mehr als nur die Ausstellung. Ich versuche es dir gerade verständlich zu machen.«

Emma hätte gerne in seinem Gesicht gelesen, ob er meinte, was er sagte, aber Samuel wandte sich ab und stieg in den Wagen. Sie tat es ihm nach, und sie fuhren zwei Querstraßen weiter. Er hielt an einem weitläufigen begrünten Platz. Samuel sprang aus dem Wagen, bevor Emma etwas sagen konnte, und lief ein paar Schritte bis zur nächsten Wegkreuzung. Er zeigte auf die Straßenschilder und sagte laut in den Lärm der vorbeibrausenden Autos:

»Carl Peters und Gustav Nachtigal, beide waren sogenannte Kolonialherren, Mörder und Rassisten. Peters war hoch geschätzt bei den Nazis, er machte ja auch kurzen Prozess mit unwertem Leben. Das ist für die Stadtverwaltung aber natürlich kein Grund, hier was an den Straßennamen zu ändern, das macht doch auch so viel Arbeit!«

Emma trat näher an das Schild und las, was darunter stand. Hans Peters, Stadtverordneter. Fragend sah sie zu Samuel, und der lachte, es klang nicht schön.

»In den letzten Jahren hat die afrikanische Bevölkerung ordentlich auf den Putz gehauen. Es gab Demos und Artikel gegen das Andenken an den sauberen Herrn Peters. Irgendein Praktikant in der Verwaltung hat dann diesen Herrn hier ausgegraben.« Er wies mit einem Kopfnicken auf das kleine Schild. »Ein braver Stadtverordneter, für den sich bisher kein Schwein interessiert hat, der aber nun zufällig den gleichen Namen trug. Also wurde flugs dieses kleine Zusatzschild angefertigt und behauptet, diese Straße sei zu Ehren des sicherlich verdienstvollen Hans Peters angebracht worden und nicht wegen des Kolonialverbrechers Carl Peters.«

Samuel verschränkte seine Arme. »So löst Berlin solche Probleme.«

Emma schwieg eine Weile. Dann fragte sie leise: »Was ist aus dem Vorhaben geworden?« Samuel sah sie fragend an, und sie fügte hinzu: »Von Hagenbeck und seiner Völkerschau. Hat er die wirklich hier aufgebaut?«

Samuel schüttelte den Kopf. »Der erste Weltkrieg kam ihm dazwischen. Die Kolonien gingen verloren, und es war plötzlich überhaupt nicht mehr en vogue, Schwarze zum Angaffen nach Europa zu schiffen.«

Emma sah ihn befremdet an. Er schien Spaß an seiner kleinen Stadtführung zu haben. »Woher weißt du das alles?«

»Ist sozusagen ein Hobby von mir.«

Emma seufzte. »Ich verstehe nicht, was das mit Claire und dir zu tun hat.«

Samuel drehte sich zu ihr, seine Augen funkelten. »Claire hat gedacht, das ginge sie alles nichts mehr an.« Er atmete hörbar, dann äffte er eine weibliche Stimme nach. »Wir sind Weltbürger, Sam, das ist doch alles längst vorbei.«

Emma meinte vorsichtig. »Aber hatte sie nicht recht? Dieses ganze Unrecht mit den Kolonien – das ist doch wirklich fast ein Jahrhundert her.«

Samuel sah sie einen Moment schweigend an, dann trat er auf sie zu und zog an ihrem Arm. »Komm.«

Sie lies sich mitreißen, fast im Laufschritt überquerten sie die Straße. Nach mehreren Minuten schmerzte ihr Arm unter dem Druck, und sie versuchte, das Tempo zu drosseln. »Was soll das, Samuel, wo willst du mit mir hin?«

»Hier.« Er ließ sie los und deutete mit einem triumphierenden Gesichtsausdruck auf das Eingangsschild einer Laubensiedlung.

»Kolonie Togo« stand dort in großen Buchstaben, »gegründet 1937«. Darunter ein schwarzes Brett mit Plakaten und Vorschriften. Über dem kleinen Laubenhaus links daneben wehte eine Fantasiefahne in Schwarz-Rot-Weiß. Von Weitem sah es aus wie die Reichskriegsflagge.

»Hundert Jahre her, was?«, höhnte Samuel und trat einen Schritt näher an den Schrebergarten mit der Fahne. »Hallo, Sie da, hallo! Ich würde Sie mal gerne was fragen!«

Eine alte Dame war selbstvergessen am Laubfegen. Sie sah hoch, das Gesicht zu einem freundlichen Lächeln verzogen. Als sie Samuel sah, wechselte die Miene, sie drehte sich abrupt um und verschwand in dem kleinen Häuschen. Samuels Hände krallten sich in die Hecke, sodass seine Fingerknöchel weiß hervortraten. Ohne sich zu Emma umzudrehen, sagte er: »Es hört nie auf.«

Sie stand dort, inmitten von Vogelgezwitscher in einer idyllischen Berliner Kleingartensiedlung und wusste nicht, was sie sagen sollte. Sam holte tief Luft, er ging ein paar Schritte, sie beeilte sich, an seine Seite zu kommen. Er sagte:

»Dass Claire hier ausstellt, mit dem Geld der Besatzer, mit ihnen für Fotos posiert, ihre Kunstwerke falsch interpretieren lässt. Ich glaubte, sie hätte alles verraten, wofür wir gekämpft haben.«

Emma horchte auf. »Du hast das geglaubt? Tust du das jetzt also nicht mehr?«

Er blieb stehen, sie spürte, dass er um Fassung rang. Vor ihnen prangte auf buntbemalten Holzpfosten das Schwarze Brett der Gartensiedlung, auf den Zetteln Vorschriften, Öffnungszeiten und Privatverkäufe. Samuel bearbeitete die Plakate, riss Stücke ab und ließ die Schnipsel auf den Boden rieseln.

»Vorgestern, als ich sie zum letzten Mal sah, als sie weinte und mich einen Idioten nannte, da…«

Er bearbeitete erneut das Schwarze Brett. Die meisten Zettel hatte er bereits abgerissen, ein Fingerknöchel blutete, er musste sich an den Reißzwecken verletzt haben.

»…da hat sie gesagt, du wirst schon noch sehen, was das alles soll.«

Emma hörte kaum mehr zu. Sie starrte auf das Plakat, das Samuel gerade in der Mangel hatte, es war der Aufruf eines Kindergartenfestes. Ein Junge trug Eimer und Schaufel, ein Mädchen wühlte in der Erde und lachte den Fotografen an. Emma spürte, dass etwas ganz dicht unter der Oberfläche ihres Bewusstseins schwamm, etwas, das ihr aufgefallen war und was sie noch nicht greifen konnte… Abgelenkt sagte sie:

»Was meinte sie damit, was glaubst du?«

»Wenn ich das wüsste. Sie hatte recht. Ich bin nichts als ein verdammter Idiot.«

Emma starrte auf das abgerissene Stück Papier in seiner Hand. Ein Kindergesicht, halb zerdrückt. Und dann war es da, klar und hell, direkt vor ihren Augen.

Emma riss an der Schulter des Mannes.

»Sam, jetzt weiß ich, was nicht stimmt!«

Ndeze sah sie verständnislos an, sein Atem ging schwer. Emma stellte sich dicht vor ihn und fragte eindringlich: »Bist du sicher, dass in der Mine in Bisiye nur Männer arbeiten? Keine Kinder?«

Er sah sie irritiert an, dann nickte er. »Natürlich. Die Betreiber lassen sich doch von der ganzen Welt feiern, weil alles da so korrekt zugeht. Jeder, der die Mine besichtigt, bekommt schon am Eingang eine Pressemappe mit all den guten Berichten über die Wohltat, die der weiße Mann mal wieder verübt hat! Wir haben auch so ein Ding bekommen. Ich kann sie dir aber nicht zeigen, ich hab's in den nächstbesten Mülleimer geworfen.«

»Auf den Fotos, also die, die Claire für ihre Figur verwandt hat, da sind Kinder! Kinder mit Schutzhelmen, Kinder, die mit Spitzhacken in den Minen kauern. Kinder, Samuel, die die Arbeit machen!«

»He, was machen Sie denn da? Sind Sie verrückt geworden?«

Ein breitschultriger Mann tauchte am anderen Ende der Schrebergartengasse auf. In seiner Hand hielt er einen Spaten, und er kam im Laufschritt auf das Vereinshaus zugerannt.

»Was habt ihr denn mit der Wand gemacht, verdammte Scheiße!«

Emma zog Samuel am Arm. »Komm, wir müssen hier weg!«

Samuel zögerte einen Moment, dann drehte er sich um und begann mit Emma zur Straße zu rennen. Der Mann schrie ihnen Verwünschungen hinterher, und Emma konnte nicht anders. Die Situation war absurd, sie fing an zu lachen. Laut keuchend und japsend erreichten sie Samuels Wagen, er fummelte nach der Fernbedienung, es piepste, und sie sprangen hinein.

»Fahr schon, los, fahr!« Jetzt hatte der Mann die Straße erreicht, er sah sich suchend um und entdeckte sie in dem Moment, als Samuel den Motor aufheulen ließ. Emma drückte sich in den Sitz, der Wagen machte einen Sprung nach vorn und rumpelte über den Bürgersteig in die Spur. Bremsen quietschten, Autos hupten, Samuel gab Gas, und der Mann mit dem Spaten verschwand aus ihrem Blickfeld.

Sie lachten hysterisch, Samuel versuchte, den Wagen in der Spur zu halten. »Jetzt sag nur noch mal, die Berliner sind keine Rassisten!«

»Na hör mal, du hast sein schönes Schwarzes Brett ruiniert!« An der nächsten roten Ampel beruhigten sie sich ein wenig, Emma wischte sich den Schweiß von der Stirn, sie fühlte sich, als sei sie eben dem Tod entronnen. Samuel war jetzt wieder ernst, als er anfuhr, sagte er:

»Was hast du eben gemeint, mit den Kindern?«

Emma holte tief Luft. »Ich hatte die ganze Zeit so ein komisches Gefühl. Irgendwas passte nicht zusammen, aber ich wusste nicht, was.« Sie sah nach links zu Samuel.

»Ich hab mir die Statue im Museum, den Tantalos, sehr genau angesehen. Das Gewand der Figur besteht aus vielen einzelnen Fotos.«

Samuel nickte, ohne den Blick von der Straße zu wenden. »Ja, Claire hat eine alte chinesische Drucktechnik wieder ausgegraben, mit der man die Fotos ...«

Ungeduldig rief Emma: »Scheiß auf die Technik! Wenn man nah genug rangeht, sind die Motive auf den Fotos klar zu erkennen. Und da sieht man Kinder, die in der Mine arbeiten!«

Samuel schwieg einen Moment, dann sagte er: »Du irrst dich. Ich kenne die Statue, ich habe die Bilder millionenfach in ihrem Atelier gesehen. Ich war in Venedig dabei. Da sind keine Kinder.«

»Dann hat sie sie ausgetauscht.« Emma berührte leicht Samuels Arm. »Fahr zur Nationalgalerie.«

»Wozu? Es ist noch nicht mal acht, da kommen wir nicht rein.«

Emma sah auf ihre Uhr. In vier Stunden war sie mit dem Firmeninhaber von H. C. Marx verabredet.

»Vielleicht ja doch. Ich muss wissen, ob ich recht habe.«

Emma klingelte Sturm am Verwaltungstrakt der Nationalgalerie. Samuel legte beide Hände neben sein Gesicht an die Scheibe und klopfte energisch. Nach einer Weile hörte er auf und sagte: »Ist noch zu früh, hab ich doch gesagt.«

»Nein, warte!«

Eine Frau um die vierzig näherte sich der Tür, das schwarze Strickkleid betonte ihre schmale Silhouette, die Brille ein schweres Hornmodell. Sie sah sie misstrauisch an, öffnete die Tür einen Spalt. Emma wurde bewusst, dass sie beide nach Rauch und Schweiß rochen, und dass die Zeitungen voll waren mit Verdächtigungen gegen Samuel.

»Ich will die Skulptur sehen. Die von meiner Frau.«

Die Frau im Strickkleid sah von Samuel zu Emma. Man konnte förmlich lesen, was sie dachte. Hat der Witwer jemanden aufgegabelt, den er mit der Geschichte über seine tote Frau beeindrucken wollte? Emma schob Samuel leicht beiseite und versuchte ihr nettestes Lächeln.

»Sie sind aber schon früh da, Sie sind doch die Assistentin vom Direktor, nicht wahr? Mein Name ist Emma Vonderwehr.« Sie hielt ihre Hand hin, die Frau nahm sie zögerlich. »Dorothea Niemann.« Und fügte hinzu: »Meine Zwillinge gehen an der Potsdamer zur Schule. Da lohnt es sich nicht mehr für mich, nachhause zu fahren.«

»Was für ein Glück für uns!« Emma lächelte jetzt breiter, und sie rückte einen Schritt näher. Samuel beobachtete sie fasziniert. »Frau Niemann, es ist sehr wichtig für uns, nur einen Blick auf die Skulptur zu werfen. Im Grunde gehört sie ja ihm jetzt, nicht wahr? Es ist wirklich ...« Jetzt senkte Emma ihre Stimme, sie sah die Frau beschwörend an. »Lebenswichtig für uns.«

Dorothea Niemann sah zweifelnd von Samuel zu Emma, bemerkte, dass sie hier vor der Tür im kalten Wind wieder zu zittern begonnen hatte, und öffnete seufzend die Tür. »Aber nur einen Moment.«

Samuel und Emma schlüpften hindurch und rannten durch die Halle vorbei an zerrupften Vögeln und kopflosen Gestalten zum Tantalos. Die Direktionsassistentin blieb immer in Sichtweite, nur kurz verschwand sie in der Teeküche, bald darauf hörte man einen Wasserkocher lärmen. Dann war sie wieder da, hielt in beiden Händen eine Tasse und beobachtete die beiden.

Emma hatte nur einen kurzen Blick gebraucht, um zu sehen, dass sie recht hatte. Es waren Kinder, die arbeiteten. Kurzgeschorene Köpfe, alte Augen, zerstörte Haut, aber unverkennbar Kinder. Mit Helmen und Spitzhacken, Säcke schleppend, unter Tage kriechend.

Samuel ging in langsamen Schritten um den Tantalos herum. Immer wieder stockte er, trat näher, fixierte lange ein Detail. Emma ließ ihm Zeit, obwohl sie fast platzte vor Neugier. Ihre Müdigkeit war für diesen Moment vergessen, das Adrenalin rauschte durch ihre Adern. Endlich hielt sie es nicht mehr aus.

»Es sind Kinder, Samuel! Jetzt siehst du es selbst! Woher kommen diese Bilder?«

Er starrte weiter, schüttelte endlich langsam den Kopf. »Ich habe keine Ahnung.«

Mit dem Finger zeigte er auf dunkle Flecken. »Was sind das für Wälder? Hier, der Hügel?« Er drehte sich zu Emma um. »Ich kenne die Gegend sehr genau. Jeden Stein, jeden Weg. Das ist nicht in Bisiye.«

Jetzt trat auch Emma näher. Zweifelnd sah sie auf den Farbteppich. »Bei den winzigen Fotos? Kannst du da wirklich noch etwas vom Hintergrund erkennen?«

Er schürzte verächtlich die Lippen. »Sowas kann auch nur eine Europäerin fragen. Natürlich bin ich mir sicher.«

Jetzt stand die Assistentin neben ihnen. »Bitte, Sie haben gesagt, Sie brauchen nicht lang. Ich muss runter in mein Büro, und ich …«

Emma verstand. Sie wollte sie beide nicht allein im Ausstellungsraum lassen.

»Schon gut, wir gehen. Vielen Dank, dass Sie uns hier hereingelassen haben.«

Sie zog Samuel am Ärmel, nur widerwillig folgte er ihr zum Ausgang.

»Hat es Ihnen denn wenigstens eine neue Erkenntnis gebracht?«

Dorothea Niemann hielt die Tür auf und sah dabei Emma an, die Augen hinter der Brille glänzten freundlich, vielleicht hatte das ein Scherz sein sollen. Emma blieb in der Tür stehen. Sie senkte ihre Stimme und sagte: »Ja, das hat es. Vielleicht sogar die Erkenntnis, warum Claire Elbar umgebracht worden ist.«

Die Frau starrte sie an, rückte nervös an ihrer Brille. Emma winkte. »Passen Sie gut auf die Figur auf!«

Der Wagen stand im Halteverbot. Samuel drückte die Fernbedienung, mit einem leisen Geräusch entriegelten sich die Türen.

Es war jetzt halb neun, der Verkehr war dichter geworden, die Autos standen Stoßstange an Stoßstange und schoben sich zentimeterweise vorwärts. Samuel öffnete die Fahrertür und sah über das Wagendach zu Emma. »Wo willst du jetzt hin?«

»Erst mal nach Hause, was Vernünftiges anziehen.« Emma

sah an ihren nackten Beinen hinunter. »Und dann habe ich einen Termin.«

»Einen Termin? Hat er mit Claire zu tun?«

Emma sah Samuel zögernd an. Sie war sich immer noch nicht sicher, ob sie ihm wirklich trauen konnte.

»Und du? Was machst du?«

»Schlafen.« Samuel gähnte. »Und dann werde ich jedes verdammte Negativ in Claires Atelier untersuchen. Mir den Kopf zerbrechen, woher sie die Bilder hat und warum sie sie ausgetauscht hat.«

Er starrte einen Moment vor sich hin, dann setzte er sich in das Auto. »Soll ich dich nach Hause bringen?«

»Bei dem Verkehr? Nee, lass mal.«

Emma ging um den Wagen herum und stand an der offenen Fahrertür. Sie wussten nicht, wie sie sich verabschieden sollten. Schließlich berührte Emma Sam flüchtig an der Schulter und drehte sich um. Sie lief zum U-Bahn-Eingang, sah erst zurück, als sie am Fuß der Treppe angekommen war. Samuel saß noch immer im Wagen mit geöffneter Fahrertür und sah ihr nach. Sie wollte gerade mit einem Winken die Treppen hinunterlaufen, da registrierte sie, dass er wieder ausstieg und zu einem Spurt in ihre Richtung ansetzte. Erstaunt wartete sie, bis er ganz dicht vor ihr stand. Er keuchte und sagte dann: »Sagst du mir Bescheid, wenn du etwas herausfindest über die Fotos?« Emma nickte langsam. »Ruf die Agentur an, ich geh nicht an mein Handy. Schreib mir keine Mails, darauf antworte ich nicht. Hinterlass in der Agentur deine Nummer, ich ruf zurück.«

Sie nickte wieder. Die Müdigkeit war nach dem aufregenden Fund zurückkehrt und ließ sie fast taumeln. Samuel sah sie mit geröteten Augen an.

»Hörst du jetzt endlich auf mich, Emma? Mach dein Handy aus, oder besser noch, wirf es gleich weg.«

»Das geht nicht. Ohne Telefon kann ich nicht arbeiten.«

»Dann stell dich jedenfalls darauf ein, dass du beobachtet wirst.« Samuel zögerte, dann meinte er: »Du weißt nicht, auf was du dich hier einlässt.«

Emma spürte, wie sich ein Ring um ihre Brust legte.

»Das sagst du immer wieder. Weißt du es denn?«

Er beugte sich vor, küsste sie leicht auf die Wange.

»Pass auf dich auf, Emma.«

»Warte, Sam. Sag mir …«

»Ich weiß es nicht. Aber ich will nicht, dass du die Nächste bist, die stirbt.«

Als Blume an diesem Morgen in sein Büro trat, saß Erkenschwick bereits an seinem Computer. Er starrte konzentriert auf den Bildschirm, die Augen klein, das Gesicht mit Bartschatten belegt. In der Luft lag der Geruch nach fadem Kaffee.

»Guten Morgen! Seit wann bist du denn schon auf den Beinen?«

Erkenschwick sah hoch, grinste seinen Chef an und streckte sich. »Ich wollte ein paar Leute noch zuhause erreichen. Da redet es sich leichter.«

Blume schob seinen Bürostuhl nah an den Schreibtisch seines Assistenten und setzte sich rücklings darauf. »Was hast du rausgekriegt?«

»Nicht gerade wenig.« Erkenschwick ließ seine Arme wieder auf die Schreibtischplatte sinken und beugte sich zu seinem Chef vor. »Erstens: Der gebrechliche Henry Obwanashyaka ist keineswegs ein unbeschriebenes Blatt. Ein paar Berliner Staatsanwälte, alles Experten im internationalen Recht, arbeiten zusammen mit dem Strafgerichtshof in Den Haag daran, ihn wegen Verbrechen gegen die Menschlichkeit anzuklagen. Und jetzt kommts: Beim Beschaffen von Beweisen gab es eine tatkräftige Hilfe von, na?«

»Claire Elbar.«

Erkenschwick lehnte sich zurück, fast vergnügt verschränkte er die Arme. »Ganz genau.«

»Erzähl mir alles, aber langsam und zum Kapieren.«

»Also gut. Unser feiner Henry kommt Anfang 2000 nach Deutschland.« Erkenschwick wühlte in seinen Unterlagen und zog ein Fax hervor. »Er beantragt Asyl als politisch Verfolgter, dem Antrag wird innerhalb von 6 Wochen stattgegeben.«

Blume pfiff überrascht durch die Zähne.

»6 Wochen? Wie hat er das so schnell geschafft?«

»Keine Ahnung. Vielleicht hat Henry O. auch gute Freunde in Deutschland?«

Erkenschwick sah wieder auf das Faxgerät und fuhr fort.

»Er erhält monatlich 432 Euro und die Auflage, dass er sich politisch nicht betätigen darf. Dagegen verstößt er mehrfach. Er reist in den Kongo und lässt sich dort als Präsident der ruandischen Befreiungsfront FDLR wiederwählen. Mit rund 30 Leibwächtern fährt er durchs Land und lässt sich feiern, kein Wunder, dass die Leute jubeln, er verteilt bis zu 250 000 Dollar Bargeld.«

»Von seinen 432 Euro monatlich? Wie soll das gehen?«

»Das Geld stammt natürlich aus den üblen Geschäften der FDLR. Als das Bundesamt für Migration davon Wind bekommt, widerruft sie seinen Asylstatus. Er wird noch am Flughafen verhaftet und in Abschiebehaft gesteckt.«

»Damit ist die Geschichte aber offensichtlich nicht zu Ende.«

Erkenschwick schüttelte den Kopf. »Obwanashyaka klagt, er hat die teuersten Anwälte, die sich im Asylrecht auskennen. Nach 19 Tagen kommt er frei, die Richterin ist der Meinung, die FDLR sei keine straff geführte Organisation, die politische Tätigkeit des Angeklagten könne man nicht beweisen. Ein Auslieferungsantrag nach Ruanda wird abgelehnt, das Oberlandesgericht sagt, dort könne ihm kein fairer Prozess garantiert werden.«

Blume beugte sich vor und ergriff die Thermoskanne mit Kaffee. Sie war leer. Mit einer Grimasse setzte er sie wieder ab.

»Also geht's wieder ins Reihenendhaus.«

»Genau. Henry O. lässt sich die erste Hüfte ersetzen, macht auf Rentner. Aber jetzt hat ihn der Strafgerichtshof in Den Hag auf dem Kieker. Sie wollen Henry O. wegen Verbrechen gegen die Menschlichkeit anklagen. Das Problem ist nur: Sie haben keine Zeugen.«

»Wenn es stimmt, was uns dieser Afrika-Experte, dieser Lequoc, erzählt hat, dann müsste es doch haufenweise Zeugen geben.«

»Die gibt es auch. Exrebellen der FDLR-Milizen, ehemalige Kindersoldaten, Frauen, die verschleppt wurden und die mit ihren Peinigern in den Lagern leben mussten. Wenn die Beobachter der UN-Mission fragen, auf welchen Befehl gehandelt wurde, dann fällt nur ein Name: Dawe. Vater.«

»Henry O.s Codename. Aber dann ist doch …«

»Niemand sagt vor Gericht aus. Sie haben alle Angst. Die Militärpolizei der FDLR ist mächtig. Wer sich bereit erklärt, vor einem Gericht auszusagen, der lebt nicht mehr lange.«

Erkenschwick ließ mit einem Knall seine Unterlagen auf den Schreibtisch fallen. »Und jetzt kommt unsere schöne Claire Elbar ins Spiel.«

Blume sah ihn aufmerksam an. Als Erkenschwick den Moment auskostete, stöhnte er auf. »Jetzt mach schon.«

»Claire Elbar hat sich der UN-Mission als Vermittlerin angeboten. Sie ist in den Kongo geflogen und hat mit den Leuten gesprochen. Sie hat sie beschworen auszusagen. Hat ihnen vom Zeugenschutzprogramm erzählt, von dem europäischen Gericht und von ihrer Verantwortung den nächsten Opfern gegenüber. Mein Freund in Den Haag sagte, sie sei sehr überzeugend gewesen.«

»Und?«

»Nichts. Kein Einziger wollte aussagen. Die Staatsanwälte

flogen mit ihr wieder zurück nach Europa. Kurz darauf erhielt sie die Anfrage aus Deutschland, hier ihre Kunst auszustellen.«

Die beiden schwiegen einen Moment. Schließlich sagte Blume: »Respekt, Erkenschwick, wirklich gute Arbeit.«

Vor Freude röteten sich die Wangen des älteren Assistenten. »Man muss halt wissen, wen man fragen kann.«

Blume stand auf, seine Glieder kribbelten, er konnte nicht still sitzen. »Komm, ich spendier dir nen richtigen Kaffee drüben beim Italiener. Den hast du dir verdient.«

Erkenschwick stand auf und nahm seine Jacke vom Ständer. Nachdenklich meinte er: »Merkwürdig ist nur, dass Henry O. den Auftritt von Claire Elbar in Deutschland mehr oder weniger bezahlt hat. Warum hat er das gemacht?«

Blume hielt ihm die Tür auf. »Glaubst du, er hat gewusst, dass sie gegen ihn gearbeitet hat?«

»Davon gehe ich aus.« Die Tür klappte, die beiden gingen langsam die Treppe hinunter, ein ungleiches Paar, der junge großgewachsene Vorgesetzte und sein älterer Assistent.

Auf dem Tempelhofer Damm rauschte der Berufsverkehr. Als sie an der Ampel auf grünes Licht warteten, wandte sich Erkenschwick an seinen Chef, und er musste fast schreien, um verstanden zu werden. »Es kann zwei Gründe dafür geben.«

Blume lehnte sich an die Ampel und beugte sich so unauffällig zu seinem Assistenten herunter. »Und zwar?«

»Erstens: Er wollte sie kaufen. Ich mach dich reich und berühmt, du hältst die Schnauze.«

»Und zweitens?«

»Es war eine Falle.«

Die Ampel sprang um, die beiden liefen über die Straße. Der Italiener wischte gerade die Plastiktische ab. Aus dem Café drang der Duft frisch gebrühten Kaffees bis auf den Bürgersteig. Sie gingen rein und bestellten zwei Espressi bei dem Inhaber hinter der Theke. In das laute Zischen der Maschine hinein sagte Blume:

»Jetzt ist die Frau tot. Das lässt auf Letzteres schließen.«

Das Klingeln ihres Handys riss Emma aus dem Schlaf. Sie wühlte sich unter der Decke hervor, Haut und Haar nass von Schweiß. Als sie nachhause gekommen war, hatte sie so lange heiß geduscht, bis das Zittern nachgelassen hatte, dann war sie, eingehüllt in ihren Frotteebademantel, unter die Bettdecke geschlüpft, nur kurz aufwärmen, einen Moment ausruhen. Sie musste eingeschlafen sein.

Es war Schneider. »Vielleicht gibst du mal Bescheid, wenn du dir einen Urlaubstag gönnst«, meinte er, betont freundlich. »Wäre für unsere Planung irgendwie hilfreich.«

Emma gähnte. »Ich mach nicht Urlaub, ich hab heute Nacht gearbeitet.«

»Und, ist was dabei herausgekommen?«

Emma zögerte. Sie dachte an Samuel, an ihre frühmorgendliche Fahrt durch den Wedding, an die Fotos des Tantalos. »Nichts für die Nachrichten, falls du das meinst.«

Schneider stöhnte. »Kommst du heute noch rein?«

»Später. Jetzt fahr ich erstmal zu dieser Firma, dein Bekannter hat mir einen Termin vermittelt.«

»Ich kenn den nur über drei Ecken. Glaub nicht alles, was dir solche Typen erzählen.«

Sie strampelte sich die Bettdecke von den Beinen, die kalte Luft traf ihren Körper wie ein nasser Waschlappen. »Du hast ihn mir doch selber empfohlen!«

»Ich weiß. Sind ja auch in der Regel schlaue Kerlchen. Nur eben nicht immer so leicht zu durchschauen.«

Sie taumelte zum Bad, noch immer das Telefon am Ohr.

»Was ich dich fragen wollte – der Sender finanziert mir nicht vielleicht eine Recherchereise nach Afrika?«

»Afrika? Du bist wohl noch nicht wach, oder?«

»Schon gut, vergiss es. Habt ihr was Neues in dem Fall?«

»Nur das Getratsche von den Nachbarn. Der Ehemann ist gewalttätig, hat rumgeschrien und so.«

Emma ließ sich auf dem Klo nieder.

»Vergiss es. Der war's nicht.«

»Ach und woher willst du das so genau wissen?«

»Weibliche Intuition.«

»Sag mal, pinkelst du eigentlich gerade?«

»Bis später, Onkel Manfred.«

Das Fahrrad stand noch immer am Berghain, also nahm Emma die U-Bahn. Bis zum Potsdamer Platz waren es nur sieben Stationen. Emma stieg schon an der Mohrenstraße aus – wie passend, dachte sie –, um ein paar Schritte zu laufen und wach zu werden.

Am Potsdamer Platz herrschte reges Kommen und Gehen, die Sonne schien fast sommerlich warm, die Blätter der Birken sprenkelten die Bürgersteige. Emma holte sich beim S-Bahn-Bäcker frischen Kaffee, sie ärgerte sich, dass sie wegen des Anrufs von Schneider zu früh aus dem kurzen Schlaf gerissen worden war. Noch fast eine halbe Stunde hätte sie für sich gehabt – anstatt hier im Gedränge bis zum Termin zu warten.

An der Straße vor der Staatsbibliothek standen wie immer die Buchhändler in ihren Holzbuden und verkauften alte Drucke, antiquarische Illustriertenausgaben auf vergilbtem Papier und aktuelle Taschenbücher mit dem seitlichen Aufdruck »Mängelexemplar«. Emma trank langsam ihren Kaffee, blätterte in einem Karton mit alten Fotos und überflog die Buchtitel. Der Händler, wie alle hier ein alter Hase im Verkauf, verwickelte sie gleich in ein Gespräch, fragte sie charmant nach ihren Lesevorlieben und zeigte ihr alte Stiche mit ungewöhnlichen Stadtansichten. Emma blieb stehen und plauderte. Ihre Müdigkeit versetzte sie in einen seltsamen Zustand der Sorglosigkeit, alles schien ihr entfernt. Sie dachte, wie einfach kann es sein, mit einem Fremden ein belangloses Gespräch zu führen, nur um noch einen Moment die Sonne im Nacken zu spüren und nicht allein zu sein. Vielleicht hatte Bente recht, vielleicht vergrub sie sich zu sehr in ihre Arbeit und verpasste das Beste vom Leben.

»Haben Sie eigentlich auch ein Buch über griechische Sagen?«

Der Verkäufer begann sogleich, hektisch in seinen Buchkisten zu wühlen.

»Hab ick, hab ick. Wat Bestimmtet?«

»Mich interessiert vor allem die Sage um Tantalos.«

»Uuuh, ja, det ist ne spannende Jeschichte. Warn ja nich zimperlich, die alten Jriechen.«

Mit einem triumphierenden Geheul zog er ein kleines beiges Heftchen aus einer Holzkiste und fing gleich an, wild darin zu blättern.

»Mal sehen, wat wir hier habn. … und sehen se, Tantalos!«

Breit grinsend hielt er ihr das kleine Heft entgegen. »VEB Leipzig, da können'se noch Splitter unter die Finger kriejen. Det is noch echtet Papier!«

»Wie viel soll Ihr Kleinod denn kosten?«

»Sieben Euro, für schöne Frauen fünf!«

Emma gab ihm einen Fünf-Euro-Schein, verabschiedete sich mit ihrem Buch und suchte sich einen ruhigen Platz auf einer Steinbank im Innenhof des Sony Centers, windgeschützt durch die umliegenden Hochhäuser und weit genug entfernt von der Potsdamer Straße, auf der sich weiter der Verkehr im Schritttempo voranquälte.

Einen Moment saß sie nur so da, die Geräusche der eilig vorbeihastenden Menschen, der hupenden Autos und die Klänge aus dem Einkaufszentrum verschmolzen zu einem Teppich von Lauten, der sie einhüllte und abschirmte. Dann stützte sie sich mit den Ellenbogen auf und griff nach dem kleinen beigen Buch. 2,50 Euro stand in Bleistift auf der ersten Seite, und Emma schickte dem Buchhändler in Gedanken grinsend einen Gruß.

Sie begann in dem Buch zu blättern. Nach einer Weile seufzte sie tief auf. Es war eine wissenschaftliche Materialiensammlung zu bestimmten mythologischen Symbolen und Begriffen, gespickt mit Querverweisen und Quellenangaben. Emma dachte, dass sie genau dieses Buch aufschlagen sollte, wenn sie später nach all den unregelmäßigen Wachphasen nicht würde einschlafen können.

Sie las, in welchen historischen Texten die Sage vom Geschlecht der Tantaliden aufgeführt wurde. Tantalos hatte die Allwissenheit der Götter erproben wollen und ihnen seinen eigenen Sohn als Festmahl angeboten. (So ein Idiot, dachte Emma wieder.) Die Götter erkannten seinen Frevel und bestraften ihn. So viel hatte ihr auch der Museumsdirektor schon erzählt. Er hatte in dem Kunstwerk von Claire Elbar eine Analogie zu Afrika gesehen. Samuel hatte behauptet, es stecke mehr dahinter, sei eine Anspielung auf die Ausbeutung in der Mine in Bisiye. Aber die Bilder auf dem Gewand stammten nicht aus der Mine der deutschen Firma. Samuel hatte gesagt, die ganze Gegend sei ihm unbekannt vorgekommen. Wo waren die Bilder entstanden?

Im Buch wurde eine Stelle aus der Odysee von Homer zitiert.

»Auch den Tantalos sah ich, mit schweren Qualen belastet. Lechzte hinab vor Durst, doch sooft er sich bückte, die Zunge zu kühlen, schwand das Wasser hinweg, und rings um die Füße zeigte sich schwarzer Sand.

Und reckte der Greis sich auf, die Früchte zu pflücken, so wirbelte ein Sturm sie empor zu den Wolken.«

Mieses Karma nennt man das wohl, dachte sich Emma und

gähnte. Doch dann entdeckte sie noch eine Textzeile aus einem Stück des antiken Dichters Sophokles, und sie horchte auf.

»Denn seit Myrtilos den Tod schmeckte, ruhte nie der Frevel, der fluchvoll auf diesem Hause lastet.«

Ging die Geschichte etwa noch weiter? Wer war dieser Myrtilos, und welcher Fluch lastete weiter auf dem Haus? Emma blätterte weiter zu den wissenschaftlichen Verweisen und fand folgende Erläuterung:

»Tantalos wurde zu ewigen Qualen verdammt. Doch das reichte den Göttern nicht. Sie verfluchten sein Geschlecht. Bis in alle Ewigkeit sollte jede Generation dieses Stammes einen Mörder hervorbringen, der Elend und Tod über alle brachte.«

Plong. Ein kleiner harter Gummiball traf sie an der Hüfte, und Emma zuckte zusammen. Ein kleines Mädchen holte kichernd den Ball, eine junge Frau winkte von Weitem eine Entschuldigung. Emma nickte ihr zu, sie beugte erneut den Kopf, um weiter zu lesen, doch ihre Konzentration war gestört. Ihre Gedanken kreisten um das, was sie gerade gelesen hatte. Wenn Claire das Bild des Tantalos für die Ausbeutung Afrikas genommen hatte, dann wollte sie damit vielleicht auch sagen, dass das Töten kein Ende nahm und von eigener Hand geschah. Spielte sie auf etwas Bestimmtes an? Der Tod vom eigenen Stamm – Mörder in jeder Generation. Hatte sie auch das in ihrem Kunstwerk ausdrücken wollen?

Emma lehnte sich an die Rückenlehne der Steinbank. Sie schloss die Augen und versuchte zu rekapitulieren, was sie bisher wusste.

Claire Elbar war eine sehr schöne und erfolgreiche junge Künstlerin gewesen. In ihrer Arbeit, zu deren Füßen sie ermordet aufgefunden worden war, hatte sie den Tantalos-Mythos aufgegriffen. Tantal, oder auch Coltan, wie es heute hieß, war ein Metall, dessen Erz vorwiegend in Afrika geschürft wurde. Claire hatte auf ihrer Hochzeitsreise Fotos in einer solchen Mine gemacht, die in den Händen der Berliner Firma H.C. Marx war. Diese Fotos hatte sie in ihrem Kunstwerk verwendet. Später hatte sie jedoch die Fotos gegen andere ausgetauscht: Fotos, auf denen ein Verbrechen festgehalten war – Kinderarbeit. Dann war sie zu den Füßen der Skulptur ermordet worden. Konnte es sein, dass jemand sie wegen der Fotos zum Schweigen bringen wollte? Aber Samuel hatte klar gesagt, dass es sich bei den ausgetauschten Bildern nicht um Motive aus Bisiye handelte. Irgendwo auf der Welt wurden Kinder gequält und ausgenutzt. Na und? Das war allgemein bekannt. Juckte das wirklich jemanden so sehr, dass er Claire Elbar deswegen umbrachte? Oder steckte etwas ganz anderes dahinter?

Emma riss die Augen weit auf, wenn sie so dasaß, war die Gefahr groß, dass sie wieder einschlief, hier, mitten im Trubel auf dem Potsdamer Platz. Sie reckte sich nach ihrer Tasche und zog ihren Notizblock heraus. Sie notierte sich: Ehemann Samuel Ndeze, was weiß er wirklich – kann ich ihm trauen?

Emma kaute auf ihrem Stift. Wieder rollte der Ball in ihre Nähe, das kleine Mädchen sah unsicher zu ihr hin, aber Emma reagierte nicht. Sie beugte sich wieder über ihren Notizblock und schrieb in großen Buchstaben einen Namen.

CHANCE.

Claire Elbar hatte Bilder von arbeitenden Kindern in ihr Kunstwerk integriert, und sie hatte versucht, einen Jungen nach Europa zu schleusen. Jetzt war sie tot, genau wie der Bruder des Jungen. Es musste einen Zusammenhang geben, und nur der Junge konnte ihr sagen, was hinter alldem steckte. Doch wie sollte sie ihn finden?

Emma starrte noch eine Weile auf die Buchstaben vor ihr.

Dann streckte sie sich noch einmal aus, widerstand aber der Versuchung, die Augen zu schließen. Es war Zeit, zu ihrer Verabredung mit H.C. Marx zu gehen. Als sie Block und Stift wieder in ihrer Tasche verstaute, fühlte sie die Oberfläche des Fotos in einer kleinen Seitentasche. Sie musste es nicht herausnehmen, um es vor sich zu sehen. Der Große, der zärtlich auf den Kleinen sieht. Der Kleine, der lacht. Sie hatte versprochen, Chance zu finden, und sie hoffte, dass der Junge noch am Leben war.

»Brauchen Sie das wirklich alles? Das ist doch erst ein Vorgespräch!«

Die Empfangsdame, jung, schön und makellos, warf einen Blick auf das mehrseitige Formular in Emmas Händen.

»Tut mir leid, so sind unsere Statuten.«

Emma seufzte, setzte sich auf das weiße Ledersofa im Empfang und füllte das Formular aus. Adresse, Handy, Festnetz, E-Mail. Wie wär's mit Bankverbindung und Schuhgröße, dachte sie. Vielleicht noch meine Wunschliste zu Weihnachten? Fügemann, Bente, schrieb sie, dann die offiziellen Nummern der Redaktion. Sie blätterte zur letzten Seite, las eine Weile und stand dann wieder auf. Die Dame hinter dem Schalter tat so, als sähe sie sie nicht. Emma knallte ihr die Zettel auf den Tisch.

»Ich kann das nicht unterschreiben.«

Die Frau sah hoch, das Lächeln jetzt ein klein wenig verrutscht.

Emma tippte auf das Kleingedruckte. »Hier steht, dass ich alles, was ich hier erfahre, weder aufnehmen noch weiterverbreiten darf.« Emma sah die Empfangsdame an. »Ich bin Journalistin, das ist doch absurd.«

»Tut mir leid, so sind unsere Statuten.«

»Das haben Sie eben schon mal gesagt, das bringt uns nicht weiter.«

Die Frau lächelte ungerührt. »Wenn Sie unser Eingangsformular nicht vollständig ausfüllen und unterschreiben, kann ich Sie leider nicht in unserer Firma weitervermitteln.«

»Aber ich habe eine Verabredung mit dem Geschäftsführer!«

»Es tut mir wirklich leid.« Die Frau verzog ihr Gesicht für einen Moment, als bereite ihr die Situation körperliche Schmerzen, doch nur für einen Moment, so lange, bis ein junger Mann im grauen Anzug durch die Tür kam und sie grüßte. Die Frau am Empfang lächelte ihn strahlend an, Emma schien sie vergessen zu haben. Emma trat schnell auf den Mann zu.

»Können Sie bitte Hilpert Constantin Marx bestellen, dass hier am Empfang eine Journalistin steht, die trotz Termins nicht zu ihm durchgelassen wird? Ich möchte …«

»Bitte lassen Sie den Herrn in Ruhe!« Die Dame stützte sich mit ihren Ellenbogen auf dem Empfangstisch auf, hektische Flecken erschienen auf ihren Wangen. »Ich möchte jetzt, dass Sie unser Haus verlassen.«

Der Mann im Anzug flüchtete zu den Fahrstühlen, und Emma drehte sich betont langsam zu der Frau um.

»Ich habe einen Termin. Wenn Sie mich nicht durchlassen, werde ich jeden ansprechen, der hier hereinkommt. Sie können aber auch gerne die Polizei rufen, wenn Sie die Schlagzeilen dann lesen wollen.«

Die Frau hatte jetzt doch einiges von ihrem Charme eingebüßt. Sie kaute auf ihrer Lippe und sah Emma wütend an, offensichtlich dachte sie nach, was sie unternehmen sollte. Schließlich griff sie zum Telefon und sprach flüsternd hinein. Danach herrschte eine ungemütliche Stille in dem Empfangsraum. Emma betete, dass der Hacker sie nicht veralbert hatte.

Sollte die Geschichte mit dem Terminkalender beim Chef nur ein Witz gewesen sein, war das ihre erste und letzte Chance, hier etwas herauszufinden. Lautes Klacken von Absätzen auf der Treppe kündigte eine weibliche Person an, und die Dame am Tresen atmete sichtlich auf.

»Frau Fügemann, nicht wahr? Mein Name ist Grete Seibert, ich bin die Sekretärin von Herrn Marx. Bitte kommen Sie.«

Emma fühlte sich mit dem kräftigen Händedruck der Sekretärin fast emporgerissen. Die Frau am Empfang hob die Hand mit dem halb ausgefüllten Anmeldeformular.

»Die Dame hat sich nicht korrekt eingetragen, ich habe Anweisungen, dann jeden …«

Grete Seibert hob gebieterisch die Hand, und die junge Frau am Empfang verstummte augenblicklich. »Das ist doch nur ein Formular.« Die Sekretärin lächelte Emma an. »Und wir sind Menschen.« Sie streckte die Hand nach dem Papier aus, nahm es und sah es flüchtig durch. Dann steckte sie es in eine elegante schwarze Umlaufmappe, die sie lässig mit sich trug, und drehte sich dann ungeduldig zu Emma um. »Kommen Sie bitte.«

Emma ging an der Empfangsdame vorbei, sie verkniff sich eine triumphierende Geste. Im Fahrstuhl flog ihr Blick wie zufällig über die Auflistung der einzelnen Büros neben den Etagenzahlen. Grete Seibert hatte ganz oben auf die Sieben gedrückt. Die Abteilung für Fragen der Sozialen Verantwortung befand sich im sechsten Stock. Emma drehte sich zur Seite und musterte jetzt ihr Gegenüber. Sie schätzte Grete Seibert auf Mitte fünfzig. Sie war dezent geschminkt, trug ein roséfarbenes Wollkostüm und roch teuer.

»Vielen Dank.«

»Aber gerne doch.« Die Frau verzog ihre geschminkten

Lippen, ein perfekt abgestimmtes Altrosé, zu einem Lächeln. »Meine Devise ist immer: Probleme sind dazu da, gelöst zu werden.«

»Und wissen Sie, was meine Devise ist?« Emma beugte sich ein wenig zu der Dame vor, die sie mit milder Neugier ansah, »meine Devise ist, wo es ein Problem gibt, dann lohnt es sich, hinter die Fassade zu schauen.«

Die ältere Frau behielt ihr Lächeln starr bei, dann hielt der Fahrstuhl. Grete Seibert trippelte mit kleinen schnellen Schritten auf den Gang und öffnete schwungvoll eine breite Bürotür. »Herr Marx erwartet Sie.«

Am anderen Ende eines riesigen Raumes erhob sich ein Mann hinter einem Schreibtisch. Unwillkürlich ging Emmas Blick nach rechts auf eine Fensterwand, die einen fantastischen Blick auf die Hofseite des Sony Centers bot. Die Leuchtreklamen blinkten trotz des Tageslichtes, und Hunderte von Menschen wimmelten kreuz und quer über den Platz.

»Wie Ameisen, nicht wahr?« Der Mann war nahe an Emmas Seite getreten und blickte nun ebenfalls aus dem Panoramafenster. »Eine wohltuende Perspektive. Ich werde jeden Tag daran erinnert, wie klein und unbedeutend wir Menschen doch sind.«

Der Mann drehte sich zu Emma und streckte ihr die Hand entgegen.

»Hilpert Constantin Marx, sehr angenehm.« Er wies auf eine kleine Sitzgruppe in grauem Leder. »Trinken Sie einen Kaffee mit mir?«

»Gerne.« Die Sekretärin verschwand, Emma setzte sich auf das graue Ledersofa und holte ihr Aufnahmegerät heraus. Marx ließ sich mit der breiten Geste des Hausherrn in den Sessel fallen und verschränkte seine Arme.

»Ich lese, Sie schreiben an einer Serie über innovative Firmen in Berlin.«

»So ist es.« Emma wickelte ihr Kabel umständlich aus, um etwas mehr Zeit zu gewinnen. Allzu viele Gedanken hatte sie auf ihre Ausrede nicht verwendet. »Das hier kann natürlich nur ein Vorgespräch sein. Ich werde dann mit meinem Vorgesetzten entscheiden, welche Firmen für ein Porträt ausgewählt werden.«

Es war nur eine minimale Regung in seinem Gesicht, aber Emma hatte sie trotzdem wahrgenommen. Durch die Erwähnung ihres Vorgesetzten war Emma automatisch in die Rolle eines Zulieferers sortiert worden und somit in der Skala der Wichtigkeiten nach unten gerutscht. Emma kannte diese Spielchen der Wirtschaftsbosse gut und setzte sie gezielt ein. Solange sie nicht wusste, ob das Gegenüber Freund oder Feind war, hielt sie es für das Beste, unterschätzt zu werden.

»Ich habe mir natürlich die Homepage Ihrer Firma angesehen«, Emma lächelte den Mann treuherzig an. »Aber ehrlich gesagt, viel verstanden habe ich nicht. Können Sie mir erklären, wofür die Firma H.C. Marx steht?«

»Aber natürlich. Wir bieten Hochleistungsmetalle an. Wolfram, Molybdän, thermische Spritzpulver und in erster Linie Coltan.«

»Wer kauft so etwas?«

»Nun, Firmen, die diese Metalle für ihre Produkte brauchen.«

Die Sekretärin kam zurück, in der Hand ein Tablett mit Kaffee und Keksen. Schnell verteilte sie alles, während ihr Chef weitersprach:

»Unsere thermischen Spritzpulver werden für verschleißbeständige Beschichtungen eingesetzt. Abnehmer kommen in erster Linie aus der Automobilindustrie.«

»Sie sagten, Coltan ist Ihr Verkaufsschlager?« Emma nahm mit der linken Hand ihre Kaffeetasse auf und versuchte, ein harmloses Gesicht zu machen.

»Ja, unser Verkaufsschlager, wenn Sie es so nennen wollen.« Der Direktor nahm einen Keks und zerkrümelte ihn zwischen seinen Fingern. »Coltan ist extrem hitze- und säureresistent. Es wird deshalb in der Implantatmedizin eingesetzt, zum Beispiel für die Beschichtung von Prothesenägeln.« Marx wischte sich mit einer ungeduldigen Geste die Krümel von der Hose. »Aber der Hauptabnehmer des Metalls ist auf jeden Fall die Elektronikindustrie. Wir können kaum nachliefern, die Firmen reißen uns das Erz quasi aus den Händen. Kein Wunder bei dem Boom in der Handybranche. Selbst die Kleinkinder haben heutzutage ihr eigenes Smartphone.« Er lächelte und wies mit dem Kinn auf ihr Aufnahmegerät. »Da steckt sicher auch Coltan drin. Und in Ihrem Telefon natürlich.«

»Ich habe auf Ihrer Homepage gelesen, dass Sie das Coltan-Erz in Afrika schürfen.«

»Das stimmt. Wir machen auch immer wieder Journalistenreisen dorthin. Sie sollten sich auf die Warteliste setzen lassen.«

Der Direktor stand auf und ging ans Telefon. »Grete, kannst du mir bitte einen Flyer von der Mine bringen? Ja, Bisiye.«

Er setzte sich wieder zu Emma. »Coltan ist äußerst selten. Das meiste, was bisher gefunden wurde, liegt in den Provinzen in Süd-Kivu und Maniema im Osten des Kongos. Doch das ist umkämpftes Gebiet.«

Die Sekretärin kam herein und reichte Emma wortlos einen Flyer. Emma nahm ihn, nickte dankend und sagte zu Marx:

»Sie schürfen in Ruanda, nicht wahr?«

»Ja, in Bisiye. Die geologische Bodenstruktur ist dort relativ gleich mit dem Gebiet 100 Kilometer weiter im Osten des

Kongos. Wir stellten Probebohrungen an und hatten Glück.« Das Telefon läutete, Marx entschuldigte sich und ging an den Apparat.

Emma legte ihr Aufnahmegerät zur Seite, nahm einen Schluck Kaffee und sah auf den Flyer in ihrer Hand. Männer in Schutzkleidung, das dunkle Gesicht verrußt, im Hintergrund stabile Hütten, eine Schule mit Kindern. Marx drehte ihr jetzt den Rücken zu, er sprach leise, aber erregt. Emma besah sich noch einmal Foto für Foto die Bilder auf dem Flyer. Sie ähnelten denen, die Claire in ihrem Atelier aufgehängt hatte, nicht jedoch denen, die in der Skulptur verarbeitet waren.

»Frau Fügemann, leider müssen wir unser Gespräch ein andermal fortsetzen.« Marx hielt den Hörer noch immer in der Hand, die Sprechmuschel mit dem Handballen abgedeckt. »Tut mir leid, dies hier kann nicht warten.«

»Aber sicher«, Emma begann, ihr Aufnahmegerät in die Tasche zu stopfen. »Danke, dass Sie so schnell Zeit gefunden haben.« Sie stand auf. »Das ist doch hoffentlich kein ernstes Problem?«

»Nein, nein, nur …«

»Ich verstehe. Auf Wiedersehen.«

Sie hob die Hand zum Abschied, aber Marx hatte ihr schon wieder den Rücken gekehrt und hielt das Telefon ans Ohr gepresst. Halblaut sagte er:

»Da bin ich wieder. Jetzt bitte noch mal von Anfang an.«

Emma trödelte an der Tür herum, nestelte an den Schuhen, aber dann kam die Sekretärin und öffnete die Tür so schwungvoll, dass sie fast gegen Emmas Stirn geknallt worden wäre.

»Kommen Sie?«

Sie warteten am Fahrstuhl, Emma überlegte, wie sie die Frau an ihrer Seite loswerden konnte, und versuchte es mit einem relativ simplen Trick: »Ach, fast hätte ich es vergessen, Herr Marx wollte Sie noch sprechen, Sie sollten noch mal eben zu ihm reinkommen.«

Grete Seibert runzelte ihre gepuderte Stirn.

»Das kann ich dann ja im Anschluss machen.«

»Vielleicht geht es ja um einen weiteren Termin mit mir. Dann könnte ich gleich klären, ob ich dann Zeit hätte …?«

Einen Moment standen sich die beiden Frauen, die junge Reporterin in Jeans und mit einer fleckigen Umhängetasche und die ältere Sekretärin im rosa Fake-Chanel-Kostüm, stumm gegenüber. Dann drehte sich Grete Seibert um.

»Bin gleich wieder da.«

Emma rannte die wenigen Schritte bis zum Treppenhaus und riss die Glastür auf. Zwei, drei Sprünge, eine Drehung, noch ein paar Stufen, dann stand sie im sechsten Stock. Niemand war zu sehen. Der Flur ähnelte dem darüber, nur war hier keine große, zweiflügelige Tür, sondern mehrere schmale. Emma ging mit schnellen Schritten daran entlang und starrte auf die Türschilder. An die letzte Tür klopfte sie kurz und riss sie dann auf. »Oh, Entschuldigung, ich wollte nur …«

Sie verstummte. Drei erstaunte Augenpaare sahen in ihre Richtung. Eine sehr junge Frau saß an einem Schreibtisch direkt neben der Tür. Eine zweite stand vor einem Spiegel an der Innenseite eines Hängeschrankes und hatte sich offensichtlich gerade die Lippen nachgezogen. Und am Fenster, am größten Schreibtisch in dem Raum, erhob sich gerade ein Mann, ungefähr in ihrem Alter, und sah ihr fragend entgegen.

»Haben Sie einen Termin?«

Der Mann sprach mit einem weichen Akzent. Sein Haar war ungewöhnlich blond, und er hatte ein Muttermal an der rechten Augenbraue, das sein schmales Gesicht seltsam anziehend machte. Emma machte noch einen Schritt in den Raum und schloss die Tür hinter sich.

»Ja, ich war gerade bei Hilpert Constantin Marx, Ihrem Chef. Wir sprachen über die Coltanmine in Bisiye. Sie sollen mich informieren über weitere Schürfrechte der Firma – außerhalb der Mine in Bisiye, meine ich.«

Die Frauen sahen sie erstaunt an, die am Spiegel ließ den frisch geschminkten Mund offen stehen. Unsicher sah sie zu dem Mann, vermutlich ihr Vorgesetzter. »Aber ich weiß nicht, ob …«

»Leider weiß ich nicht, wovon Sie reden.« Der Mann setzte sich wieder und griff zum Telefon. Seine Hand zitterte. »Frau Seibert, hier Larsson. Könnten Sie mal bitte, hier ist eine Dame … danke.« Er legte auf und lächelte. »Da muss es sich um ein Missverständnis handeln. Sicher wird sich das ganz leicht aufklären lassen.«

Bevor Emma antworten konnte, riss Grete Seibert die Tür auf. Sie war rot im Gesicht und keuchte, sie musste sich wirklich beeilt haben.

»Frau Fügemann, was tun Sie hier!«

»Ich wollte mal hinter die Kulissen sehen, Sie wissen doch, wo es Probleme gibt … » Emma lachte gekünstelt. »Da habe ich einfach mal aufs Geratewohl eine Tür geöffnet, aber hier scheint ja alles in Ordnung zu sein, jedenfalls soweit ich das beurteilen kann.« Wieder lachte sie affektiert. Die Angestellten sahen sie befremdet an, keiner verzog das Gesicht, und Emma war sich klar, dass sie hier nicht mehr viel erfahren würde.

»Ich denke, ich gehe dann mal besser.«

Stumm brachte Greta Seibert sie nach unten ins Foyer. Zum Abschied reichte die Sekretärin ihr die Hand und sagte kühl: »Ich denke, Herr Marx wird in nächster Zeit voll eingespannt sein. Vielleicht suchen Sie sich für Ihr Porträt doch noch einen anderen Gesprächspartner.«

»Jawohl«, dachte Emma, sagte aber nichts, sondern nickte nur. Das Letzte, was sie sah, als sie durch die breite Drehtür das Gebäude verließ, war die Empfangsdame. Sie lächelte, und ihr Unterkiefer war dabei so angespannt, dass es aussah, als fletschte sie ihre Zähne.

Draußen griff Emma automatisch nach ihrem Schlüsselbund, um ihr Fahrrad aufzuschließen, als ihr einfiel, dass es noch immer am Berghain stand – hoffentlich! – und sie mit der Bahn gekommen war. Zwei Stufen auf einmal nehmend lief sie die breiten Treppen zur U-Bahn hinunter und stellte fest, dass sie gute Laune hatte. Die Müdigkeit war wie weggewischt, sie dachte grinsend an den Ausdruck auf dem Gesicht der Sekretärin Grete Seibert, als sie sie in der Abteilung für Soziale Verantwortung aufgespürt hatte.

Ihre Aktion hatte vermutlich nichts gebracht, im Gegenteil war sie nun von Informationen aus der Firma Marx abgeschnitten. Dennoch hatte es ihr gutgetan, ein wenig an der selbstgefälligen Firmendarstellung zu kratzen. Sie kam sich vor wie ein Zwerg, der einem Riesen vor das Schienbein getreten hatte. Während die Bahn aus dem Untergrund über die Brachfläche am Gleisdreieck fuhr, nahm sie einen Stift aus ihrer Tasche und schrieb sich den Namen Larsson auf den Handrücken.

Zur gleichen Zeit strömten am Potsdamer Platz die Angestellten aus den Glastürmen und setzten sich in den Innenhof des Sony Centers. Die Sonne ließ sie fast vergessen, dass es Oktober und nicht August war, so warm schien sie durch die lichter werdenden Birken, die hier zu Hunderten gepflanzt worden waren und dem Platz etwas Gewachsenes geben sollten.

Grete Seibert lehnte die Aufforderung einer Kollegin ab, sich mit ihr nach unten in die Sonne zu setzen, und wartete nervös auf den Ruf ihres Chefs. Wenige Minuten nachdem sich die Räume geleert hatten, öffnete sich die Tür, und Larsson betrat das Büro. In seiner Hand hielt er einen zusammengefalteten Zettel. Ohne zu grüßen, ging er durch den Raum zum Chefeingang und sagte zu ihr im Vorbeigehen: »Sie sollen auch mitkommen.«

Hilpert Constantin Marx saß an seinem Schreibtisch und rollte seinen Brieföffner, einen fein ziselierten Dolch aus Messing, zwischen seinen Händen. Larsson ging zu ihm und reichte ihm den Zettel. Marx nahm ihn und faltete ihn auf. Eine Weile war es still im Raum. Als sich Grete Seibert nervös räusperte, blickte er auf und fixierte sie.

»Dass Sie sich so übertölpeln lassen, das hätte ich nicht gedacht.«

Kleine Pause. Dann sagte Grete Seibert, die Stimme fest:

»Vergessen Sie es. Eine unbedeutende Journalistin.«

»Unbedeutend, ja?« Er stand auf, legte das Blatt auf seinen Schreibtisch und setzte sich wieder mit dem Rücken zum Zimmer in seinen Chefsessel. Grete Seibert trat näher an den Tisch heran und nahm es in die Hände. Es war ein Foto von Emma, Präsentation des Teams von der Homepage des Senders. Die Haare waren kürzer, doch es war eindeutig die Frau, die eben noch in diesem Raum gestanden hatte. Ihr Name stand unter dem Bild: Emma Vonderwehr, Polizeireporterin.

Grete Seibert sah hoch, das Gesicht blass. Marx fuhr in seinem Sessel herum.

»Das war nicht Bente Fügemann. Sondern die Frau, die wir

seit zwei Tagen beobachten lassen!« Die letzten Worte brüllte er beinahe. Die Sekretärin zuckte zusammen. Mit zittriger Stimme sagte sie: »Niemand verlangte ein Foto von ihr, ich hab die GPS-Daten wie verlangt weitergegeben und …«

Marx schnitt ihr das Wort ab. »Wieso stand sie überhaupt in meinem Terminkalender? Wer hat das veranlasst?«

»Ich dachte, Sie selbst hätten …«

Marx stand abrupt auf und warf den Brieföffner auf seinen Schreibtisch.

»Vielleicht haben wir diese Frau unterschätzt.«

Eine Weile sagte niemand etwas. Der Firmenleiter sah hinab auf das Gewusel im Hof des Sony Centers.

»Wir müssen das weitergeben.«

Larsson trat neben ihn.

»Sie hat nichts herausgefunden. Das Ganze war absolut lächerlich.«

Marx musterte seinen Mitarbeiter kalt. »Lächerlich, was? Diese Frau hat offensichtlich Zugang zu unseren internen Daten. Das finde ich überhaupt nicht lächerlich!«

»Alles, was in dem Fall von Relevanz ist, kann sie nicht zurückverfolgen. Das weißt du.«

»Können wir da jetzt noch sicher sein? Ich frage mich, ob ich mich in der Sache noch auf dich verlassen kann.«

Larsson schwieg, offensichtlich verletzt. Grete Seibert wagte zu fragen: »Wird sich die Richtung ändern?«

Marx holte tief Luft und wandte sich ihr zu.

»Ich werde vorschlagen, noch abzuwarten. Ich bin mehr denn je davon überzeugt, dass sie uns zu dem Jungen führt.«

Larsson trat einen Schritt vor.

»Das glaube ich auch. Diese Frau weiß nicht, wie nah wir an ihr dran sind. Das müssen wir nutzen.«

Marx betrachtete Larsson nachdenklich. Dann sagte er:

»Du bist mir persönlich dafür verantwortlich, dass die Dinge nicht aus dem Ruder laufen. Häng dich an sie ran. Ich will dich hier nicht mehr sehen, bis wir wissen, wo der Junge ist.«

Larsson versuchte ein Lächeln. »Du kannst auf mich zählen. Probleme sind dazu da, gelöst zu werden, oder Grete?«

Niemand lachte. Die Sekretärin warf Larsson einen vernichtenden Blick zu und drehte sich zur Tür. Marx sagte: »Eins noch …«

Larsson und Seibert blieben stehen, die Sekretärin hatte die Klinke schon in der Hand. Marx griff wieder nach seinem Brieföffner.

»Falls diese Vonderwehr den Jungen findet, müssen wir davon ausgehen, dass er ihr etwas erzählt. Und dann …«

»… werde ich dafür sorgen, dass sie es nicht mehr weitertratschen kann, Chef.« Larsson wechselte einen Blick mit Grete Seibert. »Das versteht sich von selbst.«

»Gut.« Marx warf den Brieföffner zurück auf die Ablage. »Ich wünsche dir viel Glück. In deinem eigenen Interesse.«

Im Redaktionsraum war nur Sebastian, der Sekretär, und wühlte in seinen Schreibtischfächern.

»Sag mal, Emma, hast du meinen Stadtplan gesehen? Ich war mir sicher, dass ich den hier …«

»Weißt du, wo Andreas ist?«

Erstaunt sah er hoch, ihre Stimme klang scharf.

»In der Kantine mit den anderen. Warum?«

Emma legte Tasche und Jacke auf ihren Schreibtischstuhl und lief die Treppe nach oben. Es war voll, die Schlange an der Ausgabe reichte bis fast zu den Fahrstühlen. Andreas saß mit Bente und anderen aus der Redaktion an dem langen Tisch ganz hinten. Sie lachten über etwas, es schallte bis zu Emma hinüber. Als sie näher kam, sah sie auch Henning an dem Tisch sitzen, aber das war ihr jetzt auch egal.

Andreas sah hoch, als sie vor ihm stand. Er lächelte freundlich. »Emma, wie war denn dein Date gestern Abend? Spaß gehabt?«

Hatten sie schon über sie geredet? Machten sie sich lustig über sie?

»Das finde ich nicht sehr komisch.«

Sie hatte ganz ruhig gesprochen, fast leise. Trotzdem verstummten die Gespräche am Tisch, alle sahen sie an. Zu viel Publikum für ihren Geschmack, aber das musste jetzt raus.

»Hast du dem Neuen gesagt, dass ich ins Berghain gehe?«

Andreas' Miene wechselte. Nicht schuldbewusst, eher genervt.

»Er heißt Henning. Und ich wusste nicht, dass das ein Geheimnis war.«

Emma lief rot an, sie spürte, wie ihre Wangen brannten. Sie hatte nicht viele Freunde unter den Kollegen, im Gegenteil verhielten sich die meisten ihr gegenüber distanziert. 150-prozentig sei sie, verbissen, moralisch. Andreas und Bente waren ihr Schutzschild. Ihr Mund redete, obwohl sie nicht wollte.

»Du und Bente, ihr tut so, als ob ich 'ne alte Jungfer bin, die ihr unbedingt verkuppeln müsst. Hört damit auf!«

Bente legte die Gabel beiseite, ihre Blicke begegneten sich, war das Mitleid? Emma sah schnell wieder weg. Jemand räusperte sich, lachte leise. »Schon gut«, murmelte Andreas, »ich dachte, du bist immer so allein und …«

Emma schluckte. »Ich bin gern allein. Sollte sich das ändern, lass ich es euch wissen.«

Henning erhob sich langsam. »Also, wenn mein Verhalten jetzt hier das alles in Gang gesetzt hat, dann möchte ich mich in aller Form dafür …«

»Nein.« Bente sah jetzt hoch, Emma ins Gesicht. »Es war unser Fehler. Entschuldige.«

Andreas lächelte. »Runde Kaffee?«

Emma zögerte. Am liebsten würde sie sich jetzt umdrehen und verschwinden, sich im Klo einschließen, gegen die Wand hauen. Aber sie brauchte die anderen. Wollte nicht wieder ganz allein sein. »Meinetwegen.«

Andreas brachte das Tablett, darauf noch Eiskonfekt für alle. Emma lächelte und steckte sich eins in den Mund, dabei war ihr flau im Magen. Die Gespräche gingen weiter, und Bente zeigte auf ihren Handrücken. »Was ist das?«

»Ein Name.«

»Und?«

»Weiß ich noch nicht.«

Bente sah ihr ins Gesicht, sagte nichts weiter. Emma dachte

daran, wie sie gestern ihren Feierabend für sie verschoben hatte, und gab sich einen Ruck.

»Ein Mann, Larsson, arbeitet für die Firma, in der ich heute Morgen war.«

»Ist er wichtig?«

»Larsson, das ist doch kein deutscher Name, oder?«

Bente langte nach dem Eiskonfekt. »Ich hatte mal 'ne Brieffreundin, die hieß Larsson. Wie war noch der Vorname? Ist ewig her. Die kam jedenfalls aus Schweden.«

»Blume sagte was von Holland.« Emma strich sich über den Handrücken. »Hat vermutlich nichts miteinander zu tun.«

»Emma?« Henning stand hinter ihr, er lächelte, nicht ganz so breit wie sonst. Emma stand schnell auf. Bevor er etwas sagen konnte, kam sie ihm zuvor:

»Tut mir leid, dass ich dich so angefahren habe. Ich war … du hast mir da was vermasselt.«

»Das hab ich mir schon fast gedacht. Was Privates?«

»Ich denke, das geht dich nichts an.«

Er grinste, hielt ihr die Hand hin. »Jetzt hab ich's kapiert. Frieden?«

Sie nahm sie, ließ schnell wieder los. »In Ordnung.«

»Ich geh dann mal wieder runter.« Er verzog das Gesicht. »Folterstunde mit Hitler.«

Bente lachte leise, Emma setzte sich wieder. Beide beobachteten, wie Henning sich durch die Menge an Menschen zum Ausgang bewegte.

»Er gibt sich doch echt Mühe, das musst du zugeben.«

Emma sah streng zur Seite. »Bente …«

»Schon gut.« Bente stand auf und sammelte die leeren Kaffeetassen auf ihrem Tablett. Andreas war schon wieder nach unten zu den Nachrichten gegangen.

»Kommst du mit?«

Emma nickte, warf die leere Eiskonfektpackung in den Mülleimer. »Sebastian sucht übrigens seinen Stadtplan.«

Bentes Lachen ließ die Köpfe herumfahren, und Emma fühlte, wie sich der Ring um ihre Brust lockerte. Sie lief nicht immer weg.

Sie war nicht allein.

Vielleicht müssen wir unsere schöne Theorie von der internationalen Mafia doch über den Haufen werfen.«

Wieder war Hans Erkenschwick vor Blume im Büro, wann fing dieser Mann an zu arbeiten? Blume warf seine Jacke über die Stuhllehne und sparte sich den Morgengruß.

»Könnte uns viel Ärger ersparen.«

»Ach ich würde diesem afrikanischen Alten schon ganz gern ans Bein pissen.«

»Dito. Und warum geht das jetzt nicht mehr?

»Weil die tote Claire vielleicht doch nur ganz schlicht einen Liebhaber hatte.«

Erkenschwick drehte seinen Monitor in Richtung seines Chefs, und der beugte sich darüber. Zu sehen war der Linienplan eines westdeutschen Verkehrsverbundes. Blume sah auf das Kürzel in der Ecke des Plans und dann in das Gesicht des Älteren.

»Hannover?«

Erkenschwick nickte.

»Die Initialen aus ihrem Kalender. BG. Claire ist an diesen Tagen nach Hannover gefahren.«

»Wir haben keine Buchung gefunden.«

»Weder online noch am Schalter mit Kredit- oder EC-Karte. Allerdings hat sie an diesen Tagen Geld am Automaten abgehoben. Immer in der Nähe des Hauptbahnhofes. Für mich sieht das aus, als wollte sie nicht, dass jemand die Abbuchungen sehen konnte.«

»Das kann viele Gründe haben.«

Erkenschwick runzelte unwillig die Stirn.

»Bleiben wir doch mal bei der Ehebruch-Theorie. Keine Quittung, kein Vermerk. Der Ehemann würde es auch nicht mitbekommen.«

»Aber wieso Hannover?«

Erkenschwick hob eine Plastikhülle hoch, in der ein kleiner Zettel steckte.

»Gefunden in ihrer Sommerjacke. Brusttasche. Claire Elbar muss sie angehabt haben, als sie im September nach Hannover gefahren ist, da gab es noch ein paar sehr warme Tage. Sie fuhr auf der U-Bahnstrecke 7 vom Hauptbahnhof Richtung Schierholzstraße und zwar nicht schwarz, sondern sie zog sich eine Fahrkarte.«

»Okay.« Blume nahm die Plastikhülle in die Hand strich sie glatt und betrachtete den kleinen Zettel. »Und jetzt?«

»Jetzt checken die Kollegen, ob in den Straßen, die auf dieser U-Bahn-Strecke liegen, jemand gemeldet ist, der die Initialen BG hat.«

»Na viel Spaß. Das ist doch die Stecknadel im Heuhaufen.«

Erkenschwick nahm Blume die Plastikhülle aus der Hand.

»Irgendwie gefiel mir dein ›Gute Arbeit, Erkenschwick‹ besser.«

»Gute Arbeit, Erkenschwick. Und viel Spaß.«

Der Assistent grinste, seine gute Laune schien unverwüstlich.

»Danke Chef.«

Der Name Larsson ergab über 50 000 Treffer, in der Kombination mit der Firma H.C. Marx keinen einzigen. Emma seufzte. Larsson schien der schwedische Meyer zu sein – wie sollte sie so weiterkommen?

Im Redaktionsraum war es ruhig, die meisten Kollegen saßen in der Nachmittagskonferenz. Emma hatte sich abgemeldet. Da sie weder etwas für das Programm produziert noch die Beiträge der anderen gehört hatte, meinte sie, nichts Produktives zur Diskussion beitragen zu können. Schneider hatte es ihr durchgehen lassen, sie aber mit prüfendem Blick angesehen und kurz gebrummt, wie es ihr denn gehe – immerhin sei ein Mensch in ihrer unmittelbaren Nähe umgekommen. Ob sie einen Tag Pause bräuchte? Emma hatte nur den Kopf geschüttelt, bloß nicht, nicht anhalten, nicht nachdenken, nicht den blutenden Diakondua wieder vor Augen haben. Sie hatte eine Aufgabe, sie musste den Jungen finden. Das half gegen die Bilder im Kopf.

Im Sitzungsraum nebenan lachte Schneider laut, seine Stimme drang durch alle Mauern. Emma stützte ihr Gesicht in beide Hände. Mit geschlossenen Augen massierte sie sich die Schläfen. Was hatte Khoy gesagt? Zurück zu dem Punkt gehen, an dem die Fäden zusammenlaufen. Was stand im Zentrum? Im Zentrum stand Claire.

Sie wechselte von der Suchmaschine zur Homepage der Nationalgalerie und wählte die Nummer der Verwaltung.

»Dorothea Niemann bitte.«

Sie wartete, begrüßte dann die Assistentin der Leitung und

brachte sich in Erinnerung. Fragte nach den Zwillingen auf der Schule Potsdamer Straße. Ein bisschen hatte sie doch von Bente gelernt.

»Frau Niemann, ich habe im Zusammenhang mit der Eröffnung noch eine Frage. Stand zufällig ein Herr Larsson auf der Gästeliste? Oder die Firma H. C. Marx?«

»Herr Marx war natürlich da, seine Firma unterstützt die Ausstellung. Aber ein Larsson – da muss ich nachsehen … Nein, Larsson kann ich hier nicht finden.«

»Gab es Gäste, die aus dem Ausland anreisten? Vielleicht jemand aus Holland?«

»Warten Sie, da war jemand, mit dem habe ich noch gesprochen. Ich seh mal eben …«

Emma biss sich auf die Fingernägel, während die Assistentin in den Listen scrollte.

»Hier, da ist er. Jonas deVries. Aus Amsterdam.«

»Hat er gesagt, für welches Medium er arbeitet?«

»Hier steht nur freier Journalist. Ist ja heute auch eher selten, dass jemand nur für ein bestimmtes Blatt arbeitet.«

»Ja, da haben Sie recht. Vielen Dank! Sie haben mir trotzdem sehr geholfen.«

Mit zitternden Fingern legte Emma auf und zog die Tastatur ihres Computers zu sich heran. Global witness, hatte Erkenschwick gesagt, war eine internationale NGO, an deren Amsterdamer Büro Claire Elbar eine größere Summe gespendet hatte. Emma ging auf die Homepage. Global witness existierte seit 20 Jahren. Sie engagierten sich weltweit, bemüht, die Zusammenhänge von Rohstoffausbeutung, Korruption und Armut anzuprangern. Im Kampf gegen den Handel von Blutdiamanten in den afrikanischen Ländern Angola und Sierra Leone waren sie für den Friedensnobelpreis vorgeschlagen worden. Die holländische Sektion engagierte sich in den letzten Jahren verstärkt gegen den illegalen Abbau von Tropenholz. Das Führungsteam war abgebildet, ein Jonas deVries war nicht darunter. Emma wählte gerade die Nummer des Amsterdamer Büros, als die Tür aufging und die Kollegen zurück ins Großraumbüro strömten. Emma senkte den Blick und stützte den Kopf mit der rechten Hand ab. Sie hoffte, abweisend genug zu wirken, sie wollte nicht gestört werden. Eine helle Frauenstimme nahm den Anruf entgegen.

»Hello, my name ist Emma Vonderwehr, I'm looking for Jonas deVries. Can I talk to him?«

»Jonas? He ist not there. Actually I didn't see him for weeks. He is not very often in the office, you know.«

Während Emma innerlich aufatmete, weil Jonas deVries tatsächlich zum Team von global witness Holland gehörte, wurde sie sich bewusst, dass mehrere Kollegen ihr Gespräch verfolgten. Schneider war bei ihrem Schreibtisch stehengeblieben, und wie immer hing eine Traube von Leuten an ihm, die noch Weiteres mit ihm zu klären hatten.

»Can you give me a private number of Jonas, something where I can reach him?« Emma fühlte sich beobachtet und rutschte unruhig auf ihrem Sitz hin und her. Schneider und damit auch alle anderen machten keine Anstalten zu gehen.

»I'm sorry, we don't do that, we ...«

»But it is really urgent, I need to talk to him, I ...« Emma suchte nach Worten, versuchte, dringlich zu klingen. Die Frau meinte, vielleicht wolle sie noch jemand anderes sprechen? Die Sekretärin im Haus spräche gut deutsch. Emma ließ sich erleichtert weiterverbinden.

»Sabina Nyberg hier. Jonas suchen Sie? Tut mir leid, Jonas ist ein freier Mitarbeiter, er arbeitet selten von hier aus.«

Die Stimme klang älter, ein fehlerfreies Deutsch mit weicher holländischer Färbung. Emma sagte:

»Jonas deVries hat an einer Veranstaltung in Berlin teilgenommen. Ein Mord ist geschehen, und vielleicht kann er bei den Ermittlungen weiterhelfen.«

»Dann sind Sie Polizistin?« Die Stimme deutlich kühler.

»Nein, ich bin Journalistin. Eine Kollegin. Ich recherchiere in dem Fall.«

»Ich kann Ihnen die Nummer von Jonas trotzdem nicht herausgeben, tut mir leid.« Die Frau schwieg einen Moment, Emma auch, erschöpft. All das schien so vage, so weit entfernt. Dann hörte sie wieder die Stimme der Frau.

»Ich mache Ihnen einen Vorschlag. Ich rufe Jonas an und sage ihm, dass Sie Kontakt aufnehmen wollen. Wenn er will, kann er sich dann bei Ihnen melden.«

»Das wäre großartig, vielen Dank.« Emma nannte ihre Nummer, dann legte sie auf. Hoffte, dass es klappte.

»Emma?

Schneider hatte sie nicht mehr beachtet, er stand noch immer in der Nähe ihres Schreibtisches.

»Machst du noch ein Update für Andreas?«

Sie nickte, hoffte, ihn damit zufriedenstellen zu können. Aber er blieb stehen.

»Woran arbeitest du?«

»Eine Spur führt nach Holland. Ein Journalist, er war in der Ausstellung. Angeblich sind private Gelder von Claire Elbar dorthin geflossen.«

»Kannst du davon was bringen?«

»Mal sehen. Ich warte noch auf einen Rückruf.«

»Mmmh.« Schneider war lange genug im Geschäft, um zu hören, wenn eine Geschichte noch vage war. Er nickte bedächtig, ging endlich weiter. In seinem Rücken stand Bente und grinste. Emma wischte sich imaginären Schweiß von der Stirn. Dann surrte ihr Handy.

»Haben wir eben gesprochen?«

»Ja! Es geht um Jonas deVries.«

»Ich kann ihn leider nicht erreichen, tut mir leid.«

»Haben Sie ihm auf die Mailbox gesprochen?«

»Die Mailbox war voll, ich konnte keine Nachricht hinterlassen. Tut mir leid.«

Emma unterdrückte den Impuls aufzuspringen. Fast schrie sie ins Telefon: »Warten Sie! Könnten Sie nicht mal bei ihm vorbeischauen? Ich weiß, das ist viel verlangt, aber vielleicht …«

»Das ist nicht üblich hier. Wissen Sie, das ist hier kein Nine-to-five-Job. Manchmal ist es nötig, unterzutauchen.«

»Aber wenn ihm was passiert ist, dann …«

»Jonas hat viele brisante Aktionen durchgestanden. Er war gerade erst im Kongo. Er kann auf sich aufpassen.«

Emmas Euphorie sank in den Keller. »Ich verstehe. Danke für Ihre Mühe.«

»Schreiben Sie eine Mail an global_witness.org, setzen Sie im Betreff meinen Namen ein, Sabina Nyberg. Ich leite sie an Jonas weiter.«

»Ich mache es sofort. Vielen Dank.«

Emma schrieb die Mail, dann starrte sie eine Weile auf den Monitor vor sich, bis ihr der Bildschirmschoner des Senders auf die Nerven ging. Sie gab der Maus einen Schubs, klickte sich durch die geöffneten Seiten. Er war gerade erst im Kongo, hatte Sabina Nyberg gesagt. Warum Kongo?

Emma gab Jonas deVries und Kongo in die Suchmaschine, ein paar Treffer gab es, alle Texte auf Französisch, nichts Aktuelles. Emma beugte sich über den Tisch.

»Bente, du kannst doch Französisch, oder?«

»Rudimentär.« Die Kollegin nahm den Blick nicht von ihrem Bildschirm, ihre Finger hackten im Stakkato in die Tastatur.

»Kannst du dir das mal ansehen?«

Bente hob kurz einen Finger, dann schrieb sie weiter. Emma wartete, zwang sich, auf dem Stuhl sitzen zu bleiben. Henning schlenderte durch die Reihen, sah Emma vor sich hinstarren und blieb stehen.

»Was ist los?«

»Nichts. Ich warte, dass Bente Zeit hat.«

»Ich brauch ’nen Kaffee. Wollen wir uns einen holen?«

»Danke.« Emma zwang sich zu einem Lächeln. Sie wollte jetzt nicht abgelenkt werden. »Sie ist sicher gleich so weit.«

»So.« Bente stand schwungvoll auf, der Stuhl rollte bis zum Nachbarschreibtisch. »Was hast du denn da?«

Zu Henning meinte sie: »Ich komme gleich mit, wartest du?«

Emma drehte den Bildschirm so, dass Bente den Text sehen konnte. Die Kollegin überflog ihn zuerst im Stehen, dann setzte sie sich auf Emmas Stuhl, zog den Bildschirm zu sich.

»Wird doch etwas dauern. Gibst du mir mal Stift und Papier?«

Henning trat näher. »Was ist das denn?«

Emma fasste ihn am Arm. »Ich komm doch mit. Wir können Bente ja einen Kaffee mitbringen.«

»Mmmh.« Bente verschwand hinter dem Bildschirm.

Henning und Emma gingen nebeneinander den Flur entlang, die Treppe hoch. Die Tür zur Kantine hielt er ihr auf, sie murmelte einen Dank und ging vor. In seiner Nähe fühlte sie sich gehemmt, wusste nicht, was sie sagen sollte. Er hatte doch eigentlich gar nichts falsch gemacht, warum war alles so blöd gelaufen? Henning stellte sich an die Kaffeemaschine und suchte ein Tablett heraus.

»Kaffee? Cappuccino?«

»Spezialmischung.«

Sie nahm eine Tasse, ließ einen Cappuccino hineinfließen und drückte danach noch auf die Espressotasse. Henning nickte schmunzelnd.

»Ist bei dir eigentlich alles außergewöhnlich?«

Emma sah ihn an, sollte das ein Kompliment sein?

»Wieso sagst du das?«

»Na ja, was du so machst, wie du arbeitest. Ich hab von der Nummer mit den Jugendlichen gelesen, den Obdachlosen vom Alex. Das war ja eine ziemlich spektakuläre Aktion.«

Emma konzentrierte sich auf den Kaffee. Spektakulär? Sie hatte jemanden in Notwehr getötet, es war nichts, auf das sie stolz war.

»Bente trinkt einen doppelten Espresso. Ich geh schon mal zur Kasse, bezahlen.«

Er nickte, sah schon wieder aus, als bereue er seine Worte, es tat ihr leid. Sie holte sich noch ein Brötchen, zwei Kuchen, Süßigkeiten, auf einmal konnte sie gar nicht genug zu essen bekommen. Auf der Treppe zurück ins Büro war sie gedanklich schon bei Bente, zwang sich aber, Fragen zu stellen. Lebte er schon lange in Berlin? Was hatte er vorher gemacht? Henning erzählte, dass er schon eine Weile in der Stadt sei, zunächst als Techniker gearbeitet hätte, irgendwann die Chance bekam, ans Mikro zu wechseln.

Vor dem Redaktionsbüro stieß Emma die angelehnte Tür mit dem Fuß auf und schob das Tablett auf ihren Schreibtisch. Bente lehnte sich zurück, nahm Kaffee und ein Stück Kuchen.

»Spannender Typ.«

Henning grinste. »Ich nehme an, du redest nicht von mir.«

Emma sah Bente mit einem warnenden Blick an, dann nahm sie einen Kaffee und drückte ihn Henning in die Hand.

»Willst du noch was Süßes? Nimm dir gerne was mit.«

Er nickte, stand noch einen Moment zwischen ihnen und verzog sich dann zu seinem Schreibtisch. Emma riss die Hanuta-Packung auf. »Erzähl.«

»Die Sachen stammen aus den 90ern. Dein Holländer hat damals viel Zeit im Kongo verbracht und über die Arbeitsbedingungen dort geschrieben. Darüber, dass der Rohstoffhandel die Milizen finanzierte. Gold gegen Waffen.«

»Und Coltan?«

»Wird auch genannt. Er hat Filme außer Landes geschmuggelt, auf denen grobe Menschenrechtsverletzungen beim Abbau zu sehen sind. Der internationale Handel mit dem Kongo wurde daraufhin stark eingeschränkt.«

»Wegen eines einzigen Journalisten?« Emma konnte es kaum glauben.

»Schien ziemlich aussagekräftig zu sein, was er da so zeigte. Jedenfalls hat er den Machthabern im Kongo ganz schön das Geschäft vermasselt.« Bente biss in ihren Kuchen, kaute, schluckte.

»Er wurde bedroht, schaffte es aber, noch rauszukommen.«

Emma pickte die Krümel von ihrem Tisch. Sie dachte an das Gespräch mit Sabina Nyberg.

»Die Frau am Telefon meinte, er wäre gerade erst im Kongo gewesen. Sie ist seine Kollegin, die muss es doch wissen. Warum macht so einer das, das ist doch total irre, da noch mal aufzutauchen.«

»Oder er hatte einen echt guten Grund.«

»Vielleicht 30 000 Euro.«

»Wieso?«

»So viel Geld hat Claire Elbar auf ein Konto von *global witness* überwiesen. Das hab ich von Blume. Er hat mit den Leuten da gesprochen, angeblich kennt dort niemand die Frau.«

»Und wie erklären sie die Überweisung?«

»Na Mensch, das ist eine NGO, die leben von Spenden.«

»Ganz schön großzügig.«

»Wenn da irgendwas Illegales mit Claire Elbar lief, werden die es wohl kaum der Polizei erzählen.«

Nervös trommelte Emma mit den Fingerspitzen auf der Schreibtischplatte. Dann sprang sie auf, erinnerte sich im letzten Moment an die Kollegin.

»Danke, Bente.«

»Tust du mir einen Gefallen?« Bente stand auch auf, reckte sich. »Solltest du den Typen treffen, nimmst du mich mit?«

»Wie treffen?« Konnte Bente Gedanken lesen?

»Na, kann doch sein, dass der mal in Berlin ist. Ist ja irgendwie schon ein Held unserer Zunft. Ich wüsste gern mal, wie der aussieht.«

»Wieso, geh doch über Google-Bilder.«

»Na, da bin ich auch schon draufgekommen.« Bente schob sich ein Riesenstück von dem Kuchen in den Mund und sagte mit vollem Mund: »Hab nichts gefunden. Ist in seinem Fall vielleicht arbeitserleichternd, wenn nicht jeder weiß, wie er aussieht.«

»Wahnsinn, dass das noch jemand hinkriegt, in unserem Medienzeitalter.«

»Wenn man nicht will ... bestimmt sieht er super aus. Also, den würde ich echt gerne mal treffen.«

»Ach so.« Emma lächelte. »Und ich krieg dann Ärger mit

Martin, oder was?« Bentes Mann war Theaterbauer, groß, blond und gelassen. Emma mochte ihn sehr.

»Ich will ja nicht mit ihm durchbrennen.«

»Na dann – versprochen!«

Emma war schon halb aus der Tür.

Vor Schneiders angelehnter Tür zögerte sie kurz, sollte sie sich eine Strategie überlegen? Doch dann hatte ihr Chef sie auch schon gesehen.

»Emma, gibt's was Neues?«

Zu spät für Strategien.

»Bezahlst du mir einen Flug nach Amsterdam?«

Er stemmte die Hände auf der Schreibtischplatte ab.

»Sag mal, spinnst du jetzt total? Heute Morgen Afrika, jetzt Amsterdam – morgen Malediven oder was?«

Schneiders Stimme war von Natur aus durchdringend, jetzt schallte sie geradezu durch den Flur. Emma schloss schnell die Tür, setzte sich auf den Besucherstuhl.

»Kannst du mich auch leiser zusammenscheißen?«

Schneider stutzte, er wollte lachen, sie sah es ihm an. Deutlich ruhiger sagte er:

»Wir sind das Berliner Stadtradio, Emma. Bleib auf dem Teppich. Du kannst nicht auf Kosten des Senders durch die Welt jetten.«

»Schon gut.« Emma stand schon wieder auf. »Dann brauche ich zwei Tage frei.«

»Was hast du vor?«

»Ich bezahl das Ticket selber, ist doch klar.«

»Verdammt, was willst du denn da?«

Dass er das auch noch mal fragt, dachte Emma. Sie zog das Foto von Patrice Diakondua aus der Tasche und legte es vor Schneider auf den Tisch.

Er besah sich die beiden Brüder, der Große, der den Kleinen anlächelt, der Kleine, der dem Fotografen entgegensieht. Emma sagte: »Das sind Patrice Diakondua und sein kleiner Bruder Chance. Ich glaube, dass Claire dafür bezahlt hat, den Jungen nach Europa zu bringen. Das ihr dieser Journalist dabei geholfen hat. Claire hat viel Geld bezahlt, und sie wollten sich treffen, hier in Berlin. Ich weiß nicht, was dann passiert ist. Claire ist tot, der Junge verschwunden. Jetzt ist der Journalist nicht auffindbar.«

»Erzähl das der Polizei, Emma. Warum willst du dich unbedingt selbst drum kümmern?«

»Das ist meine Story.« Ich hab's versprochen, dachte sie.

»Ich brauch dich hier, Emma. Du kannst nicht einfach so abhauen.«

»Verdammt, Schneider, ich bin freie Mitarbeiterin. Du hast mir nichts zu befehlen.«

Sie drehte sich um, riss die Tür auf. Ging ins Redaktionsbüro und hatte ihren Tisch noch nicht erreicht, da hörte sie schon, wie er hinterherkam.

»Glaubst du denn, du kannst hier kommen und gehen, wann es dir passt? Wenn du jetzt nicht zum Dienst kommst, dann brauchst du erst gar nicht …«

Sie drehte sich um, den Kopf hochrot. »Was willst du, Schneider? Soll ich 24 Stunden hier bei Fuß sitzen? Ihr zahlt uns hier für die Beiträge, und wenn wir nichts liefern, tauscht ihr uns aus.« Sie wies mit dem Arm in Hennings Richtung, nicht gerade fein, dachte sie selbst noch, aber sie war zu sehr in Fahrt. »Hast du mal die Moderatoren gefragt, wie sie es finden, dass einfach ein Neuer angelernt wird? Dass sie dann im nächsten Dienstplan sehen, welche Wochen für sie wegfallen? Die haben auch Familie!«

Im Raum war es still, alle duckten sich weg, sahen angestrengt auf ihre Monitore. Nur Bente saß aufrecht und beobachtete die beiden. Schneider sagte:

»Kein Mensch wird gezwungen, hier zu arbeiten. Ihr kennt alle den Deal.«

Emma zitterten die Knie. Laut sagte sie:

»Dann lass mich arbeiten. Und führ hier keine Stempelkarten ein.«

Sie sahen sich an, keiner rührte sich. Schließlich seufzte Schneider. »Lass Sebastian den Flug buchen. Unter einer Bedingung.«

Emma wartete ab, erleichtert. Sie ging manchmal zu weit, ohne nachzudenken. Was sollte sie machen ohne ihren Job?

»Du rufst Blume an und sagst ihm, was du weißt.«

»In Ordnung.«

Schneider brummte etwas, sah durch den Raum. Sein Blick blieb an Henning hängen. Er öffnete den Mund, schien etwas sagen zu wollen – und ließ es dann doch. Langsam drehte er sich um und verließ den Raum. Emma ließ sich auf den Sitz fallen.

»Was war das denn?« Bente sah ernst zu ihr rüber.

Emma stand auf und ging nach hinten in den Raum. Henning tat so, als lese er Zeitung. »Tut mir leid, Henning, das war nicht persönlich gemeint.«

Er sah hoch, überlegte einen Moment, dann nickte er. »Ich verstehe, was du meinst.«

»Das nächste Mal trifft es dich. Die Struktur ist einfach ungerecht.«

»Schon gut, ich habs kapiert.«

Emma schluckte, drehte sich wieder um und ging zurück auf ihren Platz. Lasst mich doch alle in Ruhe mit diesem Psychoscheiß, dachte sie. Langsam reicht es mir. Die Nummer von Blumes Handy wusste sie auswendig. Als er abnahm, suchte sie nach Worten, sagte schließlich:

»Kann ich dich treffen? Ich muss mit dir über den Fall reden. Es ist dringend.«

Blume schien unterwegs zu sein, sie hörte Autolärm, der Empfang war schlecht. »Gut. In einer Stunde?«

»Ja. Bei Khoy?«

»Lieber in … ach, was solls. Ja, bei Khoy.«

Blume legte auf, ja, bei Khoy, warum auch nicht. Zum Teufel mit der alten Eifersucht, sie waren Freunde, Emma und Khoy, das hatte er jetzt verstanden. Erkenschwick kam herein, in der Hand eine Akte.

»Der Unfallbefund von dem Flüchtling, vorläufig.«

Blume streckte wortlos die Hand aus, blätterte darin. Erkenschwick blieb stehen und las über der Schulter mit.

»Also nichts mit Unfalltod.«

»Sieht nicht so aus. Kein Hindernis, keine Bremsspuren.«

»Machen wir eine Pressekonferenz?«

»Hans, wer soll denn da kommen? Ein Flüchtling, das interessiert doch keinen.« Blume überlegte. »Ich schreibe einen vorläufigen Bericht, die Pressestelle soll eine Meldung daraus machen. Wissen wir noch mehr über den Flüchtling?«

»Ja, warte.« Erkenschwick ging zu seinem Computer, öffnete eine Mail.

»Diakondua, Patrice, geboren am 3. März 1982 in Bukavu im Ostkongo. Seit 2007 lebte er in Ruanda, hat in der Mine in Bisiye gearbeitet. Vor einem Jahr ist er nach Europa geflüchtet. Im Januar hat er Asyl in Italien beantragt. Drei Monate später meldet er sich bei den Behörden in Deutschland, sagt, er wird politisch verfolgt. Keine weiteren Angaben, weder wie er nach Deutschland gekommen ist, noch wer ihn angeblich verfolgt.«

»Wurde er das nicht gefragt, hier von der Amtsstelle in Berlin?«

»Wozu? Diakondua hatte bereits in Italien um Asyl gebeten.

Damit war klar, dass sein Antrag hier in Deutschland keine Chance hatte. Egal, wie gut seine Gründe sein mögen.«

Blume stand auf und trat an die große Stellwand. Er notierte die Angaben unter dem Bild des toten Diakondua und trat einen Schritt zurück.

»Wo genau ist eigentlich Claire Elbar geboren? Check doch mal bitte, ob die beiden Orte nah beieinanderliegen. Vielleicht kannten sich die Frau und Diakondua von früher?«

Erkenschwick suchte bereits im Netz, aber er runzelte die Stirn.

»Claire Elbar war 12, als sie mit ihren Eltern geflüchtet ist.«

»Na und? Theoretisch möglich wäre es.« Blume schrieb die Jahreszahlen untereinander.

»1996 reist die zwölfjährige Claire aus. Patrice Diakondua ist zu diesem Zeitpunkt 14.«

Hans Erkenschwick vergrößerte auf dem Bildschirm eine Karte vom Kongo und tippte darauf.

»Du hast recht, es ist möglich. Bukavu und Cyangugu, der Heimatort von Claire Elbar, liegen in der gleichen Provinz.«

»Möglich ist auch, dass sie sich später in Ruanda kennengelernt haben. Diakondua arbeitet in der Mine der deutschen Firma in Bisiye, Claire Elbar ist dort zu Gast und besichtigt die Anlage.«

Erkenschwick nickte nachdenklich. »Vielleicht bekamen die Arbeiter etwas mit von dem berühmten Besuch. Oder es war ein Zufall. Sie hörten die Landessprache beim anderen.«

»Irgendwo muss es eine Verbindung geben.« Blume betrachtete das Schaubild. Er tippte auf den nächsten Punkt: Asylantrag in Italien, Januar 2014.

»Im März stellt Claire Elbar in Venedig aus. Hat Patrice Diakondua versucht, sie zu kontaktieren?«

»Du meinst, sie hat ihm geholfen, nach Deutschland zu kommen?«

»Vermutlich. Es gibt keine Angaben, wie er es bis Berlin geschafft hat.«

»Warum? Was verbindet die beiden? Ich bin nicht romantisch genug, um an eine alte Liebe zu glauben.«

»In Bisiye ist Elbar auf Hochzeitsreise mit ihrem Mann Samuel. Kaum der geeignete Zeitpunkt, so etwas wieder aufleben zu lassen.«

»Was dann?«

Blume tippte auf einen Schriftzug, der unter Diakondua stand. *Kleiner Bruder, Europa?*

»Warum hilft die berühmte Künstlerin Claire Elbar einem Flüchtling, nach Deutschland zu kommen? Vielleicht sogar dem kleinen Bruder? Und zahlt auch noch viel Geld dafür?«

Er kreiste mit dem Stift den Namen »Chance« ein. Er sagte:

»Ich treffe mich gleich mit Emma. Sie will mit mir über den Fall reden.«

»Das gefällt mir nicht, Edgar. Sie steckt zu tief drin.«

»Ich weiß. Glaubst du vielleicht, ich kann sie daran hindern?«

»Du solltest es zumindest versuchen.«

Blume warf den Marker zurück in die Ablage.

»Du kennst sie nicht. Nicht so wie ich.«

Emma musste noch durch die Stadt nach Friedrichshain. Ihr Fahrrad stand zum Glück noch immer am alten Pförtnerhaus auf dem Gelände des Berghains. Wenige Meter entfernt parkte der dunkle Mietwagen, den Samuel gefahren war. Emma zögerte. Sie wollte Blume nicht warten lassen, aber vielleicht wusste Sam etwas über die Verbindung von seiner Frau zu dem holländischen Journalisten. Und ans Telefon ging er nicht. Sie seufzte, stellte das Fahrrad zurück und zog die schwere Eingangstür des Clubs auf. Sie war nicht verschlossen.

»Hallo? Ist da jemand? Sam?« Ihre eigene Stimme klang fremd. Der Flur war wie letzte Nacht nur schwach von Notlampen beleuchtet. Hier schien es zu jeder Tages- und Nachtzeit gleich auszusehen.

»Samuel? Sam?«

Sie saßen am hinteren Teil der langen Bar, drei Männer, vor sich Kaffeetassen und große Rollen hellen Pergamentpapiers, vielleicht Bauzeichnungen. Samuel sah müde aus, seine Augenbrauen zogen sich finster zusammen, als er Emma entdeckte. Er schob die Unterlagen von sich, stand auf und kam zu ihr rüber.

»Was ist los, Emma, was willst du?«

Emma sah zum Tisch rüber. »Was macht ihr?«

»Wir planen weitere Morde, ist doch klar.« Samuel verschränkte die Arme. »Warum noch mal genau hab ich gerade vergessen.«

Sie sah ihn an, schluckte, wollte sich umdrehen und gehen.

»Warte!« Er hielt sie am Arm fest. »Entschuldige.« Er rieb

sich die Augen. »Ich werd noch wahnsinnig hier. Wo ich hinkomme, hören die Leute auf zu reden. Überall wird nur hinter meinem Rücken getuschelt. Ich muss aus der Wohnung raus, die war ja Claire gestellt worden.«

»Du verdienst doch genug Geld.«

»Ja, verdammt, mein Leben geht weiter, und ich verdiene sehr viel Geld. Manchmal hab ich das Gefühl, das ist das größte Problem, das die Leute mit mir haben.« Er holte tief Luft, sah sie von der Seite an. »Warum bist du hergekommen?«

»Hat Claire dir gegenüber mal den Namen Jonas deVries erwähnt?«

Samuel schien nachzudenken, dann schüttelte er langsam den Kopf. Emma hakte nach: »Ein Journalist aus Amsterdam. Arbeitet für eine NGO mit Namen *global witness*.«

»Holland? Davon haben mir die Bullen erzählt.« Samuel warf einen Blick zurück zu den Männern am Tisch, die zu ihnen herüberstarrten. Er drehte sich wieder um, schob Emma noch ein paar Meter weiter zur Tür und senkte die Stimme. »Claire hat Geld an diese Leute überwiesen, viel Geld.«

»Hast du eine Ahnung, wieso?«

»Nein, verdammt, ich habe keinen Schimmer. Was glaubst du?«

»Das ist eine lange Geschichte.« Emma sah auf die Uhr. »Ich habe jetzt keine Zeit, sie dir zu erzählen. Ich bin morgen Abend zurück, dann können wir uns treffen.«

»Warte! Wo willst du hin?«

»Ich fliege morgen früh nach Amsterdam. Jonas deVries ist telefonisch nicht zu erreichen, aber ich muss ihn unbedingt sprechen. Ich glaube, er weiß, was mit Claire passiert ist.«

»Ich komme mit.« Samuel sah sie entschlossen an. Emma schüttelte erschrocken den Kopf. »Das geht nicht.«

»Was glaubst du denn, Emma? Tauchst hier auf und erzählst mir, dass dieser Typ mehr über meine Frau weiß als ich. Soll ich da sagen, erzähl mir doch mal bei Gelegenheit, was er so ausplaudert.«

Samuel schien selber zu merken, dass er lauter geworden war. Er senkte wieder die Stimme. »Du kannst mich nicht daran hindern mitzufliegen. Ich werde an dir drankleben, ob es dir passt oder nicht. Es geht um meine Frau.«

Emma sah ihn an. Nach einer Weile senkte sie den Blick und sagte leise: »Der Flug geht morgen früh um 9 Uhr 13.«

»Gut. Dann sehen wir uns am Flughafen.«

Samuel drehte sich um und ging mit schnellen Schritten zu den anderen Männern zurück. Er setzte sich und nahm das Gespräch wieder auf, als sei nichts passiert. Emma wartete noch einen Moment, dann drehte sie sich um und ging durch den Flur zurück zum Ausgang. Na gut, dachte sie, als sie ihr Fahrrad aufschloss. Vielleicht erzählt mir Jonas deVries mehr, wenn Claires Mann dabei ist.

Sie stieg aufs Rad und fuhr so schnell sie konnte die Frankfurter Allee Richtung Mitte. Sie dachte an Claire und den geheimnisvollen holländischen Journalisten, von dem kein Bild im Netz zu existieren schien. War es klug, mit Sam bei ihm aufzutauchen? Was wusste sie wirklich über die Ehe der beiden? Was hatte Claire dem Journalisten erzählt? War es womöglich mehr als eine geschäftliche Beziehung gewesen? Und würde sie eine Katastrophe heraufbeschwören, wenn sie Samuel mit zu Jonas deVries nehmen würde?

Was soll's, ich hab eh keine Wahl. Sie bremste scharf vor ihrem Haus, brachte das Rad in den Hof und drückte auf den Fahrstuhlknopf. Ich bin zu spät, dachte sie. Sie verdrängte den Gedanken an Samuel und ihre gemeinsame Reise, beeilte sich jetzt noch mehr, wollte nicht, dass Blume bei Khoy warten musste. Er fühlte sich unwohl in dem Imbiss, in der Nähe von Khoy, von Anfang an war das so gewesen. Emma glaubte, die beiden sahen sich als Konkurrenten. Dabei waren ihre, Emmas, Gefühle für sie vollkommen unterschiedlich.

Nur ein frisches T-Shirt, sie sah im Flur in den Spiegel. Regelmäßiger Schlaf und eine Haarwäsche könnten einiges richten, keine Zeit. Ihr Anrufbeantworter blinkte, die Vorwahl war Bremen, ihre Mutter, Helene, hatte sich gemeldet. Sie musste warten.

Zehn Minuten nach sechs betrat Emma den Imbiss von Khoys Familie. Draußen wurde es dunkel, jeden Tag jetzt früher. Blume saß in der Ecke, ihrer Ecke, Khoy war bei ihm, hielt in der Hand einen Stapel benutzter Teller und drehte ihr den Rücken zu. Sie lachten, Blume wirkte entspannter, als sie ihn hier je erlebt hatte. Emma blieb noch einen Moment in der Tür stehen und versuchte, ihren Atem wieder unter Kontrolle zu bekommen. Sie fand es selber albern, aber sie war enttäuscht. Natürlich ist er entspannt, dachte sie. Er ist nicht mehr an mir interessiert.

»Emma!« Blume hatte sie gesehen, auch Khoy drehte sich um und lächelte. Sie ging zum Tisch und setzte sich zu Blume auf die schmale Bank, es gab hier keinen anderen Platz. Khoy fragte, ob sie etwas essen wolle, sie nickte, ja, wie immer. Bildete sie es sich ein, oder reagierte Blume doch ein wenig auf ihre Vertrautheit? Sie beschloss, diese Dinge jetzt zu ignorieren. Sie war hier, weil Schneider sie dazu gezwungen hatte. »Seid ihr schon weitergekommen in dem Fall? Was ist mit dem Fahrer bei dem Mordanschlag?«

»Ich dachte, du willst mich sehen, weil du Neuigkeiten für mich hast.«

Er sah sie an, lächelte, seine Augenbrauen ganz gerade, keine Zornesfalte. Emma sagte: »Ich hab den Verbindungsmann von Claire aufgespürt. Ich glaube, er hat den Jungen.«

Blumes Gesichtsausdruck wechselte, wurde wachsam. »Und das erzählst du mir einfach so?«

»Natürlich nicht.« Khoy brachte Getränke, einen Tee für sie, für Blume Wasser, Besteck für beide. Hatte er sich auch etwas zu essen bestellt? Zum ersten Mal bei Khoy?

»Ich erzähle es dir, wenn du mir sagst, wer hinter diesem Dawe steckt.«

Blume seufzte, trank. »Einverstanden.«

Emma erzählte von ihrer Nacht im Berghain, von den vertauschten Bildern, dem Besuch bei der Firma H.C. Marx. Ihr Treffen mit dem Hacker ließ sie aus, sie wollte dem Mann keine Schwierigkeiten machen. Blume hörte schweigend zu, hin und wieder fragte er Details. Das Essen kam, tatsächlich trug Khoy zwei Teller zu ihrer Nische, Eierreis für Emma und ein Nudelgericht. Emma sah zu Blume. Er zuckte mit den Schultern. »Soll ganz gut sein, das Essen hier.«

Sie sparte sich den Kommentar.

»Du hast mir doch von dem Geld erzählt, das Claire nach Holland überwiesen hat?«

Blume nickte. »Global witness« sagte er, den Mund voller Nudeln. Sie sagte: »An dem Eröffnungsabend war ein niederländischer Journalist akkreditiert, der in Zusammenhang mit *global witness* steht. Er heißt Jonas deVries.«

»Was weißt du über ihn?«

»DeVries hat im Kongo recherchiert. Nachgewiesen, wie der Verkauf der Rohstoffe die örtlichen Milizen finanziert hat.« Emma rührte in ihrem Essen. »Diamanten gegen Waffen. Er hat es gerade noch rausgeschafft.«

»Hier schließt sich vielleicht ein Kreis.« Blume legte die Gabel auf den Teller. »Der Mann mit dem Codenamen Dawe ist einer der Milizführer im Kongo. Angeblich befehligt er die Truppen von Deutschland aus.«

»War er auch an dem Abend in der Nationalgalerie?«

»Ja.«

Auch Emma schob ihren Teller beiseite, sie hatte kaum einen Bissen genommen. »Kannst du mir noch etwas über ihn erzählen?«

Blume zögerte, sagte dann etwas leiser:

»Wenn es stimmt, was meine Informanten sagen, dann ist er extrem gefährlich. Skrupellos. Hast du schon mit dem Journalisten in Holland gesprochen?«

»Nein, er ist nicht erreichbar.«

»Was heißt das?«

»Er geht nicht ans Telefon, die Leute von *global witness* haben ihn schon wochenlang nicht gesehen. Das scheint allerdings nicht ungewöhnlich zu sein. Hat Dawe zugegeben, etwas mit dem Anschlag auf Diakondua zu tun zu haben?«

»Er hat uns ausgelacht.«

»Aber ihr habt ihn doch in Verdacht, oder?«

»Was nützt das, Emma? Wir haben nicht mal ein Motiv!«

Beide schwiegen für einen Moment. Khoy kam und räumte die Teller ab. Ihm fiel die Stille auf. »Hat's euch nicht geschmeckt?«

»Doch.« »Sehr gut.« Er sah von einem zum anderen, runzelte die Stirn und ging wieder in die Küche. Emma sagte:

»Das Kind. Der kleine Bruder von Diakondua, Chance. Er ist das Bindeglied.«

Blume sah sie an, sagte nichts. Emma sprach schnell weiter.

»Ich glaube, dass Jonas deVries Claire dabei geholfen hat,

den Jungen nach Europa zu bringen. Vielleicht hat der große Bruder Claire darum gebeten. Vielleicht kannte Claire die Familie. Vielleicht besaß Patrice Diakondua etwas, das Claire haben wollte?«

Blume sah sie skeptisch an. »Emma, er war ein Flüchtling. Sie war eine internationale Künstlerin. Was hätte er ihr geben können?«

»Vielleicht Informationen. Vielleicht wusste Patrice etwas, das für Claire wichtig war.«

Blume holte sein Portemonnaie heraus. »Wie sollen wir das herausfinden. Sie sind beide tot.«

Emma legte ihre Hand auf seine Börse. »Lass, ich lad dich ein.«

»Nicht nötig.«

»Ich weiß, dass es nicht nötig ist.«

Sie legte einen Schein auf den Tisch und winkte Khoy. Er nickte im Vorbeigehen. Emma sagte, mehr zu sich selbst: »Claire Elbar und Patrice sind tot, aber der Junge lebt noch. Hoffentlich. Ich muss ihn finden.«

Sie drehte sich zu Blume. »Ich fliege morgen früh nach Amsterdam.«

»Was hast du vor?«

»Ich will mit Jonas deVries reden. Vielleicht ist der Junge noch bei ihm. Vielleicht weiß er, worum es hier wirklich geht.«

»Nein, das kommt überhaupt nicht in Frage.«

Emma sah Blume erstaunt an. Khoy kam und kassierte. Er grinste. »Jetzt hoffe ich aber langsam, dass es doch am Essen gelegen hat. Man könnte sonst denken, ihr könnt euch nicht leiden.« Emma rutschte aus der Nische. »Wiedersehen, Khoy. Ich muss los.«

»Emma, warte.«

Sie achtete nicht auf Blume, riss die Tür auf. Kalte frische Luft strömte ihr entgegen, half ihr, einen kühlen Kopf zu bekommen. Was bildete der Mann sich ein?

An der Kreuzung hatte er sie eingeholt.

»Entschuldige, Emma. Ich wollte sagen: Lass uns jetzt die Arbeit machen. Ich rufe morgen früh bei den holländischen Kollegen an, die sollen mal …«

»Ich hab schon gebucht. Ich fliege.«

Sein Gesichtsausdruck wechselte, der versöhnliche Ausdruck verschwand.

»Du weißt doch gar nicht, auf was du dich da einlässt. Zwei Menschen sind tot, Emma! Komm mal runter von deinem Sensationsreporter-Ding!«

Er war lauter geworden, Emma hörte ihm wie versteinert zu.

Etwas ruhiger sagte er:

»Patrice Diakondua starb, nachdem du ihn aufgespürt hast. Vielleicht ist dir ja tatsächlich jemand gefolgt? Wer garantiert dir, dass du nicht auch den Journalisten gefährdest, wenn du jetzt Kontakt aufnimmst? Oder das Kind?«

Die Tränen stiegen ihr hoch, sie schluckte krampfhaft. Die Ampel sprang auf Grün, sie ging über die Straße, sah kaum mehr etwas. An ihrer Haustür drehte sie sich um. Er stand noch immer an der Ampel und sah zu ihr herüber. Noch einmal war er ihr nicht gefolgt.

Im Fahrstuhl presste sie die Fäuste auf die Augen. Hatte er recht? War sie eine Gefahr für die anderen? Der Journalist Jonas deVries wusste vermutlich, auf was er sich eingelassen hatte. Aber was war mit Patrice Diakondua? Und was war mit dem Kind?

Der Anrufbeantworter blinkte noch immer, Emma spielte ihn ab, während sie ihre Zähne putzte. Es war tatsächlich Helene, sie bat um Rückruf. Heute nicht mehr, dachte Emma, genug Vorwürfe gehört. Sie zog sich aus und kroch in ihr Bett, die Decke bis über den Kopf. Mit der Hand tastete sie nach der Jeans, zog das Foto der Brüder heraus und nahm es mit unter die Decke. Streichelte mit dem Zeigefinger das Gesicht des Jungen. Wieder die Tränen. Ich hab es ihm versprochen, Blume. Ich kann jetzt nicht aufgeben.

Der Wecker drängte die Dämonen der Nacht beiseite, sie stand auf, duschte, zog sich an und packte ihre Tasche. Es klingelte unten, sie sah auf die Uhr, kurz vor acht, sie nahm an, es war die Post. Doch wenige Minuten später trommelte jemand stürmisch gegen ihre Wohnungstür. Emma blieb fast das Herz stehen. Es gab nur eine Person, die so ihr Kommen ankündigte.

»Ida!«

Ihre kleine Schwester drängte herein, warf sie fast um. Emma ließ sich von den weichen Armen beugen, dann sah sie hoch, direkt in Helenes besorgtes Gesicht.

»Mama, was macht ihr denn hier?«

Helene trug einen Rucksack, sie humpelte. Schwer atmend ließ sie sich auf den Stuhl fallen, jetzt sah Emma die Blässe und den feinen Schweißfilm auf ihrer Stirn. Nein, dachte sie, das geht jetzt nicht.

»Ich hab dich nicht erreicht. Du solltest mich doch anrufen!« Emma sagte noch immer nichts, hielt nur Ida fest. Helene sprach weiter:

»Sie ließ mir keine Ruhe. Und ich soll den Fuß bewegen. Warum ist denn dein Handy aus?«

Langsam stand Emma auf, nahm Idas kleinen gepunkteten Koffer, der vor dem Fahrstuhl vergessen worden war, und stellte ihn in ihrem Wohnungsflur ab. Helene hatte das ausgedruckte Flugticket vom Tisch in die Hand genommen.

»Du verreist?«

»Nur den einen Tag. Ich bin heute Abend wieder da.« Emma

trat etwas näher an Helene heran und senkte die Stimme, damit Ida sie nicht hörte. »Ihr könnt doch nicht einfach so auftauchen! Du musst mir Bescheid geben!«

»Dein Handy war aus, auf Nachrichten reagierst du nicht.« Helene sah an ihr vorbei. »Ich hab mir Sorgen gemacht. Dein Handy ist nie aus!«

Ida schlang ihre Arme um Emma. Sie drückte ihr Gesicht an ihre Hüfte und sagte: »Ich hab Hunger!«

Emma streichelte ihre Finger, freute sich auch ein bisschen. Es war schön, umarmt zu werden. Ida war gewachsen, sie hatte eine neue Brille, nicht mehr ganz so dicke Gläser. Sie verändert sich, dachte Emma, und ich krieg es nicht mit. Sie biss sich auf die Lippen, suchte nach einer Lösung. Die beiden brauchten etwas zu essen, ihre Mutter musste sich ausruhen. Und ihr Flug ging in anderthalb Stunden. Helene breitete die Arme aus.

»Komm doch einmal her, mein Kind.«

Emma beugte sich zu ihrem Stuhl, ließ sich unbeholfen umarmen. Auf einmal ging sie auf die Knie, drängte sich an Helene, sog ihren Duft ein. Helene strich ihr über die Stirn, sah ihr ins Gesicht. »Was ist los?«

Emma schüttelte den Kopf, schluckte die Tränen rechtzeitig hinunter. »Nur die Arbeit.« Sie kam wieder auf die Füße, holte tief Luft und sagte an Ida gewandt: »Weißt du was, wir gehen jetzt zu Khoy. Der freut sich schon total auf dich.«

Ida sah sie strahlend an, klatschte in die Hände.

»Vielleicht kannst du dann ein bisschen in der Küche helfen, und Mama ruht sich etwas aus. Heute Nachmittag macht ihr noch was Schönes, und am Abend bin ich schon wieder da. In Ordnung?«

Strahlend nickte das Kind, auch Helene lächelte. Emma half ihr hoch, zusammen gingen sie über die Straße zum Imbiss.

Khoy versorgte gerade die Arbeiter von der Baustelle am Alex, zum Glück war der Imbiss schon früh auf. Ida rannte strahlend auf ihn zu, auch Khoy lachte. Kurz informierte Emma ihn, er winkte sie beruhigend weg, geh schon, ich mach das. Bis heute Abend, sagte Emma noch mal zu Helene, dann nahm sie ihre Tasche und rannte zur U-Bahn.

Emma nahm die U-Bahn bis Jacob-Kaiser-Platz, dann den Bus nach Tegel. Als sie die übersichtliche Flughafenhalle betrat, sah sie ihn fast augenblicklich. Samuel stand in der Schlange vorm Schalter, und die Frauen in der Nähe behielten ihn im Blick. Er sah schön und erschöpft zugleich aus, hatte zwar noch die Energie im Leib, nach einer Nacht im Club, aber auch tiefe Ringe unter den Augen. Vermutlich war er nur kurz zuhause gewesen und hatte sich umgezogen. Jetzt hob er den Blick und sah in ihre Richtung.

»Du bist spät dran!«

Er winkte ihr, sie schob sich an den Wartenden vorbei. »Entschuldigung, aber wir gehören zusammen«, rief Samuel den anderen zu. Sie fühlte sich von ihm an seine Seite gezogen und war sich nicht klar, wie sie das finden sollte. Seine Hand blieb länger als nötig an ihrer Schulter.

Dann waren sie an der Reihe, Gepäck, fragte die Frau am Schalter, ohne hochzusehen. Nein, hier bitte der Ausweis, Plätze nebeneinander.

»Danke.« sagte Samuel leise. »Danke, dass du jetzt kein Theater machst.« Emma schwieg. Hatte sie denn eine Wahl? Sie wandte den Blick zur Seite, beide beobachteten sich, bis ihnen die Frau am Schalter ihre Bordkarten entgegenstreckte.

Später im Flugzeug war die Enge körperlich, aber nicht unangenehm. Samuel gähnte, reckte sich und bestellte einen Kaffee bei der Flugbegleiterin. Er beugte sich zu Emma: »Hast du eigentlich seine Adresse?«

»Nur die von *global witness*. Ich hab gestern noch mal angerufen, gesagt, dass ich komme.«

»Und was machst du, wenn die nicht mit der Privatadresse von deVries rausrücken?«

»Irgendwas wird mir schon einfallen.«

Er lehnte sich wieder zurück. »Klingt nach einem wirklich guten Plan.«

Der Flug war kurz, und nach einer knappen Stunde bat der Kapitän, man möge sich anschnallen und die Lehne zurückstellen. Amsterdam lag unter ihnen.

Als sie zehn Minuten später durch die Zollkontrolle gingen, griff Emma nach ihrem Handy, um den Flugmodus wieder auszuschalten. Samuel sah es und blieb stehen.

»Hast du es denn immer noch nicht kapiert?«

»Samuel, das ist jetzt wirklich eine neue Situation, meine Mutter ist heute überraschend gekommen, und ich muss klären, ob sie ...«

Samuel hielt ihre Hand mit dem Telefon fest.

»Emma, wenn es stimmt, dass jemand dir in das Flüchtlingslager gefolgt ist, dann hat er dich sehr wahrscheinlich per GPS geortet.« Er ließ sie wieder los. »Oder glaubst du immer noch, ich habe was mit dem Tod von diesem Flüchtling zu tun?«

Emma ließ die Hand mit dem Telefon sinken. »Patrice«, murmelte sie. »Er hieß Patrice Diakondua.«

»Verdammt, willst du mir jetzt mehr Feingefühl im Umgang mit Flüchtlingen beibringen?«

»Warum nicht? Oder glaubst du, du hast das für dich gepachtet, nur weil du schwarz bist?«

»Frau Emma Vonderwehr?«

Emma wirbelte herum, noch immer wütend. Vor ihr standen zwei Polizeibeamte. Überrascht stotterte sie: »Das bin ich. Warum?«

»Ich muss Sie bitten, mit uns zu kommen.«

Emma sah zu Samuel, der trat einen Schritt vor.

»Frau Vonderwehr ist gemeinsam mit mir hier. Mein Name ist Samuel Ndeze. Können Sie uns bitte sagen, was Sie von uns wollen?«

Der holländische Polizist betrachtete Samuels Ausweis, dann reichte er ihn an seinen Kollegen weiter.

»Sind Sie beide hier, um Jonas deVries zu treffen?«

Emma und Samuel wechselten einen Blick. »Ja«, sagte Emma schließlich, »woher wissen Sie das, und warum interessiert es Sie?«

»Wir werden es Ihnen erklären. Bitte folgen Sie uns.« Emma zögerte, ging dann auf den Beamten zu, aber Samuel hielt sie zurück.

»Wir kommen erst mit, wenn Sie uns sagen, worum es geht.«

»Wir ermitteln in einem Mordfall, Herr Ndeze. Gestern Abend ist Jonas deVries tot aufgefunden worden.«

Der Chef hatte sich verspätet. Und er hatte eine saumäßige Laune, das sah Erkenschwick schon daran, wie Blume die Tür hinter sich zuwarf und die Tasche fallen ließ. Kein guter Zeitpunkt, um ihm von seiner Idee zu erzählen. Erkenschwick beugte sich erneut über die Listen des Einwohnermeldeamtes, die ihm die Kollegen aus Hannover geschickt hatten. BG. Wenn es nun nicht der Name eines Mannes war, der sich hinter diesen beiden Initialen verbarg?

»Edgar, hast du heute schon was vor?«

»Was wird das, willst du mit mir ins Kino oder was?«

Kein Lachen, nur dieser zynische Ton. Ungerecht, dachte Erkenschwick, lös doch deinen Fall alleine.

»Ich denke, wir sollten heute nach Hannover fahren.«

Immerhin sah er jetzt hoch, milde neugierig. Erkenschwick erklärte ihm seine Theorie. Blume hörte zu, verschränkte die Arme.

»Bundesanstalt für was?«

»Für Geowissenschaften.«

»Und die sollen hinter dem BG in Elbars Terminkalender stecken?«

»Könnte doch sein, oder? Das Institut liegt zumindest genau an der Strecke, die Claire Elbar gefahren ist.«

Blume zögerte. »Kannst du da nicht anrufen?«

»Ich glaube, das führt zu nichts.« Erkenschwick stand auf und löste vorsichtig ein Foto von Claire Elbar von ihrer Pinnwand. »Einer muss mit den Leuten reden. Und ihnen ein Foto von der Frau zeigen.«

»Von mir aus. Fahr du allein.«

Blume beugte sich wieder über seinen Computer. Etwas freundlicher fuhr er fort: »Hans, kennst du eigentlich auch jemanden bei der holländischen Polizei?«

»Nein, wieso?«

»Ich hab mich gestern mit Emma getroffen. Sie hat mir von einem holländischen Journalisten erzählt, der vielleicht das Bindeglied zwischen Elbar und dieser Organisation ist, *global witness*.«

»Hat sie ihn schon kontaktiert?«

»Nein, er scheint verschwunden zu sein.«

Erkenschwick wartete, aber Blume schien nicht weiter darauf eingehen zu wollen. Er stand langsam auf.

»Also, ich geh dann mal. Ich ruf dich an, wenn das in Hannover was wird.«

Blume nickte nur, halb hinter dem Monitor versunken. Erkenschwick nahm seine Jacke und Tasche und verließ das Büro. Im Nebenraum kochte die Sekretärin gerade den ersten Kaffee.

»Hans? Gehst du schon wieder?«

»Ja, ich muss nach Hannover. Ich hab unser Telefon auf dich umgestellt.«

»Was ist mit Blume?«

»Braucht Ruhe. Wenn was Dringendes ist, kannst du mich auf dem Handy erreichen.«

»Der weiß gar nicht, was er an dir hat.«

Erkenschwick tippte sich an die Stirn und schloss die Tür von außen.

Es konnte ein Zufall sein, diese Adresse in Hannover. Er hatte das schon oft erlebt in seiner langen Polizeikarriere, die Indizien schienen sich zu fügen, alles glasklar, und dann war es doch nur ein seltsames Nebeneinander ähnlicher Details.

Erkenschwick lief die paar Meter zur Wache. Vielleicht hatte jemand Zeit und konnte ihn zum Hauptbahnhof fahren. Ein paar Diensthabende kamen vorbei und grüßten. Erkenschwick nickte ihnen zu.

Vielleicht hatte sein Chef recht, vielleicht könnte er sich den Weg sparen und die Kollegen in Hannover bitten, das Ganze zu überprüfen. Ein Anruf und dann warten. Anderes erledigen. Aber dafür war die Sachlage zu dünn. Was sollte er den Kollegen mitgeben? Nein, es war nötig, dass er selbst hinfuhr, sich umsah und Fragen stellte. Hannover war schließlich nicht aus der Welt. Mit dem ICE nicht mal zwei Stunden.

Erkenschwick klopfte an die Scheibe des Pförtners. Der winkte, sie kannten sich von früher. Im Lager standen noch jede Menge Streifenwagen, die meisten waren noch gar nicht rausgefahren.

Erkenschwick lächelte und winkte zurück.

Einen Versuch war es wert.

Emma hatte sich den Stadtplan von Amsterdam im Netz angesehen. Sie versuchte sich zu orientieren. Sie fuhren am Wasser entlang, alte Bürgerhäuser säumten das Ufer. Weiter nördlich musste das Büro von *global witness* liegen. Sie saß hinten im Wagen, neben Samuel. Auch er sah aus dem Fenster, saß ganz ruhig, nur die Hände bewegten sich unaufhörlich. Vorne unterhielten sich die beiden Polizeibeamten leise auf Holländisch. Emma ließ ihren Kopf auf das Polster sinken. Wieder war ein Mensch tot. Ein Journalist wie sie, einer, der sich eingesetzt hatte für die Ausgebeuteten. Der vielleicht Geld genommen hatte für das illegale Schleusen eines Kindes. Wieder war die Spur zu Chance verwischt. War der Junge ebenfalls tot?

Auf der Wache bekamen sie Kaffee. Einer der beiden Polizisten, er hieß Lindholm, sprach deutsch, er übersetzte für die Ermittler. Eine Kollegin hätte deVries gefunden. Emma fragte, ob die Kollegin Sabina Nyberg hieß, Lindholm nickte. Der Chef von *global witness* hätte ihnen dann von ihr, der Deutschen, und ihrem Kommen erzählt. Emma erklärte, wie sie auf Jonas deVries aufmerksam geworden war. Sie sprach von der Suche nach Chance. Bei dem Stichwort Geld horchten die holländischen Beamten auf. 30 000 Euro? Von einem Jungen war ihnen nichts bekannt. Sabina Nyberg war nach dem Telefongespräch mit Emma unruhig geworden und zu deVries nach Hause gefahren, hatte die aufgebrochene Tür entdeckt und die Polizei gerufen. Sie fanden deVries gefesselt auf einem Stuhl, er war gefoltert worden, hatte zahlreiche Blutergüsse und Knochenbrüche. Er war bereits einige Tage tot.

»Wie viele Tage?« Samuel fragte es. Emma sah ihn an, er schien das Gleiche wie sie zu denken. Lindholm sagte, die Rechtsmediziner datierten den Todeszeitpunkt auf mindestens fünf Tage zurück, vielleicht länger.

»Das heißt, er war nicht bei der Eröffnung in Berlin.« Emma sprach aus, was auch Samuel dachte. »Wer war dann im Museum und hat sich als Jonas deVries ausgegeben?« Engholm wandte sich mit freundlichen Augen an sie. »Das kann ich Ihnen nicht sagen. Aber Sie haben recht. Die holländische Airline hat bestätigt, dass auf den Namen Jonas deVries zwar ein Ticket gekauft worden war, es aber niemand benutzt habe.«

Emma fragte: »Was ist mit der Wohnung? Haben Sie noch jemanden dort angetroffen? War noch jemand da?«

Lindholm schüttelte den Kopf. »Niemand. Es gab keine verwertbaren Spuren, kein Blut, das nicht von deVries stammte. Nichts, was uns weiterbringt.«

Emma schwieg, sie ließ die Schultern hängen. Wieder war eine Spur verloren, die Reise umsonst. Leise fragte sie: »Gibt es gar keine Hinweise, dass noch jemand in der Wohnung gelebt hat? Ein Junge?«

»Nein, in der Wohnung haben wir nichts gefunden. Allerdings …« Lindholm zögerte einen Moment, dann sagte er: »Jonas deVries hatte für den Hinflug zwei Tickets bestellt.«

Emma und Samuel wechselten einen Blick. Samuel beugte sich vor.

»Zwei?«

Der holländische Beamte nickte.

»Eins für sich und ein Ticket für seinen Sohn, Lasse deVries.«

»Sein Sohn?«

»DeVries hat keinen Sohn. Offiziell ist darüber jedenfalls nichts bekannt.« Jetzt beugte sich auch Lindholm vor. Der strohblonde Kopf und Samuels schmaler dunkler stießen fast zusammen. »Und wissen Sie, was noch seltsam ist? DeVries hatte zwei Tickets für den Hinflug gebucht. Aber für den Rückflug nach Amsterdam nur eins. Nur eins auf seinen Namen.«

Später standen sie auf der Straße, es war fast warm, viel milder als in Berlin. Emma wollte zu global witness. Samuel sah sich nach einem Taxi um, aber sie zog ihn die Straße hoch. »Es kann nicht weit sein.«

Sie gingen die Warmmöesstraat hoch, links und rechts Cafés und kleine Boutiquen, manchmal Buchläden. Die Leute waren jung, die Männer trugen Bärte, Hornbrillen und Jack-Wolfskin-Jacken, die Frauen Wollkleider zu Stiefeln. Viele hatten einen Kaffee to go in der Hand oder ein Kind. Emma fühlte sich, als ginge sie durch den Prenzlauer Berg.

»Hier ist es.«

Ein altes Stadthaus um die Jahrhundertwende, schmiedeeisernes Tor, das Büro von *global witness* im zweiten Stock. Eine Frau öffnete, nein, sie sei nicht Sabina Nyberg, Nyberg sei krankgeschrieben, »after this, she better takes some time off, you know.« Die Mitarbeiter saßen vor Rechnern im Großraumbüro, in der Ecke stand ein Kicker. Der Chef begrüßte sie persönlich, Besuch aus Deutschland, schrecklich, das mit Jonas. Emma wollte mehr über die Arbeit des toten Journalisten im Kongo hören, und der Mann erzählte. Wie Jonas in den Osten des Kongos vorgedrungen sei, in die Gebiete rund um Walikale, wo die Truppen der FDLR herrschten, Überfälle und willkürliche Erschießungen an der Tagesordnung waren. Jonas hatte dort in den Minen gefilmt, er hatte damit Aufsehen erregt, die großen Handyfirmen genötigt, den Coltanhandel mit den Besitzern der Minen einzustellen.

Emma fragte ihn konkret nach den 30 000 Euro. Ob er sich vorstellen konnte, dass Jonas deswegen wieder in den Kongo gegangen war?

»Für dreißigtausend? Ist das ein Menschenleben wert?« Der Mann schüttelte den Kopf. »Jonas war ein Einzelgänger, ich kann Ihnen nicht sagen, was er getan hat. Aber ich weiß eines: Wenn ich gewusst hätte, dass er wieder in den Kongo gehen will, ich hätte alles getan, um ihn aufzuhalten.«

Samuel fragte nach Claire Elbar, er kenne die Frau nicht, sagte der Chef. Und Sabina Nyberg? Sei freigestellt, sollte sich erholen. Die Adresse? Er schüttelte entschieden den Kopf.

Danach gingen sie in ein Café um die Ecke, eine Mitarbeiterin hatte ihnen das Ton van Joep empfohlen. Es lief Bob Dylan, die meisten Tische waren besetzt, die Gäste und auch die Kellner starrten in Notebooks. Emma bekam den besten Kaffee, den sie je getrunken hatte. Verstohlen sah sie zu Samuel. Er wirkte tief in Gedanken, erschüttert. Sie fragte leise: »Was denkst du?«

Samuel schwieg noch eine Weile, dann redete er, sah sie nicht an.

»Claire hat mit diesem Journalisten zu tun gehabt. Ja? Dieser Mann war der Feind vom FDLR. Er hat ihre Geschäfte ruiniert.«

»Ja. Der FDLR finanziert seine Waffen mit den Verkäufen aus den Minen. Jonas deVries macht das bekannt. Er filmt, welche menschenverachtenden Arbeitsverhältnisse in den Minen herrschen, und die großen Firmen sehen sich gezwungen zu reagieren. Sie stoppen alle Aufträge, Coltan wird nicht mehr aus dem Kongo gekauft!«

Samuel nickte. »Und der große Gewinner der ganzen Geschichte ist die Firma H. C. Marx. Sauberes Coltan aus Ruanda, billig und moralisch einwandfrei.«

Samuel grub das Messer in den Holztisch, immer kräftiger, er sah verzweifelt aus. »Warum habe ich nichts verstanden?«

»Was hast du nicht verstanden?« Emma hielt seine Hand mit dem Messer fest. »Lass das doch, du machst ja den Tisch kaputt.«

»Ich hab gedacht, sie hat sich kaufen lassen. Henry O. bezahlt ihre Ausstellung in Berlin, treibt mit Ankäufen den Preis ihrer Bilder in die Höhe.« Endlich legte er das Messer weg. »Ich hab sie eine Verräterin genannt. Eine Hure.« Er sah Emma an.

»Ob DeVries wusste, dass Henry O. bei der Eröffnung im Museum anwesend sein würde?«

»Ich nehme an, dass Claire es ihm gesagt hat.« Emma trank den letzten Tropfen ihres Kaffees, am liebsten hätte sie den Boden mit dem Finger ausgestrichen. »Ganz schön mutig von DeVries, nach Berlin zu kommen. Dieser Dawe-Typ muss Jonas deVries echt gehasst haben.«

»Dawe? Woher kennst du seinen Codenamen?«

»Patrice flüsterte ihn mir zu, kurz nach dem Anschlag auf ihn. Und du? Woher kennst du ihn?« Samuel schwieg. Emma sah wieder den blutenden Patrice vor sich auf der Straße, sie schluckte. »Ich wusste erst nicht, was es bedeutete, Blume hat es mir gesagt.«

Samuel starrte sie an. Er murmelte: »Immer wieder, immer wieder ist er es.«

»Henry O.? Kennst du ihn schon lange?«

Wieder antwortete Samuel nicht auf ihre Frage. Nach einer Weile sagte er heftig: »Du hast recht, DeVries muss gewusst haben, dass Henry O. anwesend ist. Alle drei, Claire, Jonas deVries und Henry O. planten, am Tag bei der Eröffnung in der Nationalgalerie dabei zu sein.«

»Vergiss nicht den Flüchtling. Patrice Diakondua. Er war ebenfalls da.«

»Also gut.« Samuel rieb sich mit den Fingerspitzen die Schläfen. »DeVries kommt mit dem Jungen nach Berlin, um Claire zu treffen. Er will den Jungen hierlassen, vermutlich soll er zu seinem Bruder, Patrice Diakondua. Warum sollte das Ganze am Tag der Ausstellungseröffnung stattfinden? Warum dieses Risiko, Henry O. zu treffen, seinen Erzfeind? Und warum hat Claire ihr Kunstwerk so kurzfristig verändert?«

»Das ist doch alles kein Zufall. Warte, ich will noch so einen Kaffee.« Emma hob die Hand und versuchte, den Kellner auf sich aufmerksam zu machen, der gerade Geschirr abräumte, aber er sah nicht in ihre Richtung. Emma ließ die Hand wieder sinken.

»Für mich klingt das nach einer großen Aktion. Ausstellung, Presse, Fernsehen. Der Holländer kommt mit dem Jungen, und Claire Elbar sorgt für den nötigen Rambazamba, verändertes Kunstwerk inklusive. Ich glaube, dass sie etwas Neues verkünden wollten. Vielleicht einen neuen Skandal. Aber dann ging was schief.«

»Am Tag der Eröffnung liegt deVries schon 24 Stunden tot in seiner Wohnung. Und Claire …«

Samuel stockte, sprach dann mit fester Stimme weiter. »Claire finden wir mit aufgeschnittener Kehle an ihrem Kunstwerk.«

»Die Frau vom Museum sagt, deVries hat sich eingetragen. Jemand hat seinen Namen benutzt, jemand, der nicht auf den Gästelisten erscheinen wollte. Ihr Mörder, nehme ich an.«

»Er tötet sie in einer Halle mit bis zu 500 Gästen. Warum da? Warum nicht bei uns zuhause oder unterwegs. Claire war viel in der Stadt unterwegs. Aber nein, stattdessen an so einem öffentlichen Ort. Das frage ich mich schon die ganze Zeit.«

Emma sah ihn forschend an. »Ich glaube, dass keine Zeit blieb. Die Mörder mussten etwas verhindern. Sie hatten die Kontrolle verloren. Und ich geh mir jetzt noch einen Kaffee holen.«

Emma rutschte von ihrem Hocker und ging in den Nebenraum zur Theke. Der Mann sah von seinem Laptop hoch, er lächelte Emma an. Vollbart und gestreifter Nicki. Emmas Herz klopfte auf einmal hart gegen die Rippen.

»Something else?«

»Coffee, please.«

Nein, er war es nicht, nicht derselbe, der im Pfeiffers gesessen und den sie zunächst für den Hacker gehalten hatte. Fing sie an durchzudrehen? Er stellte die Tasse vor sie, am Rand lag ein Zettel.

Meet you at Zandvorrt, Camping de Duinrand. Don't inform the husband! 14.30

Sie sah hoch, ihre Hand, die den Zettel hielt, zitterte. Der Mann im gestreiften Pulli bediente schon die nächste.

»Who gave you this?«

Der Mann zuckte mit den Schultern, lächelte wieder. »Dont know. Is it nice?«

»Man? Or woman?«

»Nope. Found it here.«

Er nahm den Zettel, drehte ihn um und strich ihn glatt. In Druckbuchstaben stand dort etwas auf Englisch. »Here. *To the German woman next room: dark hair, black jacket.* See?«

Die Frau neben ihr sah sie belustigt an, nahm ihre Cola und ging wieder. Emma zögerte. Sollte sie weiterfragen? Vermutlich würde gleich Samuel auf sie aufmerksam werden. *Don't inform the husband.*

Sie ging mit ihrer Tasse zurück in den Nebenraum, Samuel

saß starr auf dem Platz, sah nach draußen. Seine Miene sah unendlich verloren aus. Er wirkte wie jemand, der nicht verstand, was mit seiner Welt geschehen war. Emma stellte vorsichtig die Tasse auf dem Tisch ab, trank einen Schluck, der Kaffee schmeckte ihr jetzt nicht mehr ganz so gut.

»Ich muss gleich mal an die Luft.«

Er sah ihr prüfend ins Gesicht. »Ist was?«

»Nein, was soll sein? Wir sind einer internationalen Mafia auf der Spur, na und? Mach ich jede Woche!«

»Schon gut.«

Sie schluckte. Dachte an den Zettel in ihrer Tasche. 14.30, das war in einer Stunde. Mit ihren Eltern war sie früher in Zandvoort gewesen, es fuhr eine Bahn dort raus. Sie erinnerte sich an warme Sommer, an Sand in der Unterhose und Schokoladeneis. Unbeschwerte Tage.

»Ich lauf ein bisschen rum. Wollen wir uns in zwei Stunden wieder treffen?«

»Von mir aus«, sagte Samuel langsam. »Hier?«

»In Ordnung.« Sie zögerte, meinte dann: »Vielleicht sollten wir die Handys wieder anmachen.«

»Nein!« Seine Antwort kam schnell.

»Na gut. Aber im Notfall. Falls einer nicht auftaucht.«

Sie war schon fast an der Tür, als er sie eingeholt hatte. »Was meinst du damit, falls einer nicht auftaucht?«

»Na falls du dich verläufst.« Sie wand sich aus seinem Arm. »Bezahlst du bitte für mich mit? Ich will los.«

Sie lief los, ohne sich umzudrehen, hoffte, dass er ihr nicht folgte. Die Luft draußen schnitt ihr kalt ins Gesicht. Wer hatte gewusst, dass sie in dem Café saßen? Wurden sie beobachtet? Emma spürte, wie die Kälte in ihr hochkroch, sie sah in die Gesichter der Entgegenkommenden, täuschte sie sich, oder verhielten sich alle merkwürdig unauffällig? Wer hatte den Zettel geschrieben? Wer wollte sie treffen? Sie kannte so gut wie niemanden in der Stadt, wer würde sie vermissen, wenn sie verschwand? Blume, dachte sie, warum ist Blume nicht hier bei mir. Warum hat er nicht gesagt, ich komme mit dir?

Emma bog um die Ecke, winkte ein Taxi heran und ließ sich zur Centraal Station fahren. In der Halle war es voll, Straßenhändler, Touristen, Pendler, manche hatten Kinder an den Händen, die Emma mit großen Augen ansahen. Ein Ticket nach Zandvoort, über Haarlem, der Zug stand abfahrbereit.

Im Abteil roch es muffig. Emma sah aus dem Fenster auf gesichtslose Vorortsiedlungen und Felder. Eine ältere Frau mit einem Kind setzte sich ihr gegenüber, ein paar Jugendliche neben sie. Wieder Blicke, Kichern, Flüstern. Sie stand auf und stellte sich in den Gang. Bei jedem Halt sog sie die frische Luft an der geöffneten Tür ein.

In Zandvoorst war Endstation. Emma blieb zögernd im Strom der Leute stehen, ein Mann rempelte sie an, entschuldigte sich murmelnd. Beim Info-Schalter fragte sie nach dem Campingplatz, die Frau wies sie nach links. Auf dem Vorplatz wickelte sie die Jacke fest um sich. Es war kalt, aber auch frisch, die Luft roch salzig. Nordseewetter. Emma rannte den Deich hoch und sah über den grau-brauen Schlick des Watts. Das Meer macht Pause, hatte ihr Vater damals gesagt.

Keine zehn Minuten musste sie gehen, dann sah sie das Eingangsschild des Campingplatzes. Ein Fahrgestell rostete vor sich hin, beim Karussell waren die Tiere abgebaut. Nachsaison. Unschlüssig sah Emma auf das Gelände. Die Wagen der Dauercamper standen winterfest im Quartier, der Zeltplatz war verwaist. Weit und breit war kein Mensch zu sehen.

Von der See trug der Wind ihr ein Hundebellen zu. Emma

schirmte die Augen mit den Händen ab, blinzelte in die Sonne und versuchte, etwas in der Ferne zu erkennen.

Ihre Knie zitterten, sie zwang sich, Schritt für Schritt weiterzugehen. Sie dachte an Jonas deVries. War sie dabei, in eine Falle zu tappen?

In dem Moment sah sie ihn. Er rannte über den Strand, ein Hund sprang an seiner Seite an ihm hoch. Der Junge lachte, das Gesicht nach vorn gereckt, kein Zweifel, es war Chance.

Da spürte Emma eine Hand auf ihrer Schulter.

Hans Erkenschwick hatte den nächsten ICE nach Hannover genommen, war dort in die U7 gestiegen und hatte die U-Bahn an der Station Pappelwiese wieder verlassen. Kalt fegte hier der Wind durch die Schluchten der hohen Gebäude, weiße Blöcke, 13, 14 Stockwerke hoch, so nüchtern wie die Forschung, die in ihnen betrieben wurde. Erkenschwick ging auf den Eingang des Haupthauses zu, Bundesanstalt für Geowissenschaften stand in schwarzen Lettern darüber geschrieben. Er zeigte dem Pförtner seinen Ausweis und das Bild von Claire Elbar, aber der Mann zuckte nur mit den Schultern, die Frau war ihm nicht aufgefallen. Erkenschwick unterhielt sich ein bisschen mit ihm, das konnte er gut. Fragte, was hier überhaupt gemacht wurde, was für Abteilungen es gab. Vielleicht hatte im letzten Jahr etwas in der überregionalen Presse gestanden, war das Institut mal erwähnt worden? Ja, nickte der Pförtner und erzählte, er war stolz auf die Leistung des Instituts, auch wenn er selbst nur ein kleines Rädchen darin war. Blume ließ sich den Weg beschreiben, vierte Etage, nach links, dann durch die Glastür. Verlief sich trotzdem ein bisschen. Stand schließlich vor der Abteilung Mineralische Rohstoffe und klopfte. Ein Mann öffnete. Erkenschwick zeigte ihm und seinen Kollegen das Bild von Claire Elbar und bekam endlich eine Reaktion.

Emma fuhr herum, starrte in das Gesicht einer Frau. Sie war blond, etwa fünfzig, fast verhüllt in einen langen Mantel, Schal und Mütze. Emma versuchte, wieder zu Luft zu kommen, dann sagte sie:

»Wer sind Sie? Was wollen Sie?«

Die Frau ließ ihre Schulter los, zog die Hand gleich wieder ins warme Innere ihres Mantels. »Sabina Nyberg. Wir haben telefoniert.«

»Und weshalb machen Sie hier so eine Nummer?«

Die Frau sah sich um, zog Emma ein wenig vom Deich hinunter in eine windgeschützte Ecke der Dünen. Emma wollte protestieren, Chance im Auge behalten, aber Sabina Nyberg hielt sie eisern fest. Fast gewaltsam riss sich Emma aus dem Griff.

»Wieso ist Chance bei Ihnen? Was ist mit Jonas passiert?«

»Nachdem wir telefoniert haben, war ich unruhig. Jonas sagt mir normalerweise Bescheid, wenn er auf Reisen geht, ich habe einen Schlüssel zu seiner Wohnung, ich kümmere mich um den Hund.« Ihr traten die Tränen in die Augen. »Ich träume jede Nacht von Jonas. Wie er da saß. Ein blutiger Klumpen. Kein Mensch mehr.«

Emma schwieg, was sollte sie sagen. Nach einer Weile fragte sie.

»Woher wussten Sie, dass wir in dem Café sind?«

»Ein Kollege rief mich an, ich hatte ihn darum gebeten.« Sabina Nyberg lächelte schief. »Nichts Ungewöhnliches bei *global witness*, wissen Sie.«

Der Wind schnitt kalt durch die Dünenlandschaft, sie bog

den Rücken, um Chance zu sehen. Er hatte etwas Treibgut aufgelesen und schwang den Stock hoch über seinen Kopf. Der Hund bellte und sprang an ihm hoch.

»Und Chance?«

»Wer ist das, der Junge? Heißt er so?« Sabina Nyberg folgte ihrem Blick. »Ich habe den Hund gesucht. Ich dachte, sie hätten ihn auch umgebracht. Ich hab überall gerufen, auch im Flur. Da hab ich das Bellen gehört, oben auf dem Dach. Es gibt eine kleine Luke, von da kommt man nach oben. Ich kannte das, Jonas war mal mit mir da oben.« Sie schluckte. »Die beiden saßen versteckt, ganz nah am Schornstein. Verfroren und halb verhungert.«

»Warum haben Sie ihn mitgenommen?«

»Na, was glauben Sie? Ist doch klar, dass der Junge illegal hier ist!«

Sie zog einen Zettel aus ihrer Manteltasche, reichte ihn Emma, ihre Finger zitterten dabei. »Er hat bisher kein Wort gesagt. Aber er hat mir diesen Zettel gegeben.«

Emma faltete ihn auseinander. Darauf stand in großen Lettern. »To Germany. German woman comes and get me.«

Jonas hatte ihm also erzählt, dass sie gemeinsam nach Deutschland fliegen wollten. Emma ließ die Hand mit dem Zettel sinken und sagte:

»Hören Sie, der Junge meint nicht mich. Er wartet auf eine andere Frau, Claire Elbar. Sie ist tot.«

Die Frau sah sie erschreckt an. »Nein, das kann nicht sein. Sie sind die deutsche Frau, und Chance wartet auf Sie. Sie müssen ihn mitnehmen.«

Sie wandte sich ab, und jetzt war es Emma, die Sabina Nyberg festhielt. »Warten Sie! Wie soll ich das denn machen? Sie können mir doch nicht einfach so den Jungen überlassen?«

Die Frau blieb stehen. Sie schien mit sich zu kämpfen, dann sagte sie mit belegter Stimme: »Ich bin Sekretärin bei *global witness*. Nur die Sekretärin. Ich mache die Post, schicke die Mails weiter. Ich kümmere mich um die Blumen, wenn die anderen mal wieder die Welt retten wollen. Aber die Welt ist nicht zu retten, wussten Sie das?«

Emma sagte leise: »Sie haben den Jungen mitgenommen, Sie können ihn doch nicht so einfach weiterreichen wie ein Paket.«

Sabina Nyberg sah zum Brunnen. »Er redet nicht. Er will sich nicht waschen lassen.« Sie drehte sich zu Emma. »Was hätte ich denn machen sollen? Das wird alles zu viel für mich. Sie stecken mit drin in der Geschichte, Sie müssen sich um ihn kümmern.«

»Wie soll ich denn ein Kind ohne Papiere mit nach Deutschland nehmen können?«

»Dann bringen Sie ihn doch zur Polizei.« Sie stellte Emma eine Tüte mit einem holländischen Aufdruck vor die Füße.

»Ich hab ihm ein paar Sachen gekauft. Er will sie nicht anziehen.«

Sie ging ein paar zögerliche Schritte in Richtung des Brunnens. Dann blieb sie stehen. »Ich bin die Sekretärin, verstehen Sie? Keine Weltretterin.«

Sie drehte sich um und ging mit schnellen Schritten, den Körper tief im Mantel verborgen, in entgegengesetzter Richtung davon. Emma sah zum Jungen, da fiel ihr etwas ein. Sie rannte die wenigen Meter zurück zum Deich.

»Warten Sie! Was ist mit dem Hund?«

Aber Sabina Nyberg war schon hinter den Dünen verschwunden.

Chance?«

Er sah hoch, wachsam. Der Wind zerrte an ihnen, Emma musste fast rufen, um sich verständlich zu machen. Chance drückte sich an den Körper des Hundes, behielt sie aber im Blick. Emma wusste nicht, wie sie anfangen sollte. Sie kniete sich hin und streckte die Hand nach dem Hund aus.

»What's his name?«

Keine Antwort. Chance verbarg weiter sein Gesicht im Fell. Er trug eine Kinderjeans, von der selbst hier im frischen Meerwind ein leichter Geruch nach Urin ausging, und eine abgeschabte Adidas-Windjacke. Ein kleiner blau-grüner Rucksack hing auf seinem Rücken. Emma streichelte den Hund, einen schwarzen Labrador mit angegrauter Schnauze, der ihr die Hand leckte. Sie beugte sich zu dem Kind und sagte in sein Ohr:

»Chance, I am from Germany.«

Der Junge drehte sich um. Jetzt glomm ein kleines Fünkchen Hoffnung in seinen Augen auf. Er sagte vorsichtig, kaum hörbar, als müsse er erst ausprobieren, ob er nach der Zeit des Schweigens noch reden könne.

»Patrice?«

Emma nickte. Schluckte. Wie sollte sie dem Jungen jetzt den Tod des Bruders erklären? Würde er dann überhaupt mit ihr mitkommen? Oder nicht eher aufspringen und davonlaufen? Hier, am Meer in einem fremden Land?

»Yes, I know Patrice.« Und das war ja nicht mal gelogen, dachte sie. Sie erhob sich und streckte eine Hand nach Chance aus. Chance nahm sie nicht, stand aber ebenfalls auf, rückte den Rucksack gerade, fasste den Hund an die kurze Leine und sah sie erwartungsvoll an. Na, dann nicht, dachte Emma und steckte die Hand zurück in die Jackentasche. Äußerlich einträchtig gingen sie den Weg zurück durch den feuchten Sand. Chance sah starr geradeaus, wandte nicht einmal den Blick ab. Emma betrachtete ihn von der Seite. Was hatte der Junge erlebt, was schon gesehen? War er wirklich die Schlüsselfigur in diesem Fall?

Sie kaufte Tickets für sie beide, der Bummelzug brachte sie zurück nach Amsterdam. Chance schien keine Fragen an sie zu haben, er saß schweigend neben ihr und hielt den Hund eng bei sich. Seinen Rucksack hatte er nicht ablegen wollen. Emma trug die Plastiktüte mit den Sachen von Sabina Nyberg.

In der Stadt schien Chance noch kleiner zu werden, er duckte sich vor den Schritten der anderen, drehte den Kopf in alle Richtungen und umklammerte die Leine des Hundes. Emma hätte ihn im Gewühl gerne an die Hand genommen, aber der Junge vermied jede Berührung. Stumm und schnell lief er neben ihr her bis zum Café. Emma fragte sich, ob es klug gewesen war, sich wieder hier zu treffen. Sie sah sich um, bevor sie den Ladenraum betrat. Langsam hatte sie das Gefühl, auf Schritt und Tritt beobachtet zu werden. Waren ihr auch hier die Mörder von Elbar und Diakondua auf der Spur? Brachte sie Chance jetzt in Gefahr?

Samuel war schon dort, saß an seinem alten Platz.

»Bist du die ganze Zeit hier gewesen?«

Er antwortete nicht, sah auf den Jungen. Chance zog den Hund zu einem alten Ledersofa in der Ecke und setzte sich. Emma nickte.

»Das ist Chance. Er wurde mir sozusagen gerade vererbt.« Samuel sah sie wütend an. Dann ging er zum Sofa, kniete sich vor den Jungen und sprach ihn an. Nach einer Weile nickte Chance. Samuel hielt den Kellner auf, der durch den Laden lief, und bestellte ein Glas warme Milch mit Honig bei ihm. Dann kam er zurück zu Emma.

»Und jetzt die ganze Geschichte. Du hast ihn ja wohl kaum zufällig getroffen.«

Emma erzählte. Zeigte den Zettel mit »don't inform the husband«. Samuel wurde so wütend, dass er ein paar Mal mit geballten Fäusten durch den Laden lief. Erst als er merkte, dass Chance ihn mit furchtsamen Augen beobachtete, kam er zurück.

»Was ist das, ein Paket, das weitergereicht wird? Seid ihr denn alle hier total bescheuert?«

»Was hätte ich denn machen sollen? Den Jungen allein zurücklassen?«

Samuel holte tief Luft. Er sah zu Chance, der Junge trank in vorsichtigen Schlucken die warme Milch.

»Hast du schon mit ihm geredet? Über – über all das?«

»Er redet nicht. Ich weiß nicht, ob er die Mörder von Jonas gesehen hat. Und was er sonst schon gesehen hat.«

»Weiß er, dass sein Bruder tot ist?«

»Nein.« Emma sah Samuel unsicher an. »Ich hielt es für das Beste, davon noch nichts zu sagen. Er ist doch schon fertig genug.«

Samuel schwieg. Beide sahen zu Chance. Der Junge stellte das ausgetrunkene Glas vorsichtig auf ein kleines Tischchen und legte seinen Kopf wieder auf den Körper des Tieres. Ob er so oben auf dem Dach gehockt hatte, fragte sich Emma, als die Mörder Jonas folterten und ihn suchten?

Samuel seufzte. »Unser Flug zurück ist damit wohl gestorben. Wie sollen wir ihn denn nach Deutschland kriegen?«

»Es gibt gute Zugverbindungen.« Bevor Samuel etwas erwidern konnte, stand Emma auf. »Dann dauert es eben alles noch ein bisschen länger.«

Im Sender war die Morgenkonferenz vorbei. Die Kollegen strömten aus dem Sitzungszimmer, nur Bente blieb und hielt Schneider zurück.

»Hast du was von Emma gehört?«

»Ich nehme an, sie spaziert gerade auf Kosten des Senders durch Amsterdam.«

Er sah sie schlecht gelaunt an. »Wieso fragst du mich, wo Emma steckt? Ihr besprecht doch sonst immer alles.«

»Ja, schon.« Bente zögerte. »Wir haben uns gestern über einen holländischen Journalisten ausgetauscht, Jonas deVries.«

»Ich weiß. Sie hat mir von ihm erzählt. Muss ihn anscheinend unbedingt selbst sprechen.«

»Du weißt doch, wie Emma ist.« Schneiders Handy piepte, er ging ran, und sein Gesicht hellte sich auf. Aber nur kurz. »Ach Mann, das ist ja …«

Bente wartete, wollte noch etwas loswerden. Henning bemerkte sie erst, als er ihr auf die Schulter tippte. »Hast du mal 'ne Minute? Ich such was im Musikarchiv und komm nicht mit dem Schlagwortregister klar.«

»Klar, mach ich sofort.« Sie signalisierte, dass sie noch mit Schneider sprechen wollte. Henning nickte, ging langsam zur Tür. Schneider beendete das Gespräch.

»Helene ist da, Emmas Mutter. Und ihre Schwester. Mensch, jetzt kommt auch alles zusammen!«

»Kannst du dich nicht um sie kümmern?«

»Wie denn? Heute Nachmittag ist Intendantenkonferenz. Na, Emma ist ja heute Abend wieder zurück.«

Er wollte schon aus dem Zimmer gehen, Henning stand noch immer in der Tür. Bente hielt ihn am Hemdzipfel fest.

»Manfred, warte mal.«

Ungeduldig drehte er sich zu ihr um. »Wegen Emma? Lass mal, die kommt schon klar. Wahrscheinlich führt sie schon ein langes Interview mit diesem Holländer.«

»Das glaub ich nicht.« Bente spielte nervös mit den Fingern. »Gerade kommt die Meldung bei dpa. Der holländische Journalist Jonas deVries ist tot in seiner Wohnung gefunden worden. Er wurde massiv gefoltert.«

Schneider sah sie an, die Augen geweitet. »Und Emma?«

»Ihr Handy ist aus.«

Emma saß neben Chance. Der Junge hatte seinen kleinen Rucksack abgenommen und hielt ihn auf seinem Schoß umklammert. Der Hund lag vor ihm auf dem Boden, den Kopf zwischen die Pfoten gelegt. Die Anzeigetafel ratterte, der Zug über Hannover bis nach Berlin Ostbahnhof rückte nach oben vor. Langsam wurde es Zeit, zum Gleis zu gehen. Sie saßen in der Bahnhofshalle, Samuel hatte sie beide hier verlassen und war wortlos in Richtung Schalter gegangen, um die Tickets zu lösen.

Der Hund streckte sich, wedelte mit seinem buschigen Schwanz und legte seinen Kopf auf Chance' Knie. Mit der Linken ließ der Junge den Rucksack los und kraulte ihn am Kinn, das Tier hielt ganz still.

Emma lehnte sich zurück, streckte sich. Ihr ganzer Körper fühlte sich taub an, die vorletzte Nacht steckte noch immer in ihren Knochen. Mit den Beinen stieß sie an zwei Plastiktüten. In der einen war Proviant für die Rückfahrt, in der anderen die Sachen, die Sabina Nyberg für Chance besorgt hatte. Emma gähnte, ihr Blick ging nach oben. Eine offene Galerie führte an kleinen Geschäften und Cafés vorbei, Bistrostühle mit schmalen Tischen säumten das Geländer. Ein Mann, der mit dem Rücken zu ihnen saß, drehte sich gerade zur Seite, um nach unten in die Halle zu sehen. Er war schmal, blond wie so viele hier und in einen schwarzen, teuer aussehenden Mantel gehüllt. Emma stockte der Atem, das Adrenalin schoss durch ihren Körper, und die Müdigkeit löste sich auf. Selbst auf die Entfernung sah sie das charakteristische Mal an der Augenbraue. Es war der Mann, den sie bei H. C. Marx gesehen hatte, hier Larsson, hatte er am Telefon gesagt, Abteilung für Soziale Fragen.

Der Mann blickte sich suchend um. Unwillkürlich wollte Emma aus dem Blickfeld verschwinden, doch sie zwang sich, sitzen zu bleiben und den Kopf zu senken. Langsam schob sie sich halb vor Chance. Der Junge kauerte am Körper des Hundes. Nach einer Weile sah Emma vorsichtig hoch. Larsson ließ noch immer seine Augen über das Heer von Menschen in der Bahnhofshalle schweifen und sah einen Augenblick zu lange in ihre Richtung. Emma war kurz davor, die Nerven zu verlieren. Als eine amerikanische Reisegruppe weiter vorn am Info-Schalter die allgemeine Aufmerksamkeit auf sich zog, legte sie eine Hand auf Chance' Schulter. Der Junge sah ihr wachsam ins Gesicht, reagierte erschrocken. Emma vermutete, dass sie bleich geworden war. Sie drückte vorsichtig seine Schulter, dann stand sie auf, nahm mit der freien linken Hand die Taschen und wechselte, ohne aufzusehen, zu einer Sitzbank unterhalb der Galerie. Chance folgte ihr, klammerte sich an seinen Rucksack und zog den Hund hinter sich her, der über den glatten Boden der Halle hinter ihnen herrutschte.

Emma vergewisserte sich, dass sie an ihrem neuen Standort nicht von der Galerie aus gesehen werden konnten. Dann zog sie ihr Handy aus der Tasche und aktivierte es. Sie ging auf die Kamerafunktion und beugte sich zu Chance vor.

»Chance. Wait. Stay here.«

Er sah sie erschrocken an, schüttelte den Kopf und griff nach ihrer Hand, die erste körperliche Berührung. Sie streichelte kurz über seine Finger, dann zeigte sie mit der Linken nach vorn.

»Ich geh nicht weg. Just a few steps. Wait.«

Er krallte seine Hand wieder in das Fell des Hundes und beobachtete sie. Emma stand auf, stellte sich halb verdeckt von einer Werbetafel in die Halle und sah nach oben. Larsson zeigte sich im Profil, er schien etwas in sein Handy zu tippen. Emma machte schnell ein Foto von ihm. Dann trat sie hinter die Werbetafel und kontrollierte das Ergebnis. Das Bild war gut genug, um den Mann identifizieren zu können. Plötzlich tauchte Chance neben ihr auf, der Hund winselte an seinem Bein. Chance sah an ihrem Oberarm vorbei auf das Display ihres Handys, dann nach oben zu Larsson. Sein Gesichtsausdruck wechselte, seine Augen rissen weit auf, Schweiß trat auf seine Stirn. Emma fasste ihn am Arm.

»Chance …«

Für einen Moment löste Chance seinen Blick von der Galerie und sah Emma an. Er flüsterte ein Wort: »Jonas.« Emma sah in die panischen Augen des Jungen und verstand, dass es kein Zufall war, dass sie hier auf dem Flughafen Larsson begegnete. Er suchte sie.

Sie sah auf ihr Handy, das sie in ihrer schweißnassen Hand umklammerte. Sollte sie Samuel eine SMS schreiben, sie müssten hier weg? Sinnlos, er würde sie kaum lesen. Sie schob das Telefon zurück in ihre Hosentasche und atmete tief durch. Ohne hastige Bewegungen löste sie sich von der Stellwand und zog den Jungen hinter sich her zu ihrem Gepäck. Die Verkaufsschalter befanden sich auf der gegenüberliegenden Seite der Halle. Wie sollten sie Samuel informieren, ohne von dem Mann oben auf seinem Wachposten gesehen zu werden?

Emma raffte die Tüten hoch und ging mit schnellen Schritten unterhalb der Galerie in die Richtung, in der sie Samuel vermutete. Chance blieb dicht bei ihr. In der einen Hand hielt er seinen Rucksack, in der anderen die Leine. Er zog den Hund so fest an seiner Leine, dass dieser leise aufjaulte. Um zu den Schaltern zu gelangen, musste sie für rund zehn Meter ihre Deckung verlassen. Sie wartete, bis eine besonders dichte Menschentraube um sie war, dann gab sie Chance ein Zeichen und ging mit starrem Blick durch die Halle. Jetzt trennten sie nur noch wenige Meter vom Gang. Emma suchte die Schlange vor den Schaltern nach Samuel ab. Er war von Weitem zu sehen, seine große Gestalt, sein dunkler Kopf inmitten der vielen hellen. Emma blieb unvermittelt stehen, Chance prallte gegen sie. Samuel telefonierte. Hektisch sprach er in sein Handy, die Augen gingen prüfend durch den Raum. Fast reflexhaft sah Emma zurück nach oben auf die Galerie. Auch Larsson telefonierte. Emma starrte ihn an, Larsson drehte leicht seinen Oberkörper in ihre Richtung. Und dann kreuzten sich ihre Blicke.

Emma drehte sich um und fing an zu rennen. Chance stolperte neben ihr her und versuchte, mit ihr Schritt zu halten. Emma hörte Samuel laut ihren Namen rufen. Sie ließ die Tüten fallen, fasste Chance mit hartem Griff und rannte schneller. Manche wichen ihr aus, reagierten erschrocken oder empört. Emma lief im Zickzackkurs, Chance immer an ihrer Seite, der Hund hinterher. Dann hatten sie die breite Treppe erreicht, die nach unten zu den U-Bahn-Gleisen führte. Sie nahm zwei Stufen auf einmal. Chance stolperte, fiel beinahe an ihr vorbei die Treppe hinunter, sie hielt ihn im letzten Augenblick. Am Bahnsteig war es voll, die U-Bahn stand, Passagiere mit Koffern und Taschen drängten sich hinein. Emma lief zu den Eingängen weiter vorn, schob sich an den Leuten vorbei hinein, das Kind immer noch fest an der Hand. Sie drückte Chance an die Haltestange und drehte sich zur Tür um. Draußen sprang Samuel gerade mit einem Riesenschritt von der Treppe auf den Bahnsteig und rannte auf den letzten Waggon zu. Emma lehnte sich vor, konnte Larsson nirgendwo entdecken. Dann schlossen sich zischend die Türen, die U-Bahn setzte sich in Bewegung. Emma keuchte, versuchte zu Atem zu kommen und drehte sich nach Chance um. Der Junge lehnte sich mit der Wange gegen die chromblitzende Haltestange. Auch er rang nach Atem, und er weinte. Emma setzte sich auf einen freien Platz und zog ihn mit sanftem Druck auf ihren Schoß. Sie strich ihm über die nassen Wangen, wiegte ihn. Chance saß anfangs seltsam verrenkt auf ihren Beinen. Nach einer Weile sackte er in sich zusammen und lehnte sein Gesicht an ihre Schulter. Er weinte jetzt heftiger, und Emma hielt ihn einfach fest. Der Hund kniete vor ihnen und leckte die Hand des Jungen. Emma überlegte angespannt, was sie jetzt tun sollte. Hatte Samuel den Zug noch erreicht? Mit wem hatte er telefoniert – mit Larsson? Und würden sie im nächsten U-Bahnhof auf sie warten?

Die Bremsen quietschten, die Fahrt verlangsamte sich, sie fuhren in einen U-Bahnhof ein. Eine Frau stand auf und drückte den Türöffner. Wenn ihr jetzt jemand hatte folgen können, dann saßen sie in der Falle. Emma rang noch immer nach Atem, sie war unfähig zu reagieren, unfähig sich zu rühren. Chance lag wie ein nasser Sack auf ihrer Brust. Langsam hob er den Kopf, reichte mit den Lippen bis zu ihren Ohren und sagte kaum hörbar:

»Jappo.«

Emma sah fragend in das nasse Kindergesicht. Chance nickte mit dem Kopf nach unten zu ihren Füßen.

»His name. Jappo.«

Jetzt verstand sie. Vorsichtig streichelte sie über seine Wangen, tastete mit der freien Hand nach dem Fell des Hundes und flüsterte: »Hello Jappo.« Der Hund leckte ihr die Hand. Sie schloss die Augen. Ich habe ihn gefunden, Patrice, dachte sie, ich habe deinen kleinen Bruder gefunden. Aber ich weiß nicht, ob ich ihn beschützen kann. Sie blinzelte. Eine Gestalt rannte draußen an den Scheiben vorbei und sprang in ihren Zug. Die Türen schlossen sich, und die Bahn setzte sich wieder in Bewegung. Es war Samuel.

Auch er keuchte, schweißnass im Gesicht. Er fasste nach der Haltestange, glitt langsam vor ihnen auf die Knie und flüsterte: »Was ist passiert?«

»Larsson? Wo ist er? Hast du mit ihm telefoniert?«

»Larsson? Wer ist das?«

Emma zog ihr Handy aus der Tasche, zeigte ihm das Foto, das sie am Bahnhof von dem Mann gemacht hatte. »Er arbeitet in der Berliner Firma, die das Coltan verbreiten, H. C. Marx. Chance hat ihn wiedererkannt. Er muss ihn bei Jonas gesehen haben. Warum hast du mit ihm geredet?«

Samuel sah sie an. »Ich kenne diesen Mann nicht, ich habe nicht mit ihm gesprochen – das musst du mir glauben.«

»Du hast telefoniert, ich dachte, mit ihm. Du hast doch selbst gesagt, das Handy muss unter allen Umständen abgeschaltet bleiben!«

»Ja, ich weiß, ich …« Samuel raufte sich die kurzen Haare. »Ich musste einfach kurz telefonieren, ich muss melden, dass ich später komme, jetzt, wo wir nicht den Flug nehmen. Ich …« Er nahm ihre Hand. »Bitte glaube mir, ich hab mit diesen Typen nichts zu tun.«

Emma nickte, sie war so froh, mit der Situation nicht allein zu sein, sie fürchtete, ihm jetzt gleich um den Hals zu fallen und in Tränen auszubrechen. Sie zwang sich, auf die elektronische Anzeigentafel des Abteils zu sehen. »Der Zug fährt zum Zentraalplaat.« Ihre Stimme klang belegt, sie räusperte sich. »Sie werden denken, dass wir dort aussteigen.«

»Dann müssen wir früher raus.«

Emma nahm ihr Handy aus der Tasche und schaltete es ein. Samuel beobachtete sie. »Was soll das?«

»Jetzt wissen sie eh, wo wir sind. Ich werde Blume das Foto von Larsson schicken. Falls wir hier nicht durchkommen, ist er der Einzige, der uns helfen kann.«

Emma schickte die MMS ab und sah hoch. Samuel hatte verächtlich die Lippen geschürzt, aber er sagte nichts. Dann verlangsamte der Waggon die Fahrt.

»Wir halten gleich wieder.«

»Ich bin so weit.«

Emma fuhr das Handy herunter, nahm den Akku heraus und stopfte beides in ihre Jackentasche. Dann schob sie Chance sanft von ihrem Schoß und erhob sich. Sie sah sich um. »Wo ist der Rucksack?«

Chance sah sie fragend an. Emma sah unter die Sitzbank, hinter die Reihe und versuchte, die aufkommende Panik zu unterdrücken. »Your backback?«

Jetzt verstand Chance. Er machte keine Anstalten, den Rucksack zu suchen, sondern wies nach draußen. Emma wechselte einen Blick mit Samuel. Der Rucksack war verloren, lag irgendwo auf dem Weg zischen der Bahnhofshalle und den U-Bahn-Gleisen. Was hatte Chance darin transportiert? Waren in dem Rucksack wichtige Dokumente gewesen? War jetzt alles umsonst gewesen?

Samuel sagte: »Das Wichtigste ist jetzt, dass wir den Jungen hier heil rausbekommen.«

»Was sollen wir tun?«

»Wir brauchen ein Auto. Wir müssen die Nebenstraßen nehmen. Und wir sollten uns beeilen.«

Die Bahn hielt. Emma sah sich nach Chance um, Samuel

vergewisserte sich, dass niemand auf dem Bahnsteig auf sie wartete. Sie stiegen aus, liefen schnell in die Haupthalle. Jappo zitterte und sträubte sich, vielleicht spürte er ihre große Anspannung, vielleicht war er auch Bahnfahren nicht gewöhnt. Für dich hat das Ganze auch was Gutes, dachte Emma und strich über das weiche Fell. »Du weißt nicht, wie Schaffner auf Hunde reagieren.«

Sie nahmen ein Taxi, »No, not central plaat, next, please«, und fuhren zur übernächsten Autovermietung. Samuel mietete per Kreditkarte einen BMW, Emma trat nervös von einem Fuß auf den anderen und sah durch die Scheibe des kleinen Büros nach draußen. Langsam wurde es dunkel. Ich muss Helene Bescheid geben, dachte sie, vor morgen sind wir nicht zurück in Berlin. Fast automatisch griff sie nach ihrem Handy, ließ es aber wieder in die Tasche zurückgleiten.

Sie fragte den Mann am Schalter nach einem Telefon, er wies mit dem Kinn in die Wartehalle und schrieb weiter die Angaben von Samuels Kreditkarte in seinen Rechner. Hoffentlich finden sie uns nicht darüber, dachte Emma, nickte Samuel kurz zu und ging in den Nebenraum, um Helene anzurufen.

Helene saß auf der Bank am Spielplatz und schloss erschöpft die Augen. Sie hatte ihr Bein hochgelagert, ihr Knöchel schmerzte. Khoys Familie war so nett zu ihnen, aber sie hatte es doch nicht fertiggebracht, Ida bei ihnen zu lassen. Der Laden war voll, sie hatten zu tun, Ida konnte anspruchsvoll sein, wer wusste das besser als sie selbst. Also war sie mit ihr in den Zoo gegangen, das wünschte sich Ida immer, wenn sie in Berlin waren.

Sie hörte sie jauchzen, bis zu ihr rüber, vom Trampolin. Helene öffnete ihre Augen und streckte sich, um ihre Jüngste sehen zu können. Sie hüpfte mit weit gespreizten Armen und Beinen, das Gesicht glühte. Helene musste trotz aller Erschöpfung lächeln. Was für ein Gottesgeschenk dieses Kind war. Warum verstanden das nur so wenige? Ida lebte intensiv, erfasste mit allen Sinnen, was die Welt ihr bot. Ob ihr, Helene, aufgefallen sei, wie der Löwe sie angeguckt hatte? Wie der Affe sich am Po kratzte und dann an seinen Krallen roch? Ida hatte gekichert, das machte sie auch manchmal. Bei der Fütterung der Pinguine hatte sie gejauchzt und in die Hände geklatscht, und die anderen Eltern hatten Helene mitleidig angesehen. Sie hatte schreien wollen, seht ihr denn nicht, seht ihr nicht, was ich sehe?

Ihr Handy klingelte, sie wandte sich ab und griff in ihre Tasche. Es war Emma, ihre Große. Sie schaffe es nicht bis heute Abend, sie sei erst morgen zurück, spätestens mittags. Habe den Flug verpasst und fahre jetzt mit dem Auto. Helenes Knöchel pochte. Na gut, wollte sie sagen, schade, aber macht nichts. Sie brachte es nicht über die Lippen. Emma wich ihr aus, wieder. Kam nicht zu ihr und Ida nachhause, blieb weg, wenn sie sie besuchten. Sollen wir lieber gehen, fragte sie. Nimm doch nicht alles persönlich, sagte Emma. Helene schwieg. Hörte die Kinder vom Spielplatz lachen, war das Idas Stimme, rief sie nach ihr? Sie sah sie nicht mehr.

Ich will gerne, dass ihr noch bleibt, sagte Emma. Sie klang fern, leise. Bist du müde? Ja. Wie geht es deinem Fuß? Es geht, sagte Helene. Und dann: Warum bist du so kühl zu mir, es wollte hinaus, die Frage, sie hatte nicht darüber nachgedacht. Ach Mama, sagte Emma. Ich bin morgen zurück. Wir warten hier auf dich, meinte Helene noch, aber die Verbindung war schon unterbrochen.

Helene ließ die Hand mit dem Telefon in ihren Schoß sinken. Sie seufzte. Sie waren so verschieden, ihre Töchter. Die Große, die gar nicht weit genug vor ihr davonlaufen konnte. Die Kleine, die ihr ein Leben lang bleiben würde. Und die Liebe schmerzte stärker als der Knöchel.

Helene stand auf, nahm die Tasche und humpelte auf das Trampolin zu. Ida würde enttäuscht sein, sie freute sich so auf ihre große Schwester. Aber auf dem Trampolin stand nur ein kleiner Junge, er fiel dauernd um und gluckste. Helene lächelte. Sie ging weiter zu den Riesenrutschen, den hölzernen Hängebrücken und den Reifenschaukeln. Ida war nirgendwo zu sehen. Helene rief ihren Namen. Manchmal versteckte sie sich und dachte, es sei ein großer Spaß, man hörte sie dann trotzdem lachen. Helene hielt sich einen Moment an einer Turnstange fest und verlagerte ihr Gewicht auf das gesunde Bein. Es wurde langsam dunkel, auch kalt. Auf dem Spielplatz waren nur noch wenige Kinder. Die meisten Geräte lagen unbenutzt herum, es war still. Helene spürte, wie die Panik in ihr hochkroch.

Ida war niemals still auf einem Spielplatz.

Emma legte auf und bezahlte bei der Frau am Schalter mit ihren letzten Euros. Im Supermarkt am Hauptbahnhof hatte sie Proviant gekauft. Das Wasser, die Bananen und Brötchen lagen jetzt in einer aufgeplatzten Tüte in der Bahnhofshalle. Genau wie die teuren Sachen, die Sabina Nyberg für Chance besorgt hatte. Und der Rucksack.

Samuel stand mit Chance an der Tür und wartete auf sie, spielte nervös mit dem Autoschlüssel in der Hand. Sie legte ihre Hand auf seinen Arm.

»Wir brauchen noch etwas zu trinken und Proviant.«

»Lass uns erst mal aus der Stadt rauskommen.«

Sie nahmen die Autobahn nördlich der Stadt, um dann in einem Bogen östlich zu fahren. Langsam ließen sie die Lichter der Stadt hinter sich, Regen klatschte gegen die Scheiben. Samuel war am Steuer, Emma saß neben ihm, auf ihren Knien die Straßenkarte. Chance hatte sich auf der Rückbank mit Jappo zusammengerollt, er schien zu schlafen. Emma zog ihre Jacke aus und legte sie vorsichtig über den schmalen Körper des Jungen. Samuel drückte auf die automatische Fensteröffnung der Fahrertür und öffnete es einen Spaltbreit. Frische kalte Luft strömte in den Wagen.

»Ist das der Hund, oder stinkt der Junge so?«

»Pst.« Emma drehte sich wieder nach vorn um. »Sabina Nyberg meinte, er wollte sich nicht waschen oder die Sachen wechseln.«

Samuel kommentierte das nicht weiter, öffnete das Fenster aber trotz der Kälte noch etwas weiter. Emma ließ sich tief in ihren Sitz fallen. Sie sah aus dem Fenster. Gewaltige Bäume standen schwarz am Weg, der Wind ließ die Wipfel hin und her rauschen, kein Licht durchdrang das Dunkel. Sie dachte an Helene und an Ida, die sich so auf sie gefreut hatten. Vermutlich saßen sie jetzt bei Khoy in der Ecke des Restaurants und aßen Ente süßsauer und danach Mangoeis. Kein Grund, ein schlechtes Gewissen zu bekommen. Sie richtete sich ein wenig auf und konzentrierte sich auf die Karte. Das Navi war ausgeschaltet. Kein GPS-Signal sollte von ihnen ausgehen. Wir sind sicher das einzige Fahrzeug in Holland, das ohne GPS fährt. Vermutlich kann man uns darüber orten, dachte sie, rein nach dem Ausschlussprinzip.

»Weiter vorn müsste eine Straße links abgehen, die kannst du nehmen.«

Samuel nickte. Er sah angestrengt nach vorn, das Gesicht lag im Dunkeln, nur die Augen leuchteten. Es regnete jetzt stärker, die Scheibenwischer pflügten sich durch die Wassermassen, und das Licht der Scheinwerfer erleuchtete nur wenige Meter dieser undurchdringlichen Dunkelheit. Vermutlich sind wir sowieso das einzige Auto weit und breit, dachte Emma. Samuel sagte in die Stille: »Kannst du eigentlich Auto fahren?«

Emma drehte sich erstaunt zu ihm. »Natürlich.«

»Wieso, das ist doch nicht natürlich. Dein Blick auf die Welt ist ganz schön eingeschränkt.«

»Und du machst aus jedem Satz eine Rassismusdebatte.«

Er grinste, immerhin. Ein Schwertransporter überholte links, der Wagen schaukelte leicht im Fahrtwind. Samuel hielt das Steuer fest umklammert. Erst nach einer Weile redete er weiter.

»Wieso hast du eigentlich keinen Freund? Was ist denn mit diesem Typen, der im Berghain aufkreuzte? Ist doch besser als gar keiner, oder?«

Leichthin hatte er das gesagt, scherzhaft, den Blick weiter nach vorn gerichtet. Es schmerzte trotzdem. Emma beschloss, die Frage zu überhören.

»Ich kann dich gerne ablösen, wenn du nicht mehr fahren willst.«

Samuel verstand. Er schwieg eine Weile, dann sagte er leise:

»Tut mir leid, das war eine blöde Bemerkung.«

Emma sah wieder aus dem Fenster. Nach einer Weile zeigte sie mit dem Finger nach vorn.

»Da kommt eine Ausfahrt. Lass uns was zu essen besorgen.«

Helene rannte panisch durch den Zoo, den schmerzenden Knöchel hatte sie vergessen. Sie schrie nach Ida, die Kehle war schon wund. War sie zurück zu den Affen gelaufen? Oder ins Pinguinhaus? Auf dem Spielplatz war sie nicht, da hatte sie jeden Meter abgesucht. Bei den Löwen blieb sie kurz stehen, versuchte, wieder zu Atem zu kommen. Jetzt fing es auch noch an zu nieseln, kein Besucher war mehr zu sehen. Helene rief weiter nach Ida, wütend und ängstlich. Ida war es zuzutrauen, in die Gehege zu klettern, auch wenn das hier bei den Löwen praktisch unmöglich war. Aber was war mit den Antilopen? Oder den Elefanten, bei denen sie das Neugeborene so süß gefunden hatte?

Ein Pfleger kam aus dem Haus, vor sich eine Schubkarre mit dampfendem Stroh. »Wir schließen gleich.«

»Ich suche meine Tochter.«

Helene versuchte zu Atem zu kommen. »Zehn Jahre. Sie heißt Ida, und sie hat das Down-Syndrom.« Bei diesen Worten stiegen ihr die Tränen in die Augen. »Ich kann sie nicht finden.«

Der Pfleger ließ die Schubkarre los und richtete sich auf. »Keine Sorge, das passiert hier jeden Tag. Das Gelände ist umzäunt, hier verschwindet niemand.« Er wies mit seiner Hand nach rechts. »Da hinten sitzt die Verwaltung. Wahrscheinlich hat man ihre Tochter längst gefunden, und die sitzt da jetzt und futtert Salzstangen.«

Helene lächelte erleichtert. »Danke!« Jetzt schmerzte ihr Fuß wieder, stärker als zuvor, aber sie biss die Zähne zusammen und lief den Weg nach rechts zu den großen Backsteingebäuden im Hintergrund. Na, Ida würde sie aber was erzählen. So einfach wegzulaufen.

Am Springbrunnen lief sie an einem großgewachsenen muskulösen Mann vorbei, der die Kapuze seines Parkas tief ins Gesicht gezogen hatte. Helene sah ihn nicht. Der Mann sprach etwas in sein Handy. Ein weiterer dunkelhäutiger Mann rund 200 Meter weiter rechts hörte die Nachricht, nickte und ließ dann sein Telefon zurück in die Tasche gleiten. Er stand am Backsteinhaus und wartete auf Helene.

Emma, wo bist du? Ich hab mir Sorgen gemacht, ich hab von dem Mord an dem Journalisten gehört, ich …«

»Wir sind unterwegs. Hast du das Foto bekommen, das ich dir geschickt habe?«

»Ja. Ich hab versucht, dich zurückzurufen, aber …«

»Ich kann mein Handy nicht anlassen, wir wollen nicht geortet werden, wenn wir …«

»Wir?«

Emma zögerte. »Samuel ist bei mir. Er ist mit nach Amsterdam geflogen.«

Blume schwieg am anderen Ende der Leitung. Dann räusperte er sich und sagte leise: »Ich hoffe, du weißt, was du tust.«

Das hoffe ich auch, dachte Emma. Eigentlich blieben mir nicht so viele Wahlmöglichkeiten.

Samuel war mit Chance im Wagen geblieben. Sie hatte den Jungen erst wecken wollen und es dann doch nicht übers Herz gebracht, er schlief so tief, den Kopf an das Fell des Hundes gelehnt. Hatte er die letzten Nächte nicht schlafen können, oder war es seine Art, Schutz zu suchen – wie ein Kleinkind, das sich die Augen zuhält und meint, nicht gefunden zu werden? Geh nur, hatte Samuel gesagt, ich bleib bei ihm. Und den Jungen dabei beobachtet, mit mehr Zärtlichkeit im Blick, als Emma bisher bei Samuel gesehen hatte.

Blume fragte am Telefon: »Wer ist der Mann auf dem Foto?«

»Er heißt Larsson, arbeitet für die Firma von Marx. Chance hat ihn in der Bahnhofshalle wiedererkannt, ich bin mir sicher, dass er ihn bei Jonas gesehen hat und jetzt …«

»Moment mal. Chance? Ihr habt den Jungen bei euch?«

Jetzt holte sie tief Luft. »Ich kann dir das jetzt nicht alles hier erklären. Morgen früh sind wir in Berlin, dann wird sich alles finden. Ich möchte dich nur bitten, den Mann auf dem Foto für mich zu überprüfen.«

»Was denkst du dir, das hab ich natürlich längst gemacht. Der Computer hat ihn nicht gefunden, allerdings ist das Bild auch nicht so gut. Ich kann es mit dem Namen noch einmal versuchen.«

»Danke. Und, Blume – vielleicht solltest du der Frau vom Museum, Dorothea Niemann, das Foto zeigen.«

»Warum? Was denkst du?«

Emma verlagerte den Hörer in die andere Hand. Wann hatte sie zuletzt im Stehen an einem so schweren Gerät telefoniert?

»Sie hat behauptet, sie habe mit Jonas deVries gesprochen. Dem Journalisten aus Amsterdam, der Claire treffen wollte.«

»Moment mal, Jonas deVries …«

»War zu diesem Zeitpunkt bereits 24 Stunden tot, genau.«

Ein Geräusch draußen lenkte sie ab. Motoren. Oder war der Wind wieder stärker geworden?

»Und wieso glaubst du, dass dieser Larsson sich als deVries ausgegeben hat? Das denkst du doch, oder?«

Der Lärm wurde stärker. Emma versuchte, sich auf das Gespräch zu konzentrieren.

»Er ist groß und blond. Er hat einen nordischen Akzent, der dem eines Holländers nicht unähnlich klingt. DeVries hat es als investigativer Journalist vermieden, in offiziellen Fotos aufzutauchen, Larsson konnte davon ausgehen, dass niemand wusste, wie er aussah. Und, Blume …«

»Ja?«

»Chance hat ihn wiedererkannt. Ich glaube, dass er dabei

war, als deVries getötet wurde. Er scheint der Mann fürs Grobe zu sein.«

»In Ordnung, ich fahr zum Museum. Wenn sie den Mann als deVries identifiziert, haben wir eine erste echte Spur.«

»Danke, Blume. Ich ruf dich wieder an, ich kann jetzt nicht …«

»Emma – warte.« Blume zögerte, dann sagte er: »Hast du was mit ihm? Mit Samuel?«

Emma versuchte, den Wagen vor der Raststätte in den Blick zu bekommen. Er stand noch immer da. Durch die Regenschlieren an der Fensterscheibe sah Emma undeutlich, wie Samuel ausstieg und nach oben schaute.

»Er hat gerade seine Frau verloren.«

»Komm schon, red nicht drum herum. Wir wissen beide, was passieren kann, wenn es passieren soll.«

Emma schluckte. Sie wusste nicht, was sie sagen sollte. Natürlich war Samuel anziehend.

»Ich weiß nicht, ob ich ihm trauen kann.«

»Aus der Nummer mit der Eifersucht scheint er jedenfalls raus zu sein.«

»Was? Wieso das?«

Blume erzählte ihr von Erkenschwicks Fahrt nach Hannover, von seinen Gesprächen im Bundesinstitut für Geowissenschaften. Emma hörte zu, dann sagte sie: »Danke. Dass du es mir erzählst.«

Er lachte tatsächlich leise. »Ganz schön blöd von mir, oder?«

»Nein. Ich muss jetzt wirklich auflegen.«

»Pass auf dich auf, Emma. Und melde dich. Ich fahr jetzt zu dieser Niemann.«

»Ist gut.«

Emma legte auf und rannte nach draußen. Das Geräusch

von vorhin war verschwunden. Sie sah ins Innere des Wagens. Chance lag noch immer schlafend auf der Rückbank.

»Was war das eben – dieser Lärm?«

»Ein Hubschrauber.« Samuel blickte in die Runde. »Das muss nichts mit uns zu tun haben.«

Emma sah ihn unruhig an. »Ich muss noch zahlen, ich komme sofort.«

Sie lief zurück in den Laden, griff nach ein paar Lebensmitteln und stellte sich an der Kasse an.

»I used the telephone.«

Die Frau an der Theke nickte, las den Betrag am Rechner ab. Emma stellte Wasser, ein paar Äpfel und *boterhamen*, eine Art weiche Toasts, auf die Theke.

»Do you have mobile phones? With Cards? Can I buy one?«

Die Frau schüttelte bedauernd den Kopf. »Just the Cards.«

Emma nickte. Es war eine kleine Tankstelle an einer Nebenstrecke, keine Achse, durch die Touristenströme zogen. Immerhin gab es den Münzfernsprecher. Sie zahlte, packte die Sachen in eine Tüte und verließ die Raststätte. Samuel startete den Wagen, bevor sie richtig drinsaß. Er ist doch besorgt, dachte Emma mit einem Seitenblick auf den Mann. Samuel sah starr geradeaus, und er fuhr rasant an. Der Regen setzte wieder stärker ein. Scheißnorddeutsches Wetter, dachte Emma und grinste, trotz all der Anspannung. Komisch, dass einem in solchen Situationen das Wetter in den Sinn kommt. Aber es stimmt: Zumindest besseres Wetter hat mir der Umzug nach Berlin gebracht. Samuel überholte einen Laster. Eine Böe ließ den großen Wagen schlingern, Emma konnte sehen, wie der Fernfahrer mit beiden Händen in das Steuer griff. Dann waren sie vorbei. Samuel fragte:

»Und, kannte er den Mann vom Foto?«

»Nein. Er scheint nicht vorbestraft zu sein.«

»Dann war die Aktion also umsonst?«

Emma sah wieder rüber. Wie aggressiv Samuel plötzlich klang.

»Vielleicht auch nicht.«

Jetzt war es Samuel, der ihr den Kopf zuwandte, aber Emma sagte nichts weiter.

»Weiß Blume, dass wir hier zusammen unterwegs sind?«

»Ja.«

»Vielleicht schickt er uns bald norddeutsche Kollegen auf den Hals, um dich vor mir zu schützen.«

»Das glaube ich nicht. Du scheinst weitgehend entlastet zu sein.«

Das schien Samuel doch zu überraschen.

»Ach ja, auf einmal?«

»Es gab Initialen in Claires Kalender, nicht wahr? Blume hat davon erzählt.«

»Die Grundlage für eine alle überzeugende Eifersuchts-Theorie.«

»Davon scheinen sie jetzt abzurücken. Claire Elbar traf sich nicht mit einem Liebhaber, sondern mit Wissenschaftlern vom Bundesinstitut für Geowissenschaften. Daher die Initialen BG. Zwei Männer, die ein neues Verfahren entwickelt haben.«

Emma zog eins der weichen Brötchen aus der Plastikhülle und hielt es Samuel hin. Der schüttelte nur unwillig den Kopf.

»Was für ein Verfahren?«

»Wie es funktioniert, hab ich jetzt auch nicht so genau verstanden, auf jeden Fall macht es eine Herkunftsbestimmung von Erzen möglich. Und zwar exakt, sie legen sich dabei auf einen Umkreis von wenigen Kilometern fest.« Emma biss in das Brötchen, es war zäh wie Gummi. »Claire hat gefragt, ob man Erze aus Ruanda und aus dem Kongo unterscheiden kann.«

»Und?«

»Die Wissenschaftler sagen, dass es geht, die Bodenstruktur sei zwar ähnlich, aber es gäbe ein paar gravierende Unterschiede.«

»Interessant ist jetzt die Frage, warum sie das wissen wollte.«

»Aber das ist doch ganz klar.«

Emma sah nach hinten, dort rührte sich immer noch nichts. Sie biss noch mal von dem Brötchen ab und meinte kauend: »Die Firma Marx verkauft sauberes Erz an die großen Handyhersteller. Ein Riesengeschäft, weltweit. Der Chef hat mir selbst gesagt, dass sie ihm das Zeug aus den Händen reißen. Dass er kaum nachkommt mit der Lieferung. Also besorgt er sich zusätzliches Erz aus den verbotenen Gebieten im Kongo. Und weil er damit die Bürgerkriegsmilizen unterstützt, darf es niemand mitkriegen.«

»Ein riskantes Spiel. Wenn das rauskommt, dann ist er ruiniert.«

»Sagen wir, Claire kommt irgendwie an Insiderinformationen. Vielleicht über diesen Flüchtling, über Patrice Diakondua. Er sagt ihr, ich liefere dir Beweise, wenn du meinen Bruder da rausholst.«

»Claire sagt zu. Und am Eröffnungsabend der großen Ausstellung soll Chance seinem Bruder übergeben werden.«

»Vermutlich hat sie den Termin extra auf die Eröffnung gelegt, um die Presse vor Ort zu haben. Sie wollte die Bombe gezielt platzen lassen.«

»Aber Chance taucht nicht auf. Jonas deVries liegt zu diesem Zeitpunkt schon tot in seiner Wohnung. Der arme Junge hockt vermutlich völlig geschockt in seinem Versteck, bis Sabine Nyberg ihn da rausholt.«

»Ich hab Blume gesagt, er soll dieser Frau vom Museum das Bild von Larsson zeigen. Sie hat gesagt, dass sie mit deVries gesprochen hat an dem Abend. Vielleicht hat sich Larsson an Claire rangemacht.«

Chance bewegte sich auf dem Rücksitz, er stöhnte, schien zu träumen. Emma drehte sich um. Ihre Jacke war vom Körper des Jungen geglitten und auf den Boden gefallen. Emma zog sie zu sich nach vorn und klopfte den Dreck ab. Sie dachte an den Rucksack. Hatte Chance darin Proben aus dem Lager geschmuggelt? Kam er aus einem der verbotenen Gebiete im Kongo? Und wenn es so war, wie sollten sie diesen Verbrechern jemals auf die Spur kommen, wenn wieder alle Beweise verloren waren?

Chance bewegte sich wieder. Emma erhob sich leicht und versuchte, ihm die Jacke wieder über den Körper zu legen. Da stutzte sie. Chance' dünne Jacke war verrutscht, ebenso der Pullover. Ein Streifen dunkle Haust schimmerte im Licht der Innenbeleuchtung. Emma fuhr mit zarten Fingern darüber. Ganz vorsichtig hob sie den Pullover ein Stück an.

»Samuel, was ist das?«

Er drehte sich nicht um, ging aber vom Gas. »Was meinst du?«

Emma löste ihren Gurt und kletterte durch die Mitte zur Rückbank. Vorsichtig schob sie die Beine des Jungen beiseite und setzte sich neben ihn. Langsam griff sie zum Rand seines Pullovers und hob ihn an. Zahlen erschienen auf der Haut, Daten, hineingeritzt mit einem spitzen Gegenstand, die Ränder noch immer blutverkrustet. Emma schob den Stoff in ihren Händen noch weiter. hoch Jetzt lag der Rücken frei. Er war eine einzige Wunde. Emma ließ den Pullover aus ihren Händen gleiten, sie hob den Kopf und sah in die wachsamen Augen des Jungen. Er hatte nicht geschlafen.

»Chance, what is on your back?«

Er setzte sich langsam auf, zog seine Sachen wieder sorgfältig über die Haut. Er flüsterte: »If I show it the wrong people, I'm dead.«

Wie ein Tier rannte Helene durch die Staßen Berlins. No police, hatte der Mann zu ihr gesagt, or Ida is dead. Helene hatte den Mann angestarrt, das Blut war ihr durch den Körper gerauscht, und sie hätte ihn am liebsten ausgelacht, waren denn alle verrückt geworden? Sie war doch nicht reich, bei ihr gab es doch nichts zu holen! Doch sie wusste, dass es kein Scherz war, sie sah in die Augen dieses Mannes, und ihr wurde klar, dass ihre Tochter in Lebensgefahr war.

»Hören Sie zu«, hatte sie gesagt und den Mann fest am Mantelaufschlag gepackt. »Ida ist anders, you know. Sie wird Angst bekommen.« Unbewegt hatte er sie angesehen, genauso gut hätte sie an die Gefühle eines Steines appellieren können. Auf ihre Worte reagierte er nicht, sagte nur: »Call Emma. We want the boy.«

Welcher Junge? Woher kannte er Emmas Namen? Der Mann hatte sie wie ein lästiges Insekt zur Seite geschleudert, unsanft war sie in den Sträuchern gelandet, fast verschwunden im Dunkeln. Sie hörte noch: »Go. Go now. We call you. We want the boy.« Als sie sich wieder aufgerappelt hatte, war der Mann verschwunden. Sie war aus dem Zoo gestolpert, kopflos, ohne Sicht wegen der Tränen, zitternd vor Angst um Ida.

Der Verkehr vor dem Bahnhof Zoo brauste an ihr vorbei, ein Autofahrer hupte und tippte sich mit dem Finger an die Stirn, sie war ihm fast vor den Wagen gerannt. Helene blieb stehen. Sie versuchte, tief durchzuatmen, sie musste jetzt stark sein, sie durfte nicht durchdrehen. Wieder zog sie ihr Handy aus der Tasche und wählte die Nummer von Emma. Der Teilnehmer ist zurzeit nicht erreichbar. Helene ließ die Hand sinken, rannte wie in Trance weiter. Call Emma, ja, klar, wie sollte sie das denn machen! In was war Emma da hineingeraten? Und was passierte gerade mit Ida?

Ein Schluchzen stieg ihr aus der Kehle, eine Angst, so tief und mächtig, dass sie für einen Moment glaubte, die Besinnung zu verlieren. Aber sie riss sich zusammen.

Es gab nur einen in dieser Stadt, der ihr jetzt weiterhelfen konnte. Sie nahm erneut das Telefon und klickte die eingespeicherte Nummer des Senders an. Eine junge Männerstimme ging an den Apparat, sie bat um die Verbindung zu Manfred Schneider. Die Senderkennung lief, dann hörte sie ein fernes Läuten. Bitte, lass ihn noch da sein, betete sie im Stillen. Seine private Nummer hatte sie nicht.

Dann hörte sie seinen Namen. »Helene, du bist das?« Er klang freudig, gut gelaunt.

»Sie haben Ida entführt.«

»Waaas? Ist das ein Scherz?«

Sie hätte schreien können. »Manfred, ich dreh hier gleich durch! Ein Mann war da, ein Schwarzer. Er sagte, ich soll Emma anrufen. Sie bringen sie um!«

»Hast du die Polizei angerufen?«

»Keine Polizei. Sie bringen sie um, Manfred! Emma geht nicht an ihr Telefon, ich weiß nicht, was ich tun soll, ich …«

»Wo bist du?«

»Am Bahnhof. Ida und ich waren im Zoo, sie wollte auf den Spielplatz, und auf einmal konnte ich sie nicht mehr finden, und dann kam dieser Mann und ich … Manfred, in was zur Hölle ist Emma da hineingeraten?«

»Siehst du den Löwen, am Toreingang? Warte da auf mich. Ich bin in fünf Minuten bei dir.«

Chance, what is this?«

Er hatte sich aufgesetzt, den Pullover wieder über die Wunden an seinem Rücken gezogen. Ängstlich sah er Emma an.

»Tantalite. Forbidden tantalite.«

Emmas Augen begegneten dem Blick von Samuel im Rückspiegel. Er fuhr schnell und konzentriert. Draußen war es dunkel, und es regnete jetzt stärker. Emma wandte sich wieder dem Jungen zu.

»Coltan? Is it Coltan, what you mean?«

»Yes. Tantalite. Coltan.«

»Warum verboten? Why is it forbidden?«

»It's Tantalite from Kongo.« Chance tippte sich mit seinem Zeigefinger auf die Brust. »I'm from Kongo. I'm from Maniema.«

»Maniema?« Fragend sah Emma nach vorn, aber Samuel reagierte nicht. Emma wandte sich wieder dem Jungen zu. »You were in a tantalite mine in Manieva?«

»Yes.« Chance formte eine Pistole mit seinen Fingern und hielt sie sich an den Kopf.

»Bad people in Manieva. Killed people. Killed my father. Took my little sister. Hurts her too, very bad. Now she is dead.«

Emma schluckte. Sie senkte den Kopf und wollte über die Hand des Jungen streichen, aber er zog sie weg.

»I wrote to Patrice. He was in Ruanda, Bisiye.«

»Bei der deutschen Mine? Marx?«

»Yes, Marxxx.« Chance bemühte sich, den Namen richtig auszusprechen, er lachte über sich selbst, seine weißen Zähne blitzten im Zwielicht des Wageninneren. »Good work. I wanted to go to Ruanda. But nobody can leave.«

Samuel lehnte sich in seinem Sitz nach hinten. Ohne den Blick von der Straße zu nehmen, sagte er laut: »Emma, frag ihn, wie er seinen Bruder erreicht hat. Die Milizen verbieten jeden Kontakt nach draußen.«

»How did you contact your brother Patrice?«

Wieder fuhr ein LKW donnernd an ihnen vorbei, das aufspritzende Wasser klatschte an die Karosserie. Chance sah nach draußen, zeigte auf den Transporter. Emma fragte:

»Ein Lkw? Trucks?«

Er nickte.

»Yes. Many. Many trucks, huge. Every week. One of the drivers, I know. He took my letter. I gave him five cigarettes for it.«

»Viele Trucks?« Emma sah ihn prüfend an. »Trucks between Kongo and Ruanda?«

Er nickte, seltsam vorsichtig, als hätte er Angst, zu viel gesagt zu haben. »Patrice send me a camera. From Claire. I took pictures. Claire wanted pictures.«

»Von der Mine? Did Claire want pictures of your work in Manieva?«

Wieder nickte der Junge. Emma sah nach vorn. »Die Fotos auf dem Tantalos. Chance hat sie gemacht.«

Samuel sah in den Rückspiegel, nickte. »Sie sollten beweisen, dass es Kontakte gab in die verbotenen Gebiete. In die Blutminen des Kongos.«

Emma wandte sich wieder an den Jungen, der ihr Gespräch aufmerksam verfolgte.

»Chance, was sind das für Zahlen auf deinem Rücken? What is it on your back?«

Chance sah sie lange an, seine tiefbraunen klaren Augen waren prüfend auf sie gerichtet.

Dann drehte er ihr den Rücken zu und hob langsam wieder den Pullover. Emma schluckte. Sie streckte die Hand aus, wagte es aber nicht, die wunde Haut zu berühren. Lange betrachtete sie es. Dann sagte sie leise:

»Er hat sich die Lieferscheine eintätowieren lassen. Alles ist da. Datum, Uhrzeit, Menge.« Sie drehte sich nach vorn. »Illegales Coltan, massenhaft Lkw-Ladungen, gewaschen in der deutschen Mine in Bisiye. Deswegen musste Claire sterben. Und die anderen. Hörst du, Samuel?«

»Ja.« Samuel wandte sich für einen Moment nach hinten, musterte den Rücken. Dann konzentrierte er sich wieder auf das Fahren. Der Regen fiel fast senkrecht mit großer Wucht vom Himmel herunter, die Scheibenwischer waren auf die höchste Stufe gestellt, und trotzdem war immer wieder für Sekunden nichts zu sehen als eine blaugraue Nässe. Chance ließ den Pullover wieder sinken, er drehte sich um, sein Gesicht war schmerzhaft verzogen, und dennoch lächelte er stolz. »No papers. So I could not loose.«

»Nein, verlieren kannst du es nicht. Wenn sie die Beweise vernichten wollen, müssen sie dich vernichten.« Emma hatte einen Kloß im Hals, sie sah wieder nach vorn zu Samuel, doch der wandte nicht den Kopf. Emma ließ sich ins Polster sinken. Eine Weile fuhren sie schweigend weiter, dann schien die Wucht des Regens ein wenig nachzulassen. Samuel reckte sich, den Blick weiter unverwandt nach vorn gerichtet.

»Fragt sich, ob das Beweis genug ist.«

»Marx hat gesagt, die Waren gehen sofort raus, sie würden ihnen regelrecht aus den Händen gerissen.« Emma überlegte, dann sagte sie: »Wir müssen herausfinden, wohin die Lieferungen an den Tagen gingen. Wenn das Erz nachweislich aus dem Kongo stammt, fliegt Marx auf.«

»Das werden sie uns kaum freiwillig sagen.«

»Nein, aber ich weiß, wie wir es trotzdem rauskriegen.« Emma rutschte nach vorn und legte ihre Arme um die Lehne des Fahrersitzes. »Ich kenne einen Software-Freak, der sich in das System der Firma gehackt hat. Er kann uns vielleicht sagen, wohin das Erz an diesen Tagen geliefert wurde.«

Samuel sah in den Rückspiegel zu Emma, sagte aber nichts. Nach einer Weile tauchte ein Grenzschild auf. Samuel meinte:

»Wir sind gleich in Deutschland. Lass uns da anhalten und den Typen anrufen. Je eher wir Chance aus der Schusslinie bekommen, desto besser.«

Emma nickte und suchte sich Stift und Papier aus ihrer Jackentasche. »Chance, may I…?« Der Junge verstand, er nickte und drehte ihr erneut den Rücken zu. Emma knipste die Innenbeleuchtung an, blinzelte im plötzlichen grellen Licht. Chance rührte sich nicht. Emma schob vorsichtig die Kleider des Jungen beiseite und fing an, die Daten zu notieren. Manche Zahlen waren vom schwarzgetrockneten Blut überkrustet, Emma konnte sie kaum entziffern. Sie holte tief Luft, dann versuchte sie, den Schorf vorsichtig zu lösen. Chance zuckte hin und wieder zusammen, aber er sagte kein Wort. Emma schrieb die Daten auf die Rückseite eines Kassenzettels, das Papier am Rand verschmiert von dem Blut, das aus den neugeöffneten Wunden austrat. Emma steckten die Tränen in der Kehle. »Sorry«, flüsterte sie, »I'm so sorry.« Chance nickte mit geschlossenen Augen, offensichtlich um Fassung bemüht. Seine Finger krallten sich in das Fell des Hundes. Am Ende standen die Daten von vier Lieferungen auf ihrem kleinen Zettel, und Chance rollte langsam und ohne die Augen zu öffnen den Pullover zurück über seinen geschundenen Rücken. Lange sagte niemand ein Wort. Dann wurde der Verkehr stockender, große Schilder wiesen auf Einordnungen, *Bonds-republiek Duitsland* stand auf dem mit den gelben Sternen. Bald lag die deutsch-holländische Grenze direkt vor ihnen. Chance hatte längst wieder seine wachsame Haltung eingenommen, er sah mit großen Augen nach draußen, sein Körper fing an zu zittern. Emma legte ihre Hand auf seine, diesmal zog er sie nicht weg.

»Don't worry. No police. No real frontier.«

Chance sah sie ungläubig an, seine Anspannung schien nicht nachzulassen. Wie soll man das auch verstehen, dachte Emma, nach dem, was Grenzen bisher für ihn bedeuteten. Langsam passierten sie die ehemaligen Wachanlagen. Auch Emma fühlte Nervosität in sich aufsteigen. Immerhin schmuggelten sie gerade ein illegales Kind über die Grenze. Ein Kind, das sich die Beweise für einen milliardenschweren Betrug auf den Leib hatte schreiben lassen.

Emma drückte leicht die Finger von Chance, sie waren schweißnass. Schon leuchteten die Lichter der Grenze in ihrer Heckscheibe auf, Samuel gab Gas, niemand trat ihnen in den Weg. Er stieß einen Seufzer aus. Emma verstand, dass auch er sich Sorgen gemacht hatte. Chance legte seinen Arm um den Hals des Hundes und drückte sein Gesicht in das Fell. Emma hätte nie gedacht, dass sie einmal so froh sein würde, ihr Heimatland wiederzusehen.

»Lass uns anhalten.«

Samuel nickte. »Ich nehme die erste Raste.«

Nur wenige Kilometer hinter der Grenze warben große Leuchtschilder für eine Tankstelle. Samuel ging vom Gas, blinkte und fuhr rechts auf die Abbiegespur. Kaffee, dachte Emma, und ein Klo. Jappo muss dringend mal raus. Als könnte er ihre Gedanken lesen, hob der Hund seinen Kopf und winselte leicht. Sie fuhren langsam auf das hellerleuchtete Gebäude zu. Doch plötzlich bog Samuel wieder nach links in die Auffahrspur und beschleunigte. Alarmiert fragte Emma: »Was ist los?«

»Polizei. Mindestens fünf Wagen.«

Vorsichtig wandte Emma den Kopf. Die grün-weißen Wagen parkten schräg hinter der Tankstelle im Dunkeln. Sie versuchte, das aufkommende Panikgefühl unter Kontrolle zu behalten.

»Die müssen nicht uns suchen.«

»Sicher nicht, sonst hätten sie uns schon an der Grenze abgefangen.« Samuel blinkte und fuhr zurück auf die Autobahn.

»Aber ich bin der schwarze Mann, das scheinst du dauernd zu vergessen. Mich muss man immer kontrollieren. Und wer weiß, ob dein Freund bei der Polizei nicht doch nach uns fahnden lässt. Wir gehen besser kein Risiko ein.«

Chance ließ seinen Blick zwischen ihnen beiden hin und her gehen, seine Finger waren noch immer in das Fell des Hundes gekrallt. Emma versuchte ein beruhigendes Lächeln, doch der Junge erwiderte es nicht, sondern drehte sich nur mit einem Ruck zum Fenster.

Kommissar Edgar Blume hatte Dorothea Niemann auf dem Handy erreicht. Da sie alleine zuhause mit ihren Kindern war, packte er die CDs mit den Filmen der Überwachungskamera in seine abgeschabte Ledertasche und fuhr zu ihr nach Charlottenburg.

Dorothea Niemann öffnete die zweiflügelige, mindestens fünf Meter hohe Wohnungstür in einem schwarzen Velour-Hausanzug, bat ihn, die Schuhe auszuziehen und wegen der schlafenden Kinder leise zu sein. Sie ging voraus in ein Wohnzimmer, dessen Ausmaße die Quadratmeterzahl seiner gesamten Wohnung überstiegen. Blume, trotz fehlender Schuhe um Würde bemüht, tapste auf wollenen Socken hinter ihr her. Wie eine Königin blieb sie lächelnd in der Mitte des Raumes stehen.

»Kann ich Ihnen was zu trinken anbieten?«

Blume sah sich bereits Kaffeeflecken auf dem makellosen Teppich hinterlassen. Alles hier schien perfekt. Wie kann man so leben, wenn man Kinder hat, fragte er sich.

»Höchstens ein Glas Wasser.« Sie verschwand durch einen beleuchteten Torbogen, einen Moment später hörte Blume eine Wasserleitung rauschen. Er sah sich um. Auf einem runden Glastisch stand ein Notebook. Er setzte sich und zog sein Handy heraus. Während die Museumsmitarbeiterin zurückkam und ein Glas Wasser auf einem Korkuntersetzer vor ihn hinstellte, öffnete Blume die Mail mit dem Foto.

»Kennen Sie diesen Mann?«

Dorothea Niemann zog eine Brille aus der Brusttasche ihres

Velouranzuges und betrachtete aufmerksam das Bild des Mannes an der Centraal Station Amsterdam. Nach einer Weile sah sie hoch und nahm die Brille ab.

»Das ist Jonas deVries, der holländische Journalist, von dem ich Ihnen erzählt habe.«

Bingo, dachte Blume. »Sind Sie sicher?«

»Natürlich. Ich habe ihn selbst begrüßt. Ausländische Medienvertreter sind keine Selbstverständlichkeit bei solchen Veranstaltungen. Wir sind froh über jeden, der sich nicht nur den Katalog schicken lässt, sondern der sich die Mühe macht, persönlich zu kommen.«

»Frau Dr. Niemann, dieser Mann ist nicht Jonas DeVries.«

»Aber ganz bestimmt ist er das, ich bin mir sicher, dass …«

»Der Mann heißt Larsson, er arbeitet für eine deutsche Firma, die Erze aus Afrika importiert. Er hat sich vermutlich als DeVries ausgegeben, um sich ungestört auf dieser Eröffnung bewegen zu können.«

Dr. Niemann sah ihn mit geweiteten Augen an. Blume zog seine Aktentasche auf seinen Schoß, ließ mit metallischem Klang die Schlösser aufschnappen und zog die CDs heraus.

»Das ist der Film aus der Überwachungskamera. Würden Sie so nett sein und …«

»Natürlich.«

Dorothea Nieman nahm die CD und legte sie in ihr Notebook. Blume trank einen Schluck Wasser. »Wie alt sind Ihre Kinder?«

Die Frau des Hauses öffnete die Datei.

»Sie gehen zur Schule.«

»Ach, das ist schön. Mein Sohn ist in der Dritten.«

Nach dieser Glanzleistung in Sachen Konversation schwiegen die beiden, bis sich die Datei aufgebaut hatte. Blume rückte mit seinem Stuhl etwas näher an den Computer und die Frau heran.

»So, jetzt lassen Sie uns noch mal sehen, ob wir den Mann auf dem Film entdecken.«

Dorothea Niemann nickte und starrte wie eine Musterschülerin bei der Prüfung auf den Monitor. Es waren die gleichen Szenen, die sie vor vier Tagen nach dem Mord zusammen angeschaut hatten. Eine Menschenmenge eng gedrängt, im Hintergrund das noch leere Podest. Gläserklingen, Gesprächsfetzen, Gelächter. Von links ging eine Delegation auf das Podest zu, vorneweg Ewald Reiter. Der Museumsdirektor schritt bis zur Mitte der Tafel und setzte sich. Alle wandten sich ihm zu, es gab Applaus.

Blume sagte leise: »Zu diesem Zeitpunkt sind alle Blicke nach vorn gerichtet.«

»Soll ich den Film anhalten?«

»Nein, lassen Sie ihn laufen. Aber sehen Sie ganz genau hin.«

Reiter sprach, dann bat er den Mäzen Henry Obwanashyaka zu sich auf die Bühne.

»Da!«

Dorothea Niemann hatte laut aufgerufen, die schlafenden Kinder schienen vergessen.

»Da war er!«

»Gibt es eine Slow-forward-Taste? Bitte noch mal.«

Die Frau fuhr mit der Maus am unteren Bildrand entlang. Bild für Bild erschien die Szene im Rücklauf. Dann ließ sie die Maus los, das Bild gefror.

»Da hinten. Ich bin mir sicher, dass er es ist.«

Am unteren linken Rand war eine Gestalt ins Bild gekommen, ein dunkelblauer Anzug, blonde Haare, das Gesicht ungenau.

»Unsere Techniker werden das Bild vergrößern.«

»Er ist mir gleich aufgefallen, weil er so groß ist.«

Blume wies wieder auf das Notebook.

»Bitte, lassen Sie uns noch weitersehen. Ab diesem Zeitpunkt dauert es noch rund fünf Minuten, bis Claire Elbar tot, aber noch warm gefunden wird.«

Dorothea Niemann starrte Blume an, sie schauderte, wandte sich aber gehorsam wieder dem Bildschirm zu.

Beide verfolgten die nächsten Minuten auf dem Film. Henry O. wurde auf die Bühne geschoben. Der Museumsdirektor bedankte sich bei ihm, schüttelte ihm die Hand. Wieder Applaus.

»Da! Anhalten!«

Jetzt war es Blume, der laut gerufen hatte. Die Finger der Musemsmitarbeiterin knallten auf die Tastatur. Sie starrte auf das Bild, jammerte nach ein paar Sekunden: »Aber ich sehe ihn nicht mehr!«

»Nicht nötig. Konzentrieren Sie sich auf das Podium.«

Museumsdirektor Reiter stand im Profil, sah lächelnd auf den alten Mann im Rollstuhl. Der hatte den Kopf von ihm weggedreht. Sein Blick ging aus dem Bild heraus.

»Und jetzt noch einmal in Slow Motion, bitte. Achten Sie auf Henry O.«

Gespannt betrachteten die beiden jede einzelne Bewegung. Dann stieß die Frau einen Laut der Überraschung aus.

»Er nickt!«

Blume lehnte sich zurück, verschränkte zufrieden die Arme. »Ja, er nickt.«

Emma wärmte ihre klammen Finger an der Kaffeetasse. Sie hatten bei der nächsten Raststätte angehalten, kein Polizeiauto war zu sehen, kein Rotorenlärm zu hören.

Samuel war gleich in Richtung Telefonautomat verschwunden. Emma hatte sich Kaffee und Chance eine heiße Schokolade besorgt, die langsam erkaltete. Chance hatte in der Spielecke einen riesigen Monitor entdeckt und spielte Tic Tac Toe gegen den Computer. Immer wenn das System gegen ihn gewann, erschien ein Clown auf der Bildfläche und dudelte eine höhnisch klingende Gewinnermelodie. Chance starrte frustriert auf das Elektronikspiel, aber er versuchte es immer wieder.

Weiter vorn in dem Schnellrestaurant saß ein einsamer Trucker und aß das Currywurst-XL-Menü, gleich links neben der Tür ein junges Paar mit quengelndem Kleinkind und Baby. Emma gähnte. Als sie die Hand zum Mund führte, erschrak sie über das getrocknete Blut an ihrer Hand. Schnell stand sie auf und ging zum Wasserspender. Sie nahm eine Serviette, goss etwas Wasser darauf und wischte sich damit hektisch die Finger ab. Am Ende des Ganges war ein Mülleimer, sie warf das nasse, hellrote Knäuel hinein.

Um die Ecke befand sich ein altmodischer Münzapparat mit einer Plexiglashaube. Emma hörte Samuel murmeln, warum sprach er so leise? Langsam ging sie näher auf das Ende des Ganges zu. Einzelne Worte waren jetzt zu verstehen, dann Stille. Plötzlich stand Samuel vor ihr.

»Ich hol mir noch was zu essen, willst du auch was?«

Emma schüttelte erschrocken den Kopf. Gleichmütig wirkte Samuel, fast heiter. Er lächelte ihr zu und ging weiter. Richtung Imbissraum. Emma holte tief Luft, versuchte sich zu beruhigen und ging hinter ihm her. Samuel holte sich an der Theke einen doppelten Espresso und ein Sandwich und ließ sich auf den Stuhl fallen. Sie setzte sich wieder dazu, beobachtete ihn.

»Tut mir leid, ich wollte nicht lauschen, ich hab nur was in den Mülleimer werfen wollen.«

»Schon gut.«

Er sah müde aus, mit den Gedanken weit weg.

»Soll ich jetzt mal fahren?«

Er sah hoch. »Was?«

»Du siehst kaputt aus.«

Er antwortete nicht, trank den Espresso. Chance wurde wieder vom Computer besiegt, der grässliche Clown erschien, die Gewinnermelodie dudelte. Emma meinte: »Hast du einen Auftritt heute Nacht?«

Samuel sah sie wachsam, fast feindselig an.

»Wieso?«

»Weil du telefonieren warst. Ich hab Westend gehört, ich dachte, du willst vielleicht Bescheid sagen, weil wir ja viel später kommen und du …«

»Nein, ich habe heute Nacht keinen Auftritt. Ausnahmsweise geht es mal nicht ums Geldverdienen.« Samuel sprach leise, aber heftig, wütend. »Das denkst du doch, nicht wahr? Seine Ehefrau riskiert ihr Leben im Kampf für die gute Sache, und er legt Musik auf.«

»Ich glaube, wir fahren jetzt besser weiter.« Emma erhob sich, aber Samuel griff nach ihrer Hand und hielt sie fest.

»Entschuldige. Es ist nur – ich begreife es nicht. Wieso hat sie nicht mit mir geredet. Wieso hat sie mir nicht gesagt, was sie vorhat? Ich hab sie beschimpft, hab gesagt, sie ist eine Verräterin, weil sie sich von Henry O. kaufen lässt, und sie plant längst, den Mann und seine Geschäfte hochgehen zu lassen.«

Emma entwand sich seinem Griff. »Vielleicht wollte sie dich schützen.«

Er starrte vor sich hin. Eine einzelne Träne rollte seine Wange herunter. Er wischte sie weg und sagte: »Ich glaube, du hast recht. Mehr als du ahnst.«

Emma hätte ihn gern berührt, aber er wirkte unnahbar. Sie zögerte noch, doch dann holte sie den kleinen vollgekritzelten Zettel aus ihrer Tasche. »Ich ruf jetzt diesen Hacker Klaus an und frag, ob er rausfinden kann, wohin die Erzlieferungen gehen. Und dann sollten wir wirklich weiterfahren.«

Blume beorderte Erkenschwick zurück ins Büro mit der Bitte, unterwegs ein paar Sandwiches zu besorgen. Es würde eine lange Nacht werden. Als sein Assistent eintrat, hatte er bereits den Computer hochgefahren und die CD mit dem Film aus der Überwachungskamera eingelegt. Er winkte seinen Assistenten näher.

»Emma hatte recht.«

»So«, meinte Erkenschwick und legte das Brot vor Blume auf den Tisch. »Womit hatte die außergewöhnliche Frau Vonderwehr denn recht?«

Blume sah überrascht hoch, beschloss dann, den sarkastischen Tonfall zu überhören, und sagte: »Dorothea Niemann hat Larsson eindeutig als den Mann identifiziert, der sich als holländischer Journalist deVries ausgegeben hat.«

Jetzt schien sich doch so etwas wie Interesse in Erkenschwicks Augen zu schleichen. Er sagte nach kurzem Nachdenken:

»Vielleicht wusste Claire Elbar nicht, wie deVries aussieht. Im Netz findet sich jedenfalls so schnell kein Bild von ihm.«

Blume wickelte das Sandwich aus der Cellophanhülle und biss hinein. Kauend meinte er: »De Vries gibt unter der Folter den gemeinsamen Plan mit Claire Elbar zu. Sie töten ihn und schicken Larsson an seiner Stelle zum Museum. Er ist ebenfalls blond und hat einen weichen skandinavischen Akzent, für ignorante Deutsche geht er leicht als Holländer durch.«

Auch Erkenschwick nahm sich ein Brot. Einen Augenblick kaute er schweigend, dann überlegte er laut: »Warum macht er die Drecksarbeit? Ist er nicht nur ein einfacher Angestellter dieser Firma?«

»Wohl kaum. Emma hat mit einem Hacker Kontakt, der diese Firma Marx mal durchleuchtet hat. Er meinte, in der Firma sei die Abteilung von Larsson so was wie der Geheimdienst in einem Staat. Der Typ ist der Spezialist für die heiklen Fälle.«

»Ist das nicht illegal, was diese Hacker so machen?«

»Das tut doch jetzt überhaupt nichts zur Sache. Wo kriegt man nur solche Stullen? Kaufst du im KaDeWe ein?« Blume klappte die Stulle auf, zog sorgfältig einen Streifen Ingwer vom Brot und legte ihn in den Aschenbecher.

Erkenschwick verfolgte das mit schmerzlich verzogenem Gesicht. »Die mache ich selber.«

»Oh.« Blume räusperte sich. »Also DeVries war mit Claire Elbar an ihrem Kunstwerk verabredet. Vielleicht wartet sie schon eine Weile, ist nervös. Wo bleibt der Typ? Aber deVries oder besser gesagt Larsson wartet noch. Er hat sich abgesprochen. Es gibt einen Moment, wo er sie ungestört attackieren kann, mitten im Saal.«

Erkenschwick hörte zu, sagte nichts.

»Museumsdirektor Reiter kommt auf die Bühne, alle wenden sich ihm zu, klatschen. Die Statue und Claire befinden sich fast hundert Meter weiter hinten in der Halle, dazwischen sind weitere Installationen. Reiter redet, dankt, bla bla, dann holt er Henry O. nach vorn. Zu diesem Zeitpunkt beobachtet kein Mensch mehr, was in der Tiefe der Halle passiert. Larsson geht zu Claire. Vielleicht soll er herausfinden, was sie weiß. Oder ob der Junge schon bei ihr ist. Sie weiß nichts, wird misstrauisch, will um Hilfe rufen. Da tötet Larsson sie und lässt sie an ihrer Skulptur zurück.«

»Könnte so gewesen sein.« Erkenschwick betrachtete nachdenklich den Film auf dem Monitor. »Nur kaum zu beweisen.«

»Larsson ist eindeutig auf dem Film der Überwachungskamera zu sehen. Dann ist er weg. Hier. Kurze Zeit später steht Henry O. auf der Bühne. Er dreht sich weg von Reiter, der immer noch redet, sieht über die Köpfe der Gäste hinweg und nickt kaum merklich.«

Blume stoppt den Film, weist auf das eingefrorene Bild.

»Larsson ist zurück, signalisiert, alles erledigt, und verschwindet. Als die Leiche entdeckt wird, täuscht Henry O. einen Schwächeanfall vor und lässt sich nach Hause bringen.«

»Eine plausible Theorie, aber eben nur das. Eine Theorie.«

»Die wir beweisen werden. Was ist los mit dir, Hans? Du bist doch sonst nicht so negativ.«

Erkenschwick legte das halb aufgegessene Sandwich aus der Hand.

»Mir gefällt das nicht, Edgar. Diese Emma ist doch nur eine junge Reporterin. Sie ist völlig unerfahren. Unterwegs mit einem Kind, das gesucht wird – von Mördern und mafiösen afrikanischen Banden. Wie soll das enden, etwa in einem Blutbad irgendwo auf Deutschlands Autobahnen? Wir müssen sie da rausholen!«

»Was glaubst du, warum du zurückkommen solltest! Ich brauch dich hier.«

Blume warf die Cellophanverpackung in den Mülleimer und nahm den Telefonhörer in die Hand.

»Ich hol sie da raus. Hundertprozentig.«

Nicht zu erreichen.« Schneider fluchte. Immer wieder hatten sie Emmas Handy angewählt, hatten sich bei *global witness* nach ihr erkundigt und sie sogar auf dem Amsterdamer Flughafen ausrufen lassen. Emma blieb unerreichbar.

Helenes Handy surrte, Nummer unterdrückt. Helene sah zu Schneider, dann nahm sie mit zitternden Fingern das Telefon auf. Es war die Stimme des Mannes aus dem Zoo.

»Where is the boy?«

»Zuerst will ich mit Ida sprechen.« Helene bemühte sich, furchtlos zu klingen, viel zu laut sprach sie. »I want to talk to Ida.«

»No. We get the boy, you get Ida. We don't wait any longer.«

Helenes Maske gerann. »Aber I can't get her!« Sie schrie jetzt, gellend. »Can't reach her! Please, let me talk to …«

Aufgelegt. Helene schmiss das Handy auf den Schreibtisch und sackte weinend auf dem Stuhl zusammen. Schneider betrachtete sie entsetzt, machte einen Schritt auf sie zu – da klopfte es an die Tür. Inge, die Technikerin der Nachtschicht, steckte ihren Kopf durch die Tür und sah irritiert von Schneider zu der weinenden, ihr unbekannten Frau.

»Hab euch schreien hören. Alles okay hier?«

»Ja, ja.« Schneider versuchte, sie mit einer unwirschen Handbewegung wegzuscheuchen. »Hau ab, Inge, is privat.«

Noch ein erstaunter Blick. Schneider war kein Chef, der für Tratsch sorgte. »Na, wennste meenst …« Sie schloss die Tür von außen.

»Ich ruf jetzt doch die Polizei«, Schneider ging entschlossen zu seinem Festnetztelefon am Schreibtisch. »Irgendjemand muss doch etwas unternehmen, Herrgott.« Helene sah mit verheulten Augen hoch, hängte sich in seinen Arm. »Bitte, Manfred, bitte nicht.« Er sah sie an, konnte ihr doch nichts abschlagen, keiner Frau, die ihn so verrotzt ansah, schon gar nicht Helene. Er seufzte, fuhr sich durch die Haare. Himmel, er brauchte eine Zigarette.

»Wenn Sie mit einem unserer Firmenwagen unterwegs wäre, da ist immer noch ein Funkgerät drin, das ist …« Er hielt innne, sah zu Helene. »Warte mal.« Dann stürmte er auf den Flur und in das Sendestudio. Inge hatte ihre Utensilien für die Nachtschicht auf dem Reglerpult ausgebreitet. Zeitschrift, Apfel, Thermoskanne.

»Na, wat is denn nu?«

»Inge, wer macht die Nachtschicht?«

»Die Hessen.« Sie sah kurz auf die Sendepläne. »Hessen Drei.«

Ohne ein weiteres Wort drehte sich Schneider wieder um und rannte zurück in sein Büro.

»Helene, vielleicht gibt es doch noch eine Chance, Emma zu erreichen.«

Sie starrte ihn an aus verheulten Augen. Schneider suchte aus dem internen ARD-Telefon die Nummer des H3-Sendestudios heraus und zog das Telefon näher zu sich ran.

»Das heißt, wenn Emma unterwegs irgendwann Radio hört.«

Als Emma vom Telefon zurückkam, spielte Samuel gegen Chance Tic Tac Toe. Er ließ ihn gewinnen, und Chance jauchzte. Samuel lächelte. Dann sah er hoch, und sein Gesicht bekam wieder diesen angespannten Ausdruck.

»Was meint dein Software-Freak? Kommt er an die Lieferdaten von Marx?«

»Ja, er denkt, dass es geht. Ich soll ihn später noch mal anrufen.«

»Magst du mal fahren?«

»Klar.«

Sie stießen die Tür der Raststätte auf, frische kalte Luft strömte ihnen entgegen. Samuel gab Emma die Autoschlüssel, Chance kletterte wieder hinten in den Wagen.

»Wir sollten tanken.«

Sie fuhren eine Schleife zurück zu den Zapfsäulen. Emma schraubte den Verschluss vom Tank und zog den sperrigen Schlauch zu sich. Chance blieb hinten beim Hund sitzen, aber Samuel stieg aus und stellte sich neben sie.

Emma beobachtete ihn. »Was ist?«

»Nichts.« Samuel sah zum Parkplatz hinüber.

»Ist dir was aufgefallen?«

»Ich weiß nicht. Oder vielleicht – dieser schwarze Wagen da hinten. War der nicht schon in Holland auf der Raste?«

Emma starrte hinüber. »Mir ist nichts aufgefallen.«

»Vielleicht sehe ich Gespenster.« Samuel stieß sich vom Wagen ab. »Ich geh zahlen.«

Emma zerrte den Zapfhahn aus dem Tank, ihre Hand zitterte. Irgendwo schlug eine Autotür zu. Emma schirmte mit ihrer Hand die Augen ab und versuchte, vom hellerleuchteten Tankplatz zu den Wagen weiter hinten zu sehen. Sie meinte, einen Schatten zu sehen. Kein Laut. Dann wieder Bewegung. Samuel kam zurück, im Laufschritt. Schon von Weitem rief sie leise:

»Sam, da hinten.«

»Steig ein und gib Gas.«

Sie setzte sich schnell rein, ihre Hand mit dem Schlüssel fand nicht sofort das Schloss.

»Mach schon.«

Endlich, Emma trat auf das Gaspedal, der Wagen machte einen Sprung. Lief da hinten jemand auf sie zu? Da kam schon die Auffahrt, Emma reihte sich ein und blieb auf der Überholspur. Langsam hatte sie ihren Atem wieder unter Kontrolle.

»Hoffentlich reicht das Benzin bis Berlin.«

Aus den Augenwinkeln sah sie, wie sich eine Jungenhand zwischen die beiden Vordersitze schob. Samuel legte sacht seine Finger darauf.

Es war kalt, und es roch muffig. Ida kniff die Augen fest zusammen, sie wollte nicht aufwachen, nicht feststellen, dass sie noch immer in dem kleinen Raum war. Wie war sie hierhergekommen? Und wo war Mama? Bei dem Gedanken stiegen ihr die Tränen in die Augen, aber Ida wollte nicht weinen, weil dann die Frau kam, die so nett getan hatte und die ihr dann die Spritze gegeben hatte, ihr Arm tat immer noch weh.

Ida kniff die Augen zusammen, aber sie hatte Durst, oh so einen Durst. Sie hatte es der Frau gesagt, wann war das gewesen, aber die hatte sie nicht verstanden, hatte nur gelächelt und sie gestreichelt und ihr dann wehgetan.

Ida spürte, dass es nicht mehr lange gut gehen würde, das kam dann manchmal, wie wenn ein Milchtopf überkocht, es schäumt und stinkt. Der Arzt sagte Anfall dazu, Mama nannte es außer-sich-sein, Ida war außer sich. Wenn das doch ginge, dann würde sie aus sich heraustreten und davonschweben wie ein Engel. Unten hörte sie Stimmen, und sie stopfte sich die Decke in den Mund, aber das machte den Durst nur noch größer. Es war eine schöne Decke mit Elefanten und Giraffen, vielleicht kam die Decke ja aus Afrika, die Frau sah auch so aus, als käme sie aus Afrika. Ob sie sie geklaut hatten, um sie nach Afrika zu bringen? Ida wollte gerne nach Afrika, aber nur mit ihrer Mama und am liebsten auch mit Emma. Jetzt hörte sie Schritte auf der Treppe, und sie schrie, es ging nicht anders, die Milch kochte über. Da war wieder die Frau und griff nach dem Arm, Ida schrie noch lauter und dann …

Nichts mehr.

Am Horizont tauchten erste rote Streifen auf, die Umrisse der Bäume und Straßenschilder wurden grau statt schwarz. Noch gute 50 Kilometer bis Berlin, und die Tankanzeige rutschte immer weiter nach links. Was musste er auch so einen Benzinfresser mieten. Emma sah nach rechts zum Beifahrersitz. Samuel hatte die Augen geschlossen, den Mund leicht geöffnet, doch der Körper blieb seltsam angespannt. Selbst im Schlaf schien er auf der Hut zu sein.

Chance war schon seit Stunden eingeschlafen, aber der Hund winselte leise. Samuel wachte davon auf.

»Wahrscheinlich muss er mal.« Er rieb sich die Augen und gähnte, Schlafgeruch wehte zu Emma hinüber.

»Wir müssen eh noch mal tanken.«

Samuel nickte, starrte nach vorn. Sagte leise: »Ich habe von ihr geträumt.«

Emma schwieg, meinte, etwas sagen zu müssen. Sagte schließlich:

»Es muss schwer sein, jemanden zu verlieren«, und ärgerte sich gleich über die nichtssagende Bemerkung. Samuel schien das nicht weiter kommentieren zu wollen, erst nach einer Weile sagte er mit seltsam hart klingender Stimme:

»Du kennst das doch. Da war doch dieses Mädchen, das sich umgebracht hat. Wie hieß sie, Jenni?«

Sie löste den Blick von der Fahrbahn und sah schnell nach rechts, aber Samuel starrte nach vorn auf die Lichter der Straße. Emma meinte tonlos:

»Das meiste, was sie über uns geschrieben haben, stimmte

nicht. Die Presse, weißt du …« Sie versuchte ein Lachen, aber Samuel reagierte nicht darauf. Emma schluckte.

»Ich glaube, das lässt sich nicht miteinander vergleichen.«

»Warum nicht?« Jetzt drehte sich Samuel zu ihr, die Augen waren verschattet, die Stimme müde. »Geht es nicht bei dir und bei mir darum, was wir getan haben? Welche Folgen unser Verhalten hatte, egal ob wir es wollten oder nicht? Dieses Mädchen hat sich umgebracht, weil du über sie berichtet hast, und ich …«

»Jenni hat sich umgebracht, weil sie vergewaltigt wurde.« Emma war laut geworden, sie krampfte ihre Finger um das Lenkrad. »Nicht weil ich darüber berichtet habe.«

»Aber du hast es öffentlich gemacht und nicht verstanden, was das mit ihr gemacht hat.«

Emma sah starr nach vorn. Nahm es denn nie ein Ende? Reichte es nicht, wenn sie sich selber bis in alle Ewigkeit dafür hasste?

»Ich wollte ihr nur helfen. Ihr und all den anderen Mädchen, bei denen alles vertuscht wird. Glaubst du etwa, damit wäre sie besser zurechtgekommen, wenn alles unter den Teppich gekehrt worden wäre?« Ihre Stimme versagte. Er sah sie an, eine Weile, dann sagte er leise, fast zärtlich: »Das ist das Schlimme an Tragödien, Emma. Es gibt keinen Ausweg.« Er fuhr sich über das Gesicht, weinte er?

»Deshalb hat Claire die alten Mythen so geliebt, weil sie die tiefere Wahrheit unserer Existenz in sich tragen. So oder so, es gibt keinen Ausweg.«

»Die Welt ist nicht zu retten.«

»Was?«

»Ach nichts.« Emma wies auf ein Schild. »Noch zehn Kilometer. Da fahr ich ab.«

»Ist gut.«

Der Hund winselte jetzt stärker, auch Chance wachte davon auf. Ein verschlafenes Jungengesicht, das Muster der Jacke auf der Wange eingedrückt. Samuel drehte sich zu ihm um.

»The dog has to pee.«

Chance nickte. »Me too.«

Emma blinkte, fuhr auf den Seitenstreifen und drosselte das Tempo. Ihre Schultern schmerzten nach dem stundenlangen Fahren, ihr ganzer Körper ächzte unter der Anspannung. Kurz vor fünf Uhr. Bald waren sie da, und sie hatte keine Ahnung, was sie tun sollte.

Die Tankstelle lag verlassen da, kein Auto hielt bei den Zapfsäulen, kaum ein Wagen stand auf der Parkreihe bei den Sanitäranlagen. Nur weiter hinten parkten die großen Lkws auf den Ruheplätzen, alle Lichter aus, die Gardinen vor den Scheiben zugezogen. Samuel scannte noch die Umgebung mit den Augen, aber Emma konnte nicht anders, sie stieg aus, sog die kalte Luft ein und reckte ihre Glieder. Der Hund wurde langsam verrückt im Fond des Wagens, Samuel stieg jetzt auch aus und öffnete die hintere Tür. »Come on, Jappo.«

Der Hund sprang winselnd hinaus, Chance kletterte hinterher, die Hundeleine eng um sein schmales Handgelenk gewickelt. Samuel drehte sich zu Emma.

»Wir kommen gleich nach.«

Emma nickte, zog den Zapfhahn aus der Verankerung und füllte das Benzin ein. Nicht mehr lang, dachte sie, nicht mehr weit und was dann? Ich muss mir was überlegen.

Nicht mehr voll, nur so viel, wie sie noch Bargeld in der Tasche hatte. Es musste reichen. Sie ging zum hellerleuchteten Verkaufsraum, wachsam nach links und rechts schauend. Nichts rührte sich. Nur Büsche hörte sie rascheln, das war sicher Jappo.

Ein Junge stand hinter dem Tresen, war der schon achtzehn? Müde Augen, Pickel auf der Stirn.

»Einmal die acht und einen Kaffee, bitte.«

Der Junge nickte, drückte auf die Tasten an der Kasse und bediente die Kaffeemaschine, Emma legte ihren Schein hin. Sie gähnte, das Radio lief. Plötzlich hörte sie ihren Namen.

»Wir bringen's nochmal, Leute, Emma Vonderwehr, wo immer sie steckt auf Deutschlands Straßen, soll ihren Onkel anrufen. Draußen wird's langsam hell, kommt schon, Leute, raus aus den Federn, wir werden euch mal ein bisschen Adrenalin rüberschicken mit den Rolling Stones und …«

»Möchten Sie Zucker? Oder Milch?«

»Was?« Erschreckt sah sie in das Jungengesicht.

»Steht alles auf dem Tisch dort drüben.«

Er sah sie prüfend an. »Alles klar mit Ihnen?«

Emma stolperte zum Tisch, vergaß den Kaffee, zog ihr Handy heraus. Was war los, warum sollte sie Schneider anrufen? Mit zitternden Fingern schaltete sie das Phone an, drückte auf die eingespeicherte Nummer, lauschte dem ersten Klingeln. Sofort hörte sie Schneiders aufgeregte Stimme. »Emma, Gott sei Dank, wo bist du?«

Der Junge mit der pickeligen Stirn nahm den Kaffee und trug ihn zu ihr an den Tisch, Emma registrierte jede seiner Bewegungen, während sie Schneider zuhörte. Dann war ihre Mutter dran, kam vor lauter Weinen kaum zum Sprechen. Emma wurde starr und kalt, sie zwang sich, ruhig zu atmen, ein, aus, ein, aus.

»Ich werd Blume anrufen. Er weiß bestimmt, was wir …«

»Wir können ihn nicht erreichen.«

Schneider war wieder dran, etwas dumpf, offensichtlich war das Telefon auf den Lautsprecher gelegt worden.

»Ist unterwegs, kann nicht gestört werden, oder so. Er ist der Einzige, dem Helene die Sache anvertrauen will, Emma, wir …«

»Was soll das, warum nimmst du dein Telefon?« Samuel stand vor ihr und schlug ihr die Hand mit dem Telefon vom Ohr weg. Emma hörte Schneiders Stimme. »Emma, was ist los?« Ganz langsam hob sie den Arm wieder an ihr Ohr, und fast tonlos sagte sie:

»Ich kümmere mich darum. Hört ihr! Ich finde eine Lösung. Ich finde Blume. Ich rufe euch zurück.«

Sie ließ das Telefon sinken. Samuel musterte sie, jetzt eher besorgt als wütend. »Was ist los.«

»Sie haben Ida entführt. Meine Schwester.«

Ohne ein weiteres Wort drehte sich Samuel zu Chance um, der mit Jappo an der Leine vor dem Süßigkeitenregal stand. Er zog einen Schein aus der Tasche und drückte ihn dem Jungen in die Hand.

»Kauf dir was zu essen und zu trinken, egal was. Wir sind gleich wieder da.«

Dann nahm er Emma am Arm und zog sie aus dem Laden. Die Luft war kalt. Emma schnappte nach Luft, es war, als zöge die Kälte einen Schleier von ihr weg.

»Ich muss was unternehmen, Sam. Sie haben meine Schwester entführt!«

Samuel verschränkte die Arme. »Ja, das ist seine Handschrift. Ich hätte es mir denken können.«

»Was meinst du?« War da nicht ein Motorengeräusch? Emma verdrängte es. Samuel schrie jetzt.

»Henry. Menschen sind Ware. Auge um Auge. Er will Chance dafür, nicht wahr?«

»Natürlich will er Chance. Aber …«

Samuel packte sie schmerzhaft bei den Oberarmen.

»Und du wirst darauf eingehen. Du willst Chance ausliefern, nicht wahr? Aber das lass ich nicht zu!«

»Hör auf, spinnst du, ich würde Chance nie …«

»Natürlich willst du, ein weißes Mädchen gegen einen schwarzen Jungen, was ist das denn für eine Frage!«

Emma befreite sich heftig, sie weinte jetzt. »Sam, ich muss was tun, ich muss eine Lösung finden. Ida ist meine Schwester! Sie hat einen Herzfehler, sie hat bestimmt Angst und sie …«

»Was glaubst du, wie viele Kinder jeden Tag in den verbotenen Minen verrecken! Sie sind alle lungenkrank, sie arbeiten zwölf Stunden unter Tage, und sie sterben wie die Fliegen!« Samuel umschlang sie mit seinen Armen, hielt sie ganz fest an seine Brust gedrückt, jetzt flüsterte er. »Wenn wir Chance hier durchbringen, können wir Tausende von Kindern retten. Emma, du kannst dich jetzt nicht um deine Schwester kümmern!«

Emma schlug auf seine Brust, der Kopf war hochrot, sie war außer sich. »Ich muss, Sam, ich muss, ich ruf Blume an, ich muss …«

In diesem Moment schoss etwas an Emmas Ohr vorbei. Etwas knackte, dann hörte sie ein lautes Pfeifen. Samuel packte sie und zerrte sie zurück in den Eingangsbereich.

»Runter!«

Jetzt war es wieder still. Emmas Herz klopfte, in ihrem Kopf war noch immer das durchdringende Pfeifen. Samuel wandte den Kopf zurück. Der Junge mit der pickeligen Stirn tauchte auf, das Gesicht weiß wie die Wand. »Was ist passiert?«

Ein Knall, eine Glaswand im Windfang zerbarst in tausend Stücke. Samuel brüllte: »Weg hier!« Er zerrte an Emmas Ärmel, beide liefen geduckt zurück in den Laden, der junge Verkäufer hatte den Notalarm ausgelöst, alles dröhnte in Emmas Ohren.

»Wo ist Chance?« Samuel sah sich verzweifelt um. Vor dem Zeitungsstand blieb er stehen. »Oh Gott!«

Emma lief auf tauben Beinen, der Lärm raste durch ihren Kopf. Dann sah auch sie das Foto, den Aufmacher der *Berliner Nachrichten*. »Immer noch kein Hinweis im Flüchtlings-Mord«, darunter Patrice in seinem Blut, die Augen offen, auf der Straße.

»Oh nein!«

»Er ist hier raus!« Der Junge wies auf die Tür, die zu dem Toilettengang führte. »Ich dachte, er muss mal, ich …«

»Chance!« Sam raste durch den Laden zum Hinterausgang. »Rufen Sie die Polizei!«, rief Emma dem Jungen zu, dann lief sie hinter Sam her.

»Warte, lauf da nicht raus, das ist doch verrückt!« Sie erwischte ihn am Ärmel, er stand im Eingang. »Lass uns auf die Polizei warten!«

»Emma, er ist da draußen! Wir sind ihnen egal, sie wollen Chance. Wenn sie ihn in die Finger kriegen, dann – aber vielleicht willst du das ja, vielleicht ist dir das ganz recht, dann kannst du dich um deine Schwester kümmern!« Er riss sich los, rannte nach draußen in die Dunkelheit, immer im Verborgenen hinter parkenden Autos und Lkws. Emmas Kopf dröhnte, ihr war schwindelig, sie fürchtete, sich jetzt gleich übergeben zu müssen, und in ihrer Brust brannten die Angst und die Wut. »Sam warte!« Sie lief ins Schwarze, taumelte mehr, als dass sie ging, hielt sich an etwas Dunklem fest, kalt und aus Metall. Undeutlich sah sie Chance, er hielt den Hund, und er schrie, und Samuel stand vor ihm. Sie wollte auf die beiden zulaufen, rufen, dann wieder ein Schuss, ein hartes Geräusch, die Kugel musste auf Metall getroffen haben. Ein Wagen fuhr auf den Mann und den Jungen vor ihr zu, langsam, jemand rief Samuels Namen, ein Mann. Emma blieb stehen. Ein Geräusch ließ sie herumfahren, eine ausgestreckte Hand, eine Waffe, dann sah sie nur wenige Meter entfernt das weiße Gesicht mit den hellen Augen, das Muttermal, das die rechte Braue durchschnitt – in dem Moment zerriss etwas ihre Ohren, ein Schmerz schlug in ihrer Schulter ein, riss sie nach hinten. Emma schrie, vielleicht flüsterte sie auch nur, Sam. Sah im Fallen, wie sich Samuel nach ihr umdrehte. Dann schlug sie auf dem Boden auf, in der Schulter brannte dieser ungeheure Schmerz. Autoreifen quietschen, Türen schlugen zu, jemand gab Vollgas. Dann Schritte ganz nah, Larsson war jetzt bei ihr, Emma konnte seinen Atem hören, sah die erhobene Hand mit der Waffe. Sie schloss die Augen. Wollte an Ida denken, aber es war Jenni, die sie sah. Sie stand vor ihr, die Arme verschränkt. Dann ein Schuss, Jennis Gestalt verschwand, Emma spürte, wie etwas Schweres auf sie fiel. Warm lief es ihre Wange hinunter, Emma schmeckte Blut. Kein Atmen mehr in dem Körper, der auf ihr lag, und das Blut goss sich auf sie herab.

»Emma!«

Sie hörte Blume und sah ihn, wie er versuchte, den schweren Körper von ihr herunterzuziehen und sie weinte. Plötzlich war alles voll Blaulicht, sie hörte quietschende Reifen und Motoren, dann auch die Sirene eines Krankenwagens. Noch immer lag Larsson auf ihr. Sie zog und zerrte mit dem linken Arm an dem Körper, versuchte ihn mit Fußtritten wegzuschlagen. Dann war sie frei, und Blume riss sie hoch. Sie schrie vor Schmerz auf. Blume rief über die Schulter nach hinten: »Ich brauch den Krankenwagen!«

Emma versuchte, den Kopf zu schütteln, der hohe Pfeifton

im Kopf schnitt bei jeder Bewegung verstärkt in ihre Nerven. »Blume, nein, warte, sie haben Ida!«

»Was?« Seine Augen weiteten sich, sein schönes Gesicht in all dem Schmerz und der Angst ganz nah vor ihr.

»Henry O. hat sie. Sie wollen sie austauschen gegen Chance. Ich hab Angst um sie, was, wenn sie sie umbringen!«

Der Krankenwagen hielt direkt neben ihnen, zwei Sanitäter sprangen heraus und zogen eine Liege hinter sich her. Blume wischte über ihr nasses Gesicht, sein Anblick verschwamm langsam vor ihren Augen, sie konnte nicht mehr klar sehen. »Emma, bleib bei mir, komm, bleib wach!« Sie riss die Augen auf, versuchte, sich zu konzentrieren, aber der Schmerz umhüllte sie wie eine Blase. Sie hörte, wie die Liege neben ihr auf den Boden gestellt wurde und Blume, der ganz nah an ihren Ohren sprach: »Wo ist Samuel, Emma, wo ist er mit Chance hin?«

»Ich weiß nicht.« Sie konnte nur flüstern, ihr Hals war rau, der Mund schmeckte Eisen. »Er hat mich einfach hier liegen lassen.«

Mit einem Ruck hoben die Sanitäter sie auf die Liege, vor Schmerz schrie sie auf, wieder schien alles zu verschwimmen. Sie kämpfte, streckte den linken Arm vor, spürte eine Hand, die ihre hielt.

»Blume, Ida …«

»Ich kümmere mich, Emma. Ich verspreche es dir.«

Ihre Finger lösten sich, sie wurde in den Wagen geschoben. Versuchte sich aufzurichten, konnte es nicht. Sagte, so klar es ihr möglich war: »Ruf Helene an. Sie ist im Sender. Bei Schneider!« Sie riss die Augen auf, jemand war dazugekommen, war das Erkenschwick? Emma hörte ihn reden. »Der Mann ist tot, die anderen sind entkommen.« Blume drehte sich zu ihm, sagte etwas. Wieder hörte Emma Erkenschwicks Stimme. »Der liegt schon im Westend auf dem OP-Tisch.« Dann wurden die Türen des Wagens zugeschlagen. Jemand trat zu ihr an die Seite, ein Ruck, der Wagen schien loszufahren, wieder die Sirene, ein Messer in ihrem Kopf. Ein Stich, der Notarzt hatte eine Spritze in der Hand. Eine Welle der Erschöpfung rollte über sie, breitete sich aus zu einem See, ganz tief und schwarz. Sie schloss die Augen, gab sich ihr einen Moment hin, wollte hineinsinken in dieses dunkle Wasser, weg von dem Schmerz und der Angst. Aber etwas in ihr kämpfte, suchte das Licht und die Oberfläche, wollte dableiben, durfte nicht… Samuel, er hatte sie liegen gelassen, es geht nicht ums Geldverdienen, Emma, sie sah ihn da sitzen mit den anderen im Berghain, es waren Pläne, die auf dem Tisch lagen, Umrisse, Zimmer, Eingänge, die Welt ist nicht zu retten, Westend, hatte er nicht Westend am Telefon gesagt?

»Mir ist schlecht«, konnte sie noch flüstern, da ging es auch schon los. Der Helfer hielt ihren Kopf, die Nierenschale dicht an ihr Kinn gedrückt, der Strahl schoss nur so heraus, sie kotzte sich die Seele aus dem Leib. Die Lichter tanzten vor ihren Augen. Endlich war es vorbei.

»Frau Vonderwehr, können Sie mich hören? Können Sie sagen, wie es Ihnen geht?«

»Mein Kopf, er platzt.« Sie konnte nur flüstern, den Mund voll saurem Speichel.

»Vermutlich ist Ihr Trommelfell geplatzt. Die Kugel hat Sie nur gestreift, hören Sie? Ich gebe Ihnen noch etwas gegen die Schmerzen.« Wieder der Stich, aber Emma wollte sich nicht ins Wasser gleiten lassen, kämpfte um ihren Verstand. Sie versuchte, mit der linken Hand nach dem Kittel des Arztes zu greifen.

»Bitte …«

Ganz nah kam der Notarzt an sie heran. Emma sah in hellgraue Augen, fast blonde Brauen darüber.

»Bitte, ich muss ins Westend …«

»Westend.« Er schüttelte den Kopf. »Das liegt zu weit im Norden, wir bringen Sie …«

»Ich muss ins Westend!« Sie schrie jetzt, mit ihrer letzten Kraft. Wieder flüsternd. »Ich bin krank, allergisch. Dort gibt es eine Akte – bitte.«

Der Notarzt zögerte, dann erhob er sich halb und wandte sich nach vorn. »Wir müssen ins Westend.«

Der Fahrer antwortete etwas, es klang wütend. Emma kümmerte es nicht. Sie schloss die Augen und versuchte Kraft zu sammeln für das, was ihr bevorstand.

Blume lief mit Erkenschwick zum Einsatzwagen zurück, Erkenschwick startete den Motor und gab Gas. Blume nahm das Telefon, sagte, während er auf die Verbindung wartete, zu seinem Assistenten: »Zurück in die Stadt, fahr zu Emmas Sender.« Erkenschwick schaltete das Blaulicht ein, Blume gab Order an die Funkzentrale. »Die Großfahndung nach dem BMW mit holländischem Nummernschild wird abgebrochen, der Fahrer hat den Transportwagen gewechselt. Gesucht wird weiterhin Samuel Ndeze, unterwegs in einer dunklen Limousine, Kennzeichen unbekannt. Ndeze hat einen etwa zehnjährigen Jungen bei sich, ebenfalls dunkelhäutig.«

Er schöpfte Atem, wartete einen Moment.

»Außerdem wurde ein zehnjähriges Mädchen entführt. Ida Vonderwehr ist blond. Sie hat das Down-Syndrom. Bitte äußerste Vorsicht bei einem Zugriff!«

Die Autobahn war zu dieser frühen Stunde fast leer, sie rasten links an wenigen Autos und ein paar Lastwagen vorbei. Erkenschwick fragte. »Wie steht es um Emma?« Aber Blume zuckte nur mit den Schultern. »Bin ich Arzt oder was? Keine Ahnung!«

Erkenschwick versteifte sich, Blume murmelte eine Entschuldigung. Dann fing er wieder an zu telefonieren, bat um den zuständigen Staatsanwalt. Erkenschwick hörte dem Telefongespräch zu, sagte dann:

»Wir kriegen keinen Durchsuchungsbefehl für Henry O., auf welcher Grundlage denn?«

»Noch nicht.« Blume trommelte ungeduldig auf das Armaturenbrett. »Aber wir umstellen sein Haus. Helene soll den Entführern sagen, sie sei zum Austausch bereit. Wenn sich was tut, können wir zugreifen.«

»Henry O. liegt im Westend, vermutlich noch auf der Intensivstation. Seine Söldner werden nicht ohne ihn entscheiden.«

»Genau das ist unser Vorteil.« Blume dachte an Ida. Er hatte die beiden Schwestern nur einmal zusammen erlebt. Emma, sonst so vorsichtig, immer auf Distanz. Verletzt. Mit Ida war sie weich, offen, ganz der kleinen Schwester zugewandt. Eine Emma, wie sie vielleicht früher einmal gewesen war.

»Helene muss sagen, dass es nur jetzt geht. Jetzt sofort. Sie werden nicht riskieren, dass ihnen der Junge durch die Lappen geht.«

Blume sah weiter vorn die Schilder der Abfahrt. Er holte tief Luft.

»Sie werden reagieren. Und dann greifen wir zu.«

Emma erwachte, als der Krankenwagen in die Zufahrtstraße der Notaufnahme fuhr. Ihre Schulter brannte, in ihrem Kopf gellte noch immer der langgezogene Ton, und doch fühlte sie sich betäubt und den Schmerzen ein wenig entrückt. Sie versuchte, sich zu sammeln. Jetzt kam es darauf an, trotz Schusswunde und blutbesudelten Kleidern nicht wie eine hysterische Patientin unter Schock zu wirken.

Der Notarzt lächelte ihr zu, zwei Pfleger stiegen auf die Rampe und zogen ihre Krankenliege aus dem Wagen. Die Neonröhren leuchteten grell im Verbindungsflur, doch aus den schmalen Fensterschlitzen kam bereits graues Licht. Es konnte kaum eine Stunde vergangen sein, seit Larsson die Waffe auf sie gerichtet hatte – früher Morgen, vielleicht sechs Uhr.

Ein Behandlungszimmer, eine schmale Nische, abgetrennt durch Vorhänge. Gemurmel hinter dem Stoff, dann noch einmal der Notarzt. Er hatte den Kittel gewechselt, nur im Gesicht waren noch Blutspritzer, sagte ihm das denn niemand.

»So, Frau Vonderwehr, Ihre Akte wird gesucht, Sie werden dann versorgt. Ich wünsche Ihnen …«

»Warten Sie!« Emma versuchte sich aufzurichten, presste die Lippen für einen Moment zusammen, um dem Schmerz in der Schulter etwas entgegenzusetzen. Der Arzt, schon im Gehen, wandte sich ihr wieder zu.

»Es gibt keine Akte, ich habe Sie angelogen. Ich musste unbedingt hierher.«

Das Lächeln des Arztes erstarrte. Er trat näher an Emma heran und zischte: »Wir sind Ihretwegen durch die ganze Stadt gefahren. Billiges Taxi, oder was? Wenn wir jetzt deshalb einen anderen Notfall nicht aufnehmen konnten, dann …«

»Es wird hier gleich ein Anschlag stattfinden. Ich musste hierher und Sie warnen, bitte sagen Sie …«

»Was? Was reden Sie denn da?«

»Finden Sie einen Verantwortlichen, und bringen Sie ihn zu mir. Jetzt!«

»Frau Vonderwehr, Sie haben einen Schock, ich denke, Sie sollten …«

»Hören Sie mir zu!« Emma stieß einen Schrei aus, vor Schmerz und Frustration. Sie keuchte, dann sagte sie etwas ruhiger. »Ich weiß nicht, wie lange ich hier noch durchhalte, und ich weiß auch nicht, wie ich die Leute hier überzeugen kann. Aber wenn nicht bald was geschieht, dann sind Sie und ich mit schuld am Tod Unschuldiger!«

Er sah sie an, schluckte, schien zu überlegen. Dann sagte er: »Ich hole den Chefarzt.«

»Ja.« Erschöpft ließ sie sich zurück in das Kissen sinken. »Er soll Edgar Blume von der Mordkommission anrufen. Er muss sofort hierherkommen.«

Schneider stand am Eingang des Senders und winkte dem Pförtner ungeduldig, die Männer reinzulassen. Der drückte den Summer, und Blume stieß die schwere Eingangstür beiseite. Schneider zog ihn buchstäblich ins Innere. »Haben Sie sie?«

Erkenschwick fragte: »Wen?«

»Na Ida! Haben Sie Ida gefunden?«

»Nein. Aber Emma. Sie war verletzt, sie wird ins Krankenhaus gebracht.«

»Oh mein Gott, kommen Sie, Helene wartet in meinem Büro.«

Im Büro stank es nach kaltem Rauch und Kaffee. Helene sprang vom Sofa auf. Kein Vergleich zu der schönen älteren Frau, die Blume im letzten Jahr getroffen hatte. Sie war völlig aufgelöst.

»Wo ist Ida? Was ist mit Emma?«

Blume trat rasch zu ihr und nahm ihre Hände zwischen seine. »Frau Vonderwehr, Emma wird versorgt. Auf sie ist geschossen worden ...«

»Oh nein,« Helene sah zu Schneider hoch, die letzte Farbe wich aus ihrem Gesicht.

»Aber sie ist nicht schwer verletzt, die Kugel hat sie nur gestreift. Ein Notarzt kümmert sich um sie.« Blume führte sie wieder zum Sofa, behielt ihre Hände in seinen. »Wir müssen jetzt alles tun, um Ida rauszuholen. Haben die Entführer sich noch einmal bei Ihnen gemeldet?«

»Nein, seit Stunden nicht mehr.« Helene schien die ruhige

ernste Art von Blume ein wenig zu beruhigen, doch jetzt traten ihr die Tränen in die Augen. »Wir sitzen hier und warten, Stunde um Stunde und wissen nicht …«

Erkenschwick trat näher an Blume heran und sagte leise: »Solange Henry O. nicht ansprechbar ist, werden sie sich nicht rühren.« Sein Handy klingelte, er trat beiseite und meldete sich. Schneider meinte: »Wer ist dieser Henry? Wieso nicht ansprechbar? Reden Sie mit uns, Herrgott!«

Blume wandte sich ihm zu. »Herr Schneider, wir glauben, dass Ida von einer internationalen …«

»Edgar«, Erkenschwick hielt ihm den Hörer hin. »Das ist der Klinikchef vom Westend-Hospital. Er fragt, ob du eine Emma Vonderwehr kennst und ob es richtig ist, dass es eine Terrorwarnung für sein Krankenhaus gibt.«

Blume griff nach dem Telefon, hörte zu. Helene und Schneider wechselten einen Blick, Helene stöhnte gequält. »Wir sind gleich bei Ihnen«, sagte Blume in den Hörer, sprang auf, da stellte sich Helene ihm in den Weg.

»Sie sagen mir jetzt sofort, was los ist, oder ich …«

»Frau Vonderwehr, dafür ist jetzt keine Zeit, ich muss …«

»Dann komme ich mit.«

»Das kommt nicht in Frage.«

Helene griff nach ihrem Mantel. »Es geht hier um meine Töchter, Herr Blume. Wenn ich noch eine Sekunde hier länger rumsitze, dann drehe ich durch.«

Blume sah zu Erkenschwick, der schüttelte hinter dem Rücken der beiden den Kopf. Blume seufzte. »Kommen Sie. Ich erklär Ihnen unterwegs, was wir wissen.«

In der hohen Eingangshalle des Krankenhauses, ganz aus Glas und Beton gebaut, war die Anspannung fast greifbar. Keiner lief, alle schienen sich zu langsamen und kontrollierten Bewegungen zu zwingen. Noch war kein Alarm ausgelöst worden, kein offizielles Statement gefallen, doch das Gerücht einer Terrorwarnung hatte sich schneller als ein Darmkeim im Krankenhaus ausgebreitet. Blume ging mit schnellen Schritten zum Empfang und zeigte seinen Ausweis.

»Bitte melden Sie dem Klinikchef, dass ich …«

»Dr. Yilmaz …«

Die Frau auf der anderen Seite der Theke nickte einem Mann zu, der Blume sofort beiseitenahm und auf ihn einredete. Yilmaz, der Leiter der Klinik, wirkte angespannt, aber doch besonnen, ein kräftiger Mann um die fünfzig, im Anzug, nicht im Arztkittel, heute Morgen offensichtlich bei der Rasur gestört – ein Rest Bartschatten war auf den Wangen geblieben.

Emma wurde von einem Pfleger im Rollstuhl in die Halle geschoben. Helene lief ihr entgegen und ging vor ihr in die Knie. »Kind, mein Gott, wie siehst du aus, in was bist du da nur hineingeraten …« Helene weinte, und Emma hielt sie mit ihrem linken Arm. »Es tut mir so leid, ich hätte nie gedacht, was ist mit Ida, habt ihr schon eine Nachricht, wo ist sie?«

Helene schüttelte stumm den Kopf, berührte zart Emmas Gesicht und schluchzte auf. Blume trat jetzt zu Emma und beugte sich mit ernstem Gesicht zu ihr hinunter. »Emma, was du hier behauptest, hat sehr ernste Konsequenzen. Bist du dir sicher?«

»Ich habe gesehen, wie Sam sich mit ein paar Männern Pläne angesehen hat, ein Oktagramm, mehrere Häuser, verbunden durch eine große Halle.« Emma sah zu Blume hoch, während sie immer noch mit der linken Hand ihre Mutter umarmte. »Unterwegs hat er telefoniert, es fiel das Wort Westend, ich bin mir ganz sicher. Als ich ihn darauf ansprach, sagte er, diesmal würde es nicht darum gehen, Geld zu verdienen. Er hasst Henry O.«

»Er ist sein Onkel.«

»Was? Woher weißt du das?«

»Samuel war als Einziger bereit, gegen ihn auszusagen. Seine Zeugenschaft wurde nicht anerkannt, weil er noch ein Kind war.«

Blume erhob sich und drehte sich zu Erkenschwick und dem Klinikleiter Yilmaz um. »Hans, wir brauchen Verstärkung. Und Sie sollten versuchen, das Krankenhaus so ruhig wie möglich zu evakuieren.«

»Wissen Sie, was Sie da von mir verlangen? Das ist vollkommen …«

»Wo liegt Henry Obwanashyaka?«

Yilmaz wischte sich den Schweiß von der Stirn. »Er hat ein Einzelzimmer in der Unfallchirurgie. Vierter Stock, Zimmer 4-16, hier im Hauptgebäude.«

»War das von Anfang an so vorgesehen?«

»Ja. Seine Leute waren schon vor Wochen hier und haben die Räume inspiziert.«

»Wer liegt sonst noch dort?«

»Ein paarmal Hüfte, einmal Kreuzband und zwei Knie-Endoprothesen. Sie sind bereits alle auf die anderen Häuser verteilt worden.

»Gut. Kommen Sie, wir haben nicht viel Zeit.«

Yilmaz stürzte sich auf den Empfang und redete leise auf die Mitarbeiter ein. Blume und Erkenschwick begannen zu telefonieren, während sie die Halle mit Blicken scannten. Schneider stand jetzt neben Helene, er sah auf Emma, räusperte sich. »Mensch Mädchen, die nächsten Auslandsreisen sind gestrichen.«

Emma griff nach seiner Hand, drückte sie. »Die ganze Zeit frage ich mich, wer von Helene und Ida wusste. Wer wusste, dass sie bei mir waren?«

Sie sahen sich an und wussten es beide gleichzeitig. Emma dachte an das Berghain, der Neue, der anklopfte, sich zu ihr setzte, dauernd Kaffee trinken wollte.

Schneider sagte: »Henning hat zugehört. Er hat immer zugehört.«

»Woher kam der Typ? Wieso tauchte er auf einmal bei uns auf?«

»Vom Chef. Irgendein Gefallen. Ich dachte, ich probier's mal mit ihm, er war ja auch wirklich gut.«

Emma ließ sich in ihrem Stuhl zurücksinken. Sie sah sich selbst auf der Treppe mit Henning, auf dem Rückweg von der Kantine. Was hatte er gesagt? »Ich kam aus der Technik, später konnte ich dann andere Sachen machen.« Ganz andere Sachen.

»Hat er heute Morgen Dienst?«

»Ja, aber er hat sich krankgemeldet.«

Emma rief nach Blume, erzählte ihm alles. Er nickte, gab es weiter. Helene fragte: »Was passiert jetzt? Verhaften Sie ihn?«

»Wir warten noch. Ich will Ida jetzt nicht gefährden.« Helene starrte ihn an, wütend, nicht bereit, weiter untätig zu sein. Sie richtete sich auf und drängte mit einem entschiedenen Gesichtsausdruck den Pfleger beiseite, der noch immer hinter Emmas Rollstuhl stand. »Ich kümmere mich jetzt um meine Tochter, vielen Dank.« Ohne ein weiteres Wort schob sie Emma in Richtung Ausgang.

Emma sah im Vorbeifahren, wie Schneider sein Telefon aus der Tasche zog, selbst durch den Schleier der Schmerzmittel wusste Emma, was er vorhatte. Denn auch wenn seine Nichten betroffen waren, so blieb er doch einer der führenden Journalisten der Hauptstadt. Nichts konnte ihn davon abhalten, den Ü-Wagen anzufordern.

Helene bog kurz vor den Fahrstühlen ab und verbarg sie beide hinter ein paar deckenhohen Palmen. Dann beugte sie sich zu Emma hinunter.

»Wer ist dieser Henry O., und was hat das mit Ida zu tun?«

»Henry O. ist ein alter Mann, der eine neue Hüfte bekommen hat.« Emma spürte, wie langsam sie sprach. Es war, als hätte ihr Körper all ihr Adrenalin mobilisiert, um Blume zu erreichen, und sackte nun langsam in die Betäubung zurück. Helene fasste sie mit dem geübten Griff der Krankenschwester an ihrer verletzten Schulter. »Bleib bei mir, Emma!«

»Ah, du tust mir weh!«

»Was hat dieser alte Mann mit Ida zu tun?«

Emma riss die Augen auf, versuchte sich zu konzentrieren. Der Schmerz hatte einen Rest Klarheit zurückgebracht.

»Wir glauben, dass er Ida entführt hat.«

»Okay.«

Helene trat zum Fahrstuhl und drückte auf den Knopf. Emma bewegte mit ihrem heilen linken Arm den Rollstuhl und folgte ihr. »Du kannst da nicht rauf. Hast du nicht gehört? Es könnte sein, dass da ein Anschlag geschieht!«

»Wenn dieser Mann Ida hat, dann fahr ich jetzt zu ihm hoch. Und weder du noch der Rest der Welt wird mich daran hindern.« Der Fahrstuhl blinkte, die Ziffern rückten zum Erdgeschoss vor. Emma zögerte, sah zu den Polizisten in die Halle. Allmählich brach hier Panik aus, alles, was sich noch einigermaßen auf den Beinen halten konnte, strömte nach draußen. Polizeiwagen hielten mit Blaulicht vor dem Eingangsportal, Emma sah Einsatzkräfte in voller Montur aus den Wannen steigen. Erkenschwick stand mit dem Klinikleiter Yilmaz in der Rezeption und ließ sich offensichtlich die Logistik des Gebäudes erklären. Wo war Blume? Emma stemmte sich aus dem Rollstuhl und ging mit steifem Oberkörper ein paar Schritte.

Der Fahrstuhl erreichte das Erdgeschoss, die Türen öffneten sich, und Helene stieg ein. Emma sah noch einen Moment durch die Halle, dann drehte sie sich um und trat entschlossen zu ihrer Mutter in die Kabine.

Der vierte Stock sah aus wie eine Grundschule am späten Nachmittag. Es war still und menschenleer. Die Krankenzimmer waren geräumt, Stühle und Betten standen kreuz und quer im Raum, Schranktüren standen offen. Im Schwesternzimmer kam ihnen eine junge Frau mit weit aufgerissenen Augen entgegen, über dem Arm einen Mantel und eine Handtasche. Helene sagte barsch: »Sie sind ja noch da. Wir sind vom Einsatzkommando und übernehmen jetzt hier. Was ist mit dem Patienten auf 4-16?«

Die junge Schwester mustete Helene irritiert. »Liegt noch auf Station, Dr. Yilmaz sagte, ich sollte so lange warten, bis …«

»Jetzt sind wir ja da.« Helene schob sie resolut zur Seite, ging zum Spind und zog sich wie selbstverständlich einen Schwesternkittel heraus. »Gibt es hier ein IMC?«

»Ja, gleich gegenüber von dem Zimmer, auf 4-18.«

»Gut. Und jetzt machen Sie schon, verschwinden Sie hier.

Sie brauchen sich unten nicht zu melden, gehen Sie direkt nach draußen oder noch besser in eins der anderen Gebäude.«

Die Schwester nickte erleichtert und ging mit schnellen Schritten an Emma vorbei aus dem Zimmer. Einen Moment hörten sie noch die quietschenden Kreppsohlen auf dem Flur, dann war es still. Emma hielt sich an einer Stuhllehne fest, ihre Hände waren nass vom Schweiß. Helene, jetzt im Schwesterkittel, trat auf sie zu und strich ihr prüfend über die Stirn.

»Hältst du durch?«

Statt einer Antwort stieß sich Emma von der Stuhllehne ab. »Komm, wir haben höchstens ein paar Minuten, bis das SEK hier ist.«

Mit langsamen Schritten gingen sie auf Zimmer 16 zu. Emmas Herz pochte schmerzhaft gegen die Rippen. Helene sagte leise: »Wenn ich gleich mit dem Mann nach 18 rüberwechsle, dann musst du dicht bei uns bleiben. Du musst hinter die Schleuse kommen, hast du verstanden? Alles andere überlass mir.«

Emma neigte den Kopf, versuchte, jede Bewegung zu minimieren, die weitere Schmerzen verursachte. Sie betraten Zimmer 16, Helene selbstbewussten Schrittes in ihrer Schwesterntracht voraus. Emma spürte, wie ihre Mutter auf der Türschwelle einen Moment zusammenzuckte, und auch sie selbst erschrak bei dem Anblick. Henry O. lag mit geschlossenen Augen inmitten eines Blumenmeeres und verschwand fast unter den gestärkten Decken. Winzig wie ein greises Kind, die Haut wächsern, die vogelgleichen Hände über dem weißen Stoff gefaltet. Doch plötzlich klappten die Augen auf, der Blick sprang nach rechts in die Ecke, wo ein hünenhafter dunkelhäutiger Mann von seinem Sitz hochschnellte und schrie.

»Was soll das? Was ist hier los?«

Helene trat an das Bett und löste die Bremsen. Der Riese

stellte sich ihr drohend in den Weg, sie schob ihn einfach beiseite und ging zur nächsten Ecke des Bettes, während sie sagte: »Leider gab es eine Bombendrohung. Wir müssen Sie evakuieren.«

»Eine Bombendrohung?« Ganz leise, fast flüsternd kam die Stimme aus dem Bett. »Von wem?«

»Das wissen wir nicht, Herr …« Helene wandte den Kopf nach vorn zum Patientenblatt und las den Namen ab. »Obwanashyaka.« Sie trat ans Fußende des Bettes, fasste an die Chromstange, winkte Emma. »Schwester, nehmen Sie das Kopfteil. Und Sie da, Sie können uns die Tür aufhalten.«

Der Riese wechselte einen Blick mit seinem greisen Chef. »Wo ist Schwester Elke?«

»Für so was nicht ausgebildet. Kommen Sie schon, wir haben nicht allzu viel Zeit.«

Obwanashyaka schloss kurz die Augen wie zum Zeichen des Einverständnisses, und der hünenhafte Mann öffnete die Tür. Emma klammerte sich an die Chromstange. Sie versuchte, ein unbeteiligtes Gesicht aufzusetzen. Der Platz war von Helene gut gewählt. So konnte Emma sich am Bettgestell abstützen und war nicht im Blickfeld des Patienten.

»Hier, da gegenüber.« Helene behielt die barsche Stimme bei und wies mit dem Kinn zur Tür von Zimmer 18.

»Was soll das? Die Aufzüge sind da hinten!«

»Der Patient ist nicht transportfähig. Wir müssen ihn stabilisieren, sonst bricht die neue Hüfte raus.«

Die Vorstellung war offensichtlich drastisch genug, der Bodyguard öffnete die Tür. Zimmer 18 war mindestens doppelt so groß wie ein übliches Patientenzimmer. Hinter einer Glaswand war eine Apparatur zur intensivmedizinischen Betreuung aufgebaut.

Helene sagte zu dem Bodyguard: »Sie müssen hier stehen bleiben, Sie sind nicht keimfrei.« Dann schlug sie mit der Hand auf den Button der Schleuse, die Glaswand fuhr zur Seite. Helene drückte mehrere Tasten, die Computer fuhren hoch, leuchteten und piepten leise. Obwanashyaka stützte sich mit den Ellenbogen auf dem Bett auf und beobachtete nervös, was Helene tat. Emma schob das Bett mit all ihrer verbliebenen Kraft in den hinteren Teil des Raumes, die Schleuse schloss sich wieder zischend hinter ihr. Der Bodyguard war ausgesperrt. Helene begann bereits, mit der Nadel in eine geeigneteVene im mageren, blaugeäderten Arm des Patienten zu stechen, und sie ging nicht gerade zimperlich dabei vor.

»Au, passen Sie doch auf, was machen Sie denn da, ich will jetzt einen Verantwortlichen sprechen, Pakka, steh nicht so rum, hol mich hier raus, verdammt!«

Der Hüne, den Henry O. mit Pakka angesprochen hatte, trat vor und schlug mit der flachen Hand auf den Button, aber Helene hatte gleich den Zugang gesperrt. Pakka rief etwas in einer fremden Sprache, und Henry O. drehte sich wutentbrannt zu Helene um. »Sie lassen mich jetzt sofort hier raus!«

»Erst wenn Sie mir sagen, wo meine Tochter ist.« Der alte Mann starrte Helene an, dann verzog er sein Gesicht zu einem höhnischen Lächeln. »Sie sind das also.«

Scheinbar ungerührt hängte Helene eine Infusion in den Ständer und verschraubte die eben gelegten Zugänge. Das Lächeln des Mannes verrutschte. »Zur Hölle, was tun Sie da.«

»Sagen Sie mir, wo Ida ist.« Helene klopfte an die Infusionsflasche, erste Tropfen fielen sichtbar in den Schlauch. »Solange Sie noch dazu in der Lage sind.«

Henry O. brüllte nach seinem Leibwächter, der Hüne stand hilflos vor der Glaswand, dann hob er mit entschlossenem Gesicht einen Stuhl und schlug ihn mit Wucht gegen die Abriegelung. Der ganze Raum erzitterte, doch das Glas hielt stand. Emma stützte sich auf dem Bett auf. »Sagen Sie ihm, dass er damit aufhören soll, oder ich brech Ihre verdammte neue Hüfte!« Der Mann starrte sie an, jetzt voll Todesangst. Wieder rief er etwas, und der Leibwächter unterbrach seinen Furor. Helene redete jetzt, ihre Stimme eiskalt, aber Emma sah, wie ihre Finger zitterten, als sie nach der Infusion griff.

»Wenn das Medikament Ihr Herz erreicht, ist es zu spät, Herr Obwanashyaka. Sagen Sie mir, wo Ida ist, bald kann ich Ihren Tod nicht mehr aufhalten!«

Plötzlich hörten sie Geräusche im Flur, der Aufzug hielt auf ihrer Etage, die Türen öffneten sich, jemand, mehrere, liefen über den Linoleumboden im Flur. Henry O. schrie um Hilfe, befahl seinem Leibwächter etwas, der sich umdrehte und in den Flur lief. Schüsse fielen, dann Stille. Noch immer kein menschlicher Ton.

Panisch versuchte der alte Mann, die Kanüle aus seinem Arm zu reißen, aber Helene hatte sie zu fest fixiert. Er gab einen heiseren Schrei wie eine alte Katze von sich, dann keuchte er nur noch und starrte mit glasigem Blick vom Flur auf die Infusion. Der riesige Bodyguard tauchte nicht wieder auf, keine Bewegung von draußen war zu hören.

Langsam drehte Helene an einem Regler – und die Tropfen flossen nun fast in einem dünnen Strahl in die Kanüle.

»Sie haben nur noch wenige Sekunden.«

Ein Alarmsignal ertönte rhythmisch und durchdringend, auf einem Monitor blinkte ein roter Balken. Henry O. verlor die Nerven und schrie: »Gästehaus der Botschaft, Ulmenallee, sie ist im Gartenhaus.«

»Wer bewacht sie?«

»Nur eine alte Frau, sie heißt Asali, stoppen Sie endlich dieses Zeug!«

Helene nahm die Infusion in die Hände, strich über den Regler, dann wandte sie sich wieder an den alten Mann, als sei ihr gerade noch etwas eingefallen. Noch immer musste sie sich lautstark gegen das Alarmsignal durchsetzen. »Was müssen wir zu ihr sagen?«

»Sagen Sie Iteka, Iteka Dawe. Sie wird das Mädchen freilassen, ich garantiere es!« Der Mann schrie mit seiner heiseren Vogelstimme, den Tränen nahe. Helene kappte mit schnellem Griff die Infusion und riss das Tape von der Pergamenthaut des Alten. Der laute Signalton brach unvermittelt ab, und Henry O. ließ sich stöhnend zurück in das Kissen fallen. Emma griff nach dem Bettgestell. »Nichts wie raus hier.«

Helene löste die Sperre, die Glastür schob sich zur Seite. Lauschend blieben sie stehen – was erwartete sie da draußen? Emma ging mit klopfendem Herzen zur Tür. Alles war still. Dann hörte sie Blumes Stimme.

»Kommt nicht raus, Emma!« Etwas schob sich von außen durch den Türrahmen, Emma sah zunächst nur die Gestalt des riesigen Leibwächters, dann die Waffe, dessen Mündung in seine Kehle gepresst war, dann Samuel, der hinter ihm stand und die Waffe hielt.

»Nicht«, flüsterte sie. »Tu's nicht.«

»Verschwinde, Emma. Das hier geht dich nichts an.«

Helene machte einen Schritt auf die Tür zu, doch Emma blieb, wo sie war. »Sam, wenn du das jetzt tust, dann ist Claire umsonst gestorben.«

Samuel sah sie wütend an. »Ich will das nicht hören. Geh aus dem Weg.«

»Ihr wolltest du auch nicht zuhören! Sie hat einen Weg gesucht, diese Männer vor Gericht zu bringen, und sie hat einen Weg gefunden. Aber du wolltest ja nichts wissen von Beweisen und Prozessen. Da hat sie aufgehört mit dir zu reden, aber ich steh hier noch, ich höre nicht auf zu reden, Samuel!«

»Claires Pläne waren Hirngespinste einer Frau, romantische Vorstellungen von einer Gerechtigkeit, die ohne Blutvergießen herzustellen ist. Was sollte ich da zuhören!«

»Und dein Weg, Sam? Was glaubst du, wo der hinführt?«

Emma drehte sich zu dem alten Mann im Bett um. »Sieh ihn dir doch an, deinen großen Diktator! Er ist nichts als ein armes altes Würstchen. Wenn du ihn tötest, steht morgen ein anderer an seiner Stelle. Du wirst gar nichts verändern, du wirst nur dein Leben ruinieren und das Leben von Chance noch dazu!«

Der Name des Jungen ließ Samuel zum ersten Mal aufschrecken. Für den Bruchteil einer Sekunde ließ er die Waffe sinken. Pakka, der Leibwächter, erkannte seine Chance und schlug sie ihm aus der Hand. Bis Samuel sich gebeugt hatte und die Waffe wieder in Händen hielt, war der Hüne bereits durch die Tür verschwunden. Sie hörten im Flur Schritte, Rufe, Handgemenge. Dann wieder Stille. Samuel spuckte aus. »Das ist deine Armee, Henry, ein Heer von Feiglingen.« Blume rief: »Geben Sie auf, Ndeze. Sie haben keine Chance. Lassen Sie die Frauen gehen!«

Samuel sagte tonlos: »Verschwinde endlich, Emma!« Henry O. murmelte etwas, vielleicht sollte es beschwichtigend klingen, aber Samuels Gesicht verzerrte sich vor Hass. Mit zwei großen Schritten war er am Krankenbett und presste die Waffe an den totenkopfähnlichen Schädel des alten Mannes. Sam schrie: »Du hast kein Recht, mich so zu nennen. Du bist nicht meine Familie, du bist Abschaum!« Der alte Mann starrte panisch nach vorn, Emma sagte schnell: »Er hat deinen Freund umgebracht, Kadeje hieß er, nicht wahr?«

»Und danach unzählige andere.«

»Jetzt willst du ihn töten. Ist das nicht genauso feige und sinnlos?« Emma trat an der gegenüberliegenden Seite an das Krankenbett und legte eine Hand auf die weiße Decke. »Deshalb hat Claire ihr Kunstwerk verändert. Ihre Angst, ihren Schmerz, all das legte sie in ihre Kunst. Tantalos, das ist nicht nur Afrika. Tantalos bist du. Das verfluchte Geschlecht, das in jeder Generation einen Mörder hervorbringt. Sie wollte, dass es aufhört. Sie hat dich zu sehr geliebt.«

Ganz langsam hob Emma ihre Hand, ihre Finger legten sich auf die Waffe. Sie flüsterte: »Gib ihrem Weg eine Chance. Ihr zuliebe.«

Samuel stand ihr gegenüber, den Blick nach innen gerichtet. Er kämpfte mit sich. »Emma?«

»Ja?«

»Es tut mir leid, dass ich dich im Stich gelassen hab. An der Raste. Als sie kamen.«

»Denk nicht daran. Denk an Chance.«

Er sah sie an. Ganz langsam rollte eine Träne über seine Wange.

Dann ließ er die Waffe sinken.

Es dauerte noch rund eine Stunde, bis Helene ihre kleine Tochter in die Arme schließen konnte. Ida wirkte benommen, aber körperlich unversehrt. Die alte Frau, in deren Obhut sie sich befand, erschrak angesichts des massiven Polizeieinsatzes und beteuerte, sie habe geglaubt, das Mädchen befände sich freiwillig in dem Gästehaus. Da sie dem Kind mehrfach Beruhigungsmittel gespritzt hatte, wirkten ihre Erklärungen wenig glaubhaft, und sie wurde der Mithilfe bei der Entführung einer Minderjährigen angeklagt.

Samuel erhielt wegen Nötigung mit Schusswaffe zwei Jahre. Strafmildernd sahen die Richter an, dass er von seinem Vorhaben abgelassen und sich gestellt hatte, außerdem bescheinigte man ihm eine psychische Beeinträchtigung nach dem gewaltsamen Tod seiner Frau. Samuel verbrachte 18 Monate im Strafvollzug. Seiner internationalen Karriere als DJ schadete die Episode nicht, im Gegenteil erhielt er danach noch mehr Angebote aus aller Welt, die er jedoch häufiger als früher ablehnte, weil er so viel Zeit wie möglich mit seinem Ziehsohn Chance Diakondua verbringen wollte.

Samuel hatte Chance an dem Morgen des Überfalls bei Freunden zurückgelassen, die mit ihm gemeinsam das Attentat auf den Milizführer und Massenmörder Henry Obwanashyaka geplant hatten. Mit dem sicheren Gefühl, für immer zu gehen, hatte sich Samuel von Chance verabschiedet. Dessen Flehen, ihn nicht allein zurückzulassen, hatte Samuel berührt und erschüttert, ihn aber nicht von seinem Vorhaben abbringen können. Gemeinsam mit Emma, die über den Fall berichtete, saß

Chance später jeden Prozesstag im Saal und verfolgte das Verfahren um Samuel Ndeze. Chance war zu dem Zeitpunkt selbst schon eine kleine Berühmtheit. Die Geschichte des Jungen, der es geschafft hatte, aus den Blutminen des Kongo zu entkommen und der sich die Verbrechen der europäischen Firmen in den Leib geritzt hatte, um sie bezeugen zu können, war eine Mediensensation und bewegte sehr viele Menschen. Die Berichterstattung über Deutschland hinaus sorgte auch dafür, dass Chance seinen Rucksack zurückbekam. Die niederländische Polizei schickte ihn an die deutschen Kollegen, prall gefüllt mit Geschenken, auch Sabina Nyberg hatte etwas beigelegt. Ganz unten befanden sich Chance' spärliche Habseligkeiten, darunter auch Fotos. Es waren keine Beweise des illegalen Handels, wie Emma ursprünglich angenommen hatte, sondern Erinnerungen an die Familie des Jungen und an sein früheres Leben.

Den Vertragspartnern der Firma Marx blieb nichts anderes übrig, als sich umgehend von der Firma zu distanzieren, wollten sie den Imageschaden halbwegs in Grenzen halten. Die Insolvenz war nicht mehr abzuwenden. Doch letzten Endes war dies das geringere Problem des Firmenleiters H.C. Marx. Denn obwohl die beteiligten Personen darauf geachtet hatten, dass sämtliche Korrespondenz, die illegale Machenschaften der Firma betraf, mit hoher Verschlüsselungssystematik im Darknet abseits des offiziellen Internets gelaufen war, hatte es doch elektronische Kontakte gegeben, die, sei es aus Nachlässigkeit oder dem Gebot der Eile folgend, nicht in der gleichen hohen Verschlüsselung der übrigen Mails und Anrufe vonstattengegangen waren. Noch immer für den Laien nicht auffindbar, für einen Hacker mit Zugang zu geheimen internen Daten aber ein Kinderspiel. Larsson wurde posthum des Mordes an

Claire Elbar überführt, den Auftrag dazu hatte ohne Zweifel der Firmenleiter H.C. Marx gegeben.

Was in dem Intensivbetreuungszimmer 4-18 vorgefallen war, bevor Samuel dazukam, wurde nie Gegenstand eines Gerichtsverfahrens. Die beiden Frauen sagten, sie hätten Obwanashyaka nur befragt, die Männer, selber angeklagt in Prozessen, verweigerten ihre Aussagen. Vermutlich war die Scham groß, von zwei Frauen überwältigt worden zu sein. Nur Blume erzählte Emma, was Helene getan hatte. Sie beruhigte ihn mit dem Hinweis, dass Helene als OP-Schwester jederzeit gewusst hatte, was sie tat. Die Nährstofflösung, die Henry O. eingeführt worden war, hatte ihn zu keinem Zeitpunkt gefährdet.

Anfang Mai des darauffolgenden Jahres, fast anderthalb Jahre nach den Geschehnissen, begann vor dem Berliner Kammergericht der Kriegsverbrecherprozess um Henry Obwanashyaka: Das erste Verfahren in Deutschland überhaupt, das unter dem Völkerstrafgesetzbuch geführt wurde, das Gesetzeswerk, das das Statut des Internationalen Strafgerichtshofs in Den Haag in deutsches Recht überführt. Da Obwanashyaka schon lange nicht mehr ins operative Geschehen eingriff, hatten sich mittlerweile Zeugen gefunden, die gegen ihn aussagen wollten, auch Mitarbeiter internationaler NGOs und Blauhelmsoldaten bezeugten zahlreiche Kapitalverbrechen, die im Namen der FDLR verübt worden waren, Morde, Vergewaltigungen und Plünderungen ganzer Dörfer. Die Anwälte Obwanashyakas leugneten die Taten nicht, wohl aber die Bedeutung ihres Klienten innerhalb der Hierarchie der Miliz. Konnte es wirklich sein, dass ein älterer, kunstliebender Herr in Berlin-Reinickendorf zum Telefon griff und am anderen Ende der Welt die grausamsten Menschenrechtsverletzungen begangen wurden?

Nach Monaten der Verhandlungen, Unterbrechungen und Wiederaufnahmen konnten die Richter die zentrale Verantwortlichkeit des Angeklagten Obwanashyaka nicht feststellen und verurteilten ihn wegen kleinerer Delikte zu Haftstrafen, die bereits mit der Untersuchungshaft abgegolten worden waren. Obwanashyaka verließ das Kammergericht als freier Mann. In der darauffolgenden Nacht verstarb er in seinem Haus in Reinickendorf, der Notarzt bescheinigte Herzversagen, keine Auffälligkeit bei einem frühzeitig vergreisten Mann, der U-Haft und einen aufreibenden Prozess hinter sich hatte. Eine Obduktion wurde nicht angeordnet.

Henning tauchte nie wieder auf. Die Adresse, die er dem Sender angegeben hatte, erwies sich als falsch, die Telefonverbindung existierte nicht mehr. Emma beschloss, das Bild dieses Mannes aus ihren Gedanken zu drängen. Der Zufall ging oft wunderliche Wege, und sollte sie ihn eines Tages wiedersehen, blieb dann noch genug Zeit, sich eine angemessene Reaktion auf seinen Verrat zu überlegen. Dass er ihre kleine Schwester in Gefahr gebracht hatte, würde sie nie vergessen. Emma brauchte lange, um sich von diesem Fall zu erholen.

Die Wunde an ihrer Schulter war nur ein Streifschuss und verheilte gut, aber der Schuss hatte ein Knalltrauma in ihrem rechten Ohr ausgelöst, der einen Tinnitus und häufige Migräneanfälle verursachte. Erst nach und nach wurden die Anfälle seltener. Doch diese wenigen Tage im Herbst hatten Emma nicht nur körperlich versehrt. Sie hatte das Gefühl, zum ersten Mal die großen globalen Zusammenhänge in den ganz kleinen Verästelungen von Niedertracht und Gier verstanden zu haben. Es war, als kröche die Welt mit gewetzten Messern unter ihre Haut. Zum ersten Mal, seit sie hier war, fragte sie sich, ob Berlin wirklich der richtige Ort für sie war. Sie verbrachte viel Zeit mit Ida, die über die Tage in der Gefangenschaft nicht sprach, und mit ihrer Mutter Helene. Sie beide verband nach der gemeinsamen Tat im Krankenhaus ein Gefühl der absoluten Liebe und des Vertrauens, ein Band, das einige Jahre rissig gewesen war und das sie jetzt wieder so stark und unverbrüchlich wie früher zusammenhielt.

Blume bemühte sich sehr um sie. Er warb, unaufdringlich und ohne Forderungen mit dem Gefühl, das Richtige zu tun. Und Emma begriff, dass Leben im Angesicht des Todes nur möglich war, wenn sie den brüchigen Boden unter den Füßen akzeptierte. Und dass sie geliebt werden konnte, auch wenn sie vieles falsch gemacht hatte.

Danke
Meiner Lektorin Sarah Leibl und dem Team von btb
Meiner Agentin Anna Mechler
Joshua Kwesi Aikins und dem Verein Berlin Postkolonial
Dem Literaturhaus München und dem Literaturarchiv
Sulzbach Rosenberg
Zoe Beck, Tobias Gohlis, Katrin Lange, Patricia Preuß
und den Teilnehmern des Seminars „Kriminalromane“ der
Bayrischen Akademie des Schreibens
Malou Berlin, Claudia Schäfer und Johanna Geils-Lindemann
Außerdem danke ich meinen Freunden und meiner Familie,
ganz besonders Ingo, für die Liebe und Unterstützung.
Ich habe viel Glück.